Danish
Pocket Dictionary

Danish – English
Engelsk – Dansk

Berlitz Publishing
New York · Munich · Singapore

Edited by the Langenscheidt editorial staff

Book in cover photo: © Punchstock/Medioimages

© 2008 Berlitz Publishing/APA Publications GmbH & Co. Verlag KG
Singapore Branch, Singapore

Printed in Germany
ISBN 978-981-246-956-4

08 09 10 11 12 5. 4. 3. 2. 1.

Forord

Ved udvælgelsen af de begreber, som bogen indeholder, har redaktionen især tænkt på de mange, der i vore dage drager udenlands. For turister, studenter og forretningsfolk, der værdsætter den trykhedsfølelse en lille, praktisk ordbog giver en i et fremmed land, er netop en sådan ordbog det helt ideelle. Den giver Dem et grundlæggende ordforråd af de oftest forekommende ord på det pågældende sprog – de ord De har brug for at kende til bunds. Den giver Dem nøgleord og desuden en række nyttige sætninger, så De sagtens kan klare de forskellige dagligdags situationer.

Udover hvad man normalt forlanger af en ordbog, byder denne ordbog på en række ekstra fordele:

• nøjagtig udtale efter hvert ord på det fremmede sprog, gengivet i international lydskrift

• forskellige praktiske oplysninger såsom tal, tidsangivelse, gængse forkortelser, de uregelmæssige verbers bøjning samt et afsnit med nyttige sætninger fra dagligdagen

En ordbog i dette format kan naturligvis ikke forventes at være fuldkommen, men med denne bog i bagagen er De godt udstyret til en udenlandsrejse.

Introduction

...ry has been designed to take account of your ...eds. Unnecessary linguistic information has been ...he entries are listed in alphabetical order, regardless o... ...er the entry is printed in a single word or in two or more ...eparate words. As the only exception to this rule, a few idiomatic expressions are listed alphabetically as main entries, according to the most significant word of the expression. When an entry is followed by sub-entries, such as expressions and locutions, these are also listed in alphabetical order*.

Each main-entry word is followed by a phonetic transcription (see guide to pronunciation). Following the transcription is the part of speech of the entry word whenever applicable. If an entry word is used as more than one part of speech, the translations are grouped together after the respective part of speech.

Irregular plurals are given in brackets after the part of speech.

Whenever an entry word is repeated in irregular forms or sub-entries, a tilde (∼) is used to represent the full word. In plurals of long words, only the part that changes is written out fully, whereas the unchanged part is represented by a hyphen (-).

Entry word: fisk c (pl ∼)	Plural: fisk
bryllup nt (pl ∼per)	bryllupper
antibiotikum nt (pl -ka)	antibiotika

An asterisk (*) in front of a verb indicates that it is irregular. For more detail, refer to the list of irregular verbs.

---

* Note that Danish alphabetical order differs from our own for three letters: ae, ø and å. These are considered independent characters and come after z, in that order.

Indledning

Denne ordbog er først og fremmest lagt an på at være praktisk og anvendelig i brug. Alle mindre vigtige sproglige oplysninger er derfor med vilje udeladt. Artiklernes opstilling er strengt alfabetisk, uanset om et opslagsord skrives i ét ord, med bindestreg eller er sammensat af to eller flere ord. Den eneste undtagelse fra denne regel gælder enkelte idiomatiske udtryk, som er opstillet alfabetisk efter det vigtigste ord i vendingen. Hvis et opslagsord følges af flere underopslag, står også disse i alfabetisk orden.

Inden for hver artikel angives udtalen i lydskrift (se afsnittet Udtale). Dernæst følger ordklasse, hvor dette er relevant. Hører et opslagsord til mere end én ordklasse, står de tilsvarende oversættelser grupperet efter den respektive ordklasse.

Hvis et substantiv har uregelmæssig flertalsform, angives dette altid, også i det tilfælde, hvor der kunne opstå tvivl. Ved uregelmæssigt flertal af sammensatte ord skrives kun den del af sammensætningen helt ud, som forandres, medens den uforandrede del erstattes med en vandret streg (-).

For at undgå gentagelse af et opslagsord i en artikel, f. eks. i sammensætninger eller ved uregelmæssige flertalsformer, bruges i stedet en bølgestreg (~), som så altid står for hele opslagsordet.

En stjerne (*) foran et verbum angiver, at dette er uregelmæssigt, og at dets bøjningsmønster findes i listen over uregelmæssige verber.

Denne ordbog er baseret på britisk retskrivning. Når et ords stavemåde eller betydning overvejende er amerikansk, markeres dette med et *Am* (se listen over de anvendte forkortelser).

Guide to Pronunciation

Each main entry in this part of the dictionary is followed by a phonetic transcription which shows you how to pronounce the words. This transcription should be read as if it were English. It is based on Standard British pronunciation, though we have tried to take account of General American pronunciation also. Below, only those letters and symbols are explained which we consider likely to be ambiguous or not immediately understood.

The syllables are separated by hyphens, and stressed syllables are printed in *italics*.

Of course, the sounds of any two languages are never exactly the same, but if you follow carefully our indications, you should be able to pronounce the foreign words in such a way that you'll be understood. To make your task easier, our transcriptions occasionally simplify slightly the sound system of the language while still reflecting the essential sound differences.

Consonants

dh	like **th** in **the**
g	always hard, as in **go**
g	a **g**-sound where the tongue doesn't quite close the air passage between itself and the roof of the mouth, so that the escaping air produces audible friction
ng	as in si**ng**er, not as in fi**ng**er (no **g**-sound!)
r	pronounced in the back of the mouth
s	always hard, as in **so**

Vowels and diphthongs

aa	long **a**, as in c**a**r, without any r-sound; quite often "flat" **a**, almost like **a** in b**a**d
ah	a short version of **aa**; between **a** in c**a**t and **u** in c**u**t; quite often "flat" **a**, almost like **a** in c**a**t
ai	as in **ai**r, without any r-sound
aw	as in r**aw** (British pronunciation)
æ	like **a** in c**a**t
ææ	a long **æ**-sound
eh	like **e** in g**e**t
er	as in oth**er**, without any r-sound
ew	a "rounded **ee**-sound"; say the vowel sound **ee** (as in s**ee**), and while saying it, round your lips as for **oo** (as in s**oo**n), without moving your tongue; when your lips are in the **oo** position, but your tongue is in the **ee** position, you should be pronouncing the correct sound
i	as in b**i**t
igh	as in s**igh**
o	always as in h**o**t (British pronunciation)
ou	as in l**ou**d
ur	as in f**ur**, but with rounded lips and no r-sound

1) A bar over a vowel symbol (e.g. **ēw**) shows that this sound is long.
2) Raised letters (e.g. **ʸaa**, **ur°°**) should be pronounced only fleetingly.
3) In spoken Danish, there is a phenomenon called the "stød", which is a glottal stop (as in the Cockney pronunciation of water–wa er) and can occur in conjunction with a consonant or a vowel. We don't show the "stød" in our transcriptions, as it is not essential to being and being understood.

Udtale

I denne del af ordbogen har vi efter hvert opslagsord angivet udtalen i international lydskrift (IPA). Hvert tegn i denne transkription betegner en ganske bestemt lyd. Bogstaver, som ikke er forklaret nedenfor, udtales omtrent som de tilsvarende danske.

Konsonanter

b	som regel stemt
d	som i **d**et, aldrig som i me**d**; som regel stemt
ð	som **d** i pu**d**e
g	som i **g**od, aldrig som i ka**g**e; som regel stemt
k	som i **k**o, aldrig som i bri**k**
ŋ	som **ng** i la**ng**
p	som i **p**å, aldrig som i ho**p**
r	udtalt foran i munden
ʃ	som **sj** i **sj**ov
t	som i **t**ag, aldrig som i ne**t**
θ	som **d** i pu**d**e, men ustemt
w	som tryksvagt **u**
z	stemt **s**-lyd
ʒ	stemt **sj**-lyd
N.B.	[sj] skal udtales som et **s** + en **j**-lyd (som i fløjls-**j**akke) *ikke* som i **sj**ov.

Vokaler

a	ikke som „fladt" **a**, tungen skal ligge lavere i munden
ɑː	som **a** i f**a**r
æ	som et meget fladt dansk **a**
ɑ	som **a** i k**a**ffe (ikke fladt)
e	som en mellemting mellem **e** i bel**ø**b og **æ** i d**æ**kke
ɛ	som **æ** i d**æ**kke
ə	som **e** i gad**e**
ɔ	som **o** i l**o**ft

1) Kolon [ː] angiver, at den forudgående vokal er lang.
2) I nogle få låneord fra fransk forekommer der nasalvokaler, disse angives med en tilde over den pågældende vokal (f. eks. [ɑ̃]). Nasalvokaler udtales gennem mund og næse på samme tid.

Diftonger

Ved en diftong forstår man to vokallyde, en stærk (betonet) og en svag (ubetonet), sammensmeltet til én lyd, som f. eks. **ej** i **eje**. På engelsk er den anden vokal altid den svageste. Efter en diftong følger ofte et [ə], og den anden vokal bliver derved endnu svagere.

Betoning

Hovedtryk betegnes med ['], bitryk med [,] foran stavelsen.

Amerikansk udtale

Transkriptionen angiver den almindelige britiske udtale. Den amerikanske udtale, som er forskellig fra egn til egn, afviger i nogen grad derfra. Nogle af de vigtigste afvigelser er:

1) I modsætning til britisk engelsk udtales **r** også foran en konsonant og i slutningen af et ord.
2) I mange ord (f. eks. *ask*, *castle*, *laugh* osv.) bliver [ɑː] til [æː].
3) [ɔ]-lyden udtales [ɑ], ofte også [ɔː].
4) I ord som *duty*, *tune*, *new* osv. falder [j]-lyden før [uː] ofte væk.
5) Trykket ligger forskelligt i en del ord.

Abbreviations
Forkortelser

adjective	*adj*	adjektiv/tillægsord
adverb	*adv*	adverbium/biord
American	*Am*	amerikansk
article	*art*	artikel/kendeord
common gender	*c*	fælleskøn
conjunction	*conj*	konjunktion/bindeord
noun	*n*	substantiv/navneord
noun (American)	*nAm*	substantiv/navneord (amerikansk)
neuter	*nt*	neutrum/intetkøn
numeral	*num*	numerale/talord
past tense	*p*	imperfektum/datid
plural	*pl*	pluralis/flertal
plural (American)	*plAm*	pluralis/flertal (amerikansk)
past participle	*pp*	perfektum participium/ fortids tillægsform
present tense	*pr*	præsens/nutid
prefix	*pref*	præfiks/forstavelse
preposition	*prep*	præposition/forholdsord
pronoun	*pron*	pronomen/stedord
verb	*v*	verbum/udsagnsord
verb (American)	*vAm*	verbum/udsagnsord (amerikansk)

A

abbedi (ah-bay-*di*) *nt* abbey

abe (*aa*-ber) *c* monkey

abnorm (ahb-*nom*) *adj* abnormal

abonnement (ah-boa-ner-*mahng*) *nt* subscription

abonnent (ah-boa-*nehnd*) *c* subscriber

abonnere (ah-boa-*nayo*) *v* subscribe

aborre (*ah*-baw-o) *c* perch; bass

abort (ah-*bawd*) *c* abortion; miscarriage; **fri ~** pro-choice; **mod ~** pro-life

abrikos (ah-bri-*koas*) *c* apricot

absolut (ahb-soa-*lood*) *adj* sheer, very; *adv* absolutely

abstrakt (ahb-*strahgd*) *adj* abstract

absurd (ahb-*soord*) *adj* absurd

accelerere (ahg-seh-ler-*ray*-o) *v* accelerate

accent (ahg-*sahng*) *c* accent

acceptabel (ahg-sehb-*tah*-berl) *adj* acceptable

acceptere (ahg-sehb-*tayo*) *v* accept

addition (ah-di-s^y*oan*) *c* addition

adel (*ah*-dherl) *c* nobility

adelig (ah-dher-li) *adj* noble

adgang (*ahdh*-gahng) *c* admission, access, entrance, admittance, entry; approach; **~ forbudt** no admittance; ***give ~** admit; **ingen ~** no entry

*adlyde (*ahdh*-lew-dher) *v* obey

administration (ahdh-mi-ni-strah-s^y*oan*) *c* administration; management

administrativ (*ahdh*-mi-ni-strah-tee^{oo}) *adj* administrative

administrere (ahdh-mi-ni-*sdræ*-o) *v* manage; **administrerende** administrative; executive

adoptere (ah-dob-*tayo*) *v* adopt

adressat (ah-drah-*sahd*) *c* addressee

adresse (ah-*drah*-ser) *c* address

adressere (ah-drah-*say*-o) *v* address

adskille (*ahdh*-sgayl-er) *v*

separate, distinguish, disconnect

adskillelse (*ahdh*-sgayl-erl-ser) *c* separation, division

adskillige (ahdh-*sgayl*-i-er) *adj* several

adskilt (*ahdh*-sgayld) *adj* separate; *adv* apart

adspredelse (*ahdh*-sbræ-dherl-ser) *c* diversion, amusement

advare (*ahdh*-vah-ah) *v* warn; caution

advarsel (*ahdh*-vah-serl) *c* (pl -sler) warning

adverbium (ahdh-*vær*-bi-om) *nt* (pl -ier) adverb

advokat (ahdh-voa-*kahd*) *c* lawyer; solicitor; attorney, barrister

adækvat (*ahdh*-eh-kvahd) *adj* adequate

af (ah) *prep* by, from, with, for, of; *adv* off; ~ **og til** occasionally

afbestille (*ou*-bay-sdayler) *v* cancel

afbetale (*ou*-bay-tah-ler) *v* *pay on account

afbetalingskøb (*ou*-bay-tah-layngs-kurb) *nt* (pl ~) hire purchase, installment plan *nAm*

***afbryde** (*ou*-brew-dher) *v* interrupt; *cut off, disconnect

afbrydelse (*ou*-brew-dherl-ser) *c* interruption

afbryder (*ou*-brew-dho) *c* switch

afdeling (*ou*-day-layng) *c* division, section; department

afdrag (*ou*-drou) *nt* (pl ~) instalment

afdække (*ou*-deh-ger) *v* uncover

affald (*ou*-fahl) *nt* garbage, refuse, litter, rubbish

affaldsspand (*ou*-fahl-sbahn) *c* dustbin; trash can *Am*

affatte (*ou*-fah-der) *v* *draw up

affekt (ah-*fehgd*) *c* passion

affekteret (ah-fehg-*tay*-odh) *adj* affected

affjedring (*ou*-fʸaydh-ræng) *c* suspension

affære (ah-*fæ*-o) *c* business; affair

afføringsmiddel (*ou*-furr-ayngs-midh-erl) *nt* (pl -midler) laxative

afgang (*ou*-gahng) *c* departure; resignation

afgangstid (*ou*-gahngs-tidh) *c* time of departure

afgifter (*ou*-gif-do) *pl* dues *pl*

afgrund (*ou*-gron) *c* precipice

afgrøde (*ou*-grūr-dher) *c* crop

afgud (*ou*-goodh) *c* idol

***afgøre** (*ou*-gur-o) *v* decide

afgørelse (*ou*-gur-ol-ser) *c* decision

afgørende (*ou*-gur-o-ner) *adj* decisive, final, crucial, cardinal

***afgå** (*ou*-go) *v* depart; pull out; ~ **ved døden** die

afhandling (*ou*-hahn-layng) *c*
treatise, thesis, essay

afhente (*ou*-hehn-der) *v*
fetch; collect

*afholde sig fra (*ou*-holer)
abstain from

*afhænge af (*ou*-hehng-er)
depend on (a thing)

afhængig (ou-*hehngi*) *adj*
dependant

aflang (*ou*-lahng) *adj* oblong

aflejring (*ou*-ligh-ræng) *c*
deposit

aflevere (*ou*-lay-vay-o) *v*
deliver

aflyse (*ou*-lew-ser) *v* cancel

aflytte (*ou*-lew-der) *v*
eavesdrop

aflæsse (*ou*-leh-ser) *v*
discharge

afløb (*ou*-lurb) *nt* (pl ~) drain,
outlet

afløse (*ou*-lur-ser) *v* relieve,
replace

afmatning (*ou*-mahd-nayng)
c recession

afpresning (*ou*-præss-nayng)
c extortion

afpresse (*ou*-præ-ser) *v*
extort

afprøve (*ou*-prur-ver) *v* test

afrejse (*ou*-righ-ser) *c*
departure

Afrika (*ah*-fri-kah) Africa

afrikaner (ah-fri-*kah*-no) *c*
African

afrikansk (ah-fri-*kahnsg*) *adj*
African

afrundet (*ou*-ron-erdh) *adj*
rounded

afsende (*ou*-sehn-er) *v*
dispatch, *send off

afsender (*ou*-sehn-o) *c*
sender

afsides (*ou*-sidh-erss) *adj*
remote; *adv* aside

afskaffe (*ou*-sgah-fer) *v*
abolish

afsked (*ou*-sgdaydh) *c*
parting; *tage ~ med *take
leave of

afskedige (*ou*-sgay-dhi-er) *v*
discharge, dismiss; fire

afskibe (*ou*-sgi-ber) *v* ship

afskrift (*ou*-sgræfd) *c* copy

afsky (*ou*-sgew) *c* dislike,
disgust; *v* detest

*afskyde (*ou*-sgew-dher) *v*
launch

afskyelig (ou-*sgew*-ew-li) *adj*
disgusting

afslag (*ou*-slah) *nt* (pl ~)
refusal

afslapning (*ou*-slahb-nayng)
c relaxation; recreation

afslappet (*ou*-slah-berdh) *adj*
relaxed, easy-going

afslutning (*ou*-slood-nayng)
c closing, conclusion, end,
finish

afslutte (*ou*-sloo-der) *v*
finish; end

afsløre (*ou*-slur-o) *v* reveal

afsløring (*ou*-slur-ræng) *c*
revelation

*afslå (*ou*-slo) *v* refuse

afsnit (*ou*-snit) *nt* (pl ~)
section, paragraph

afspark (*ou*-sbaag) *nt* (pl ~)
kickoff

afstamning (*ou*-sdahm-nayng) *c* origin

afstand (*ou*-sdahn) *c* space; distance, way

afstandsmåler (*ou*-sdahns-maw-lo) *c* range finder

afstemning (*ou*-sdehm-nayng) *c* vote

*aftage (*ou*-tah-ah) *v* remove, *take off; *buy; decrease

aftale (*ou*-taa-ler) *c* agreement; engagement, appointment, date

aften (*ahf*-dern) *c* (pl dinner) evening, night; i ~ tonight

aftenkjole (*ahf*-dern-k'oa-ler) *c* gown

aftensmad (*ahf*-derns-mahdh) *c* supper; dinner

aftryk (*ou*-trurg) *nt* (pl ~) print

aftrækker (*ou*-træ-go) *c* trigger

afvande (*ou*-vah-ner) *v* drain

afveksling (*ou*-vehgs-layng) *c* variation

afvente (*ou*-vehn-der) *v* await

*afvige (*ou*-vi-er) *v* deviate

afvise (*ou*-vi-ser) *v* refuse; reject

afværge (*ou*-vær-g;er) *v* prevent

agent (ah-*gehnd*) *c* agent

agentur (ah-gehn-*toor*) *nt* agency

agentvirksomhed (ah-*gehnd*-veerg-som-haydh) *c* agency

agerhøne (*ah*-g;o-hūr-ner) *c* (pl -høns) partridge

agern (*ah*-on) *nt* (pl ~) acorn

aggressiv (*ah*-græ-see∞) *adj* aggressive

agt (ahgd) *c* purpose

agte (*ahg*-der) *v* esteem

agtelse (*ahg*-derl-ser) *c* regard, respect, esteem

agtværdig (ahgd-*vær*-di) *adj* honourable, respectable

agurk (ah-*goorg*) *c* cucumber

ahorn (*ah*-hoarn) *c* (pl ~) maple

AIDS (eids) AIDS

airbag (ær-*baag*) *c* (pl ~s) airbag

akademi (ah-kah-day-*mi*) *nt* academy

akkompagnere (ah-kom-pahn-*'ay*-o) *v* accompany

akkreditiv (ah-kræ-di-*tee*∞) *nt* letter of credit

akkumulator (ah-koa-moo-*laa*-to) *c* battery

akkurat (ah-koo-*rahd*) *adj* accurate

aksel (*ahg*-serl) *c* (pl aksler) axle

akt (ahgd) *c* act

aktie (*ahg*-s'er) *c* share

aktiemarked (*ahg*-s'er-maa-gerdh) *nt* stock market

aktion (ah-s'*oan*) *c* action

aktiv (*ahg*-tee∞) *adj* active

aktivitet (ahg-ti-vi-*tayd*) *c* activity

aktuel (ahg-too-*ehl*) *adj* topical

akut (ah-*kood*) *adj* acute

akvarel (ah-kvah-*ræl*) *c* (pl ~ler) watercolo(u)r

al (ahl) *adj* (nt alt; pl alle) all; alt i alt altogether

alarm (ah-*lahm*) *c* alarm

albue (*ahl*-bōō-oo) *c* elbow

album (*ahl*-bom) *nt* (pl ~s) album

aldeles (ahl-*day*-lerss) *adv* wholly

alder (*ahl*-o) *c* (pl aldre) age

alderdom (*ahl*-o-dom) *c* age; old age

aldrig (*ahl*-dri) *adv* never

alene (ah-*lāy*-ner) *adv* alone, only

alf (ahlf) *c* elf

alfabet (ahl-fah-*bayd*) *nt* alphabet

algebra (*ahl*-gay-brah) *c* algebra

algerier (ahl-s*y*i-o) *c* Algerian

Algeriet (ahl-s*y*eh-*ri*-erdh) Algeria

algerisk (ahl-s*y*i-risg) *adj* Algerian

alkohol (*ahl*-goa-hol) *c* alcohol

alkoholholdig (ahl-goa-*hoal*-hol-di) *adj* alcoholic

allé (ah-*lay*) *c* avenue

allerede (ah-lo-*ræ*-dher) *adv* already

allergi (ah-lær-gi) *c* allergy

allermest (*ah*-lo-maysd) *adv* most of all

alliance (ah-li-*ahng*-ser) *c* alliance

allierede (ah-li-*ay*-ro-dher) *pl* allies *pl*

alligevel (ah-*lee*-vehl) *adv* yet; anyway

almen (*ahl*-mayn) *adj* public, common; broad

almindelig (ahl-*mayn*-er-li) *adj* frequent, common; plain, simple

i almindelighed (i ahl-*mayn*-er-li-haydh) in general

almægtig (ahl-*mehg*-di) *adj* omnipotent

alt (ahld) *c* alto

alter (*ahl*-do) *nt* (pl altre) altar

alternativ (ahl-*tær*-nah-tee*ōō*) *nt* alternative

altid (*ahl*-tidh) *adv* ever, always

alting (*ahl*-tayng) *pron* everything

altomfattende (ahld-om-fah-der-ner) *adj* universal

altså (*ahl*-so) *adv* so

alvor (*ahl*-vo) *c* seriousness; gravity

alvorlig (ahl-*vo*-li) *adj* serious; grave; bad

ambassade (ahm-bah-*saa*-dher) *c* embassy

ambassadør (ahm-bah-sah-*durr*) *c* ambassador

ambition (ahm-bee-*syoan*) *c* ambition

ambitiøs (ahm-bi-s*y*urs) *adj* ambitious

ambulance (ahm-boo-*lahng*-ser) *c* ambulance

Amerika (ah-*may*-ri-kah) America

amerikaner (ah-may-ri-*kah*-no) *c* American

amerikansk (ah-may-ri-*kahnsg*) *adj* American

ametyst (ah-mer-*tewsd*) *c*
amethyst

amme (*ah*-mer) *v* nurse

amnesti (ahm-neh-*sdi*) *c*
amnesty

amt (ahmd) *nt* province

amulet (ah-moo-*lehd*) *c* (pl
~ter) lucky charm, charm

analfabet (*ahn*-ahl-fah-bayd)
c illiterate

analyse (ah-nah-*lew*-ser) *c*
analysis

analysere (ah-nah-lew-*say*-o)
v analyse

analytiker (ah-nah-*lew*-ti-go)
c analyst

ananas (*ah*-nah-nahss) *c* (pl
~) pineapple

anarki (ah-nah-*ki*) *nt* anarchy

anatomi (ah-nah-toa-*mi*) *c*
anatomy

anbefale (*ahn*-bay-fah-ler) *v*
recommend; register;
anbefalet brev registered
letter

anbefaling (*ahn*-bay-fah-
layng) *c* recommendation

anbefalingsskrivelse (*ahn*-
bay-fah-layngs-sgree-vehl-
ser) *c* letter of
recommendation

*anbringe (*ahn*-bræng-er) *v*
place

and (ahn) *c* (pl ænder) duck

andel (*ahn*-dayl) *c* share;
andels- co-operative

andelsforetagende (*ahn*-
dayls-faw-o-tah-er-ner) *nt*
co-operative

anden (*ah*-nern) *num* second;
pron different, other; **en ~**
another

anderledes (*ah*-no-lay-
dherss) *adv* otherwise

andetsteds (*ah*-nerl-
sdehdhs) *adv* elsewhere

andragende (*ahn*-drou-er-
ner) *nt* petition

ane (*aa*-ner) *v* suspect

anelse (*aa*-nerl-ser) *c* notion

anerkende (*ah*-no-keh-ner) *v*
recognize

anerkendelse (*ah*-no-kehn-
erl-ser) *c* recognition

anfald (*ahn*-fahl) *nt* (pl ~) fit,
attack

anførelsestegn (*ahn*-fur-ol-
serss-tighn) *pl* quotation
marks

anfører (*ahn*-fūr-o) *c* leader

anger (ahng-o) *c* repentance

*angive (*ahn*-gi-ver) *v*
indicate; inform against

angreb (*ahn*-græb) *nt* (pl ~)
attack; raid

*angribe (*ahn*-gri-ber) *v*
attack; assault

angst (ahngsd) *c* fright, fear

*angå (*ahn*-go) *v* concern;
affect; **angående** about,
concerning, with reference
to, regarding; **hvad angår** as
regards

anholdelse (*ahn*-hol-erl-ser)
c arrest

ankel (ahng-gerl) *c* (pl ankler)
ankle

anker (ahng-go) *nt* (pl ankre)
anchor

anklage (*ahn*-klaa-ah) *c*

charge; *v* accuse, charge

anklagede (*ahn*-klah-ah-dher) *c* (pl ~) accused

*****ankomme** (*ahn*-kom-er) *v* arrive

ankomst (*ahn*-komsd) *c* arrival

ankomsttid (*ahn*-komsd-tidh) *c* time of arrival

anledning (*ahn*-laydh-nayng) *c* occasion, cause

anliggende (*ahn*-lay-ger-ner) *nt* affair, concern; matter

anlæg (*ahn*-lehg) *nt* (pl ~) talent, faculty

anmassende (*ahn*-mah-ser-ner) *adj* presumptuous

anmeldelse (*ahn*-mehl-erl-ser) *c* review, report, notify

anmode (*ahn*-moa-dher) *v* request

anmodning (*ahn*-moadh-nayng) *c* request

anneks (ah-*nehgs*) *nt* annex

annektere (ah-nehg-*tay*-o) *v* annex

annonce (ah-*nong*-ser) *c* advertisement

annullere (ah-noo-*lay*-o) *v* cancel; recall

annullering (ah-noo-*lay*-ræng) *c* cancellation

anonym (ah-noa-*newm*) *adj* anonymous

ansat (*ahn*-sahd) *c* (pl ~te) employee

*****anse** (*ahn*-say) *v* regard, consider

anseelse (ahn-*say*-erl-ser) *c* reputation

anselig (ahn-*say*-li) *adj* substantial, considerable

ansigt (*ahn*-saygd) *nt* face

ansigtscreme (*ahn*-saygds-kræm) *c* face cream

ansigtsmaske (*ahn*-saygds-mahss-ger) *c* face pack

ansigtsmassage (*ahn*-saygds-mah-*saa*-s'er) *c* face massage

ansigtspudder (*ahn*-saygds-poodh-o) *nt* face-powder

ansigtstræk (*ahn*-saygds-træg) *nt* (pl ~) feature

ansjos (ahn-s'*oas*) *c* anchovy

anskaffe (*ahn*-sgah-fer) *v* *****buy

anskaffelse (*ahn*-sgah-ferl-ser) *c* purchase

anspore (*ahn*-sboa-o) *v* incite

anspændelse (*ahn*-sbehn-erl-ser) *c* strain

anspændt (*ahn*-sbehnd) *adj* tense

anstalt (*ahn*-sdahld) *c* institute

anstrengelse (*ahn*-sdræng-erl-ser) *c* effort; strain

anstændig (ahn-*sdehn*-di) *adj* decent

anstændighed (ahn-*sdehn*-di-haydh) *c* decency

anstød (*ahn*-sdurdh) *nt* (pl ~) offence

anstødelig (ahn-*sdur*-dher-li) *adj* offensive

ansvar (*ahn*-svah) *nt* responsibility; liability; blame

ansvarlig (ahn-*svah*-li) *adj*

responsible; liable; ~ **for** in charge of

*__ansætte__ (*ahn*-seh-der) v engage

__ansøge__ (*ahn*-sur-er) v apply

__ansøgning__ (*ahn*-sur-nayng) c application

*__antage__ (*ahn*-tah-ah) v suppose, assume

__antagelig__ (ahn-*tah*-ah-li) adj presumable

__antal__ (*ahn*-tahl) nt number, quantity

__antenne__ (ahn-*teh*-ner) c aerial

__antibiotikum__ (ahn-ti-bi-*oa*-ti-kom) nt (pl -ka) antibiotic

__antik__ (ahn-*tig*) adj antique

__antikvitet__ (ahn-ti-kvi-*tayd*) c antique; __antikviteter__ antiquities pl

__antikvitetshandler__ (ahn-ti-kvi-*tayds*-hahn-lo) c antique dealer

__antipati__ (*ahn*-ti-pah-ti) c dislike

__antyde__ (*ahn*-tew-dher) v suggest, hint

__anvende__ (*ahn*-vehn-er) v employ, use; apply

__anvendelig__ (ahn-*vehn*-er-li) adj usable

__anvendelse__ (*ahn*-vehn-erl-ser) c application, use

__anvise__ (*ahn*-vi-ser) v indicate

__aperitif__ (ah-pay-ri-*tif*) c (pl ~er) aperitif

__apotek__ (ah-boa-*tayg*) nt chemist's, pharmacy; drugstore nAm

__apoteker__ (ah-boa-*tay*-go) c chemist; pharmacist nAm

__apparat__ (ah-bah-*rahd*) nt apparatus; appliance, machine

__appel__ (ah-*pehl*) c (pl ~ler) appeal

__appelsin__ (ah-behl-*sin*) c orange

__appetit__ (ah-ber-*tid*) c appetite

__appetitlig__ (ah-ber-*tid*-li) adj appetizing

__appetitvækker__ (ah-ber-*tid*-veh-go) c appetizer

__applaudere__ (ah-plou-*day*-o) v clap, applaud

__april__ (ah-*pril*) April

__ar__ (ah) nt (pl ~) scar

__araber__ (ah-*rah*-bo) c Arab

__arabisk__ (ah-*rah*-bisg) adj Arab

__arbejde__ (*aa*-bigh-der) nt labour, work; job, employment; v work

__arbejde__ (*aa*-bigh-do) c workman, worker; labourer

__arbejdsbesparende__ (*aa*-bighds-bay-sbah-ah-ner) adj labour-saving

__arbejdsdag__ (*aa*-bighds-dah) c working day

__arbejdsformidling__ (*aa*-bighds-fo-midh-layng) c employment exchange

__arbejdsgiver__ (*aa*-bighds-gee-vo) c employer

__arbejdsløs__ (*aa*-bighds-lurs) adj unemployed

__arbejdsløshed__ (*aa*-bighds-lurss-haydh) c

unemployment

arbejdsnarkoman (*aa-*bighds-nah-*koa*-mahn) *c* workaholic

arbejdstilladelse (*aa-*bighds-tay-lah-dherl-ser) *c* work permit; labor permit *Am*

arbejdsværelse (*aa-*bighds-vai-ol-ser) *nt* study

areal (ah-*ræ-ahl*) *nt* area

Argentina (ah-gehn-*tee*-nah) Argentina

argentiner (ah-gehn-*ti*-no) *c* Argentinian

argentinsk (ah-gehn-*tinsg*) *adj* Argentinian

argument (ah-goo-*mehnd*) *nt* argument

argumentere (ah-goo-mehn-*tay*-o) *v* argue

ark (aag) *nt* (pl ~) sheet

arkade (ah-*kaa*-dher) *c* arcade

arkitekt (ah-gi-*tehgd*) *c* architect

arkitektur (ah-gi-tehg-*toor*) *c* architecture

arkiv (ah-*kee*ºº) *nt* archives *pl*

arkæolog (ah-keh-oa-*loa*) *c* archaeologist

arkæologi (ah-keh-oa-loa-*gi*) *c* archaeology

arm (ahm) *c* arm; arm i arm arm-in-arm

armbånd (*aam-*bon) *nt* (pl ~) bracelet

armbåndsur (*aam-*bons-oor) *nt* wristwatch

armlæn (*aam-*lehn) *nt* (pl ~) arm

armstol (*aam-*sdoal) *c* armchair

aroma (ah-*rōa*-mah) *c* aroma

arrangere (ah-rahng-s*ʸay*-o) *v* arrange

arrestation (ah-ræ-sdah-s*ʸoan*) *c* arrest

arrestere (ah-ræ-*sday*-o) *v* arrest

art (ahd) *c* nature, kind; species

artig (*aa*-di) *adj* good

artikel (ah-*ti*-gerl) *c* (pl -kler) article

artiskok (ah-ti-*sgog*) *c* (pl ~ker) artichoke

artistisk (ah-*tiss*-disg) *adj* artistic

arv (ahv) *c* inheritance; legacy

arve (*aa*-ver) *v* inherit

arvelig (*aa*-ver-li) *adj* hereditary

arving (*aa*-vin) *c* heir; (kvindelig) ~ *c* heiress

asbest (ahss-*behsd*) *c* asbestos

asfalt (ahss-*fahld*) *c* asphalt

asiat (ah-si-*ahd*) *c* Asian

asiatisk (ah-si-*ah*-disg) *adj* Asian

Asien (ah-s*ʸern*) Asia

aske (ahss-ger) *c* ash

askebæger (*ahss*-ger-bai-o) *nt* (pl -gre) ashtray

asparges (ah-*sbahs*) *c* (pl ~) asparagus

aspekt (ah-*sbehgd*) *nt* aspect

aspirin (ah-sbi-*rin*) *c* aspirin

assistance (ah-si-*stahng*-ser) *c* assistance

assistent (ah-si-*sdehnd*) c
assistant

associere (ah-soa-s*y*ay-o) v
associate

assurance (ah-soo-*rahng*-
ser) c insurance

astma (*ahsd*-mah) c asthma

astronaut (ah-*stroo*-nout) c
astronaut

astronomi (ah-sdroa-noa-*mi*)
c astronomy

asyl (ah-*sewl*) nt asylum

at (ahd) conj that

ateist (ah-tay-*isd*) c atheist

Atlanterhavet (ahd-*lahn*-do-
hah-verdh) the Atlantic

atlask (*ahd*-lahsg) nt satin

atletik (ahd-ler-*tig*) c athletics
pl

atmosfære (ahd-moass-*fai*-o)
c atmosphere

atom (ah-*toam*) nt atom;
atom- atomic

atomenergi (ah-*toam*-ay-no-
gi) c nuclear energy

atomkerne (ah-*toam*-kær-
ner) c nucleus of an atom

atten (*ah*-dern) num eighteen

attende (*ah*-der-ner) num
eighteenth

atter (*ah*-do) adv again, once
more

attest (ah-*tehsd*) c certificate

attestere (ah-*tehsd*-ay-o) v
attest

attraktion (ah-trahg-s*y*oan) c
attraction

attrå (*ah*-tro) v desire

attråværdig (*ah*-tro-vær-di)
adj desirable

aubergine (oa-bær-s*y*in) c
eggplant

auditorium (ou-di-*toa*-ri-om)
nt (pl -rier) auditorium

august (ou-*gosd*) August

auktion (oug-s*y*oan) c auction

Australien (ou-*sdrah*-li-ern)
Australia

australier (ou-*sdrah*-li-o) c
Australian

australsk (ou-*sdrahlsg*) adj
Australian

autentisk (ou-*tehn*-disg) adj
authentic

automat (ou-toa-*mahd*) c slot
machine

automatisering (ou-toa-
mah-ti-*sayr*-ayng) c
automation

automatisk (ou-toa-*mah*-
disg) adj automatic

automobil (ou-toa-moa-*bil*) c
motorcar

automobilklub (ou-toa-moa-
bil-kloob) c (pl ~ber)
automobile club

autonom (ou-toa-*noam*) adj
autonomous

autorisation (ou-toa-ri-sah-
s*y*oan) c authorization;
permit

autoritet (ou-toa-ri-*tayd*) c
authority

autoritær (ou-toa-ri-*tær*) adj
authoritarian

autoværn (*ou*-toa-værn) nt
(pl ~) crash barrier

avanceret (ah-vahng-*say*-
odh) adj advanced

aversion (ah-vær-s*y*oan) c

bagved

aversion

avis (ah-*vis*) *c* newspaper, paper

aviskiosk (ah-*vis*-k³osg) *c*

newsstand

avle (*ou*-ler) *v* *grow; generate

B

baby (*bay*-bi) *c* baby

babylift (*bay*-bi-lifd) *c* carrycot

babysitter (*bay*-bi-si-do) *c* babysitter

bacille (bah-*si*-ler) *c* germ

bacon (*bay*-kon) *c* bacon

bad (bahdh) *nt* bath

bade (*baa*-dher) *v* bathe

badebukser (*baa*-dher-bog-so) *pl* bathing suit; swimmingtrunks *pl*

badedragt (*baa*-dher-drahgd) *c* swimsuit, swimming suit *nAm*, bathing suit

badehætte (*baa*-dher-heh-der) *c* bathing cap

badehåndklæde (*baa*-dher-hon-klai-dher) *nt* bath towel

badekåbe (*baa*-dher-kaw-ber) *c* bathrobe

badesalt (*baa*-dher-sahld) *nt* bath salts

badested (*baa*-dher-sdehdh) *nt* seaside resort

badeværelse (*baa*-dher-vai-ol-ser) *nt* bathroom

bag (bah) *prep* behind

bagage (bah-*gaa*-s³er) *c* baggage, luggage

bagagebærer (bah-*gaa*-s³er-bai-o) *c* carrier

bagagenet (bah-*gaa*-s³er-nehd) *nt* (pl ~) luggage rack

bagageopbevaring (bah-*gaa*-s³er-ob-bay-vah-ræng) *c* left luggage office; baggage deposit office *Am*

bagagerum (bah-*gaa*-s³er-rom) *nt* (pl ~) boot; trunk *nAm*

bagbord (*bou*-boar) *nt* port

bagdel (*bou*-dayl) *c* bottom, behind

bage (*baa*-ah) *v* bake

bagefter (bah-*ehf*-do) *adv* afterwards

bager (*baa*-o) *c* baker

bageri (baa-o-*ri*) *nt* bakery

baggrund (*bou*-gron) *c* background

baghold (*bou*-hol) *nt* (pl ~) ambush

baglygte (*bou*-lurg-der) *c* taillight, rear light

baglæns (*bou*-lehns) *adv* backwards

bagside (*bou*-see-dher) *c* back; rear; reverse

bagvaskelse (*bou*-vahss-gehl-ser) *c* slander

bagved (bah-*vaydh*) *adv* behind

bagværk (*bou*-værg) *nt* pastry

bakgear (*bahg*-geer) *nt* (pl ~) reverse gear

bakke (*bah*-ger) *c* hill; tray; *v* reverse, back

bakkenbarter (*bah*-gern-bah-do) *pl* whiskers *pl*; sideburns *pl*

bakket (*bah*-gerd) *adj* hilly

bakketop (*bah*-ger-tob) *c* (pl ~pe) hilltop

bakterie (bahg-*tayr*-ʸer) *c* bacterium

bal (bahl) *nt* (pl ~ler) ball

balance (bah-*lahng*-ser) *c* balance

balde (*bah*-ler) *c* buttock

balkon (bahl-*kong*) *c* balcony; circle

ballet (bah-*lehd*) *c* (pl ~ter) ballet

ballon (bah-*long*) *c* balloon

balsal (*bahl*-sahl) *c* ballroom

balustrade (bah-lew-*sdraa*-dher) *c* rail

banan (bah-*nahn*) *c* banana

bande[1] (*bahn*-der) *c* gang

bande[2] (*bah*-ner) *v* curse, *swear

bane (*baa*-ner) *c* course, lane; track

bange (*bahng*-er) *adj* afraid; *være ~ *be afraid

bank[1] (bahngg) *c* bank

bank[2] (bahngg) *nt* (pl ~) tap, beating

banke (*bahng*-ger) *v* knock; tap; *beat

banken (*bahng*-gern) *c* knock

banket (bahng-*kehd*) *c* (pl ~ter) banquet

bankindskud (*bahngg*-ayn-skoodh) *nt* (pl ~) deposit

bankkonto (*bahngg*-kon-toa) *c* (pl -konti) bank account

banner (*bahn*-o) *nt* banner

bar (bah) *c* bar, saloon; *adj* bare

barber (bah-*bayr*) *c* barber

barberblad (bah-*bayr*-blahdh) *nt* razor blade

barbercreme (bah-*bayr*-kræm) *c* shaving cream

barbere sig (bah-*bay*-o) shave

barberkost (bah-*bayr*-koasd) *c* shaving brush

barbermaskine (bah-*bayr*-mah-*sgee*-ner) *c* safety razor, razor; **elektrisk ~** electric razor

barbersæbe (bah-*bayr*-sai-ber) *c* shaving soap

bark (baag) *c* bark

barm (bahm) *c* bosom

barmhjertig (bahm-*ʸær*-di) *adj* merciful

barmhjertighed (bahm-*ʸær*-di-haydh) *c* mercy

barn (bahn) *nt* (pl børn) child; kid; **forældreløst ~** orphan

barndom (*baan*-dom) *c* childhood

barnebarn (*baa*-ner-bahn) *nt* (pl børnebørn) grandchild

barnepige (*baa*-ner-pee-i) *c* nurse

barnevogn (*baa*-ner-voᵒⁿn) *c* pram; baby carriage *Am*

befalingsmand

barok (bah-*rog*) *adj* baroque

barometer (bah-roa-*may*-do) *nt* (pl -metre) barometer

barriere (bah-ri-ai-o) *c* barrier

barsk (baasg) *adj* harsh

bartender (*bah*-tehn-do) *c* bartender

baryton (*bah*-i-ton) *c* baritone

bas (bahss) *c* (pl ~ser) bass

base (*bah*-ser) *c* base

basilika (bah-*si*-li-kah) *c* basilica

basis (*baa*-siss) *c* (pl baser) basis

bassin (bah-*sehng*) *nt* pool

bastard (bah-*sdahd*) *c* bastard

batteri (bah-der-*ri*) *nt* battery

bebo (bay-*boa*) *v* inhabit

beboelig (bay-*boa*-er-li) *adj* habitable, inhabitable

beboelsesejendom (bay-*boa*-erl-serss-igh-ern-dom) *c* (pl ~me) block of flats; apartment house *Am*

beboelseshus (bay-*boa*-erl-serss-hoos) *nt* house

beboelsesvogn (bay-*boaerl*-serss-vo⁰⁰n) *c* caravan

beboer (bay-*boa*-o) *c* inhabitant; occupant

bebrejde (bay-*brigh*-der) *v* reproach

bebrejdelse (bay-*brigh*-derl-ser) *c* reproach

bede (*bay*-dher) *c* beet

*bede (*bay*-dher) *v* pray; beg, ask; ~ om undskyldning

apologize

bedrag (bay-*drou*) *nt* (pl ~) deceit, delusion

bedrage (bay-*drou*-er) *v* deceive; delude, cheat

bedrageri (bay-drou-o-*ri*) *nt* fraud

bedre (*behdh*-ro) *adj* better; superior; **bedst** best

bedrift (bay-*dræfd*) *c* achievement, exploit, feat

bedring (*behdh*-ræng) *c* recovery

bedrøvelse (bay-*drur*-verl-ser) *c* sadness, sorrow

bedrøvet (bay-*drur*-verdh) *adj* sad

bedstefar (*behss*-der-fah) *c* (pl -fædre) grandfather; granddad

bedsteforældre (*behss*-der-fo-*ehl*-dro) *pl* grandparents *pl*

bedstemor (*behss*-der-moar) *c* (pl -mødre) grandmother

bedømme (bay-*durm*-er) *v* judge

bedøvelse (bay-*dur*-verl-ser) *c* anaesthesia

bedøvelsesmiddel (bay-*dur*-verl-serss-midh-erl) *nt* (pl -midler) anaesthetic

bedårende (bay-*do*-o-ner) *adj* enchanting, charming

befale (bay-*fah*-ler) *v* command, order

befaling (bay-*fah*-layng) *c* order

befalingsmand (bay-*fah*-layngs-mahn) *c* (pl -mænd)

commander, officer

befolkning (bay-*folg*-nayng)
c population

befrielse (bay-*fri*-erl-ser) c
liberation, release

befri (bay-*fri* fo) v rid

begavet (bay-*gah*-verdh) adj
talented, gifted, clever

begejstret (bay-*gigh*-
sdrerdh) adj enthusiastic,
keen

begejstring (bay-*gigh*-
sdræng) c enthusiasm

begge (*beh*-ger) pron both;
either

begivenhed (bay-*gi*-vern-
haydh) c event, happening

begrave (bay-*grah*-ver) v
bury

begravelse (bay-*grah*-verl-
ser) c funeral; burial

begreb (bay-*græb*) nt notion;
idea, conception

*begribe (bay-*gri*-ber) v *see;
*take

begrunde (bay-*gron*-er) v
base, motivate

begrænse (bay-*græn*-ser) v
limit; **begrænset** limited

begynde (bay-*gurn*-er) v
*begin; commence; ~ **forfra**
recommence

begyndelse (bay-*gurn*-erl-
ser) c beginning;
begyndelses- initial; **i**
begyndelsen at first

begær (bay-*gær*) nt desire;
lust

begære (bay-*gæ*-o) v desire

begæring (bay-*gæ*-ræng) c

demand, request, wish

begærlig (bay-*gær*-li) adj
greedy

begærlighed (bay-*gær*-li-
haydh) c greed

*begå (bay-*go*) v commit

behage (bay-*hah*-ah) v please

behagelig (bay-*hah*-ah-li) adj
agreeable, pleasant;
enjoyable, pleasing; easy

behandle (bay-*hahn*-ler) v
treat; handle

behandling (bay-*hahn*-layng)
c treatment

*beholde (bay-*hol*-er) v
*keep

beholder (bay-*hol*-o) c
container

behov (bay-*ho*∞) nt need,
requirement, want

behændig (bay-*hehn*-di) adj
skilful, agile

behøve (bay-*hur*-ver) v need;
demand

beige (baish) adj beige

bekende (bay-*kehn*-er) v
confess

bekendelse (bay-*kehn*-erl-
ser) c confession

bekendt (bay-*kehnd*) c
acquaintance

*bekendtgøre (bay-*kehnd*-
gur-o) v announce

bekendtgørelse (bay-*kehnd*-
gur-ol-ser) c announcement

beklage (bay-*klah*-ah) v
regret

beklageligvis (bay-*klah*-ah-
li-vis) adv unfortunately

beklagelse (bay-*klah*-ahl-ser) *c* regret

bekostelig (bay-*koss*-der-li) *adj* expensive

bekræfte (bay-*kræf*-der) *v* confirm; acknowledge

bekræftelse (bay-*kræf*-derl-ser) *c* confirmation

bekræftende (bay-*kræf*-der-ner) *adj* affirmative

bekvem (bay-*kvehm*) *adj* comfortable, convenient

bekvemmelighed (bay-*kvehm*-er-li-haydh) *c* comfort

bekymre sig (bay-*kurm*-ro) worry

bekymret (bay-*kurm*-rodh) *adj* worried; anxious, concerned

bekymring (bay-*kurm*-ræng) *c* trouble, worry; care, concern

bekæmpe (bay-*kehm*-ber) *v* combat, fight

belastning (bay-*lahsd*-nayng) *c* charging, load

belejlig (bay-*ligh*-li) *adj* convenient

belejring (bay-*ligh*-ræng) *c* siege

beleven (bay-*lay*-vern) *adj* courteous

Belgien (*behl*-g^{y}ern) Belgium

belgier (*behl*-g^{y}o) *c* Belgian

belgisk (*behl*-gisg) *adj* Belgian

beliggende (bay-*lay*-ger-ner) *adj* situated

beliggenhed (bay-*lay*-gern-haydh) *c* situation, site; location

belysningsmåler (bay-*lews*-nayngs-maw-lo) *c* exposure meter

****belægge** (bay-*leh*-ger) *v* pave

beløb (bay-*lurb*) *nt* (pl ~) amount; **rundt ~** lump sum

****beløbe sig til** (bay-*lur*-ber) amount to

belønne (bay-*lurn*-er) *v* reward

belønning (bay-*lurn*-ayng) *c* reward; prize

bemærke (bay-*mær*-ger) *v* observe, note, notice; remark

bemærkelsesværdig (bay-*mær*-gerl-serss-vær-di) *adj* noticeable, remarkable

bemærkning (bay-*mærg*-nayng) *c* remark

ben (bayn) *nt* (pl ~) leg; bone

benskinne (*bayn*-sgay-ner) *c* splint

benytte (bay-*nur*-der) *v* utilize; apply, employ, use

benzin (behn-*sin*) *c* petrol; fuel; gas *nAm*, gasoline *nAm*; **blyfri ~** unleaded petrol

benzinpumpe (behn-*sin*-pom-ber) *c* petrol pump; fuel pump *Am*; gas pump *Am*

benzinstation (behn-*sin*-sdah-s^{y}oan) *c* petrol station; gas station *Am*

benzintank (behn-*sin*-tahngg) *c* petrol tank

benægte (bay-*nehg*-der) *v*

deny

benægtende (bay-*nehg*-der-ner) *adj* negative

benævnelse (bay-*neh*°°-nerl-ser) *c* denomination

benådning (bay-*nodh*-nayng) *c* pardon

beordre (bay-*o*-dro) *v* order

berede (bay-*ræ*-dher) *v* prepare

beredt (bay-*ræd*) *adj* prepared

beregne (bay-*righ*-ner) *v* calculate

beregning (bay-*righ*-nayng) *c* calculation

beretning (bay-*ræd*-nayng) *c* account

berette (bay-*ræ*-der) *v* *tell, record, report

berettiget (bay-*ræ*-di-erdh) *adj* just; entitled

berolige (bay-roa-li-er) *v* calm down; reassure; **beroligende middel** tranquillizer

beruset (bay-*roo*-serdh) *adj* intoxicated

berygtet (bay-*rurg*-derdh) *adj* notorious

berømmelse (bay-*rurm*-erl-ser) *c* fame

berømt (bay-*rurmd*) *adj* famous; noted

berømthed (bay-*rurmd*-haydh) *c* celebrity

berøre (bay-*rur*-o) *v* touch; affect

berøring (bay-*rurr*-ayng) *c* touch; contact

besat (bay-*sahd*) *adj* occupied; possessed

besejle (bay-*sigh*-ler) *v* sail

besejre (bay-*sigh*-ro) *v* *beat, defeat, conquer

*besidde (bay-*sidh*-er) *v* possess

besiddelse (bay-*sidh*-erl-ser) *c* possession

besindig (bay-*sayn*-di) *adj* sober, cool

beskadige (bay-*sgah*-dhi-er) *v* damage

beskatning (bay-*sgahd*-nayng) *c* taxation

beskatte (bay-*sgah*-der) *v* tax

besked (bay-*sgaydh*) *c* message; ***give ~** inform

beskeden (bay-*sgay*-dhern) *adj* modest

beskedenhed (bay-*sgay*-dhern-haydh) *c* modesty

beskidt (bay-*sgid*) *adj* dirty, filthy

*beskrive (bay-*sgri*-ver) *v* describe

beskrivelse (bay-*sgri*-verl-ser) *c* description

beskylde (bay-*sgewl*-er) *v* accuse

beskyldning (bay-*sgewl*-nayng) *c* accusation, charge

beskytte (bay-*sgur*-der) *v* protect

beskyttelse (bay-*sgur*-derl-ser) *c* protection

beskæftige (bay-*sgehf*-di-er) *v* employ; **~ sig med** *be occupied with

beskæftigelse (bay-*sgehf*-di-

betegnelse

erl-ser) c occupation;
employment
*beslaglægge (bay-*slou*-leh-ger) v confiscate
beslutning (bay-*slood*-nayng) c decision
beslutsom (bay-*slood*-som) adj resolute
beslutte (bay-*sloo*-der) v decide
beslægtet (bay-*slehg*-derdh) adj related
bestanddel (bay-*sdahn*-dayl) c element; ingredient
bestemme (bay-*sdehm*-er) v decide; determine, destine; designate
bestemmelse (bay-*sdehm*-erl-ser) c stipulation; decision; decree
bestemmelsessted (bay-*sdehm*-erl-serss-sdehdh) nt destination
bestemt (bay-*sdehmd*) adj definite; adv certainly; aldeles ~ without fail
*bestige (bay-*sti*-i) v ascend
*bestikke (bay-*sday*-ger) v bribe; corrupt
bestikkelse (bay-*sday*-gerl-ser) c bribery, corruption, bribe
bestille (bay-*sdayl*-er) v *do; order; engage, reserve
bestilling (bay-*sdayl*-ayng) c order; booking
*bestride (bay-*sdri*-dher) v dispute, challenge
bestyre (bay-*sdew*-o) v manage

bestyrelse (bay-*sdew*-ol-ser) c board; direction
bestyrtet (bay-*sdewr*-derdh) adj upset
*bestå (bay-*sdo*) v exist, last; pass; ~ af consist of
besvare (bay-*svah*-ah) v answer, return
besvime (ber-*svi*-mer) v faint
besvær (bay-*svær*) nt trouble, nuisance; inconvenience
besværlig (bay-*svær*-li) adj troublesome, inconvenient
besynderlig (bay-*surn*-o-li) adj strange, curious, funny
*besætte (bay-*seh*-der) v occupy
besættelse (bay-*seh*-derl-ser) c occupation
besøg (bay-*sur*) nt (pl ~) call, visit
besøge (bay-*sur*-ur) v call on, visit
besøgende (bay-*sur*-ur-ner) c (pl ~) visitor
besøgstid (bay-*surs*-tidh) c visiting hours
betagende (bay-*tah*-er-ner) adj moving; impressive; glamorous
betale (bay-*tah*-ler) v *pay; ~ sig *pay; ~ tilbage reimburse, *pay back
betaling (bay-*tah*-layng) c payment
betalingsmodtager (bay-*tah*-laynngs-moadh-tah-o) c payee
betegnelse (bay-*tigh*-nerl-ser) c denomination

betegnende (bay-*tigh*-ner-ner) *adj* characteristic, indicative

betingelse (bay-*tayng*-erl-ser) *c* condition

betingelsesløs (bay-*tayng*-erl-serss-lurs) *adj* unconditional

betinget (bay-*tayng*-erdh) *adj* conditional

betjene (bay-*t³eh*-ner) *v* wait on

betjening (bay-*t³eh*-nayng) *c* service

betjeningsafgift (bay-*t³eh*-nayngs-ou-gifd) *c* service charge

beton (bay-*tong*) *c* concrete

betone (bay-*toa*-ner) *v* stress

betoning (bay-*toa*-nayng) *c* stress

betragte (bay-*trahg*-der) *v* consider, regard; view

betro (bay-*troa*) *v* entrust, confide

*betræde** (bay-*træ*-dher) *v* enter

*betrække** (bay-*træ*-ger) *v* upholster

betvivle (bay-*tvee*⁰⁰-ler) *v* doubt

*betyde** (bay-*tew*-dher) *v* *mean; imply

betydelig (bay-*tew*-dher-li) *adj* considerable

betydende (bay-*tew*-dher-ner) *adj* big

betydning (bay-*tewdh*-nayng) *c* importance; meaning, sense; *være af ~

matter

betydningsfuld (bay-*tewdh*-nayngs-fool) *adj* significant

betydningsløs (bay-*tewdh*-nayngs-lurs) *adj* insignificant

betændelse (bay-*tehn*-erl-ser) *c* inflammation

betænkelig (bay-*tehng*-ger-li) *adj* alarming; uneasy; critical

beundre (bay-*on*-dro) *v* admire

beundrer (bay-*on*-dro) *c* admirer

beundring (bay-*on*-dræng) *c* admiration

bevare (bay-*vah*-ah) *v* *keep

bevidst (bay-*vaysd*) *adj* conscious, deliberate

bevidsthed (bay-*vaysd*-haydh) *c* consciousness

bevidstløs (bay-*vaysd*-lurs) *adj* unconscious

bevilge (bay-*vil*-³er) *v* grant

bevilling (bay-*vil*-ayng) *c* licence, permission; *give ~ license

bevis (bay-*vis*) *nt* evidence, proof; token; certificate

bevise (bay-*vi*-ser) *v* prove; *show, demonstrate

bevogte (bay-*vog*-der) *v* guard

bevæbne (bay-*vehb*-ner) *v* arm; **bevæbnet** armed

bevæge (bay-*veh*-eh) *v* move; ~ **sig** move

bevægelig (bay-*veh*-eh-li) *adj* movable, mobile

biologi

bevægelse (bay-*veh*-ehl-ser) c motion, movement; emotion

beværte (bay-*vær*-der) v entertain

beværtning (bay-*værd*-nayng) c public house

beære (bay-*eh*-o) v honour

bh (bay-*ho*) c bra

bi (bi) c bee

bibel (*bi*-berl) c (pl bibler) bible

bibetydning (*bi*-bay-tewdh-nayng) c connotation

bibliotek (bib-li-oa-*tayg*) c library

bid¹ (bidh) c (pl ~der) morsel; ~ mad snack

bid² (bidh) nt (pl ~) bite

*bide (*bee*-dher) v *bite

bidrag (*bi*-drou) nt (pl ~) contribution; allowance

bifald (*bi*-fahl) nt applause; approval

bifalde (*bi*-fahl-er) v consent, approve of

biflod (*bi*-floadh) c tributary

bil (bil) c car, automobile

bilag (*bi*-lah) nt (pl ~) enclosure, annex

bilde sig ind (*bi*-ler) imagine

bilkapring (bil-*kaa*-brayn) c carjacking

bilist (bi-*lisd*) c motorist

bilkørsel (*beel*-kurr-serl) c motoring

billard (*bil*-ʸahd) nt billiards pl

bille (*bi*-ler) c bug; beetle

billedbesked (*bay*-lerdh-bay-*sgaydh*) c photo message

billedbog (*bay*-lerdh-bo⁰⁰) c (pl -bøger) picture book

billede (*bay*-ler-dher) nt picture; image

billedhugger (*bay*-lerdh-ho-go) c sculptor

billedskærerarbejde (*bay*-lerdh-sgeh-o-aa-bigh-der) nt carving

billet (bi-*lehd*) c (pl ~ter) ticket

billetautomat (bi-*lehd*-ou-toa-mahd) c ticket machine

billetkontor (bi-*lehd*-koan-toar) nt box office

billetkontrollør (bi-*lehd*-kon-troa-lurr) c ticket collector

billetluge (bi-*lehd*-loo-oo) c box office

billetpris (bi-*lehd*-pris) c fare

billig (*bi*-li) adj inexpensive, cheap

billigbog (*bi*-li-bo⁰⁰) c (pl -bøger) paperback

billige (*bi*-li-il-ser) c approval

billudlejning (*beel*-oodh-lahi-nayng) c car hire; car rental Am

bind (bayn) nt (pl ~) volume

*binde (*bay*-ner) v tie; *bind; ~ sammen bundle

bindestreg (*bay*-ner-sdrigh) c hyphen

biograf (bi-oa-*grahf*) c cinema; pictures; movie theater Am, movies Am

biologi (bi-oa-loa-*gi*) c biology

biologisk nedbrydeligt (bi-oa-loa-*gisg naydh*-brew-dher-lid) *adj* biodegradable

bipolær (lidelse) (bi-*po*-lai *lee*-dherl-ser) *adj* bipolar

birk (beerg) *c* birch

biskop (*bi*-sgob) *c* (pl ~per) bishop

bistade (*bi*-sdaa-dher) *nt* beehive

bister (*bi*-sdo) *adj* fierce

*bistå (*bi*-sdo) *v* assist

bitter (*bay*-do) *adj* bitter

bjerg (b^yær) *nt* mountain, mount

bjergbestigning (b^yær-bay-sdi-nayng) *c* mountaineering

bjerghytte (b^yær-hew-der) *c* chalet

bjergkæde (b^yær-kai-dher) *c* mountain range

bjergrig (b^yær-ri) *adj* mountainous

bjælke (b^yehl-ger) *c* beam

bjærge (b^yær-er) *v* salvage; gather in

bjørn (b^yurrn) *c* bear

Blackberry (*blag*-bær-ew) *nt* Blackberry®

blad (blahdh) *nt* leaf; blade

bladguld (*blahdh*-gool) *nt* gold leaf

bladhandler (*blahdh*-hahn-lo) *c* newsagent

blaffe (*blah*-fer) *v* hitchhike

blaffer (*blah*-fo) *c* hitchhiker

blande (*blah*-ner) *v* mix; mingle; ~ **sig i** interfere with; **blandet** mixed

blanding (*blah*-nayng) *c* mixture

blandt (blahnd) *prep* amid, among; ~ **andet** among other things; **midt** ~ amid

blank (blahngg) *adj* bright, shining; blank; broke

blanket (blahng-*kehd*) *c* (pl ~ter) form

ble (blay) *c* nappy; diaper *nAm*

bleg (bligh) *adj* pale

blege (*bligh*-er) *v* bleach

blegne (*bligh*-ner) *v* grow pale; fade

blid (blidh) *adj* gentle

blik (blayg) *nt* (pl ~ke) look; glance; **kaste et** ~ glance

blikkenslager (*blay*-gern-slah-o) *c* plumber

blind (blayn) *adj* blind

blindtarm (*blayn*-tahm) *c* appendix

blindtarmsbetændelse (*blayn*-tahms-bay-tehn-erl-ser) *c* appendicitis

blinklys (*blaynggg*-lews) *nt* (pl ~) indicator; trafficator; directional signal *Am*

blitzpære (*blids*-pai-o) *c* flash bulb

*blive (*blee*-ver) *v* stay; *become; *grow, *go, *get; ~ **ved** continue; ~ **ved med** *keep on, *keep

blivende (*blee*-ver-ner) *adj* lasting, permanent

blod (bloadh) *nt* blood

blodforgiftning (*bloadh*-fo-gifd-nayng) *c* blood

poisoning
blodkar (*bloadh*-kah) *nt* (pl
~) blood vessel
blodmangel (*bloadh*-mahng-
erl) *c* anaemia
blodomløb (*bloadh*-om-lurb)
nt circulation
blodtryk (*bloadh*-trurg) *nt*
blood pressure
Blog (blog) *c* Blog
blokere (blo-*kay*-o) *v* block
blomkål (*blom*-kol) *c*
cauliflower
blomme (*blo*-mer) *c* plum
blomst (blomsd) *c* flower
blomsterbed (*blom*-sdo-
baydh) *nt* flowerbed
blomsterforretning (*blom*-
sdo-fo-ræd-nayng) *c* flower
shop
blomsterhandler (*blom*-sdo-
hahn-lo) *c* florist
blomsterløg (*blom*-sdo-loi)
nt (pl ~) bulb
blomstre (*blom*-sdro) *v*
blossom
blomstrende (*blom*-sdro-
ner) *adj* flourishing,
flowering; prosperous
blond (blond) *adj* fair; blond
blondine (blon-*dee*-ner) *c*
blonde
blot (blod) *adv* merely
blottet (*blo*-derdh) *adj* naked
bluse (*bloo*-ser) *c* blouse
bly (blew) *nt* lead
blyant (*blew*-ahnd) *c* pencil
blyantspidser (*blew*-ahnd-
sbay-so) *c* pencil sharpener
blæk (blehg) *nt* ink

blæksprutte (*blehg*-sproo-
der) *c* octopus
blænde (*bleh*-ner) *v* blind;
blændende glaring,
dazzling
blære (*blai*-o) *c* blister;
bladder
blæse (*blai*-ser) *v* *blow;
blæsende windy, gusty
blød (blurdh) *adj* soft; smooth
bløde (*bluur*-dher) *v* *bleed
*blødgøre (*blurdh*-gur-o) *v*
soften
blødgøringsmiddel (*blurdh*-
gurr-ayngs-midh-erl) *nt* (pl
-midler) water softener
blødning (*blurdh*-nayng) *c*
bleeding; haemorrhage
blå (blo) *adj* blue
bo (boa) *v* live; reside, stay
boble (*bob*-ler) *c* bubble
bod (boadh) *c* stall; penance,
booth
bog (bo⁰⁰) *c* (pl bøger) book
bogføre (*bo*⁰⁰-fur-o) *v* book
boghandel (*bo*⁰⁰-hahn-erl) *c*
bookstore
boghandler (*bo*⁰⁰-hahn-lo) *c*
bookseller
boglade (*bo*⁰⁰-laa-dher) *c*
bookstore
boglig (*bo*⁰⁰-li) *adj* literary
bogreol (*bo*⁰⁰-ræ-oal) *c*
bookstand
bogstav (*bog*-sdou) *nt* letter;
stort ~ capital letter
boks (bogs) *c* booth; safe
boksanlæg (*bogs*-ahn-lehg)
nt (pl ~) vault
bokse (*bog*-ser) *v* box

boksekamp (*bog-ser-kahmb*) *c* boxing match

bold (bold) *c* ball

bolig (*bōa*-li) *c* house

Bolivia (boa-*li*-vi-ah) Bolivia

bolivianer (boa-li-vi-*ah*-no) *c* Bolivian

boliviansk (boa-li-vi-*ahnsg*) *adj* Bolivian

bolle (*bo*-ler) *c* bun

bolsje (bol-s³er) *nt* sweet; candy *nAm*

bolt (bold) *c* bolt

bom (bom) *c* (pl *∼*me) barrier

bombardere (bom-bah-*day*-o) *v* bomb

bombe (*bom*-ber) *c* bomb

bomuld (*bo*-mool) *c* cotton; **bomulds-** cotton

bomuldsfløjl (*bo*-mools-floil) *nt* velveteen

bon (bong) *c* voucher; sales ticket

bonde (*bo*-ner) *c* (pl bønder) peasant

bondegård (*bo*-ner-go) *c* farm

bopæl (*boa*-pehl) *c* domicile; residence

bor (boar) *nt* (pl *∼*) drill

bord (boar) *nt* table; *∗gå fra borde* disembark; *∗gå om ∼ embark*; *koldt ∼ buffet*; *om ∼ aboard*

bordel (bo-*dehl*) *nt* (pl *∼*ler) brothel

bordtennis (*boar*-teh-niss) table tennis

bore (*bōa*-o) *v* bore, drill

borg (bo∞) *c* castle; stronghold

borger (*bawoo*-o) *c* citizen; **borger-** civic

borgerlig (*bawoo*-o-li) *adj* middleclass; bourgeois; *∼ ret* civil law

borgmester (bo-*mehss*-do) *c* (pl -mestre) mayor

borte (*baw*-der) *adv* gone

bortforklare (*bawd*-fo-klah-ah) *v* explain away

bortforpagte (*bawd*-fo-pahg-der) *v* lease

bortset fra (*bawd*-sayd) apart from

bosiddende (*boa*-saydh-er-ner) *adj* resident

botanik (boa-tah-*nig*) *c* botany

boutique (boo-*tig*) *c* boutique

brag (brah) *nt* (pl *∼*) noise

brand (brahn) *c* fire

brandalarm (*brahn*-ah-lahm) *c* fire alarm

brandfarlig (*brahn*-faa-li) *adj* inflammable

brandmand (*brahn-* mahn) *c* (pl -mænd) firefighter

brandsikker (*brahn*-say-go) *adj* fireproof

brandsår (*brahn*-so) *nt* (pl *∼*) burn

brandtrappe (*brahn*-trah-ber) *c* fire escape

brandvæsen (*brahn*-veh-sern) *nt* fire brigade

brase (*braa*-ser) *v* fry

brasilianer (brah-sil-³*ah*-no) *c* Brazilian

brasiliansk (brah-sil-³*ahnsg*) *nt* Brazilian

adj Brazilian

Brasilien (brah-*sil*-*y*ern) Brazil

brat (brahd) *adj* steep

breche (*bræ*-sher) *c* breach

bred[1] (brædh) *c* (pl ~der) shore, bank

bred[2] (brædh) *adj* broad, wide

bredbånd (brædh-bon) *nt* broadband

bredde (*bræ*-der) *c* breadth, width

breddegrad (*bræ*-der-grahd) *c* latitude

brede (*bræe*-dher) *v* *spread; ~ **ud** *spread out

bremse (*bræm*-ser) *c* brake; *v* slow down

bremsetromle (*bræm*-ser-troam-ler) *c* brake drum

brev (bræoo) *nt* letter

brevkasse (*bræoo*-kah-ser) *c* letterbox; mailbox *nAm*

brevkort (*bræoo*-kawd) *nt* (pl ~) post card, card

brevpapir (*bræoo*-pah-peer) *nt* notepaper

brevveksling (*bræoo*-vehgs-layng) *c* correspondence

brillant (bril-*y*ahnd) *adj* brilliant

briller (*bræ*-lo) *pl* spectacles, glasses

brillestel (*bræ*-ler-sdehl) *nt* (pl ~) spectacle frame

***bringe** (*bræ*-nger) *v* *bring; *take; ~ **tilbage** *bring back

brint (brænd) *c* hydrogen

brintoverilte (brænd-o[oo]-o-*il*-der) *c* peroxide

brise (*bree*-ser) *c* breeze

brist (bræsd) *c* (pl ~) flaw, defect; fault

briste (*bræss*-der) *v* *burst; crack

brite (*bri*-der) *c* Briton

britisk (*bri*-disg) *adj* British

bro (broa) *c* bridge

broche (bro-s[3]er) *c* brooch

brochure (broa-s[3]*ew*-o) *c* brochure

brodere (broa-*day*-o) *v* embroider

broderi (broa-do-*ri*) *nt* embroidery

broderskab (bro[a]-dho-sgahb) *nt* fraternity

broget (*braw*-erdh) *adj* colourful, motley; varied; confused

brok (brog) *c* (pl ~) hernia

***brolægge** (*broa*-leh-ger) *v* pave

brolægning (*broa*-lehg-nayng) *c* pavement

brombær (*broam*-bær) *nt* (pl ~) blackberry

bronkitis (brong-*ki*-diss) *c* bronchitis

bronze (*brong*-ser) *c* bronze; bronze- bronze

bror (broar) *c* (pl brødre) brother

brud[1] (broodh) *c* bride

brud[2] (broodh) *nt* (pl ~) fracture, break

brudgom (*broodh*-gom) *c* (pl ~me) groom

brudsikker (*broodh*-say-go) *adj* unbreakable

brudstykke (*broodh*-sdur-ger) *nt* fragment

brug (broo) *c* use; custom, usage

brugbar (*broo*-bah) *adj* useful; fit

bruge (*broo*-oo) *v* use; employ, *spend

bruger (*broo*-o) *c* user

brugsanvisning (*broos*-ahn-vis-nayng) *c* directions for use

brugsgenstand (*broos*-gehn-sdahn) *c* utensil

brugt (brogd) *adj* second-hand

brumme (*bro*-mer) *v* growl

brun (broon) *adj* brown; tanned

brunette (broo-*neh*-der) *c* brunette

brus (broos) *nt* (pl ~) fizz

brusk (broosg) *c* cartilage

brutal (broo-*tahl*) *adj* brutal

brutto- (*broo*-toa) gross

*bryde (*brew*-dher) *v* *break; ~ ind burgle, *break in; ~ sammen collapse; ~ sig om care for

brygge (*brur*-ger) *v* brew

bryggeri (brur-go-*ri*) *nt* brewery

bryllup (*brur*-lob) *nt* (pl ~per) wedding

bryllupsrejse (*brur*-lobs-righ-ser) *c* honeymoon

bryst (brursd) *nt* breast; chest

brystholder (*brursd*-ho-lo) *c* bra

brystkasse (*brursd*-kah-ser) *c* chest

brystsvømning (*brursd*-svurm-nayng) *c* breaststroke

brækjern (*bræg*-^yærn) *nt* (pl ~) crowbar

brække (*bræ*-ger) *v* fracture; crack; ~ sig vomit

brænde (*brah*-ner) *v* *burn; ~ på *burn

brændeknude (*brah*-ner-knōō-dher) *c* log

brændemærke (*bræ*-ner-mær-ger) *c* brand

brændpunkt (*brahn*-pongd) *nt* focus

brændsel (*brahn*-serl) *nt* fuel

brændselsolie (*brahn*-serls-oal-^yer) *c* fuel oil

bræt (brahd) *nt* (pl brædder) board

brød (brurdh) *nt* (pl ~) bread; loaf; ristet ~ toast

brøkdel (*brurg*-dayl) *c* fraction

brøl (brurl) *nt* (pl ~) roar

brøle (*brūr*-ler) *v* roar

brønd (brurn) *c* well

brøndkarse (*brurn*-kaa-ser) *c* watercress

bud (boodh) *nt* (pl ~) bid

budbringer (*boodh*-bræng-o) *c* messenger

budget (bew-s^y*ehd*) *nt* (pl ~ter) budget

budskab (*boodh*-sgahb) *nt* message

bue (*bōō*-oo) *c* bow; arch

bueformet (*bōō*-oo-fo-merdh) *adj* arched

buegang (*bōō*-oo-gahng) *c*

arcade

buet (*bōō*-oodh) *adj* curved

bugserbåd (boog-*sayr*-bodh) *c* tug

bugt (bogd) *c* bay, gulf; creek

buket (boo-*kehd*) *c* (pl ~ter) bunch; bouquet

bukke (*bo*-ger) *v* bow; ~ under succumb

buksedragt (*bog*-ser-drahgd) *c* pant suit

bukser (*bog*-so) *pl* trousers *pl*; pants *plAm*

bule (*bōō*-ler) *c* lump, bump; dent

bulgarer (bool-*gah*-ah) *c* Bulgarian

Bulgarien (bool-*gah*-Yern) Bulgaria

bulgarsk (bool-*gahsg*) *adj* Bulgarian

bumletog (*bom*-ler-to^oo) *nt* (pl ~) stopping train

bund (bon) *c* bottom

bundfald (*bon*-fahl) *nt* deposit; dregs

bundt (bond) *nt* bundle

bundte (*bon*-der) *v* bundle

bunke (*bong*-ger) *c* lot

buntmager (*bond*-mah-o) *c* furrier

bur (boor) *nt* cage

***burde** (*boor*-der) *v* *ought to

bureau (bew-*roa*) *nt* agency

bureaukrati (bew-roa-krah-*ti*) *nt* bureaucracy

burger (bur-*gø*) *c* beefburger; hamburger *nAm*

bus (booss) *c* (pl ~ser) coach, bus

busk (boosg) *c* bush

buskvækst (*boosg*-vehgsd) *c* shrub

buste (*bewss*-der) *c* bust

busteholder (*bewss*-der-ho-lo) *c* brassiere

butik (boo-*tig*) *c* (pl ~ker) shop

butiksindehaver (boo-*tigs*-ay-ner-hah-vo) *c* shopkeeper

butterfly (*bo*-do-fligh) *c* (pl -flies) bow tie; butterfly stroke

buttet (*boo*-derdh) *adj* plump

by (bew) *c* town, city

byboere (*bew*-boa-o-o) *pl* townspeople *pl*

byg (bewg) *c* barley

byge (*bēw*-ew) *c* shower

bygge (*bew*-ger) *v* *build; construct

byggeri (bew-go-*ri*) *nt* construction

bygning (*bewg*-nayng) *c* building; construction

bygningskunst (*bewg*-nayngs-konsd) *c* architecture

byld (bewl) *c* abscess, boil; sore

bymidte (*bew*-may-der) *c* town centre

bymæssig (*bew*-meh-si) *adj* urban

byrde (*bewr*-der) *c* load, burden; charge

bytning (*bewd*-nayng) *c* exchange

bytte (*bew*-der) *v* exchange; swap; *nt* booty; prey

byttepenge (*bew*-der-pehng-er) *pl* change

bæger (*bai*-o) *nt* (pl **bægre**) cup

bæk (behg) *c* (pl ~ke) stream, brook

bækken (*beh*-gern) *nt* basin; pelvis

bælte (*behl*-der) *nt* belt

bæltested (*behl*-der-sdehdh) *nt* waist

bændel (*behn*-erl) *nt* (pl -dler) tape

bænk (behngg) *c* bench

bær (bær) *nt* (pl ~) berry

bærbar (*bær*-*bah*) *adj* handheld

*****bære** (*bai*-o) *v* carry; support, *****bear; *****wear; ~ sig ad proceed

bæver (*beh*-vo) *c* beaver

bøddel (*burdh*-erl) *c* (pl **bødler**) executioner

bøde (*bür*-dher) *c* penalty, fine; ticket

bøf (burf) *c* (pl ~fer) steak

bøg (bur) *c* beech

bøje (*boi*-er) *c* buoy; *v* *bend; ~ sig *bend down; **bøjet** curved

bøjelig (*boi*-er-li) *adj* flexible,

supple

bøjle (*boi*-ler) *c* hanger, coat hanger

bølge (*burl*-er) *c* wave

bølgelængde (*burl*-er-lehng-der) *c* wavelength

bølget (*burl*-erdh) *adj* wavy

bølleagtig (*bur*-ler-ahg-di) *adj* rowdy

bøn (burn) *c* (pl ~ner) prayer

*****bønfalde** (*burn*-fahl-er) *v* entreat, implore, beg

bønne (*bur*-ner) *c* bean

børnehave (*burr*-ner-haa-ver) *c* kindergarten

børnelammelse (*burr*-ner-lah-merl-ser) *c* polio

børneværelse (*burr*-ner-vai-ol-ser) *nt* nursery

børs (burrs) *c* stock exchange, exchange

børste (*burr*-sder) *c* brush; *v* brush

båd (bodh) *c* boat

både ... og (*baw*-dher o) both ... and

bånd (bon) *nt* (pl ~) ribbon; band; tape

båndoptager (*bon*-ob-tah-o) *c* recorder, tape recorder

C

café (kah-*fay*) *c* café

cafeteria (kah-fer-*tayr*-ʸah) *nt* (pl -ier) cafeteria; self--service restaurant

Call Waiting (facilitet) (koal

weh-tayng) *c* call waiting

campere (kahm-*pay*-o) *v* camp

campingplads (*kahm*-payng-plahss) *c* camping site

campingvogn (*kahm*-payng-voᵒᵒn) *c* caravan; trailer *nAm*

campist (kahm-*pisd*) *c* camper

Canada (*kah*-nah-dah) Canada

canadier (kah-*nah*-dʸo) *c* Canadian

canadisk (kah-*nah*-disg) *adj* Canadian

CD (*say*-day) *c* compact disc; ~ afspiller compact disc player

CD (-ROM) (*say*-day) (-rom) *c* (pl ~) CD(-ROM)

celle (*seh*-ler) *c* cell

celsius (*sehl*-si-ooss) centigrade

cembalo (*tʸehm*-bah-loa) *nt* harpsichord

cement (say-*mehnd*) *c* cement

censur (sehn-*soor*) *c* censorship

center (sehn-*dehr*) *nt* centre

centimeter (sehn-ti-*may*-do) *c* (pl ~) centimetre

central (sehn-*trahl*) *adj* central

centralisere (sehn-trah-li-*say*-o) *v* centralize

centralvarme (sehn-*trahl*-vaa-mer) *c* central heating

centrum (sehn-*trom*) *nt* (pl -trer) centre

ceremoni (sāy-o-moa-*ni*) *c* ceremony

ceremoniel (sāy-o-moa-ni-*ehl*) *adj* ceremonious, formal

certifikat (sær-ti-fi-*kahd*) *nt* certificate

champagne (sʸahm-*pahn*-ʸer) *c* champagne

champignon (sʸahm-pin-ʸong) *c* mushroom

chance (sʸahng-ser) *c* opportunity, chance

charlatan (sʸaa-lah-tahn) *c* quack

charme (sʸaa-mer) *c* charm; attraction

charmerende (sʸah-*may*-o-ner) *adj* charming

charterflyvning (sʸaa-do-flewᵒᵒ-nayng) *c* charter flight

chassis (sʸah-*si*) *nt* chassis

chauffør (sʸoa-*furr*) *c* driver; chauffeur

check (sʸehg) *c* (pl ~s) cheque; check *nAm*

checke (*tʸeh*-ger) *v* check; ~ ind check in; ~ ud check out

checkhæfte (*sʸehg*-hehf-der) *nt* chequebook; checkbook *nAm*

chef (sʸehf) *c* boss, manager

Chile (*tʸee*-ler) Chile

chilener (tʸi-*lay*-no) *c* Chilean

chilensk (tʸi-*laynsg*) *adj* Chilean

chok (sʸog) *nt* (pl ~) shock

choker (sʸurᵒᵒ-ko) *c* choke

chokere (sʸoa-*kay*-o) *v* shock; chokerende shocking

chokolade (sʸoa-goa-*laa*-dher) *c* chocolate

chokoladeforretning (sʸoa-

goa-*laa*-dher-fo-ræd-nayng)
c sweetshop; candy store *Am*
ciffer (si-fo) *nt* (pl cifre) digit;
figure
cigar (si-*gah*) *c* cigar
cigaret (si-gah-*ræd*) *c* (pl
~ter) cigarette
cigaretetui (si-gah-*ræd*-ay-
too-i) *nt* cigarette case
cigarettobak (si-gah-*ræd*-
toa-bahg) *c* (pl ~ker)
cigarette tobacco
cigarettænder (si-gah-*ræd*-
teh-no) *c* cigarette lighter
cigarforretning (si-*gah*-fo-
ræd-nayng) *c* cigar shop
cirka (*seer*-gah) *adv* about,
approximately
cirkel (*seer*-gerl) *c* (pl -kler)
circle
cirkus (*seer*-gooss) *c* (pl ~)
circus
citat (si-*tahd*) *nt* quotation
citere (si-*tay*-o) *v* quote
citron (si-*troan*) *c* lemon;
grøn ~ lime
civil (si-*vil*) *adj* civil; civilian
civilisation (si-vi-li-sah-
s*y*oan) *c* civilization
civiliseret (si-vi-li-*say*-odh)
adj civilized
civilist (si-vi-*lisd*) *c* civilian
Colombia (koa-*loam*-bi-ah)

Colombia
colombianer (koa-loam-bi-
ah-no) *c* Colombian
colombiansk (koa-loam-bi-
ahnsg) *adj* Colombian
coma (*kōā*-mah) *c* coma
compact disc (kom-*pahgd*
disg) *c* compact disc
computer (kom-*pju*-ter) *c*
computer
conditioner (kon-*di*-s*y*oa-
ner) *c* conditioner
cowboybukser (*ko*∞-boi-
bog-so) *pl* jeans
creme (kræm) *c* cream
Cuba (*kōō*-bah) Cuba
cubaner (koo-*bah*-no) *c*
Cuban
cubansk (koo-*bahnsg*) *adj*
Cuban
curlere (*kūr*-lo-o) *pl* hair
rollers
cykel (*sew*-gerl) *c* (pl cykler)
cycle, bicycle
cykelsti (*sew*-gerl-sdi) *c* cycle
track
cykle (*sewg*-ler) *v* cycle
cyklist (sewg-*lisd*) *c* cyclist
cyklus (*sew*-klooss) *c* (pl -ler)
cycle
cylinder (sew-*layn*-do) *c* (pl
-dre) cylinder

D

da (dah) *adv* then; *conj* when

daddel (*dah*-dherl) *c* (pl dadler) date

dadle (*dadh*-ler) *v* blame

dag (dah) *c* day; i ~ today; om dagen by day; per ~ per day

dagblad (*dou*-blahdh) *nt* daily

dagbog (*dou*-bo°°) *c* (pl -bøger) diary

daggry (*dou*-grew) *nt* daybreak

daglig (*dou*-li) *adj* daily; everyday

dagligdags (*dou*-li-dahs) *adj* ordinary

dagligstue (*dou*-li-sdoo-oo) *c* living room

dagslys (*douss*-lews) *nt* daylight

dagsorden (*douss*-o-dern) *c* agenda

dagspa (*dou*-spah) *c* day spa

dagtur (*dou*-toor) *c* day trip

dal (dahl) *c* valley

dam (dahm) *c* (pl ~me) pond

dam (dahm) *nt* draughts; checkers *nAm*

dame (*daa*-mer) *c* lady

dameskrædderinde (*daa*-mer-sgræ-dho-ay-ner) *c* dressmaker

dametoilet (*daa*-mer-toa-ah-lehd) *nt* (pl ~ter) ladies' room; powder room

dameundertøj (*daa*-mer-o-

no-toi) *pl* lingerie

damp (dahmb) *c* steam; vapour

dampskib (*dahmb*-sgib) *nt* steamer

damspil (*dahm*-sbayl) *nt* (pl ~) draughts; checkers *plAm*

Danmark (*dahn*-maag) Denmark

dans (dahns) *c* dance

danse (*dahn*-ser) *v* dance

dansk (dahnsg) *adj* Danish

dansker (*dahn*-sgo) *c* Dane

danskvand (*dahnsg*-vahn) *nt* (pl ~) soda water

dase (*daa*-ser) *v* laze, loaf

dask (dahsg) *nt* (pl ~) smack

dato (*daa*-toa) *c* date

datter (*dah*-do) *c* (pl døtre) daughter

datterdatter (*dah*-do-dah-do) *c* (pl -døtre) granddaughter

dattersøn (*dah*-do-surn) *c* (pl ~ner) grandson

daværende (*dah*-veh-o-ner) *adj* of that time, then

De (di) *pron* you

de (di) *pron* they; those; *art* those

debat (day-*bahd*) *c* (pl ~ter) debate, discussion

debattere (daybah-*tay*-o) *v* discuss

debet (*dāy*-bayd) *c* debit

december (day-*sehm*-bo) December

decimalsystem (day-si-*mahl*-sew-sdaym) *nt* decimal system

defekt (day-*fehgd*) *c* fault; *adj* faulty

definere (day-fi-*nay*-o) *v* define

definition (day-fi-ni-*s*ʸ*oan*) *c* definition

dej (dahi) *c* dough; batter

dejlig (*digh*-li) *adj* nice, pleasant, good, delicious

deklaration (day-klah-rah-*s*ʸ*oan*) *c* declaration

dekoration (day-koa-rah-*s*ʸ*oan*) *c* decoration, ornament; set

dekorere (day-koa-*ræ*-ger) *v* decorate

dekort (day-*kawd*) *c* discount

del (dayl) *c* part

dele (*day*-ler) *v* share; divide; ~ **sig** fork; ~ **ud** *deal

delegation (day-lay-gah-*s*ʸ*oan*) *c* delegation

delegeret (day-lay-*gay*-odh) *c* (pl -rede) delegate

delikat (day-li-*kahd*) *adj* delicate

delikatesse (day-li-kah-*teh*-ser) *c* delicatessen

deling (*day*-layng) *c* division

dels (dayls) *adv* partly

***deltage** (*dayl*-tah-ah) *v* participate, *take part

deltagende (*dayl*-tah-ah-ner) *adj* sympathetic

deltager (*dayl*-tah-o) *c* participant

delvis (*dayl*-vis) *adj* partial;

adv partly

Dem (dehm) *pron* you

dem (dehm) *pron* them

demokrati (day-moa-krah-*ti*) *nt* democracy

demokratisk (day-moa-*krah*-disg) *adj* democratic

demonstration (day-moan-sdrah-*s*ʸ*oan*) *c* demonstration

demonstrere (day-moan-*sdræ*-o) *v* demonstrate

den (dehn) *pron* (nt det, pl de) that

denne (*deh*-ner) *pron* (nt dette, pl disse) this

dens (dehns) *pron* its

deodorant (day-oa-doa-*rahnd*) *c* deodorant

departement (day-pah-der-*mahng*) *nt* department

deponere (day-poa-*nay*-o) *v* bank, deposit

depot (day-*poad*) *nt* depot

depression (day-præ-*s*ʸ*oan*) *c* depression

deprimere (day-pri-*may*-o) *v* depress; **deprimerende** depressing

deprimeret (day-pri-*may*-odh) *adj* depressed

deputation (day-poo-tah-*s*ʸ*oan*) *c* delegation

deputeret (day-poo-*tay*-odh) *c* (pl -rede) deputy

der (dehr) *adv* there

derefter (dehr-ehf-do) *adv* then

Deres (*dai*-oss) *pron* (*formal*) your

diplom

deres (*dai*-oss) *pron* their

derfor (*dehr*-fo) *adv* therefore

derhen (*dehr*-hehn) *adv* there

derovre (*dehr*-o°°-ro) *adv* over there

des ... des (dehss) the ... the

desertere (day-sær-*tay*-o) *v* desert

desinfektionsmiddel (dayss-ayn-fehg-sʸoans-midh-erl) *nt* (pl -midler) disinfectant

desinficere (dayss-ayn-fi-*say*-o) *v* disinfect

desperat (dayss-bo-*rahd*) *adj* desperate

dessert (day-*sehrd*) *c* dessert; sweet

desuden (dayss-*oo*-dhern) *adv* also, besides

desværre (day-*sveh*-o) *adv* unfortunately

det (day) *pron* it

detailhandel (day-*tighl*-hahn-erl) *c* retail trade

detailhandler (day-*tighl*-hahn-lo) *c* retailer

detaillist (day-tah-*l*ʸ*isd*) *c* retailer

detalje (day-*tahl*-ʸer) *c* detail

detaljeret (day-tahl-ʸ*ay*-odh) *adj* detailed

det at leve (day-ahd-*lay*-ver) *v* be alive

detektiv (day-dehg-*tee*°°) *c* detective

dets *pron* (day) its

devaluere (day-vah-loo-*ay*-o) *v* devalue

devaluering (day-vah-loo-*ay*-ræng) *c* devaluation

diabetes (di-ah-*bay*-derss) *c* diabetes

diabetiker (di-ah-*bay*-ti-go) *c* diabetic

diagnose (di-ah-*nōa*-ser) *c* diagnosis; **stille en ~** diagnose

diagonal (di-ah-goa-*nahl*) *c* diagonal; *adj* diagonal

diagram (di-ah-*grahm*) *nt* (pl ~mer) chart

dialekt (di-ah-*lehgd*) *c* dialect

diamant (di-ah-*mahnd*) *c* diamond

diarré (di-ah-*ræ*) *c* diarrhoea

dieselmotor (*di*-serl-*mōa*-to) *c* diesel

difteritis (dif-do-*ri*-diss) *c* diphtheria

dig (digh) *pron* you, yourself

digital (di-gi-*tahl*) *adj* digital; **~foto** *nt* digital photo; **~kamera** *nt* digital camera; **~projektor** *c* digital projector

digt (daygd) *nt* poem

digter (day-*do*) *c* poet

dikkedarer (day-ger-*dah*-ah) *pl* fuss

diktafon (dig-tah-*foan*) *c* dictaphone

diktator (dig-*taa*-to) *c* dictator

diktere (dig-*tay*-o) *v* dictate

dille (*di*-ler) *c* craze

dimension (di-mehn-sʸ*oan*) *c* size

din *pron* (*informal*) (nt dit, pl dine) your

diplom (di-*ploam*) *nt*

certificate

diplomat (di-ploa-*mahd*) *c*
diplomat

direkte (*di*-ræg-der) *adj*
direct; *adv* straight, directly

direktion (di-ræg-*s*ʸ*oan*) *c*
direction

direktiv (di-ræg-*tee*ᵒᵒ) *nt*
directive

direktør (di-ræg-*turr*) *c*
manager, director; executive

dirigent (di-ri-*gehnd*) *c*
conductor

dirigere (di-ri-*gay*-o) *v*
conduct

dis (dis) *c* mist, haze

disciplin (di-si-*plin*) *c*
discipline

diset (*dee*-serdh) *adj* misty,
hazy

disk (daysg) *c* counter

diskonto (diss-*kon*-toa) *c*
bank rate

diskusprolaps (*diss*-kooss-
proa-lahbs) *c* slipped disc

diskussion (diss-goo-*s*ʸ*oan*)
c discussion, argument

diskutere (diss-goo-*tay*-o) *v*
discuss, argue

disponeret for (diss-boa-*nay*-
odh) subject to

disponibel (diss-boa-*ni*-berl)
adj available

disput (diss-*pewd*) *c* (pl ⁓ter)
dispute

disse (*di*-ser) *pron* these

distrikt (di-*sdrægd*) *nt* district

divan (*dee*-vahn) *c* couch

diverse (di-*vær*-ser) *adj*
miscellaneous

diæt (di-*ehd*) *c* diet

djævel (*d*ʸ*ai*-verl) *c* (pl -vle)
devil

dobbelt (do-*berld*) *adj* double

dobbeltsenge (*do*-berld-
sehng-er) *pl* twin beds

dog (do°°) *adv* still, however;
but, though, yet

dok (dog) *c* (pl ⁓ke) dock

doktor (*dog*-do) *c* doctor

dokument (doa-goo-*mehnd*)
nt document; certificate

dokumentmappe (doa-goo-
mehnd-mah-ber) *c* attaché
case

dom (dom) *c* (pl ⁓me)
judgment; verdict, sentence

domfælde (*dom*-fehl-er) *v*
convict

domfældelse (*dom*-fehl-erl-
ser) *c* conviction

domfældt (*dom*-fehld) *v*
convict

domkirke (*dom*-keer-ger) *c*
cathedral

dommer (*do*-mo) *c* judge;
umpire; referee

domstol (*dom*-sdoal) *c* court;
law court

donation (doa-nah-*s*ʸ*oan*) *c*
donation

donkraft (*doan*-krahfd) *c* jack

dosis (*dōa*-siss) *c* (pl doser)
dose

doven (*do*°°-ern) *adj* lazy;
idle

download (doun-lod) *c*
download; *v* download

drage (*draa*-a) *c* dragon; kite

drager (*draa*-o) *c* porter

dragkiste (*drah*-keess-der) *c* chest

drama (*draa*-mah) *nt* drama

dramatisk (drah-*mah*-tisg) *adj* dramatic

dreje (*drigh*-er) *v* turn; ~ **af for** turn off; ~ **om** turn; ~ **op for** turn on

drejning (*drigh*-nayng) *c* turn; curve

dreng (dræng) *c* lad, boy

drengespejder (*dræng*-er-sbigh-do) *c* boy scout

dressere (dræ-*say*-o) *v* train

drev (dræoo) *c* disk drive

dreven (*dræœoo*-ern) *adj* skilled, shrewd

drik (dræg) *c* (pl ~**ke**) drink; beverage; **alkoholfri** ~ soft drink; **stærke drikke** spirits

***drikke** (*dræ*-ger) *v* *drink

drikkelig (*dræ*-ger-li) *adj* drinkable; for drinking

drikkepenge (*dræ*-ger-pehng-er) *pl* tip; gratuity

drikkevand (*dræ*-ger-vahn) *nt* drinking water

drilagtig (dræl-*ahg*-di) *adj* mischievous

drille (*dræ*-ler) *v* tease; kid

dristig (*dræss*-di) *adj* bold

dristighed (*dræss*-di-haydh) *c* nerve

***drive** (*dree*-ver) *v* *drive; *run; laze; ~ **frem** propel

drivhus (*dree*^{oo}-hoos) *nt* greenhouse

drivkraft (*dree*^{oo}-krahfd) *c* (pl -kræfter) driving force

dronning (*dro*-nayng) *c* queen

drukne (*drog*-ner) *v* drown; *be drowned

dræbe (*dræœ*-ber) *v* kill

dræne (*dræœ*-ner) *v* drain

drøfte (*drurf*-der) *v* discuss, debate; argue

drøftelse (*drurf*-derl-ser) *c* deliberation, discussion, debate

drøm (drurm) *c* (pl ~**me**) dream

drømme (*drur*-mer) *v* *dream

drøn (drurn) *nt* (pl ~) roar

dråbe (*draw*-ber) *c* drop

du (doo) *pron* you

due (*dōo*-oo) *c* pigeon

duelig (*dōo*-oo-li) *adj* able

duft (dofd) *c* scent

dug[1] (doog) *c* tablecloth

dug[2] (doog) *c* dew

dukke (*do*-ger) *c* doll

dukketeater (*do*-ger-tay-ah-do) *nt* (pl -tre) puppet-show

dum (doam) *adj* stupid, silly; dumb

dumdristig (doam-*dræss*-di) *adj* daring

dumpe (*dom*-ber) *v* fail; flunk *vAm*

dun (doon) *nt* (pl ~) down

dundre (*don*-ro) *v* bump

dunke (*dong*-ger) *v* thump

dunkel (*dong*-gerl) *adj* dim; obscure

dusin (doo-*sin*) *nt* (pl ~) dozen

DVD (day-vay-day) *c* DVD

DVD-ROM (day-vay-day-rom) *c* DVD-ROM

dværg (dvær) *c* dwarf

dyb (dewb) *adj* deep; low

dybde (dewb-der) *c* depth

dybfrost (dewb-frosd) frozen food

dybfryser (dewb-frēw-so) *c* deep-freeze

dybsindig (dewb-*sayn*-di) *adj* profound

dyd (dewdh) *c* virtue

dygtig (durg-di) *adj* able, capable; skilful

dygtighed (durg-di-haydh) *c* ability; skill

dykke (dur-ger) *v* dive

dykkerbriller (dur-go-bræ-lo) *pl* goggles *pl*

dynamo (dew-*naa*-moa) *c* dynamo

dyne (dēw-ner) *c* eiderdown

dynge (durng-er) *c* heap

dyppekoger (dur-ber-ko°°-o) *c* immersion heater

dyr[1] (dewr) *nt* (pl ~) animal, beast

dyr[2] (dewr) *adj* expensive, dear

dyrebar (dēw-o-bah) *adj* precious, dear

dyrekreds (dēw-o-kræs) *c* zodiac

dyrke (dewr-ger) *v* cultivate, till; *grow, raise

dyrlæge (dewr-lai-eh) *c* veterinary surgeon

dyster (dewss-do) *adj* gloomy

dæk (dehg) *nt* (pl ~) deck; tire, tyre

dække (deh-ger) *v* cover; ~ bord *lay the table

dækskahyt (dehgs-kah-hewd) *c* (pl ~ter) deck cabin

dæktryk (dehg-trurg) *nt* (pl ~) tyre pressure

dæmning (dehm-nayng) *c* dam

dæmpet (dehm-perdh) *adj* dim

dæmring (dehm-ræng) *c* dawn

***dø** (dur) *v* die

døbe (*dūr*ber) *v* baptize, christen

død (durdh) *c* death; *adj* dead

dødbider (durdh-bidh-o) *c* bore

dødbringende (durdh-bræng-er-ner) *adj* mortal

dødelig (*dūr*-dher-li) *adj* mortal; fatal

dødsstraf (durdh-sdrahf) *c* (pl ~fe) death penalty

døgn (doin) *nt* (pl ~) twenty-four hours

døgnflue (doin-floo-oo) *c* fad

dømme (dur-mer) *v* judge; sentence

dør (durr) *c* door

dørklokke (durr-klo-ger) *c* doorbell

dørslag (durr-slah) *nt* (pl ~) strainer

dørvogter (durr-vog-do) *c* doorman

døv (durdh°°) *adj* deaf

dåb (dob) *c* baptism; christening

dåkalv (do-kahlv) *c* fawn

dårlig (dawr-li) *adj* bad, ill; sick

dåse (*daw-ser*) *c* canister; tin, can

dåseåbner (*dawser-awb-no*) *c* can opener, tin opener

E

ebbe (*eh-ber*) *c* low tide

Ecuador (eh-kvah-*doar*) Ecuador

ecuadorianer (eh-kvah-do-i-*ah*-no) *c* Ecuadorian

ed (aydh) *c* oath; vow; curse

edderkop (*ehdh*-o-kob) *c* (pl ~per) spider

eddike (*ehdh*-ger) *c* vinegar

effektiv (*eh*-fayg-tee∞) *adj* effective, efficient

efter (*ehf*-do) *prep* after; ~ at after

efterforske (*ayf*-do-faw-sger) *v* investigate

*****efterfølge** (*ehf*-do-furl-ᵞer) *v* succeed

*****eftergøre** (*ehf*-do-gur-o) *v* imitate, ape; forge; copy

efterhånden (ehf-do-*hon*-ern) *adv* gradually, progressively

efterkommer (*ehf*-do-ko-mo) *c* descendant

*****efterlade** (*ehf*-do-lah-dher) *v* *leave; *leave behind

efterligne (*ehf*-do-li-ner) *v* imitate

efterligning (*ehf*-do-li-nayng) *c* imitation

efterlysning (*ehf*-do-lews-nayng) *c* police message

eftermiddag (*ehf*-do-mi-dah) *c* afternoon; i ~ this afternoon

eftermiddagste (*ehf*-do-may-dahss-tay) *c* tea

efternavn (*ehf*-do-noun) *nt* surname, family name

*****efterse** (*ehf*-do-say) *v* inspect

eftersende (*ehf*-do-sehn-er) *v* forward

eftersom (*ehf*-do-som) *conj* because, as

efterspore (*ehf*-do-sboa-o) *v* trace

efterspørgsel (*ehf*-do-sburr-serl) *c* (pl -sler) demand

eftersøgning (*ehf*-do-sur-nayng) *c* search

eftertanke (*ehf*-do-tahng-ger) *c* reflection, consideration

efterår (*ehf*-do-o) *nt* (pl ~) autumn; fall *nAm*

eg (ay) *c* oak

egal (ay-*gahl*) *adj* level, even

ege (*ay*-ay) *c* spoke

egen (*igh*-ern) *adj* own

egenskab (*ay*-ayn-sgahb) *c* quality; property

egentlig (*ay*-ayn-li) *adv* really, properly; *adj* real, proper, actual

egern (*ay*-on) *nt* (pl ~) squirrel

egn (ighn) *c* district; country

egne sig (*igh*-ner) *be fit for, qualify

egnet (*igh*-nerdh) *adj*
convenient, appropriate

egoisme (ay-goa-*iss*-mer) *c*
selfishness

Egypten (eh-*gewb*-dern)
Egypt

egypter (eh-*gewb*-do) *c*
Egyptian

egyptisk (eh-*gewb*-disg) *adj*
Egyptian

eje (*igh*-er) *v* own; *nt*
possession

ejendele (*igh*-ern-dāy-ler) *pl*
property, belongings *pl*

ejendom (*igh*-ern-dom) *c* (pl
~me) property; premises *pl*

ejendommelig (igh-ern-*dom*-
li) *adj* peculiar, quaint

ejendomsmægler (*igh*-ern-
doms-mai-lo) *c* house agent

ejer (*igh*-o) *c* owner;
proprietor

ekko (*eh*-koa) *nt* echo

eksakt (ehg-*sahgd*) *adj*
precise

eksamen (ehg-*saa*-mern) *c*
(pl -miner) exam
(*colloquial*); *tage ~
graduate

eksamensbevis (ehg-*saa*-
merns-bay-*vis*) *nt* diploma

eksem (ehg-*saym*) *c* eczema

eksempel (ehg-*sehm*-berl) *nt*
(pl -pler) instance, example;
for ~ for instance, for
example

eksemplar (ehg-serm-*plah*)
nt copy, specimen

eksil (ehg-*sil*) *nt* exile

eksistens (ehg-si-*sdehns*) *c*
existence

eksistere (ehg-si-*sday*-o) *v*
exist

eksklusiv (*ehgs*-kloo-see^{oo})
adj exclusive

eksotisk (ehg-*soa*-tisg) *adj*
exotic

ekspedere (ehgs-bay-*day*-o)
v dispatch; attend to, serve

ekspedient (ehg-sbay-di-
ehnd) *c* shop assistant,
salesman

ekspedition (ehg-sbay-di-
s^yoan) *c* expedition

ekspeditrice (ehg-sbay-di-
tree-ser) *c* salesgirl

eksperiment (ehgs-pæ-ri-
mehnd) *nt* experiment

eksperimentere (ehgs-pæ-ri-
mehn-*tay*-o) *v* experiment

ekspert (ehgs-*pærd*) *c* expert

eksplodere (ehgs-ploa-*day*-
o) *v* explode

eksplosion (ehgs-ploa-s^yoan)
c blast, explosion

eksplosiv (ehgs-ploa-see^{oo})
adj explosive

eksponering (ehgs-poa-*nay*-
ræng) *c* exposure

eksport (ehgs-*pawd*) *c* export

eksportere (ehgs-po-*tay*-o) *v*
export

ekspres (ehgs-*præss*) special
delivery; **ekspres-** express

eksprestog (ehgs-*præss*-
tooo) *nt* (pl ~) express train

ekstase (ehgs-*taa*-ser) *c*
ecstasy

ekstra (*ehgs*-drah) *adj* extra;
additional, spare

ekstravagant (ehgs-drah-vah-*gahnd*) *adj* extravagant

ekstrem (ehgs-*træm*) *adj* extreme

elasticitet (ay-lah-sdi-si-*tayd*) *c* elasticity

elastik (ay-lah-*sdig*) *c* (pl ~ker) rubber band, elastic band

elastisk (ay-*lah*-sdisg) *adj* elastic

elefant (ay-ler-*fahnd*) *c* elephant

elegance (ay-ler-*gahng*-ser) *c* elegance

elegant (ay-ler-*gahnd*) *adj* elegant

elektricitet (ay-lehg-træ-si-*tayd*) *c* electricity

elektriker (ay-*lehg*-træ-go) *c* electrician

elektrisk (ay-*lehg*-træsg) *adj* electric

elektronisk (ay-lehg-*troa*-nisg) *adj* electronic; ~ billet e-ticket; ~ spil electronic game

element (ay-ler-*mehnd*) *nt* element

elementær (ay-ler-mehn-*tær*) *adj* elementary; primary

elendig (ay-*lehn*-di) *adj* miserable

elendighed (ay-*lehn*-di-haydh) *c* misery

elev (ay-*lay*^{oo}) *c* apprentice pupil; learner

elevator (ay-ler-*vaa*-to) *c* lift; elevator *nAm*

elfenben (*ehl*-fern-bayn) *nt* ivory

eliminere (ay-li-mi-*nay*-o) *v* eliminate

eller (*eh*-lo) *conj* or; nor

ellers (*ehl*-oss) *adv* else; otherwise

elleve (*ehl*-ver) *num* eleven

ellevte (*ehlf*-der) *num* eleventh

elm (chlm) *c* elm

elsdyr (*ehls*-dewr) *nt* (pl ~) moose

elshaver (*ehl*-s^yay-vo) *c* shaver

elske (*ehl*-sger) *v* love; **elsket** beloved

elsker (*ehl*-sgo) *c* lover

elskerinde (ehl-sgo-ay-ner) *c* mistress

e-mail (*ee*-mail) *c* (pl ~s) e-mail

e-maile (*ee*-mail-ler) *v* e-mail

emalje (ay-*mahl*-^yer) *c* enamel

emaljeret (ay-mahl-^yay-odh) *adj* enamelled

embargo (ehm-*baa*-goa) *c* embargo

embede (*ehm*-bāy-dher) *nt* office

emblem (ehm-*blaym*) *nt* emblem

emigrant (ay-mi-*grahnd*) *c* emigrant

emigration (ay-mi-grah-s^yoan) *c* emigration

emigrere (ay-mi-*græ*-o) *v* emigrate

eminent (ay-mi-*nehnd*) *adj* outstanding

emne (*ehm*-ner) *nt* theme, topic

en (ayn) *art* (nt et) *a art*; *num* one; **-en the** *art*; **~ til another**

enakter (*ayn*-ahg-do) *c* one-act play

end (ehn) *conj* than

ende (*eh*-ner) *c* bottom; end; *v* end

endefuld (*eh*-ner-fool) *c* spanking

endelig (*eh*-ner-li) *adj* final; eventual; *adv* at last

endeløs (*eh*-ner-lurs) *adj* endless, immense

endestation (*eh*-ner-sdah-s'oan) *c* terminal

endetarm (*eh*-ner-tahm) *c* rectum

endevende (*eh*-ner-vehn-er) *v* search

endnu (ay-*noo*) *adv* yet, still

endossere (ahng-doa-*say*-o) *v* endorse

endvidere (ehn-*vidh*-o-o) *adv* furthermore

eneforhandler (*ay*-ner-fo-hahn-lo) *c* distributor

energi (eh-nær-*gi*) *c* energy; power

energisk (eh-*nær*-gisg) *adj* energetic

eneste (*ay*-nerss-der) *adj* only; sole

enestue (*ay*-ner-sdoo-oo) *c* private room

enestående (*ay*-ner-sdo-o-ner) *adj* exceptional

eng (ehng) *c* meadow

engang (ayn-*gahng*) *adv* some time; once

engangs- (*ayn*-gahngs) disposable

engel (*ehng*-erl) *c* (pl engle) angel

engelsk (*ehng*-erlsg) *adj* English; British

England (*ehng*-lahn) England, Britain

englænder (*ehng*-lehn-o) *c* Englishman; Briton

engroshandel (ahng-*groa*-hahn-erl) *c* wholesale

enhed (*ayn*-haydh) *c* unit; unity

enhver (ayn-*vær*) *pron* everybody, anyone, everyone

***være enig** (*vai*-o *ay*-ni) agree

enighed (*ay*-ni-haydh) *c* agreement

enke (*ehng*-ger) *c* widow

enkel (*ehng*-gerl) *adj* plain, simple

enkelt (*ehng*-gerld) *adj* individual, single; *adv* simply

enkelthed (*ehng*-gerld-haydh) *c* detail

enkeltperson (*ehng*-gerld-pær-soan) *c* individual

enkeltværelse (*ehng*-gerld-vai-ol-ser) *nt* single room

enkemand (*ehng*-ger-mahn) *c* (pl -mænd) widower

enorm (ay-*nom*) *adj* immense, enormous

enquete (ahng-*kait*) *c* enquiry

ens (ayns) *adj* alike

ensartet (*ayns*-ah-derdh) *adj*
uniform

ensidig (*āyn*-si-dhi) *adj* one-
-sided

ensom (*āyn*-som) *adj* lonely

enstemmig (*āyn*-sdehm-i)
adj unanimous

ental (*āyn*-tahl) *nt* singular

enten ... eller (*ehn*-dern *eh*-
lerr) either ... or

entertainer (ehn-to-*tay*-no) *c*
entertainer

entré (ahng-*tray*) *c* entrance-
-hall; entrance fee;
appearance

entreprenør (ahng-tro-pro-
nurr) *c* contractor

epidemi (ay-pi-*day*-*mi*) *c*
epidemic

epilepsi (ay-pi-lehb-*si*) *c*
epilepsy

epilog (ay-pi-*loa*) *c* epilogue

episk (*ay*-pisg) *adj* epic

episode (ay-pi-*sōa*-dher) *c*
episode

epos (*āy*-poss) *nt* (pl ~) epic

eremit (ay-ræ-*mit*) *c* (pl ~ter)
hermit

erfare (ær-*fah*-ah) *v*
experience

erfaren (ær-*fah*-ahn) *adj*
experienced

erfaring (ær-*fah*-ræng) *c*
experience

erhverv (ær-*værv*) *nt* (pl ~)
business

erhverve (ær-*vær*-ver) *v*
acquire

erhvervelse (ær-*vær*-verl-ser)
c acquisition

erhvervsret (ær-*værvs*-ræd) *c*
commercial law

erindre (ay-*ræn*-dro) *v* recall

erindring (ay-*ræn*-dræng) *c*
remembrance

erkende (ær-*kehn*-er) *v*
confess, acknowledge; admit

erklære (ær-*kleh*-o) *v* declare;
state

erklæring (ær-*kleh*-ræng) *c*
declaration; statement

erobre (ay-*roa*-bro) *v* conquer

erobrer (ay-*roa*-bro) *c*
conqueror

erobring (ay-*roa*-bræng) *c*
conquest; capture

erstatning (ær-*sdahd*-nayng)
c substitute, replacement;
compensation

erstatte (ær-*sdah*-der) *v*
replace, substitute;
compensate

eskadre (eh-*sgahdh*-ro) *c*
squadron

eskorte (eh-*sgaw*-der) *c*
escort

eskortere (ehss-go-*tay*-o) *v*
escort

essay (*eh*-say) *nt* (pl ~s) essay

essens (ay-*sehns*) *c* essence

etablere (ay-tahb-*lay*-o) *v*
establish

etage (ay-*taa*-s^yer) *c* floor,
storey; apartment *nAm*

etape (ay-*tah*-ber) *c* stage

etiket (ay-di-*kehd*) *c* (pl ~ter)
label

etikettere (ay-di-keh-*tay*-o) *v*
label

Etiopien (eh-ti-*oa*-p^yern)

Ethiopia
etiopier (eh-ti-*oa*-p-y-o) *c*
Ethiopian
etiopisk (eh-ti-*oa*-pisg) *adj*
Ethiopian
etui (ay-too-*i*) *nt* case
EU (ii-euw) EU
Euro (ay-oo-roa) *c* (pl ~s) Euro
Europa (ay-oo-*roa*-pah)
Europe
europæer (ay-oo-roa-*peh*-o) *c*
European
europæisk (ay-oo-roa-*peh*-isg)
adj European
Europæisk Union
(ay-oo-roa-*peh*-isg-er oon-
y-*oan*) European Union

evakuere (ay-vah-koo-*ay*-o) *v*
evacuate
evangelium (ay-vahng-*gayl*-
y-om) *nt* (pl -lier) gospel
eventuel (ay-vehn-too-*ehl*)
adj possible
eventyr (*ai*-vern-tewr) *nt* (pl
~) adventure; tale, fairytale
evig (*ay*-vi) *adj* eternal
evighed (*ay*-vi-haydh) *c*
eternity
evne (*eh*-oo-ner) *c* ability,
faculty; gift
evolution (ay-voa-loo-s-y-*oan*)
c evolution
excentrisk (ehg-*sehn*-træsg)
adj eccentric

F

fabel (*fah*-berl) *c* (pl fabler)
fable
fabrik (fah-*bræg*) *c* (pl ~ker)
works *pl*, factory; mill
fabrikant (fah-bri-*kahnd*) *c*
manufacturer
fabrikere (fah-bri-*kay*-o) *v*
manufacture
facade (fah-*saa*-dher) *c*
façade
facon (fah-*song*) *c* way,
manner; shape
fad[1] (fahdh) *nt* dish; cask
fad[2] (fahdh) *adj* tasteless
fadøl (fahdh-url) *nt* (pl ~)
draft beer
fag (fah) *nt* (pl ~) trade,
discipline
fagforening (*fou*-fo-ay-

nayng) *c* trade union
faglært (*fou*-lærd) *adj* skilled
fagmand (*fou*-mahn) *c* (pl
-mænd) expert
fakkel (*fah*-gerl) *c* (pl fakler)
torch
faktisk (*fahg*-disg) *adj* actual,
factual; substantial; *adv*
actually, as a matter of fact,
in effect
faktor (*fahg*-to) *c* factor
faktum (*fahg*-tom) *nt* (pl -ta)
data *pl*
faktura (fahg-*too*-rah) *c*
invoice
fakturere (fahg-too-*ræ*-o) *v*
invoice
fakultet (fah-kool-*tayd*) *nt*
faculty

fastelavn

fald (fahl) *nt* (pl ~) fall; i hvert ~ at any rate

*falde (*fah*-ler) *v* *fall; ~ sammen coincide; ~ til ro calm down

faldefærdig (*fah*-ler-fær-di) *adj* ramshackle

falk (fahlg) *c* hawk

fallit (fah-*lit*) *adj* bankrupt

falme (*fahl*-mer) *v* fade; discolour; falmet discoloured

falsk (fahlsg) *adj* false

familie (fah-*mil*-ʸer) *c* family

familiær (fah-mil-ʸær) *adj* familiar; free

fanatisk (fah-*nah*-disg) *adj* fanatical

fandens (*fahn*-uns) damn

fange (*fahng*-er) *c* prisoner; *v* *catch; capture; *tage til ~ capture

fangenskab (*fahng*-ern-sgahb) *nt* imprisonment

fantasi (fahn-tah-*si*) *c* imagination; fancy, fantasy

fantastisk (fahn-*tahss*-disg) *adj* fantastic

far (faa) *c* (pl fædre) father; daddy, dad

fare (*faaah*) *c* danger; peril, risk

*fare (*faaah*) *v* rush; faret vild lost

farfar (*fah*-fah) *c* (pl -fædre) grandfather

farlig (*faa*-li) *adj* dangerous; perilous

farmakologi (fah-mah-koa-loa-*gi*) *c* pharmacology

farmor (*fah*-moar) *c* (pl -mødre) grandmother

farseret (fah-*say*-odh) *adj* stuffed

fart (fahd) *c* speed; rate; *sætte farten ned slow down; *sætte farten op accelerate

fartplan (*fahd*-plahn) *c* timetable

fartøj (*fah*-toi) *nt* vessel

farve (*faa*-ver) *c* colour; dye; *v* dye

farveblind (*faaver*-blayn) *adj* colour-blind

farvefilm (*faa*-ver-film) *c* (pl ~) colour film

farvel (fah-*vehl*) goodbye

farverig (*faaver*-ri) *adj* colourful

farvestrålende (*faa*-ver-sdrol-ner) *adj* gay

farvet (*faa*-verdh) *adj* coloured

fasan (fah-*sahn*) *c* pheasant

fascinere (fah-si-*nay*-o) *v* fascinate

fascisme (fah-*siss*-mer) *c* fascism

fascist (fah-*sisd*) *c* fascist

fascistisk (fah-*siss*-disg) *adj* fascist

fase (*faa*-ser) *c* phase; stage

fast (fahsd) *adj* firm; fixed, permanent; *adv* tight

fastboende (*fahsd*-boa-er-ner) *c* (pl ~) resident

faste (*faa*-sder) *c* fast; lent

fastelavn (fahss-der-*loun*) *c* Shrovetide

*fastgøre (*fahsd*-gur-o) v
attach

*fastholde (*fahsd*-hol-er) v
*keep, *stick to; insist

fastland (*fahsd*-lahn) nt
continent; mainland

*fastlægge (*fahsd*-leh-ger) v
define

*fastslå (*fahsd*-slo) v
establish; ascertain

*fastsætte (*fahsd*-seh-der) v
determine; stipulate

fatal (fah-*tahl*) adj fatal

fatning (*fahd*-nayng) c socket

fatte (*fah*-der) v *take; grasp,
*understand

fattig (*fah*-di) adj poor

fattigdom (*fah*-di-dom) c
poverty

favorisere (fah-voa-ri-*say*-o)
v favour

favorit (fah-voa-*rit*) c (pl ~ter)
favourite

fax (fahgs) nt fax; sende en ~
send a fax

fe (fay) c fairy

feber (*fay*-bo) c (pl febre)
fever

febril (fay-*bril*) adj feverish

febrilsk (fay-*brilsg*) adj
feverish, agitated

februar (*fay*-broo-ah)
February

fed (faydh) adj fat; corpulent

fedt (fayd) nt fat

fedtet (*fay*-derdh) adj greasy;
slippery; stingy

fedtfri (*fayd*-fri) adj fat free

fedtholdig (*fayd*-hol-di) adj
fatty

fedtsugning (fayd-*soo*-nayn)
c liposuction

feinschmecker (*fighn*-smeh-
go) c gourmet

fej (figh) adj cowardly

feje (*figh*-er) v *sweep

fejl (fighl) c (pl ~) mistake,
fault; *tage ~ *be mistaken;
err

fejlagtig (fighl-*ahg*-di) adj
mistaken

fejle (*figh*-ler) v fail, miss, err

fejlfri (*fighl*-fri) adj faultless

fejltagelse (*fighl*-tah-erl-ser)
c mistake

fejltrin (*fighl*-trin) nt (pl ~)
slip

fejre (*figh*-ro) v celebrate

felt (fehld) nt field; check

feltkikkert (*fehld*-ki-god) c
field glasses

feltråb (*fehld*-rob) nt (pl ~)
password

feltseng (*fehld*-sehng) c camp
bed; cot nAm

fem (fehm) num five

feminin (*fay*-mi-nin) adj
feminine

femte (*fehm*-der) num fifth

femten (*fehm*-dern) num
fifteen

femtende (*fehm*-der-ner)
num fifteenth

ferie (*fayr*-ʸer) c holiday;
vacation; på ~ on holiday

feriekoloni (fayr-ʸer-koa-loa-
ni) c holiday camp

feriested (*fayr*-ʸer-stehdh) nt
holiday resort

ferm (færm) adj skilful

fernis (*fær*-niss) *c* (pl ~ser)
varnish

fernisere (fær-ni-*say*-o) *v*
varnish

fersken (*fær*-sgern) *c* peach

ferskvand (*færsg*-vahn) *nt*
fresh water

fest (fehsd) *c* celebration;
feast; party

festival (*fehss*-di-vahl) *c*
festival

festlig (*fehsd*-li) *adj* festive

feudal (fur⁰⁰-*dahl*) *adj* feudal

fiasko (fi-*ahss*-goa) *c* failure

fiber (*fi*-bo) *c* (pl fibre) fibre

fidus (fi-*doos*) *c* trick;
confidence

figen (*fee*-in) *c* (pl figner) fig

figur (fi-*goor*) *c* figure;
diagram

fiktion (fig-s^y*oan*) *c* fiction

fil (fil) *c* file

filial (fi-li-*ahl*) *c* branch

filipens (fi-li-*pehns*) *c* pimple;
filipenser acne

Filippinerne (fi-li-*pi*-no-ner)
Philippines *pl*

filippinsk (fi-li-*pinsg*) *adj*
Philippine

film (film) *c* (pl ~) film; movie

filme (*fil*-mer) *v* film

filmkamera (*film*-kah-may-
rah) *nt* camera

filmlærred (*film*-lai-odh) *nt*
screen

filosof (fi-loa-*sof*) *c* (pl ~fer)
philosopher

filosofi (fi-loa-soa-*fi*) *c*
philosophy

filt (fild) *c* felt

filter (*fil*-do) *nt* (pl ~tre) filter

fin (fin) *adj* fine; fint! okay!,
all right!

financier (fi-nahn-s^y*ay*) *c*
investor

finanser (fi-*nahn*-so) *pl*
finances *pl*

finansiel (fi-nahn-s^y*ehl*) *adj*
financial

finansiere (fi-nahn-s^y*ay*-o) *v*
finance

finansministerium (fi-
nahns-mi-ni-sdayr-^yom) *nt*
(pl -ier) treasury

*finde (*fay*-ner) *v* *find;
*come across; *think

finger (*fayng*-o) *c* (pl ~gre)
finger

fingeraftryk (*fayng*-o-ou-
trurg) *nt* (pl ~) fingerprint

fingerbøl (*fayng*-o-burl) *nt*
(pl ~) thimble

fingernem (*fayng*-o-nehm)
adj dexterous

fingerpeg (fayng-o-*pigh*) *nt*
(pl ~) hint

finke (*fayng*-ger) *c* finch

Finland (*fayn*-lahn) Finland

finne (*fay*-ner) *c* Finn

finsk (faynsg) *adj* Finnish

firben (*feer*-bayn) *nt* (pl ~)
lizard

fire (*fee*-o) *num* four

firehjulstrækker (*fee*-o-
^yools-*træ*-go) *nt* sport utility
vehicle; SUV

firewall (*figho*-wal) *c* firewall

firma (*feer*-mah) *nt* firm,
company

firs (feers) *num* eighty

fisk (faysg) c (pl ~) fish
fiske (*fayss*-ger) v fish; angle
fiskeben (*fayss*-ger-bayn) nt
(pl ~) fishbone
fiskeforretning (*fayss*-ger-fo-
ræd-nayng) c fish shop
fiskegrej (*fay*-sger-grigh) nt
fishing tackle
fiskehandler (*fayss*-ger-
hahn-lo) c fishmonger,
fishdealer
fiskekrog (*fayss*-ger-kro⁰⁰) c
fishing hook
fiskekutter (*fayss*-ger-koo-
do) c fishing-vessel
fiskenet (*fayss*-ger-nehd) nt
(pl ~) fishing net
fisker (*fayss*-go) c fisherman
fiskeredskaber (*fayss*-ger-
rædh-sgah-bo) pl fishing
gear
fiskeri (fayss-go-*ri*) nt fishing
industry
fiskerleje (*fay*-sgo-ligh-er) nt
fishinghamlet
fiskesnøre (*fayss*-ger-snūr-o)
c fishing line
fiskestang (*fayss*-ger-
sdahng) c (pl -stænger)
fishing rod
fisketegn (*fayss*-ger-tighn) nt
(pl ~) fishing licence
fjeder (*f³ay*-dho) c (pl -dre)
spring
fjende (*f³ay*-ner) c enemy
fjendtlig (*f³aynd*-li) adj
hostile
fjer (f³ayr) c (pl ~) feather
fjerde (f³ai-o) num fourth
fjerkræ (*f³ayr*-kræ) nt

poultry, fowl
fjern (f³ærn) adj distant,
remote; far, far-off; **fjernere**
further; **fjernest** furthest
fjernbetjening (f³ærn-
bay-t³e-nayng) c remote
control
fjerne (*f³ær*-ner) v remove;
*take away; *take out
fjernelse (*f³ær*-nerl-ser) c
removal
fjernskriver (*f³ærn*-sgree-vo)
c telex
fjernsyn (f³ærn-sewn) nt
television; telly (*colloquial*)
fjernsynsapparat (*f³ærn*-
sewns-ah-bah-rahd) nt
television set
fjollet (f³o-lerdh) adj foolish,
silly
fjols (f³ols) nt fool
fjorten (f³oar-dern) num
fourteen
fjortende (f³oar-der-ner)
num fourteenth
flad (flahdh) adj flat; level
flag (flah) nt (pl ~) flag
flakke om (*flah*-ger) wander,
roam
flakon (flah-*kong*) c flask
flamingo (flah-*mayng*-goa) c
flamingo
flamme (*flah*-mer) c flame
flaske (*flahss*-ger) c bottle
flaskehals (*flahss*-ger-hahls)
c bottleneck
fleksibel (flehg-*si*-berl) adj
flexible
flere (*flāy*-o) adj more;
several; **flest** most

flertal (*flayr*-tahl) *nt* majority; plural

flette sammen (*fleh*-ter *sahm*-ern) *v* merge (roads)

flid (flidh) *c* diligence

flink (flayngg) *adj* kind

flis (flis) *c* chip

flittig (*fli*-di) *adj* industrious, diligent

flod (floadh) *c* river; flood

flodbred (*floadh*-brædh) *c* (pl ~der) riverside, river bank

flodmunding (*floadh*-mo-nayng) *c* estuary

flok (flog) *c* (pl ~ke) flock; bunch

flonel (floa-*nehl*) *c* flannel

flot (flod) *adj* handsome

flue (*floo*-oo) *c* fly

flugt (flogd) *c* escape

*flyde (*flew*-dher) *v* flow; float

flydende (*flew*-dher-ner) *adj* liquid; fluid; adv fluent

flygel (*flew*-erl) *nt* (pl -gler) grand piano

flygte (*flurg*-der) *v* escape

flygtig (*flurg*-di) *adj* casual

flygtning (*flurgd*-nayng) *c* refugee; fugitive runaway

flystyrt (*flew*-sdewrd) *nt* (pl ~) plane crash

flytbar (*flurd*-bah) *adj* movable

flytning (*flurd*-nayng) *c* move

flytte (*flur*-der) *v* move; remove

*flyve (*flew*-ver) *v* *fly

flyvemaskine (*flew*-ver-mah-sgee-ner) *c* aeroplane, plane,

aircraft; airplane *nAm*

flyveplads (*flew*-ver-plahss) *c* airfield

flyvning (*flew⁰⁰*-nayng) *c* flight

flænge (*flehng*-er) *v* rip, *tear, scratch; *c* tear, scratch

fløde (*flūr*-dher) *c* cream

flødeagtig (*flūr*-dher-ahg-di) *adj* creamy

flødefarvet (*flūr*-dher-faa-vaydh) *adj* cream

fløjl (floil) *nt* velvet

fløjte (*floi*-der) *c* whistle, flute; *v* whistle

flåde (*flaw*-dher) *c* navy; fleet; flåde- naval

fnise (*fnee*-ser) *v* giggle

fod (foadh) *c* (pl fødder) foot; til fods on foot; walking

fodbold (*foadh*-bold) *c* football; soccer

fodboldhold (*foadh*-bold-hol) *nt* (pl ~) soccer team

fodboldkamp (*foadh*-bold-kahmb) *c* football match

fodbremse (*foadh*-bræm-ser) *c* foot brake

fodgænger (*foadh*-gehng-o) *c* pedestrian

fodgængerovergang (*foadh*-gehng-o-o⁰⁰-o-gahng) *c* zebra crossing; crosswalk *nAm*

fodnote (*foadh*-nōā-der) *c* footnote

fodpudder (*foadh*-poodh-o) *nt* foot powder

fold (fol) *c* fold; crease

folde (*fo*-ler) *v* fold; ~

folk

sammen fold; ~ ud unfold

folk (folg) *nt* (pl ~) people *pl*; nation, people; folk; **folke-national**; popular

folkedans (*fol*-ger-dahns) *c* folk dance

folkelig (*fol*-ger-li) *adj* popular, national; vulgar

folkerig (*fol*-ger-ri) *adj* populous

folkeskare (*fol*-ger-sgaaah) *c* crowd

folkeslag (*fol*-ger-slah) *nt* (pl ~) people

Folketinget (*fol*-ger-tayng-aydh) Danish parliament

folketingsmedlem (*fol*-ger-tayngs-mehdh-lehm) *nt* (pl ~mer) Member of Parliament

folkevise (*fol*-ger-vee-ser) *c* folk song

folklore (fol-*klōā*-o) *c* folklore

fond (fond) *nt* (pl ~s) fund

fondsbørs (*fons*-burrs) *c* stock exchange

fonetisk (foa-*nay*-tisg) *adj* phonetic

for[1] (fo) *prep* for; *conj* for; *adv* too; ~ at in order to, to

for[2] (foar) *nt* (pl ~) lining

foragt (fo-*ahgd*) *c* contempt, scorn, disdain

foragte (fo-*ahg*-der) *v* despise; scorn

foran (*faw*-ahn) *prep* before, ahead of, in front of; *adv* ahead

forandre (fo-*ahn*-dro) *v* alter,

change

forandring (fo-*ahn*-dræng) *c* variation, change; alteration

foranstaltning (fo-ahn-*sdahld*-nayng) *c* measure; arrangement

forargelse (fo-*ah*-erl-ser) *c* indignation, scandal

forbande (fo-*bahn*-er) *v* curse

forbavse (fo-*bou*-ser) *v* amaze, astonish;
  forbavsende astonishing, amazing

forbavselse (fo-*bahoo*-serl-ser) *c* amazement, astonishment

forbedre (fo-*behdh*-ro) *v* improve

forbedring (fo-*behdh*-ræng) *c* improvement

forbede (*faw*-bay-ræ-dher) *v* prepare

forberedelse (*faw*-bay-ræ-dherl-ser) *c* preparation

forberedende (*faw*-bay-ræ-dher-ner) *adj* preliminary

forbi (fo-*bi*) *prep* past; *adv* over

***forbigå** (fo-*bi*-go) *v* pass over, pass by

***forbinde** (fo-*bayn*-er) *v* connect; join, link; dress; bandage

forbindelse (fo-*bayn*-erl-ser) *c* connection; reference, link

forbinding (fo-*bayn*-ayng) *c* bandage

forbindskasse (fo-*bayns-*

kah-ser) *c* first aid kit

forbipasserende (fo-*bi*-pah-say-o-ner) *c* (pl ∼) passer-by

***forblive** (fo-*bli*-ver) *v* stay, remain

forblæst (fo-*blehsd*) *adj* windy

forbløffe (fo-*blur*-fer) *v* amaze, astonish

forbløffende (fo-*blur*-fer-ner) *adj* striking

forbogstav (*faw*-bog-sdou) *nt* initial

forbruge (fo-*broo*-er) *v* use up, consume

forbruger (fo-*broo*-o) *c* consumer

forbrydelse (fo-*brew*-dherl-ser) *c* crime

forbryder (fo-*brew*-dho) *c* criminal

forbryderisk (fo-*brew*-dho-risg) *adj* criminal

forbud (*faw*-boodh) *nt* (pl ∼) prohibition, ban

forbudt (fo-*bood*) *adj* prohibited

forbund (*faw*-bon) *nt* (pl ∼) league, union; federation; **forbunds-** federal

forbundsfælle (*faw*-bons-feh-ler) *c* associate; ally

***forbyde** (fo-*bew*-dher) *v* prohibit, *forbid

forcere (fo-*say*-o) *v* strain; force

fordampe (fo-*dahm*-ber) *v* evaporate

fordel (*faw*-dayl) *c* benefit, advantage, profit; *drage ∼

benefit

fordelagtig (fo-dayl-*ahg*-di) *adj* advantageous; cheap

***fordele** (fo-*day*-ler) *v* divide, distribute

fordi (fo-*di*) *conj* as, because

fordom (*faw*-dom) *c* (pl ∼me) prejudice

fordre (*faw*-dro) *v* claim, demand

fordrejet (fo-*drigh*-erdh) *adj* distorted

fordring (*faw*-dræng) *c* claim

***fordrive** (fo-*driver*) *v* chase

fordøje (fo-*doi*-er) *v* digest

fordøjelig (fo-*doi*-er-li) *adj* digestible

fordøjelse (fo-*doi*-erl-ser) *c* digestion

fordøjelsesbesvær (fo-*doi*-erl-serss-bay-*svær*) *nt* indigestion

forebygge (*faw*-o-bew-ger) *v* prevent; **forebyggende** preventive

foredrag (*faw*-o-drou) *nt* (pl ∼) lecture

***foregive** (*faw*-o-gi-ver) *v* pretend

***foregribe** (*faw*-o-griber) *v* anticipate

foregående (*faw*-o-go-er-ner) *adj* preceding

***forekomme** (*faw*-o-kom-er) *v* happen, occur; seem

forekommende (*faw*-o-kom-er-ner) *adj* thoughtful, courteous

forelsket (fo-*ehl*-sgerdh) *adj* in love

*forelægge (*faw*-o-leh-ger) *v* submit; present

forelæsning (*faw*-o-lehs-nayng) *c* lecture

foreløbig (*faw*-o-lur-bi) *adj* temporary; provisional

forene (fo-*ay*-ner) *v* unite; join; **forenet joint**

forenede (fo-*ay*-ner-dher) *adj* united

forening (fo-*ay*-nayng) *c* union; association, club, society

*foreskrive (*faw*-o-sgri-ver) *v* prescribe

*foreslå (*faw*-o-slo) *v* propose, suggest

*forespørge (*faw*-o-sburr-o) *v* inquire, enquire, query

forespørgsel (*faw*-o-sburr-serl) *c* (pl -sler) inquiry, enquiry, query

forestille (*faw*-o-sdayl-er) *v* introduce, present; represent; **~ sig** imagine, fancy, conceive

forestilling (*faw*-o-sdayl-ayng) *c* introduction; idea; conception; show, performance

*foretage (*faw*-o-tah-ah) *v* *undertake

foretagende (*faw*-o-tah-er-ner) *nt* undertaking; concern, enterprise

*foretrække (*faw*-o-træ-ger) *v* prefer

for evigt (fo *āyvi*) *adv* forever

forevise (*faw*-o-vi-ser) *v* *show, exhibit, *show

forevisning (*faw*-o-vis-nayng) *c* exhibition

forfader (*faw*-faa-dho) *c* (pl -fædre) ancestor

*forfalde (fo-*fahl*-er) *v* expire, *fall due; *fall into decay

forfalden (fo-*fahl*-ern) *adj* dilapidated; due

forfalske (fo-*fahl*-sger) *v* forge; counterfeit

forfalskning (fo-*fahlsg*-nayng) *c* fake

forfatning (fo-*fahd*-nayng) *c* constitution

forfatter (fo-*fah*-do) *c* author, writer

forfremme (fo-*fræm*-er) *v* promote

forfremmelse (fo-*fræm*-erl-ser) *c* promotion

forfriske (fo-*fræss*-ger) *v* refresh

forfriskende (fo-*fræss*-ger-ner) *adj* refreshing

forfriskning (fo-*fræsg*-nayng) *c* refreshment, drink

forfængelig (fo-*fehng*-er-li) *adj* vain

forfærde (fo-*færder*) *v* terrify

forfærdelig (fo-*fær*-der-li) *adj* dreadful, terrible, frightful

*forfølge (fo-*furl*-ᵞer) *v* chase; pursue

forføre (fo-*fur*-o) *v* seduce

forgifte (fo-*gif*-der) *v* poison

forgrund (*faw*-gron) *c* foreground

forgyldt (fo-*gewld*) *adj* gilt

forgænger (*faw*-gehng-o) *c* predecessor

forgæves (fo-*geh*-verss) *adj*
vain; *adv* in vain

i forgårs (i *faw*-gos) the day
before yesterday

forhandle (fo-*hahn*-ler) *v*
negotiate

forhandler (fo-*hahn*-lo) *c*
dealer

forhandling (fo-*hahn*-layng)
c negotiation

forhastet (fo-*hahss*-derdh)
adj premature

forhen (*faw*-hehn) *adv*
formerly

forhenværende (*faw*-hehn-
veh-o-ner) *adj* former

forhindre (fo-*hayn*-dro) *v*
prevent

forhindring (fo-*hayn*-dræng)
c obstacle

forhold (*faw*-hol) *nt* (pl ~)
relation; affair

forholdsvis (*faw*-hols-vis)
adj relative

forhøje (fo-*hoi*-er) *v* raise

forhøjelse (fo-*hoi*-erl-ser) *c*
increase, rise

forhøjning (fo-*hoi*-nayng) *c*
rise

forhør (fo-*hurr*) *nt* (pl ~)
examination, interrogation

forhøre (fo-*hur*-o) *v*
interrogate; ~ **sig** inquire

forhåbningsfuld (fo-*hob*-
nayngs-fool) *adj* hopeful

på forhånd (po *faw*-hon) in
advance

forjaget (fo-*ᵞah*-erdh) *adj*
hasty

forkaste (fo-*kahss*-der) *v* turn

down, reject

forkert (fo-*kayrd*) *adj* false,
wrong

forklare (fo-*klah*-ah) *v*
explain; **forklarlig**
explainable

forklaring (fo-*klah*-ayng) *c*
explanation

forkludre (fo-*kloodh*-ro) *v*
muddle

forklæde (*faw*-klai-dher) *nt*
apron

forklæde sig (fo-*kleh*-dher)
disguise

forklædning (fo-*klehdh*-
nayng) *c* disguise

forkorte (fo-*kaw*-der) *v*
shorten

forkortelse (fo-*kaw*-derl-ser)
c abbreviation

forkæle (fo-*keh*-ler) *v* *spoil

forkæmper (*faw*-kehm-bo) *c*
champion, advocate

forkærlighed (*faw*-kær-li-
haydh) *c* preference

forkølelse (fo-*kur*-lerl-ser) *c*
cold

*blive forkølet (*blee*-ver fo-
kur-lerdh) *catch a cold

forkørselsret (*faw*-kurr-
serls-ræd) *c* right of way

*forlade (fo-*lah*-dher) *v*
*leave; desert; check out

forlange (fo-*lahng*-er) *v* ask,
demand; charge

forlangende (fo-*lahng*-er-
ner) *nt* demand

forleden (fo-*lay*-dhayn) *adv*
recently

forlegen (fo-*ligh*-ern) *adj*

embarrassed; *gøre ~
embarrass

forlegenhed (fo-*ligh*-ern-hayd) *c* embarrassment

forlig (fo-*li*) *nt* (pl ~)
settlement

forlovede (fo-*lo*-ver-dher) *c*
(pl ~) fiancé; fiancée

forlovelse (fo-*lo*-verl-ser) *c*
engagement

forlovelsesring (fo-*lo*-verl-serss-ræng) *c* engagement ring

forlovet (fo-*lo*-verdh) *adj*
engaged

forlygte (*faw*-lurgder) *c*
headlamp, headlight

forlyste (fo-*lurss*-der) *v*
entertain

forlystelse (fo-*lurss*-derl-ser)
c entertainment

***forlægge** (fo-*leh*-ger) *v*
*mislay

forlægger (*faw*-leh-go) *c*
publisher

forlænge (fo-*lehng*-er) *v*
extend; renew

forlængelse (fo-*lehng*-erl-ser) *c* extension

forlængerledning (fo-*lehng*-o-laydh-nayng) *c* extension cord

***forløbe** (fo-*lur*-ber) *v* pass;
forløben past; **forløbet** past

form (fom) *c* shape, form

formalitet (fo-mah-li-*tayd*) *c*
formality

formand (*faw*-mahn) *c* (pl
-mænd) chairman, president

forme (*faw*-mer) *v* form,

shape; model

formel (*fo*-merl) *c* (pl -mler)
formula

formiddag (*faw*-mi-dah) *c*
mid-morning, morning

formindske (fo-*mayn*-sger) *v*
reduce, lessen, decrease

formode (fo-*moa*-dher) *v*
suppose, assume

formodning (fo-*moadh*-nehng) *c* guess

formue (*faw*-mōō-oo) *c*
fortune

formynder (*faw*-murn-o) *c*
guardian

formynderskab (*faw*-mur-no-sgahb) *nt* custody, guardianship

formørkelse (fo-*murr*-gayl-ser) *c* eclipse

formål (*faw*-mol) *nt* (pl ~)
object, purpose; objective

formålstjenlig (*faw*-mols-t³ain-li) *adj* appropriate, suitable

fornavn (*faw*-noun) *nt* first
name; Christian name

fornem (*faw*-nehm) *adj*
distinguished

fornemme (fo-*nehm*-er) *v*
*feel; perceive

fornemmelse (fo-*nehm*-erl-ser) *c* sensation, perception

fornuft (fo-*nofd*) *c* reason,
sense

fornuftig (fo-*nof*-di) *adj*
reasonable, sensible

forny (fo-*new*) *v* renew

fornyelig (fo-new-*uh*-li) *adj*
renewable

forsikre

fornægte (fo-*nehg*-der) v
disown; deny

fornærme (fo-*nær*-mer) v
offend; insult;
fornærmende offensive

fornærmelse (fo-*nær*-merl-
ser) c offence; insult

fornødenhed (fo-*nur*-dhern-
haydh) c necessity,
requirement

fornøjelse (fo-*noi*-erl-ser) c
pleasure; amusement

fornøjet (fo-*noi*-erdh) adj
glad; joyful

forpagtning (fo-*pahgd*-
nayng) c lease

forpligte (fo-*playg*-der) v
oblige; ~ sig engage; *være
forpligtet til *be obliged to

forpligtelse (fo-*playg*-derl-
ser) c obligation;
engagement

forpremiere (fo-*præm*-Yer-o)
c preview

forpurre (fo-*poo*-ro) v
prevent; *upset

forrest (fo-osd) adj first,
front-line; adv foremost

forret (faw-ræd) c (pl ∼ter)
hors d'oeuvre

forretning (fo-*ræd*-nayng) c
store; deal, business;
forretninger business; *gøre
~ med *deal with

forretningscenter (fo-*ræd*-
nayngs-sehn-der) nt (pl -tre)
shopping centre

forretningskvinde (fo-*ræd*-
nayngs-*kvay*-ner) c
businesswoman

forretningsmand (fo-*ræd*-
nayngs-mahn) c (pl -mænd)
businessman

forretningsmæssig (fo-*ræd*-
nayngs-meh-si) adj business-
like

forretningsrejse (fo-*ræd*-
nayngs-righ-ser) c business
trip

forretningstid (fo-*ræd*-
nayngs-tidh) c business
hours

forrige (faw-i-o) adj former,
previous, last

forrykt (fo-*rewgd*) adj crazy,
zany

forræder (fo-*rædh*-o) c traitor

forræderi (fo-ræ-dho-*ri*) nt
treason

forråd (faw-rodh) nt (pl ∼)
supply

forråde (fo-*ro*-dher) v betray

forsamle (fo-*sahm*-ler) v
assemble; ~ sig gather

forsamling (fo-*sahm*-layng) c
assembly

forseelse (fo-*say*-erl-ser) c
offence

forsende (fo-*sehn*-er) v
despatch

forsendelse (fo-*sehn*-erl-ser)
c expedition

*forse sig (fo-*say*) offend

forside (faw-see-dher) c
front; front page

forsigtig (fo-*sayg*-di) adj
cautious, careful; wary

forsigtighed (fo-*sayg*-di-
haydh) c caution; precaution

forsikre (fo-*sayg*-ro) v assure;

insure

forsikring (fo-*sayg*-ræng) c
insurance

forsikringspolice (fo-*sayg*-
rængs-poa-lee-ser) c
insurance policy

forsikringspræmie (fo-*sayg*-
rængs-præm-Yer) c premium

forsinke (fo-*sayng*-ger) v
delay

forsinkelse (fo-*sayng*-gerl-
ser) c delay

forsinket (fo-*sayng*-gerdh)
adj late; overdue

forskel (*faw*-sgehl) c (pl ∼le)
difference; distinction,
contrast

forskellig (fo-*sgehl*-i) *adj*
different; distinct, unlike;
forskellige various; ***være ∼**
differ; vary

forskning (*fawsg*-nayng) c
research

forskrække (fo-*sgræ*-ger) v
frighten; ***blive forskrækket**
*be frightened

forskud (*faw*-sgoodh) nt (pl
∼) advance; **betale i ∼**
advance

forslag (*faw*-slah) nt (pl ∼)
proposition, suggestion,
proposal; motion

forsoning (fo-*soa*-nayng) c
reconciliation

forspring (*faw*-spræng) nt (pl
∼) lead

forstad (*faw*-sdahdh) c (pl
-stæder) suburb; **forstads-**
suburban

forstand (fo-*sdahn*) c reason,

brain; wits *pl*

forstavelse (*faw*-sdaa-verl-
ser) c prefix

forstoppelse (fo-*sdob*-erl-
ser) c constipation

forstuve (fo-*sdoo*-oo) v
sprain

forstuvning (fo-*sdoo*-nayng)
c sprain

forstyrre (fo-*sdew*-o) v
interrupt, disturb

forstyrrelse (fo-*sdew*-ol-ser)
c disturbance, interruption

forstørre (fo-*sdur*-o) v
enlarge

forstørrelse (fo-*sdur*-ol-ser) c
enlargement

forstørrelsesglas (fo-*sdur*-
ol-serss-glahss) nt (pl ∼)
magnifying glass

forstøver (fo-*sdur*-vo) c
atomizer

*forstå (fo-*sdo*) v
*understand; *see; *take

forståelse (fo-*sdo*-erl-ser) c
understanding

forsvar (*faw*-svah) nt (pl ∼)
defence; plea

forsvare (fo-*svah*-ah) v
defend

*forsvinde (fo-*svayn*-er) v
vanish, disappear

forsvundet (fo-*svon*-erdh)
adj lost, disappeared

forsyne (fo-*sew*-ner) v
supply; **∼ med** furnish with

forsyning (fo-*sew*-nayng) c
supply

forsøg (fo-*sur*) nt (pl ∼) try,
attempt; experiment

65   **forvandle til**

forsøge (fo-*sur*-ur) v try; attempt

forsømme (fo-*surm*-er) v miss, neglect

forsømmelig (fo-*surm*-er-li) adj neglectful

forsømmelse (fo-*surm*-erl-ser) c neglect

fortaler (*faw*-taa-lo) c advocate

fortid (*faw*-tidh) c past

fortjene (fo-*t'eh*-ner) v merit, deserve

fortjeneste (fo-*t'eh*-nerss-der) c merit; gain

fortolde (fo-*tol*-er) v declare

fortov (*faw*-to⁰⁰) nt pavement; sidewalk nAm

fortrinsret (*faw*-trins-ræd) c priority

fortrolig (fo-*troa*-li) adj confidential

fortrylle (fo-*trewl*-er) v bewitch

fortryllelse (fo-*trewl*-erl-ser) c spell; glamour

fortryllende (fo-*trewl*-er-ner) adj enchanting, glamorous

fortræd (fo-*trædh*) c harm; mischief; *gøre ~ harm

fortræffelig (fo-*træ*-fer-li) adj first-rate

*fortsætte (*fawd*-seh-der) v continue; *go on, proceed, carry on

fortsættelse (*fawd*-seh-derl-ser) c continuation; sequel

fortvivle (fo-*tvee⁰⁰*-ler) v despair

fortvivlelse (fo-*tvee⁰⁰*-lerl-ser) c despair

fortynde (fo-*turn*-er) v dilute

*fortælle (fo-*tehl*-er) v *tell; relate

fortælling (fo-*tehl*-ayng) c story, tale

forud (*faw*-oodh) adv before

forudbetalt (*faw*-oodh-bay-tahld) adj prepaid

foruden (fo-ōō-dhern) prep besides

forudgående (*faw*-oodh-go-o-ner) adj previous; prior

forudsat at (*faw*-oodh-sahd ahd) provided that, supposing that

*forudse (*faw*-oodh-say) v foresee

*forudsige (*faw*-oodh-si-i) v predict; forecast

forudsigelse (*faw*-oodh-si-erl-ser) c forecast

forundre (fo-*on*-dro) v surprise, astonish, amaze

forundring (fo-*on*-drayng) c wonder, surprise, astonishment

forurene (fo-oo-*ræ*-ner) v pollute

forurening (fo-oo-*ræ*-nayng) c pollution

forurolige (fo-oo-*roa*-li-er) v alarm

foruroligende (fo-oo-*roa*-lee-er-ner) adj scary

forvaltningsret (fo-*vahld*-nayngs-ræd) c administrative law

forvandle til (fo-*vahn*-ler) turn into

forvaring (fo-*vah*-ræng) *c*
custody

forvask (*faw*-vahsg) *c*
prewash

i forvejen (i *faw*-vigh-ern) in
advance

forveksle (fo-*vehg*-sler) *v*
*mistake, confuse

forvente (fo-*vehn*-der) *v*
expect; anticipate

forventning (fo-*vehnd*-
nayng) *c* expectation

forventningsfuld (fo-*vehnd*-
nayngs-fool) *adj* expectant

forvirre (fo-*veer*-o) *v*
embarrass, confuse;
forvirret confused

forvirring (fo-*veer*-ayng) *c*
confusion; disturbance,
muddle

forvisse sig om (fo-*vay*-ser)
ascertain

forvolde (fo-*vol*-er) *v* cause

***forvride** (fo-*vri*-dher) *v*
wrench, twist; sprain

forælder (fo-*ehl*-der) *c* (pl
-dre) parent

forældet (fo-*ehl*-erdh) *adj*
ancient; out of date

forældre (fo-*ehl*-dro) *pl*
parents *pl*

forære (fo-*æ*-o) *v* *give,
present

foræring (fo-*æ*-ræng) *c* gift,
present

forøge (fo-*ur*-ur) *v* increase

forøgelse (fo-*ur*-url-ser) *c*
increase

forår (*faw*-o) *nt* (pl ∼) spring;
springtime

forårsage (fo-o-*sah*-ah) *v*
cause

fotoforretning (*foa*-toa-fo-
ræd-nayng) *c* camera shop

fotograf (foa-doa-*grahf*) *c*
photographer

fotografere (foa-doa-grah-
fay-o) *v* photograph

fotografering (foa-doa-grah-
fay-ræng) *c* photography

fotografi (foa-doa-grah-*fi*) *nt*
photo, photograph

fotokopi (foa-toa-koa-pi) *c*
photocopy

foyer (foi-*¹ay*) *c* foyer; lobby

fra (frah) *prep* out of, off, as
from, from; ∼ **og med** as
from, from

fradrag (*frah*-drou) *nt* (pl ∼)
rebate

fraflytte (*frah*-flur-der) *v*
vacate

fragt (frahgd) *c* freight

frakke (*frah*-ger) *c* coat

frankere (frahng-*kay*-o) *v*
stamp

franko (*frahng*-koa) post-paid

Frankrig (*frahng*-kri) France

fransk (frahnsg) *adj* French

franskmand (*frahnsg*-mahn)
c (pl -mænd) Frenchman

fraråde (*frah*-ro-dher) *v*
dissuade from

frastødende (*frah*-sdur-dher-
ner) *adj* repellent, repulsive

***fratage** (*frah*-tah-ah) *v*
deprive of

***fratræde** (*frah*-træ-dher) *v*
resign

fratrædelse (*frah*-træ-dherl-ser) *c* resignation

*****fratrække** (*frah*-træ-ger) *v* deduct, subtract

fravær (*frah*-vær) *nt* (pl ~) absence

fraværende (*frah*-veh-o-ner) *adj* absent

fred (frædh) *c* peace

fredag (*fræ*-dah) *c* Friday

fredelig (*fræa*-dher-li) *adj* peaceful; restful

fredsommelig (frædh-*som*-er-li) *adj* peaceful

frekvens (fray-*kvehns*) *c* frequency

frelse (*fræl*-ser) *v* save, rescue; *c* rescue, salvation

frem (fræm) *adv* forward

fremad (*fræm*-ahdh) *adv* onwards

fremefter (*fræm*-ayf-do) *adv* forward

fremføre (*fræm*-fur-o) *v* adduce, advance; present; *****bring up

fremgang (*fræm*-gahng) *c* advance, progress

fremgangsmåde (*fræm*-gahngs-maw-dher) *c* procedure, process; approach, method

fremme (*fræ*-mer) *v* promote

fremmed (*fræ*-merdh) *c* stranger; *adj* foreign, strange

fremragende (*fræm*-rou-er-

ner) *adj* splendid, excellent

fremskaffe (*fræm*-sgah-fer) *v* produce, furnish

fremskridt (*fræm*-sgrid) *nt* (pl ~) progress; *****gøre ~ *****get on

fremskridtsvenlig (*fræm*-sgrids-vehn-li) *adj* progressive

fremstamme (*fræm*-sdahm-er) *v* falter

fremstille (*fræm*-sdayl-er) *v* produce; manufacture

fremstilling (*fræm*-sdayl-ayng) *c* report, account; manufacture

fremstående (*fræm*-sdo-er-ner) *adj* outstanding

fremtid (*fræm*-tidh) *c* future

fremtidig (*fræm*-ti-dhi) *adj* future

fremtoning (*fræm*-toa-nayng) *c* appearance

*****fremtræde** (*fræm*-træ-dher) *v* appear

fremvise (*fræm*-vi-ser) *v* *****show; display

fremvisning (*fræhm*-vis-nayng) *c* display

fri (fri) *adj* free

fribadestrand (*fri*-baa-dher-sdrahn) *c* nudist beach

fribillet (*fri*-bi-lehd) *c* (pl ~ter) free ticket

frifindelse (*fri*-fayn-erl-ser) *c* acquittal

frigørelse (*fri*-gur-ol-ser) *c* emancipation

frihed (*fri*-haydh) *c* freedom, liberty

friktion (frig-s*'oan*) c friction

frikvarter (*fri*-kvah-tayr) nt break

frimærke (*fri*-mær-ger) nt stamp, postage stamp

frimærkeautomat (*fri*-mær-ger-ahoo-toa-mahd) c stamp machine

frisk (fræsg) adj fresh; brisk

frist (fræsd) c respite, time; term

friste (*fræss*-der) v tempt

fristelse (*fræss*-dayl-ser) c temptation

frisure (fri-*sew*-o) c hairdo

frisør (fri-*surr*) c hairdresser

*fritage (*fri*-tah-ah) v exempt; ~ for discharge of; **fritaget** exempted

fritagelse (*fri*-tah-ahl-ser) c exemption

fritid (*fri*-tidh) c spare time, leisure

fritidscenter (*fri*-tidhs-sehn-do) nt (pl -centre) recreation centre

fritidstøj (*fri*-tidhs-toi) nt activewear

frivillig (fri-*vil*-i) c volunteer; adj voluntary

frokost (*fro*-gosd) c lunch; luncheon

from (from) adj pious

frossen (*fro*-sern) adj frozen

frost (frosd) c frost

frostvæske (*frosd*-vehss-ger) c antifreeze

frotté (froa-*tay*) c towelling

frue (*froo*-oo) c madam; mistress

frugt (frogd) c fruit

frugtbar (*frogd*-bah) adj fertile

frugthave (*frogd*-haa-ver) c orchard

fryd (frewdh) c delight, joy

frygt (frurgd) c fear

frygte (*frurg*-der) v fear; dread

frygtelig (frurg-der-li) adj terrible, awful, dreadful

frygtindgydende (frurgd-ayn-gew-dher-ner) adj terrifying

frynse (*frurn*-ser) c fringe

*fryse (*frew*-ser) v *freeze

frysepunkt (*frew*-ser-pongd) nt freezing point

fryser (*frew*-ser) c freezer

fræk (fræg) adj insolent, bold; cheeky (colloquial)

frækhed (*fræg*-haydh) c impertinence

frø¹ (frur) c frog

frø² (frur) nt (pl ~) seed

frøken (*frur*-gern) c miss

fugl (fool) c bird

fugt (fogd) c damp

fugte (*fog*-der) v moisten, damp

fugtig (*fog*-di) adj humid, moist, damp; wet

fugtighed (*fog*-di-haydh) c humidity, moisture

fugtighedscreme (*fog*-di-haydhs-kræm) c moisturizing cream

fuld (fool) adj full; drunk

fuldbyrde (*fool*-bewr-der) v accomplish

fuldende (*fool*-ehn-er) *v*
complete

fuldendthed (*fool*-ehnd-haydh) *c* perfection

fuldføre (*fool*-fur-o) *v*
complete; accomplish

fuldkommen (*fool*-kom-ern)
adj perfect; complete, *adv*
perfectly, quite, absolutely

fuldkommenhed (*fool*-kom-ern-haydh) *c* perfection

fuldkornsbrød (*fool*-koarns-brurdh) *nt* (pl ~) wholemeal
bread

fuldstændig (*fool*-sdehn-di)
adj total, complete;
fuldstændigt altogether,
quite, completely

fundament (fon-dah-*mehnd*)
nt base

fundamental (fon-dah-mehn-*tahl*) *adj* fundamental

fungere (fong-*gay*-o) *v* work

funklende (*fong*-gler-ner) *adj*
sparkling

funktion (fong-*s^yoan*) *c*
function; operation

fusion (foo-*s^yoan*) *c* merger

fy! (few) shame!

fyld (fewl) *nt* stuffing, filling

fylde (*few*-ler) *v* fill; ~ **op** fill
up

fyldepen (*few*-ler-pehn) *c* (pl
~ne) fountain pen

fyldestgørende (*fewl*-ersd-gur-o-ner) *adj* sufficient

fyr (fewr) *c* guy, fellow, chap;
boy

fyrre (*fūr*-o) *num* forty

fyrste (*fewr*-sder) *c* prince

fyrtårn (*fewr*-ton) *nt*
lighthouse

fysik (few-*sig*) *c* physics

fysiker (*few*-si-go) *c* physicist

fysiologi (few-s^yoa-loa-*gi*) *c*
physiology

fysisk (*few*-sisg) *adj* physical

fædreland (*fehdh*-ro-lahn) *nt*
native country

fægte (*fehg*-der) *v* fence

fælde (*feh*-ler) *c* trap

fælg (fehl) *c* rim

fælles (*fehl*-erss) *adj*
common; joint

i fællesskab (i *fehl*-erss-sgahb) jointly

fængsel (*fehng*-serl) *nt* (pl
-sler) prison, jail

fængsle (*fehng*-sler) *v*
imprison; captivate,
fascinate

færdig (*fær*-di) *adj* finished;
***gøre** ~ finish

færdighed (*fær*-di-haydh) *c*
skill

færdsel (*fær*-serl) *c* traffic;
ensrettet ~ one-way traffic

færdselsåre (*fær*-serls-aw-o)
c thoroughfare

færge (*fær*-er) *c* ferry-boat

fæste (*fehs*-der) *v* fasten; ~
med nål pin

fæstne (*fehsd*-ner) *v* attach

fæstning (*fehsd*-nayng) *c*
fortress

fætter (*fæ*-do) *c* (pl fætre)
cousin

føde (*fūr*-dher) *c* food

føderation (fur-der-rah-s^yoan) *c* federation

fødested (*fūr*-dher-sdehdh)
nt place of birth

fødsel (*fur*-serl) *c* (pl -sler)
birth; childbirth

fødselsdag (*fur*-serls-dah) *c*
birthday

fødselsveer (*fur*-serls-vay-o)
pl labour

født (furd) *adj* born

føl (furl) *nt* (pl ~) foal

føle (*fūr*-ler) *v* *feel; ~ **på**
*feel

følelse (*fūr*-lerl-ser) *c* feeling;
sensation

følelsesløs (*fūr*-lerl-serss-
lurs) *adj* insensitive; numb

følesans (*fūr*-ler-sahns) *c*
touch

følge (*furl*-^yer) *c* sequence;
issue, result; **som ~ af** owing
to

***følge** (*furl*-^yer) *v* follow;
accompany; ~ **med** *keep up
with

følgelig (*furl*-^yer-li) *adv*
consequently

følgende (*furl*-^yer-ner) *adj*
following; subsequent, next

føljeton (furl-^yer-*tong*) *c*
serial

følsom (*fūrl*-som) *adj*
sensitive

før (furr) *conj* before; *prep*
before; *adv* before

føre (*fūr*-o) *v* conduct, *drive;

carry

førende (*fūr*-o-ner) *adj*
leading

fører (*fūr*-o) *c* leader

førerbevis (*fūr*-o-bay-vis) *nt*
driving licence

førerhund (*fūr*-o-hoon) *c*
guide dog

føring (*fūr*-ræng) *c* lead

først (furrsd) *adj* foremost,
initial; *adv* at first; **for det
første** first at all; ~ **og
fremmest** especially,
essentially

første (*furr*-sder) *num* first

førstehjælp (*furr*-sder-^yehlb)
c first aid

førstehjælpsstation (*furr*-
sder-^yehlbs-sdah-s^yoan) *c*
first aid post

førsteklasses (*furr*-sder-
klah-serss) *adj* first-class

førsterangs (*furr*-sder-
rahngs) *adj* first-rate

få (fo) *adj* few

***få** (fo) *v* receive, obtain, *get;
*have; ~ **til at** cause to

får (for) *nt* (pl ~) sheep

fårekylling (*faw*-o-kew-
layng) *c* cricket

fårekød (*faw*-o-kurdh) *nt*
mutton

fåresyge (*faw*-o-sēw-ew) *c*
mumps

G

gab (gahb) *nt* (pl ~) mouth

gabe (*gaa*-ber) *v* yawn; gape

gade (*gaa*-dher) *c* street; road

gadedørsnøgle (*gaa*-dher-durrs-noi-ler) *c* latchkey

gadekryds (*gaa*-dher-krewss) *nt* (pl ~) crossroads

gadekær (*gaa*-dher-kær) *nt* (pl ~) village pond

gaffel (*gah*-ferl) *c* (pl gafler) fork

gage (*gaa*-sᵞer) *c* pay

gal (gahl) *adj* mad

galde (*gah*-ler) *c* bile, gall

galdeblære (*gah*-ler-blai-o) *c* gall bladder

galdesten (*gah*-ler-sdayn) *c* (pl ~) gallstone

galge (*gahl*-ᵞer) *c* gallows pl

galleri (gah-ler-*ri*) *nt* gallery

gallon (gal-on) *c* gallon (Brit 4.55 l; Am 3.79 l)

galop (gah-*lob*) *c* (pl ~per) gallop

gammel (*gah*-merl) *adj* old; ancient, aged; stale

gammeldags (*gah*-merl-dahs) *adj* old-fashioned; ancient, quaint

gane (*gaa*-ner) *c* palate

gang (gahng) *c* time; walk; en ~ once; en ~ til once more; gang på gang again and again

gangart (*gahng*-ahd) *c* gait, pace

gange (*gah*-nger) *v* multiply

gangsti (*gahng*-sdi) *c* footpath

ganske (*gahn*-sger) *adv* quite, fairly; rather

garage (gah-*raa*-sᵞer) *c* garage

garantere (gaa-ahn-*tay*-o) *v* guarantee

garanti (gaa-ahn-*ti*) *c* guarantee

garderobe (gah-der-*rōa*-ber) *c* cloakroom; wardrobe; checkroom *nAm*

garderobeskab (gah-der-*rōa*-ber-sgahb) *nt* closet *nAm*

gardin (gah-*din*) *nt* curtain

garn (gahn) *nt* (pl ~) yarn

gartner (*gaad*-no) *c* gardener

gas (gahss) *c* gas

gaskomfur (*gahss*-kom-foor) *nt* gas cooker

gasovn (*gahss*-oᵒᵒn) *c* gas stove

gasværk (*gahss*-værg) *nt* gasworks

gave (*gaa*-ver) *c* gift, present; donation

gavekort (*gaa*-ver-kawd) *nt* gift card

gavl (goul) *c* gable

gavmild (*gou*-mil) *adj* liberal, generous

gavmildhed (*gou*-mil-haydh) *c* generosity

gavn (goun) *c* benefit, advantage, profit

gear (gir) *nt* (pl ~) gear; **skifte** ~ change gear

gearkasse (*geer*-kah-ser) *c* gearbox

gearstang (*geer*-sdahng) *c* (pl -stænger) gear lever

gebis (gay-*biss*) *nt* (pl ~ser) false teeth

gebyr (gay-*bewr*) *nt* charge

ged (gaydh) *c* goat

gedeskind (*gay*-dher-sgayn) *nt* (pl ~) kid

gejst (gighsd) *c* soul

gelé (s³ay-*lay*) *c* jelly

gelænder (gay-*lehn*-o) *nt* rail

gemen (gay-*mayn*) *adj* mean

gemme (*geh*-mer) *v* *hide

gemytlig (gay-*mewd*-li) *adj* jolly

genbrug (*gayn*-broo) *v* recycle

genbrugelig (gayn-*broo*-er-li) *adj* recyclable

genbrugs- (*gayn*-broos) *adj* recyclable

general (gay-ner-*rahl*) *c* general

generation (gay-ner-rah-s³oan) *c* generation

generator (gay-ner-*raa*-to) *c* generator

genere (s³ay-*nay*-o) *v* bother

generel (gay-ner-*ræl*) *adj* general

genert (s³ay-*nayrd*) *adj* shy

generthed (s³ay-*nayrd*-haydh) *c* timidity, shyness

generøs (s³ay-ner-*rurs*) *adj* generous

genfinde (*gehn*-fayn-er) *v* recover

genforene (*gehn*-fo-ay-ner) *v* reunite

geni (s³ay-*ni*) *nt* genius

genial (gay-ni-*ahl*) *adj* brilliant

genkende (*gehn*-kehn-er) *v* recognize

genlyd (*gehn*-lewdh) *c* echo

gennem (*gehn*-erm) *prep* through

gennembløde (geh-*nerm*-blur-dher) *v* soak

gennembore (geh-nerm-*boa*-o) *v* pierce

gennemføre (geh-nerm-*fur*-o) *v* carry out

gennemførlig (geh-nerm-*furr*-li) *adj* feasible

gennemgå (geh-nerm-*go*) *v* *go through; suffer

gennemrejse (geh-*nerm*-righ-ser) *c* passage

gennemsigtig (geh-nerm-*sayg*-di) *adj* transparent; sheer

gennemslag (geh-nerm-*slah*) *nt* (pl ~) carbon copy

gennemsnit (geh-nerm-*snid*) *nt* (pl ~) average; profile; **i** ~ on the average

gennemsnitlig (geh-*nehm*-snid-li) *adj* average; medium

gennemsøge (*geh*-nerm-sur-ur) *v* search

gennemtræk (*geh*-nerm-træg) *c* draught

gennemtrænge (geh-nermtræng-er) *v* penetrate

gennemvæde (*geh-nerm-veh-dher*) *v* soak

genopblomstring (*gehn-ob-blom-sdræng*) *c* revival

*genoptage (*gehn-ob-tah-ah*) *v* resume

gensidig (*gehn-si-dhi*) *adj* mutual

genstand (*gehn-sdahn*) *c* article; object

genstridig (*gehn-sdri-dhi*) *adj* obstinate

*gentage (*gehn-tah-ah*) *v* repeat

gentagelse (*gehn-tah-erl-ser*) *c* repetition

geografi (*gay⁰⁰-grah-fi*) *c* geography

geologi (*gay-oa-loa-gi*) *c* geology

geometri (*gay-oa-may-tri*) *c* geometry

gerne (*gær-ner*) *adv* gladly

gerning (*gær-nayng*) *c* deed

gespenst (*gay-sbehnsd*) *nt* phantom

gestikulere (*gehss-di-koo-lay-o*) *v* gesticulate

gestus (*gehss-dooss*) *c* (pl ~) sign

gevinst (*gay-vaynsd*) *c* winnings *pl*

gevær (*gay-vær*) *nt* rifle; gun

gidsel (*gi-serl*) *nt* (pl -sler) hostage

gift (*gifd*) *c* poison

gifte sig (*gif-der*) marry

giftig (*gif-di*) *adj* poisonous; toxic

gigantisk (*gi-gahn-tisg*) *adj* gigantic

gigt (*gigd*) *c* gout, rheumatism

gips (*gibs*) *c* plaster

gisne (*giss-ner*) *v* guess

gispe (*giss-ber*) *v* pant

*give (*gee-ver*) *v* *give*; ~ efter *give away; ~ tilladelse *v* license, *give in; ~ ud *spend

giver (*gee-*vo) *c* donor

glad (*glahdh*) *adj* cheerful, delighted; good-humoured

glamme (*glah-*mer) *v* bark

glans (*glahns*) *c* gloss

glansløs (*glahns-*lurs) *adj* mat

glas (*glahss*) *nt* (pl ~) glass; glas- glass; kulørt ~ stained glass

glasere (*glah-say-*o) *v* glaze

glat (*glahd*) *adj* even, smooth; slippery

glemme (*gleh-*mer) *v* *forget

glemsom (*glehm-*som) *adj* forgetful

gletscher (*glehd-*s⁀o) *c* glacier

*glide (*glee-*dher) *v* *slide, glide; slip, skid

glimt (*glaymd*) *nt* (pl ~) glimpse; flash

glippe (*glay-*ber) *v* fail

global (*gloa-bahl*) *adj* global

globalisering (*gloa-bah-li-say-*rayng) *c* globalization

globalisere (*gloa-bah-li-say-*ro) *v* globalize

globalt positionerings-system *nt*; global

positioning system, GPS

globus (*glōa*-booss) *c* (pl ~ser) globe

glæde (*glai*-dher) *c* joy, gladness; pleasure; med ~ gladly

glæde sig over (*glai*-dher) enjoy

glædelig (*glai*-dher-li) *adj* joyful

gløds (glurdh) *c* glow

gløde (*glūr*-dher) *v* glow

gnaven (*gnaa*-vern) *adj* cross

***gnide** (*gnee*-dher) *v* rub

gnist (gnisd) *c* spark

gnubbe (*gnoo*-ber) *v* scratch, scour, scrub

gobelin (goa-ber-*lehng*) *c* tapestry

god (goadh) *adj* good, kind; godt well; godt! all right!

goddag! (goa-*dah*) hello!

godkende (*goadh*-kehn-er) *v* approve; approve of

godkendelse (*goadh*-kehn-erl-ser) *c* authorization

godmodig (goadh-*moa*-dhi) *adj* good-natured

gods (goss) *nt* estate; goods pl

***godskrive** (*goadh*-sgri-ver) *v* credit

godstog (*goss*-to∞) *nt* (pl ~) goods train; freight train nAm

godter (go-do) *pl* sweets; candy nAm

***godtgøre** (*god*-gur-o) *v* prove, *make good; reimburse

godtroende (*goadh*-troa-oa-ner) *adj* credulous

golf (golf) golf

golfbane (*golf*-baa-ner) *c* golf links, golf course

gondol (gon-*doal*) *c* gondola

GPS (gay-pay-es) *nt* GPS, global positioning system

gracios (grah-si-*urs*) *adj* graceful

grad (grahdh) *c* degree; i den ~ so

gradvis (*grahdh*-vis) *adj* gradual; *adv* gradually

graf (grahf) *c* graph

grafisk (*grah*-fisg) *adj* graphic

gram (grahm) *nt* (pl ~) gram

grammatik (grah-mah-*tig*) *c* grammar

grammatisk (grah-*mah*-disg) *adj* grammatical

grammofonplade (grah-moa-*foan*-plaa-dher) *c* record; disc

gran (grahn) *c* fir tree

granit (grah-*nid*) *c* (pl ~ter) granite

grapefrugt (*græeb*-frogd) *c* grapefruit

gratis (*graa*-diss) *adj* gratis, free, free of charge

gratulation (grah-too-lah-s*y*oan) *c* congratulation

gratulere (grah-too-*lay*-o) *v* congratulate

grav (grahoo) *c* pit; grave, tomb

grave (*graa*-ver) *v* *dig

gravere (grah-*vay*-o) *v* engrave

gravid (grah-*vidh*) *adj*

pregnant

gravsten (*grou*-sdayn) *c* (pl ~) tombstone, gravestone

gravsætning (*grou*-sehd-nayng) *c* burial

gravør (grah-*vurr*) *c* engraver

greb (græb) *nt* (pl ~) grasp, clutch; grip

gren (græn) *c* branch

greve (*grææ*-ver) *c* count; earl

grevinde (græoo-*ay*-ner) *c* countess

grevskab (*græoo*-sgahb) *nt* county

grib (grib) *c* (pl ~be) vulture

*****gribe** (*gree*-ber) *v* *catch; *take, seize; grasp, grip; ~ ind intervene; interfere

grill (gril) *c* barbecue

grille (*gri*-ler) *c* whim; *v* grill

grill-restaurant (*gril*-ræss-doa-rahng) *c* grillroom

grim (græm) *adj* ugly

grin (grin) *nt* (pl ~) grin; *gøre til ~** ridicule

grine (*gree*-ner) *v* grin

gris (gris) *c* pig

gros (gross) *nt* (pl ~) gross

grosserer (groa-*say*-o) *c* merchant

grossist (groa-*sisd*) *c* wholesale dealer

grotte (*gro*-der) *c* cave; grotto

grov (gro⁰⁰) *adj* coarse; gross

gru (groo) *c* horror; dread

grube (*groo*-ber) *c* pit

grufuld (*groo*-fool) *adj* horrible

grund (gron) *c* grounds,

ground; reason, cause; **på ~ af** for, because of; owing to, on account of

grundig (*gron*-di) *adj* thorough

grundlag (*gron*-lah) *nt* (pl ~) basis

*****grundlægge** (*gron*-leh-ger) *v* found

grundlæggende (*gron*-leh-ger-ner) *adj* basic

grundreglerne (*gron*-ræg-leh-ner) *npl* basics

grundsætning (*gron*-sehd-nayng) *c* principle

gruppe (*groo*-ber) *c* group, party; set

grus (groos) *nt* gravel; grit

grusom (*groo*-som) *adj* cruel; harsh

gryde (*grēw*-dher) *c* pot

*****græde** (*grææ*-dher) *v* *weep, cry

Grækenland (*græ*-gern-lahn) Greece

græker (*græ*-go) *c* Greek

græmmelse (*græ*-merl-ser) *c* sorrow

grænse (*græn*-ser) *c* boundary, frontier, border; limit, bound

grænseløs (*græn*-ser-lurs) *adj* unlimited

græs (græss) *nt* grass

græsgang (*græss*-gahng) *c* pasture

græshoppe (*græss*-ho-ber) *c* grasshopper

græsk (græsg) *adj* Greek

græsplæne (*græss*-plai-ner)

c lawn

græsse (*græ*-ser) *v* graze

græsstrå (*græss*-sdro) *nt* (pl ~) blade of grass

grøft (grurfd) *c* ditch

grøn (grurn) *adj* green

grønthandler (*grurn*-hahn-lo) *c* greengrocer; vegetable merchant

grøntsag (*grurn*-sah) *c* vegetable; **grøntsager** greens *pl*

grå (gro) *adj* grey

grådig (*graw*-dhi) *adj* greedy

gud (goodh) *c* god

guddommelig (goodh-*dom*-er-li) *adj* divine

gudfar (*goodh*-faa) *c* (pl -fædre) godfather

gudinde (goodh-*ay*-ner) *c* goddess

gudmoder (goodh-*moa*-dho) *c* (pl -mødre) godmother

gudstjeneste (*goodhs*-t³ehner-sder) *c* service

guide (gaayd) *c* guide; guidebook

guitar (*gi*-tah) *c* guitar

gul (gool) *adj* yellow

gulbrun (*gool*-broon) *adj* fawn

guld (gool) *nt* gold

guldsmed (*gool*-smaydh) *c* goldsmith

gulerod (*goo*-ler-roadh) *c* (pl -rødder) carrot

gulsot (*gool*-soad) *c* jaundice

gulv (gol) *nt* floor

gulvtæppe (*gol*-teh-per) *nt* carpet

gummi (*go*-mi) *c* gum, rubber

gummisko (*go*-mi-sgoa) *pl* plimsolls *pl*

gunstig (*gon*-sdi) *adj* favourable

gurgle (*goor*-ler) *v* gargle

guvernante (goo-vær-*nahn*-der) *c* governess

guvernør (goo-vær-*nurr*) *c* governor

gyde (*gew*-dher) *c* alley

gylden (*gewl*-ern) *adj* golden

gyldig (*gewl*-di) *adj* valid

gylp (gewlb) *c* fly

gymnasielærer (gewm-*nah*-s³er-lai-o) *c* teacher

gymnast (gewm-*nahsd*) *c* gymnast

gymnastik (gewm-nah-*sdig*) *c* gymnastics *pl*

gymnastikbukser (gewm-nah-*sdig*-bog-so) *pl* trunks *pl*

gymnastiksal (gewm-nah-*sdig*-sahl) *c* gymnasium

gymnastiksko (gewm-nah-*sdig*-sgoa) *pl* gym shoes; sneakers *plAm*

gynge (*gewng*-er) *c* swing; *v* rock, *swing

gynækolog (gew-neh-koa-*loa*) *c* gynaecologist

gysen (*gew*-sern) *c* shudder

gæld (gehl) *c* debt

***gælde** (*geh*-ler) *v* *be worth; apply

gælle (*geh*-ler) *c* gill

gængs (gehngs) *adj* current

gær (gær) *c* yeast

gærde (*gai*-o) *nt* fence

gære (*gai-ro*) v ferment

gæs (*gehss*) npl geese

gæst (*gehsd*) c guest

gæsteværelse (*gehss-der-vai-ol-ser*) nt spare room, guest room

gæstfri (*gehsd*-fri) adj hospitable

gæstfrihed (*geh-sd*-fri-haydh) c hospitality

gætte (*geh-der*) v guess

gø (gur) v bark

gødning (*gurdh*-nayng) c dung, manure

gøg (gur) c cuckoo

***gøre** (*gür*-o) v *do; gøre for meget ud af (*gür*-o for migherdh oodh af) v overdo

***gå** (go) v *go; walk; ~ forbi pass by; ~ forud for precede; ~ fra borde disembark; ~ fremad advance; ~ igennem *go through; ~ ind enter, *go

in; ~ ned descend; ~ om bord embark; ~ op ad mount; ~ på pension v retire; ~ tilbage return; ~ til valgstederne v go to the polls; ~ ud *go out; ~ uden om by-pass; ~ ud fra suppose, assume; ~ videre *go on, *go ahead

gåde (*gaw*-dher) c enigma, riddle, puzzle

gådefuld (*gaw*-dher-fool) adj mysterious; enigmatic

i går (i gor) yesterday

gård (gor) c yard, court; farm

gårdejer (*gaw*-igh-o) c farmer

gårdmandskone (*gaw*-mahns-kōā-ner) c farmer's wife

gås (gos) c (pl gæs) goose

gåsehud (*gaw*-ser-hoodh) c goose flesh

H

had (hahdh) nt hatred, hate

hade (*haa*-dher) v hate

hage (*haa*-er) c chin

hagl (houl) nt (pl ~) hail

haj (high) c shark

hakke (*hah*-ger) v chop, mince

hale (*haa*-ler) c tail; v haul

hals (hahls) c neck, throat; ondt i halsen sore throat

halsbrand (*hahls*-brahn) c heartburn

halsbånd (*hahls*-bon) nt (pl

~) collar

halssmykke (*hahls*-smur-ger) nt necklace

halstørklæde (*hahls*-turr-klai-dher) nt scarf

halt (hahld) adj lame

halte (*hahl*-der) v limp

halv (hahl) adj half; halv-semi-; halvt half

halvcirkel (*hahl*-seer-gerl) c (pl -kler) semicircle

halvdel (*hahl*-dayl) c half

halvere (hahl-*vay*-o) v halve

halvfems (hahl-*fehms*) *num* ninety

halvfjerds (hahl-*f'ærs*) *num* seventy

halvleg (*hah*-ligh) *c* half time

halvtreds (hahl-*træss*) *num* fifty

halvvejs (*hahl*-vighs) *adv* halfway

halvø (*hahl*-ur) *c* peninsula

ham (hahm) *pron* him

hammer (*hah*-mo) *c* (pl hamre) hammer

hamp (hahmb) *c* hemp

han (hahn) *pron* he; han-male

handel (*hahn*-erl) *c* business, trade; commerce; **handels-** commercial

handelsvare (*hahn*-erls-vaa-ah) *c* merchandise

handicappet (*hahn*-di-kah-berdh) *adj* disabled

handikap (*hahn*-di-kab) *nt* (pl ~) handicap

handikappe (*hahn*-di-kab-er) *v* handicap

handikappet (*hahn*-di-kab-erdh) *adj* handicapped

handle (*hahn*-ler) *v* act; trade, shop

handlende (*hahn*-ler-ner) *c* (pl ~) dealer

handling (*hahn*-layng) *c* act, action; deed; plot

handske (*hahn*-sger) *c* glove

hane (*haa*-ner) *c* cock

hans (hahns) *pron* his

hare (*haa*-ah) *c* hare

harmoni (hah-moa-*ni*) *c*

harmony

harpe (*haa*-ber) *c* harp

harsk (haasg) *adj* rancid

hasselnød (*hah*-serl-nurdh) *c* (pl ~der) hazelnut

hast (hahsd) *c* haste; haste-urgent; i ~ in a hurry

hastig (*hahss*-di) *adj* rapid

hastighed (*hahss*-di-haydh) *c* speed

hastighedsbegrænsning (*hahss*-di-haydhs-bay-græns-nayng) *c* speed limit

hastighedsgrænse (*hahss*-di-haydhs-græn-ser) *c* speed limit

hastværk (*hahsd*-værg) *nt* hurry

hat (hahd) *c* (pl ~te) hat

hav (hou) *nt* sea

have (*haa*-ver) *c* garden; **zoologisk** ~ zoological gardens

*****have** (hah) *v* *have; ~ på *wear

havedyrkning (*haa*-ver-dewrg-nayng) *c* horticulture

havfugl (*hou*-fool) *c* seabird

havmåge (*hou*-maw-er) *c* seagull

havn (houn) *c* port, harbour; seaport

havnearbejder (*hou*-ner-aa-bigh-do) *c* docker

havre (*hou*-ro) *c* oats *pl*

havvand (*hou*-vahn) *nt* sea water

hebraisk (hay-*brah*-isg) *nt* Hebrew

hed (haydh) *adj* warm, hot

*hedde (*hay*-dher) *v* *be called, *be named

hede (*hay*-dher) *c* heat; heath

hedensk (*hay*-dhernsg) *adj* pagan, heathen

hedning (*haydh*-nayng) *c* pagan, heathen

heftig (*hehf*-di) *adj* fierce, intense, violent

hegn (highn) *nt* (pl ~) fence

Hej! (high) Hello!

hejre (*high*-ro) *c* heron

hejse (*high*-ser) *v* hoist

heks (hehgs) *c* witch

hel (hayl) *adj* whole, entire; **helt** completely, entirely; quite; **helt igennem** quite

helbred (*hehl*-brædh) *nt* health

helbrede (*hehl*-bræ-dher) *v* cure, heal

helbredelse (*hehl*-bræ-dherl-ser) *c* cure; recovery

held (hehl) *nt* luck

heldig (*hehl*-di) *adj* lucky; fortunate

heldigvis (*hehl*-di-vis) *adv* fortunately

hele (*hay*-ler) *c* whole, entity

helgen (*hehl*-¥ern) *c* saint

helgenskrin (*hehl*-¥ern-sgrin) *nt* (pl ~) shrine

helikopter (heh-li-*kob*-to) *c* helicopter

helleflynder (*heh*-ler-flur-no) *c* halibut

hellere (*heh*-law-o) *adv* rather

hellig (*heh*-li) *adj* holy; sacred

helligbrøde (*heh*-li-brur-dher) *c* sacrilege

helligdag (*heh*-li-dah) *c* holiday

helligdom (*heh*-li-dom) *c* (pl ~me) shrine

hellige (*heh*-li-i) *v* dedicate; devote

helpension (*hayl*-pahngs-¥oan) *c* full board, bed and board

helt (hehld) *c* hero

helvede (*hehl*-ver-dher) *nt* hell

hemmelig (*heh*-mer-li) *adj* secret

hemmelighed (*heh*-mer-li-haydh) *c* secret

hende (*hay*-ner) *pron* her

hendes (*hay*-nerss) *pron* her

hengiven (*hehn*-gi-vern) *adj* affectionate

hengivenhed (hehn-*gi*-vern-haydh) *c* affection

i henhold til (i *hehn*-hol tayl) with reference to

henrette (*hehn*-ræ-der) *v* execute

henrettelse (*hehn*-ræ-derl-ser) *c* execution

henrivende (hehn-*ri*-ver-ner) *adj* adorable; delightful

henrykke (*hehn*-rur-ger) *v* delight; **henrykt** delighted

hensigt (*hehn*-saygd) *c* purpose, intention; design; *have til ~ intend

hensigtsmæssig (*hehn*-saygds-meh-si) *adj* adequate

henstand (*hehn*-sdahn) *c* respite

hensyn (*hehn*-sewn) *nt* (pl ~) consideration; **med ~ til** regarding

hensynsfuld (*hehn*-sewns-fool) *adj* considerate

hensynsløs (*hehn*-sewns-lurs) *adj* inconsiderate

hente (*hehn*-der) *v* fetch, *get; pick up, collect

hen til (hehn tayl) to

henvende sig til (*hehn*-vehn-er) turn to; address oneself to

henvise til (*hehn*-vi-ser) refer to

henvisning (*hehn*-vis-nayng) *c* reference

her (hayr) *adv* here

herberg (*hær*-bær) *nt* hostel

herkomst (*hær*-komsd) *c* origin, birth

herlig (*hær*-li) *adj* wonderful, delightful

herre (*hær*-ro) *c* gentleman; master

herredømme (*hær*-ro-dur-mer) *nt* dominion, rule

herregård (*hær*-ro-gor) *c* manor, manor house

herretoilet (*hær*-ro-toa-ah-lehd) *nt* (pl ~ter) men's room

herske (*hær*-sger) *v* rule

hersker (*hær*-sgo) *c* ruler

hertug (*hær*-too) *c* duke

hertuginde (hær-too-*ay*-ner) *c* duchess

hest (hehsd) *c* horse

hestekraft (*hehss*-der-krahfd) *c* (pl -kræfter) horsepower

hestesko (*hehss*-der-sgoa) *c* (pl ~) horseshoe

hestevæddeløb (*hehss*-der-vai-dher-lurb) *nt* (pl ~) horserace

heteroseksuel (*hay*-to-roa-sehg-soo-ehl) *adj* heterosexual

hidsig (*hi*-si) *adj* hot-tempered, quick-tempered

hidtil (*hidh*-tayl) *adv* so far

hierarki (hi-ay-rah-*ki*) *nt* hierarchy

hige efter (*hee*-i) aspire to, crave for

hikke (*hay*-ger) *c* hiccup

hilse (*hil*-ser) *v* greet; salute

hilsen (*hil*-sern) *c* greeting; **med venlig ~** sincerely

himmel (*hay*-merl) *c* (pl himle) sky, heaven

hinanden (hin-*ahn*-ern) *pron* each other

hindbær (*hayn*-bær) *nt* (pl ~) raspberry

hinde (*hay*-ner) *c* membrane

hindre (*hayn*-dro) *v* impede, hinder

hindring (*hayn*-dræng) *c* impediment, obstacle

hinke (*hayng*-ger) *v* play hopscotsh

hinsides (*hin*-si-dherss) *prep* beyond

hip-hop (hib-hob) *c* hip-hop

historie (hi-*sdoar*-³er) *c* story; history

historiker (hi-*sdoa*-ri-go) *c* historian

historisk (hi-*sdoa*-risg) *adj*

historic, historical
hittegods (*hi*-deh-goss) *nt* lost and found, lost property
hittegodskontor (*hi*-der-goss-koan-toar) *nt* lost property office
hjelm (*yehlm*) *c* helmet
hjem[1] (*yehm*) *nt* (pl ~) home
hjem[2] *adv* home; ***tage ~ *go home**
hjemme (*yeh*-mer) *adv* home, at home
hjemme- (*yeh*-mer) *adj* domestic (in-country)
hjemmelavet (*yeh*-mer-lah-verdh) *adj* home-made
hjemmeside (*yeh*-mer-*see*-dher) *nt* website
hjemrejse (*yehm*-righ-ser) *c* journey home; return journey
hjemve (*yehm*-ver) *c* homesickness
hjerne (*yær*-ner) *c* brain
hjernerystelse (*yær*-ner-rurss-derl-ser) *c* concussion
hjerte (*yær*-der) *nt* heart
hjerteanfald (*yær*-der-ahn-fahl) *nt* (pl ~) heart attack
hjertebanken (*yær*-der-bahng-gern) *c* palpitation
hjertelig (*yær*-der-li) *adj* cordial; hearty
hjerteløs (*yær*-der-lurs) *adj* heartless
hjord (*yod*) *c* herd
hjort (*yawd*) *c* deer
hjul (*yool*) *nt* (pl ~) wheel
hjælp (*yehlb*) *c* aid, assistance, help; relief

*hjælpe (*yehl*-ber) *v* help; aid, assist
hjælper (*yehl*-bo) *c* helper
hjælpsom (*yehlb*-som) *adj* helpful
hjørne (*yurr*-ner) *nt* corner
hof (hof) *nt* (pl ~fer) court
hofte (*hof*-der) *c* hip
hofteholder (*hof*-der-ho-lo) *c* girdle
hold (hol) *nt* (pl ~) team
holdbar (*hol*-bah) *adj* durable; valid
*holde (*ho*-ler) *v* *keep, *hold; pull up; ~ af love, like; fancy, *be fond of; ~ op cease; quit; ~ oppe *hold up; ~ på *hold; insist; ~ sig fast *hold on; ~ sig fra *keep off; ~ tilbage restrain; ~ ud *stand, endure; *keep up
holdning (*hol*-nayng) *c* attitude, position
Holland (*ho*-lahn) Holland
hollandsk (*ho*-lahnsg) *adj* Dutch
hollænder (*ho*-lehn-o) *c* Dutchman
homoseksuel (*hōa*-moa-sehg-soo-ehl) *adj* homosexual
honning (*ho*-nayng) *c* honey
honorar (hoa-noa-*rah*) *nt* fee
honorere (hoa-noa-*ræ*-o) *v* remunerate
hop (hob) *nt* (pl ~) hop
hoppe (*ho*-ber) *v* jump; *leap; hop; skip; *c* mare
horisont (hoa-ri-*sond*) *c* horizon

horn (hoarn) *nt* (pl ∼) horn

hornorkester (*hoarn-o-kehss-do*) *nt* (pl -tre) brass band

hos (hoass) *prep* at

hospital (hoass-bi-*tahl*) *nt* hospital

hoste (*hōa*-sder) *c* cough; *v* cough

hotel (hoa-*tehl*) *nt* (pl ∼ler) hotel

hotspot (hod-spod) *c* hotspot (*internet*)

hov (ho∞) *c* hoof

hoved (*hōa*-oadh) *nt* head; hoved- main, chief, principal, primary; capital, cardinal; **på hovedet** upside down

hovedbanegård (*hōa*-oadh-baa-ner-go) *c* central station

hovedbrud (*hōa*-oadh-broodh) *nt* (pl ∼) puzzle

hoveddæk (*hōa*-oadh-dehg) *nt* (pl ∼) main deck

hovedgade (*hōa*-oadh-gaa-dher) *c* main street

hovedkvarter (*hōa*-oadh-kvah-tayr) *nt* headquarters *pl*

hovedledning (*hōa*-oadh-laydh-nayng) *c* mains *pl*

hovedlinje (*hōa*-oadh-lin-*y*er) *c* main line

hovedpine (*hōa*-oadh-pee-ner) *c* headache

hovedpude (*hōa*-oadh-pōo-dher) *c* pillow

hovedsag (*hōa*-oadh-sah) *c* main thing

hovedsagelig (*hōa*-oadh-*sah*-er-li) *adv* mainly

hovedstad (*hōa*-oadh-sdahdh) *c* (pl -stæder) capital

hovedvej (*hōa*-oadh-vigh) *c* main road; thoroughfare

hovmester (ho∞-*mehss*-do) *c* (pl -mestre) steward

hovmodig (ho∞-*moa*-dhi) *adj* haughty

hud (hoodh) *c* skin; hide

hudafskrabning (*hoodh*-ou-sgrahb-nayng) *c* graze, abrasion

hudcreme (*hoodh*-kræm) *c* skin cream

hue (*hōo*-oo) *c* cap

hukommelse (hoo-*kom*-erl-ser) *c* memory

hul¹ (hol) *nt* (pl ∼ler) hole

hul² (hol) *adj* hollow

hule (*hōo*-ler) *c* cavern, cave

hulepindsvin (*hōo*-ler-payn-svin) *nt* (pl ∼) porcupine

hulhed (*hōol*-haydh) *c* cavity

humle (*hom*-ler) *c* hop

humlebi (*hom*-ler-bi) *c* bumblebee

hummer (*hom*-o) *c* lobster

humor (*hōo*-mo) *c* humour

humoristisk (hoo-moa-*riss*-disg) *adj* humorous

humør (hoo-*murr*) *nt* mood; spirits, spirit; **i godt** ∼ good-tempered

hun (hoon) *pron* she; hun-female

hund (hoon) *c* dog

hundegalskab (*hoo-ner-*

gahl-sgahb) *c* rabies

hundehus (*hoo*-ner-hoos) *nt* kennel

hundrede (*hoon*-ro-dher) *num* hundred

hurtig (*hoar*-di) *adj* quick, fast; swift, rapid; **hurtigt** soon, quickly

hurtighed (*hoar*-di-haydh) *c* speed

hus (hoos) *nt* house; home

husassistent (*hooss*-ah-si-sdehnd) *c* housemaid

husbåd (*hooss*-bodh) *c* houseboat

husdyr (*hooss*-dewr) *nt* (pl ~) domestic animal

huse (*hōō*-ser) *v* house; lodge

husejer (*hooss*-igh-o) *c* landlord

husholderske (*hooss*-hol-o-sger) *c* housekeeper

husholdning (*hooss*-hol-nayng) *c* housework, household, housekeeping

huske (*hooss*-ger) *v* remember

huslig (*hooss*-li) *adj* domestic (home)

husly (*hooss*-lew) *nt* accommodation; **skaffe ~** accommodate

huslærer (*hooss*-lai-ro) *c* tutor

husmor (*hooss*-moar) *c* (pl -mødre) housewife

hustru (*hooss*-droo) *c* wife

husvært (*hooss*-værd) *c* landlord

hvad (vahdh) *pron* what; ~ **end** whatever; ~ **som helst** anything

hval (vahl) *c* whale

hvede (*vāy*-dher) *c* wheat

hvedebrødsdage (*vāy*-dher-brurdhs-daa-ah) *pl* honeymoon

hvedemel (*vāy*-dher-mayl) *nt* flour

hvem (vehm) *pron* who; whom; ~ **der end** whoever; ~ **som helst** anybody

hveps (vehbs) *c* wasp

hver (vær) *pron* each, every

hverdag (*vær*-dah) *c* weekday

hverken ... eller (*vær*-gern *eh*-lo) neither ... nor

hvid (vidh) *adj* white

hvidløg (*vidh*-loi) *nt* (pl ~) garlic

hvile (*vee*-ler) *c* rest; *v* rest; ~ **sig** rest; ~ **ud** rest

hvilehjem (*vee*-ler-ʸehm) *nt* (pl ~) rest home

hvilken (*vayl*-gern) *pron* which; ~ **som helst** whichever; any

hvilling (*vi*-layng) *c* whiting

hvin (vin) *nt* (pl ~) shriek

hvine (*vee*-ner) *v* shriek

hvis (vayss) *pron* whose; *conj* if

hviske (*vayss*-ger) *v* whisper

hvisken (*vayss*-gern) *c* whisper

hvor (vo) *adv* where; how; ~ **end** wherever; ~ **mange** how many; ~ **meget** how much; ~ **som helst** anywhere

hvordan (vo-*dahn*) *adv* how

hvorfor (vo-*fo*) *adv* why; what

for

hvornår (vo-*no*) adv when

hvælving (*vehl*-vayng) c arch; vault

hyggelig (hew-ger-li) adj cosy; enjoyable

hygiejne (hew-gi-*igh*-ner) c hygiene

hygiejnebind (hew-gi-*igh*-ner-bayn) nt (pl ~) sanitary towel

hygiejnisk (hew-gi-*igh*-nisg) adj hygienic

hykler (*hewg*-lo) c hypocrite

hykleri (hewg-lo-*ri*) nt hypocrisy

hyklerisk (*hewg*-lo-risg) adj hypocritical

hyl (hewl) nt (pl ~) yell

hylde (*hew*-ler) c shelf; v cheer

hyldest (*hewl*-ersd) c tribute; homage

hyle (*hew*-ler) v yell; roar

hymne (*hewm*-ner) c hymn

hyppig (*hew*-bi) adj frequent; hyppigt frequently

hyppighed (*hew*-bi-haydh) c frequency

hyrde (*hewr*-der) c shepherd

hyrevogn (*hew*-o-vo°°n) c taxi

hysterisk (hew-*sday*-risg) adj hysterical

hytte (*hew*-der) c cabin; hut

hæder (*heh*-dho) c glory

hædre (*hehdh*-ro) v honour

hæfteklamme (*hehf*-der-klah-mer) c staple

hæfteplaster (*hehf*-der-plahss-do) nt (pl -tre) adhesive tape, plaster

hæk (hehg) c (pl ~ke) hedge

hækle (*hehg*-ler) v crochet

hæl (hehl) c heel

hælde (*heh*-ler) v pour; ~ til tend to

hældning (*hehl*-nayng) c gradient

hæmme (*heh*-mer) v impede, restrain

hæmorroider (heh-moa-*ree*-dho) pl haemorrhoids pl, piles pl

hænde (*heh*-ner) v occur

hændelse (*heh*-nerl-ser) c happening, occurrence; event

hænge fast (*hehng*-er fahsd) v cling

hænge op (*hehng*-er) *hang

*hænge (*hehng*-er) v *hang

hængebro (*hehng*-er-broa) c suspension bridge

hængekøje (*hehng*-er-koi-er) c hammock

hængelås (*hehng*-er-los) c padlock

hængesmykke (*hehng*-er-smur-ger) nt pendant

hængsel (*hehng*-serl) nt (pl -sler) hinge

hær (hær) c army

hæs (hehs) adj hoarse

hæslig (*hehss*-li) adj hideous

hætte (*heh*-der) c hood

hævde (*heh*°°-der) v maintain; assert

hæve (*hai*-ver) v raise; *draw, cash

hævn (heh°°n) c revenge

hø (hur) nt hay

høfeber (hur-fay-bo) c hay fever

høflig (hurf-li) adj polite; civil

høg (hur) c hawk

høj (hoi) adj high, tall; loud; c hillock

højde (hoi-der) c height; altitude

højdepunkt (hoi-der-pongd) nt height; zenith

højderyg (hoi-der-rurg) c (pl ~ge) ridge

højere (hoi-o-o) adj superior; upper; taller, higher; louder

højest (hoi-ersd) adj extreme; tallest, highest; loudest; supreme

højhus (hoi-hoos) nt tower block

højklasse (hoi-klah-ser) adj upscale (neighborhood)

højland (hoi-lahn) nt uplands pl

højlydt (hoi-lewd) adj loud

højmesse (hoi-meh-ser) c morning service

højre (hoi-ro) adj right; right-hand

højrød (hoi-rurdh) adj crimson

højslette (hoi-sleh-der) c plateau

højst (hoisd) adv at most

højsæson (hoi-seh-song) c high season, peak season

højt (hoid) adv aloud

højtidelig (hoi-ti-dher-li) adj solemn

højttaler (hoi-taa-lo) c loudspeaker

højvande (hoi-vah-ner) nt high tide

høne (hūr-ner) c hen

høre (hūr-o) v *hear

hørelse (hūr-ol-ser) c hearing

hørlig (hurr-li) adj audible

høst (hursd) c harvest

høste (hurss-der) v reap, harvest

høvding (hur°°-dayng) c chief; chieftain

håb (hob) nt (pl ~) hope

håbe (haw-ber) v hope

håbløs (hawb-lurs) adj hopeless

hån (hon) c scorn

hånd (hon) c (pl hænder) hand; **for hånden** available; **hånd-** manual

håndarbejde (hon-aa-bigh-der) nt handicraft, handwork; needlework

håndbagage (hon-bah-gaa-s³er) c hand luggage; hand baggage Am

håndbog (hon-bo°°) c (pl -bøger) handbook

håndbold (hon-bold) hand-ball

håndbremse (hon-bræm-ser) c handbrake

håndcreme (hon-kræm) c handcream, lotion

håndflade (hon-flaa-dher) c palm

håndfuld (hon-fool) c handful

håndgribelig (hon-gri-ber-li)

adj tangible, palpable

håndjern (*hon-*ᵞ*ærn*) *pl*
handcuffs *pl*

håndklæde (*hon-*klai-dher)
nt towel

håndlavet (*hon-*lah-verdh)
adj hand-made

håndled (*hon-*laydh) *nt* (*pl* ~)
wrist

håndskrift (*hon-*sgræfd) *c*
handwriting

håndtag (*hon-*tah) *nt* (*pl* ~)
handle; knob; grip

håndtaske (*hon-*tahss-ger) *c*
bag, handbag

håndtere (hon-*tay-*o) *v*
handle

håndterlig (hon-*tayr-*li) *adj*
manageable

håndtryk (*hon-*trurg) *nt* (*pl* ~)
handshake

håndvask (*hon-*vahsg) *c*
washbasin

håne (*haw-*ner) *v* mock

hår (ho) *nt* (*pl* ~) hair

hårbørste (*haw-*burr-sder) *c*
hairbrush

hårcreme (*haw-*kræm) *c* hair
cream

hård (ho) *adj* hard

hårdnakket (*haw-*nah-gerdh)
adj obstinate

håret (*haw-*odh) *adj* hairy

hårgelé (*haw-*sᵞay-lay) *c* hair
gel

hårklemme (*haw-*kleh-mer) *c*
hairgrip; bobby pin *Am*

hårlak (*haw-*lahg) *c* (*pl* ~ker)
hair spray

hårnet (*haw-*nehd) *nt* (*pl* ~)
hair net

hårnål (*haw-*nol) *c* hairpin

hårnålesving (*haw-*no-ler-
svayng) *nt* (*pl* ~) hairpin
bend

hårrejsende (*haw-*righ-ser-
ner) *adj* horrible

hårtørrer (*haw-*tür-o) *c*
hairdrier, hairdryer

hårvand (*haw-*vahn) *nt* hair
tonic

I

I (i) *pron* you

i (i) *prep* for, in, to, at

*****iagttage** (i-*ahg-*tah-ah) *v*
watch; observe

iagttagelse (i-*ahg-*tah-ahl-
ser) *c* observation

ibenholt (*i-*bern-hold) *nt*
ebony

idé (i-*day*) *c* idea; **lys ~** brain
wave

ideal (i-day-*ahl*) *nt* ideal

ideel (i-day-*ehl*) *adj* ideal

identificere (i-dehn-ti-fi-*say-*
o) *v* identify

identifikation (i-dehn-ti-fi-
kah-sᵞ*oan*) *c* identification

identisk (i-*dehn-*tisg) *adj*
identical

identitet (i-dehn-ti-*tayd*) *c*
identity

importør

idiom (i-di-*oam*) *nt* idiom

idiomatisk (i-di-oa-*mah*-tisg) *adj* idiomatic

idiot (i-di-*oad*) *c* idiot

idiotisk (i-di-*oa*-disg) *adj* idiotic

idol (i-*doal*) *nt* idol

idrætsmand (i-dræds-mahn) *c* (pl -mænd) athlete

ifølge (i-*furl*-¹er) *prep* according to

igen (i-*gehn*) *adv* again

ignorere (in-¹oa-ræ-o) *v* ignore

ihærdig (i-*hær*-di) *adj* energetic, diligent

ikke (*ay*-ger) not; slet ~ by no means

ikke-ryger (*ay*-ger-rēw-o) *c* non-smoker

ikon (i-*koan*) *c* icon

ild (il) *c* fire

ildelugtende (*i*-ler-log-der-ner) *adj* smelly, evil-smelling

ildeset (*i*-ler-sayd) *adj* unpopular

ildevarslende (*i*-ler-vaa-sler-ner) *adj* ominous

ildfast (*il*-fahsd) *adj* fireproof

indlede (ayn-*lāy*-dher) *v* initiate

ildslukker (*il*-slo-go) *c* fire extinguisher

ildsted (*il*-sdehdh) *nt* hearth

ile (*ee*-ler) *v* hurry, hasten

illegal (i-ler-gahl) *adj* illegal

illumination (i-loo-mi-nah-s¹oan) *c* illumination

illuminere (i-loo-mi-*nay*-o) *v* illuminate

illusion (i-loo-s¹oan) *c* illusion

illustration (i-loo-sdrah-s¹oan) *c* picture, illustration

illustrere (i-loo-sdræ-o) *v* illustrate

ilt (ild) *c* oxygen

imellem (i-*mehl*-erm) *prep* among

imens (i-*mehns*) *adv* meanwhile

imidlertid (i-*midh*-lo-tidh) *adv* however; yet

imitation (i-mi-tah-s¹oan) *c* imitation

imitere (i-mi-*tay*-o) *v* imitate

immunisere (i-moo-ni-*say*-o) *v* immunize

immunitet (i-moo-ni-*tayd*) *c* immunity

imod (i-*moadh*) *prep* towards

imperium (aym-*payr*-¹om) *nt* (pl -ier) empire

impliceret (aym-pli-*say*-odh) *adj* concerned

imponere (aym-poa-*nay*-o) *v* impress

imponerende (aym-poa-*nay*-o-ner) *adj* imposing, impressive

import (aym-*pawd*) *c* import

importafgift (aym-*pawd*-ou-gifd) *c* duty

importere (aym-po-*tay*-o) *v* import

importtold (aym-*pawd*-tol) *c* import duty

importvarer (aym-*pawd*-vaa-ah) *pl* imports

importør (aym-po-*turr*) *c* importer

impotens (*aym*-poa-tehns) *c* impotence

impotent (*aym*-poa-tehnd) *adj* impotent

improvisere (aym-proa-vi-*say*-o) *v* improvise

impuls (aym-*pools*) *c* impulse

impulsiv (aym-pool-see^{oo}) *adj* impulsive

imødekommende (i-*mūr*-dher-kom-er-ner) *adj* obliging; kind

ind (ayn) *adv* in; ~ i inside; ~ imellem in the meantime

indad (*ayn*-ahdh) *adv* inwards

indbefatte (*ayn*-bay-fah-der) *v* comprise

indbildsk (*ayn*-bilsg) *adj* conceited

indbildt (*ayn*-bild) *adj* imaginary

indbinding (*ayn*-bayn-ayng) *c* binding

indblandet (*ayn*-blahn-erdh) *adj* involved

indblanding (*ayn*-blahn-ayng) *c* interference

indblik (*ayn*-blayg) *nt* insight

indbringende (*ayn*-bræng-er-ner) *adj* profitable

indbrud (*ayn*-broodh) *nt* (pl ~) house-breaking; burglary

indbrudstyv (*ayn*-broodhs-tew^{oo}) *c* burglar

****indbyde** (*ayn*-bew-dher) *v* invite, ask

indbygger (*ayn*-bew-go) *c* inhabitant

indbyrdes (*ayn*-bewr-derss) *adj* mutual

inde (*ay*-ner) *adv* indoors, inside

****indebære** (*ay*-ner-beh-o) *v* imply

indehaver (*ay*-ner-hah-vo) *c* owner

****indeholde** (*ay*-ner-hol-er) *v* contain

indeks (*ayn*-dehgs) *nt* index

inden (*ay*-nern) *adv* before; ~ for within; ~ længe shortly, soon

indendørs (*ay*-nern-durrs) *adj* indoor

indeni (*ay*-nern-i) *adv* inside; inden i inside

indenrigs- (*ay*-nern-riss) domestic

inder (*ayn*-do) *c* Indian

inderside (*ay*-no-see-dher) *c* inside

indeslutte (*ay*-ner-sloo-der) *v* encircle

indespærre (*ay*-ner-sbær-o) *v* lock up

indeværende (*ay*-ner-veh-o-ner) *adj* current

indfald (*ayn*-fahl) *nt* (pl ~) invasion; idea

indflydelse (*ayn*-flew-dherl-ser) *c* influence

indflydelsesrig (*ayn*-flew-dherl-serss-ri) *adj* influential; powerful

****indfri** (*ayn*-fri) *v* redeem; ***pay off

indfødt (*ayn*-furd) *c* native; *adj* native

indføje (*ayn*-foi-er) *v* insert

indføre (*ayn*-fur-o) *v* import;

introduce; enter

indførsel (*ayn*-furr-serl) *c* (pl -sler) import

indgang (*ayn*-gahng) *c* entrance, entry; way in

indhold (*ayn*-hol) *nt* contents *pl*

indholdsfortegnelse (*ayn*-hols-fo-tigh-nerl-ser) *c* table of contents

indianer (ayn-di-*ah*-no) *c* Indian

indiansk (ayn-di-*ahnsg*) *adj* Indian

indicere (*ayn*-di-*say*-o) *v* indicate

Indien (*ayn*-d'ern) India

indirekte (*ayn*-di-ræg-der) *adj* indirect

indisk (*ayn*-disg) *adj* Indian

individ (ayn-di-*vidh*) *nt* individual

individuel (ayn-di-vi-doo-*ehl*) *adj* individual

indkassere (*ayn*-kah-say-o) *v* cash

indkomst (*ayn*-komsd) *c* revenue, income

indkomstskat (*ayn*-komsd-sgahd) *c* (pl ⁓ter) income tax

indkøbstaske (*ayn*-kurbs-tahss-ger) *c* shopping bag

indledende (*ayn*-lay-dher-ner) *adj* preliminary

indledning (*ayn*-laydh-nayng) *c* introduction, beginning, opening

indlysende (*ayn*-lew-ser-ner) *adj* obvious

indlæggelse (*ayn*-leh-gerl-

ser) *c* hospitalization

indløse (*ayn*-lur-ser) *v* cash

indmeldelse (*ayn*-mehl-erl-ser) *c* registration

indmeldelsesblanket (*ayn*-mehl-erl-serss-blahng-*kehd*) *c* (pl ⁓ter) registration form

indoneser (ayn-doa-*nay*-so) *c* Indonesian

Indonesien (ayn-doa-*nay*-s'ern) Indonesia

indonesisk (ayn-doa-*nay*-sisg) *adj* Indonesian

indpakning (*ayn*-pahg-nayng) *c* packing

indpakningspapir (*ayn*-pahg-nayngs-pah-peer) *nt* wrapping paper

indre (*ayn*-dro) *nt* interior; *adj* inside, inner, internal

indretning (*ayn*-ræd-nayng) *c* arrangement; apparatus, appliance

indrette (*ayn*-ræ-der) *v* arrange, furnish

indrømme (*ayn*-rurm-er) *v* admit; acknowledge

indrømmelse (*ayn*-rurm-erl-ser) *c* concession

indsamle (*ayn*-sahm-ler) *v* collect

indsamler (*ayn*-sahm-lo) *c* collector

indsat (*ayn*-sahd) *c* (pl ⁓te) prisoner

indsats (*ayn*-sahts) *c* bet

*****indse** (*ayn*-say) *v* *see, realize

indsigt (*ayn*-saygd) *c* insight

indskibning (*ayn*-sgib-nayng) *c* embarkation

*indskrive (*ayn*-sgri-ver) *v* book; register; inscribe; ~ **sig** check in, register

indskrænkning (*ayn*-sgrængg-nayng) *c* restriction

*indskyde (*ayn*-sgew-dher) *v* insert

indsprøjte (*ayn*-sbroi-der) *v* inject

indsprøjtning (*ayn*-sbroid-nayng) *c* injection; shot

indstille (*ayn*-sdayl-er) *v* adjust

*indtage (*ayn*-tah) *v* *take in; capture

indtil (*ayn*-tayl) *prep* till, until; *conj* till; ~ **nu** so far

indtryk (*ayn*-trurg) *nt* (pl ~) impression; ***gøre ~ på** impress

indtræden (*ayn*-træ-dhern) *c* entry, entrance

*indtræffe (*ayn*-træ-fer) *v* happen

indtægt (*ayn*-tehgd) *c* revenue; **earnings** *pl*

indtørre (*ayn*-tūr-o) *v* dry up

industri (ayn-doo-*sdri*) *c* industry

industriel (ayn-doo-sdri-*ehl*) *adj* industrial

industriområde (ayn-doo-sdri-om-raw-dher) *nt* industrial area

industrivirksomhed (ayn-doo-*sdri*-veerg-som-haydh) *c* plant

indvandre (*ayn*-vahn-dro) *v* immigrate

indvandrer (*ayn*-vahn-dro) *c* immigrant

indvandring (*ayn*-vahn-dræng) *c* immigration

indvende (*ayn*-vehn-er) *v* object

indvendig (*ayn*-vehn-di) *adj* internal; inner; **indvendigt** within

indvending (*ayn*-vehn-ayng) *c* objection

indviklet (*ayn*-vayg-lerdh) *adj* complicated; complex

indvillige (*ayn*-vil-i-er) *v* agree; consent

indvilligelse (*ayn*-vil-i-erl-ser) *c* consent; approval

indvolde (*ayn*-vo-ler) *pl* bowels *pl*; insides, intestines

indånde (*ayn*-on-er) *v* inhale

infanteri (ayn-fahn-to-*ri*) *nt* infantry

infektion (ayn-fehg-*sʸoan*) *c* infection

infinitiv (ayn-*fi*-ni-teeᵒᵒ) *c* infinitive

inflation (ayn-*flah*-sʸoan) *c* inflation

influenza (ayn-floo-*ehn*-sah) *c* flu, influenza

information (ayn-fo-mah-*sʸoan*) *c* information

informationskontor (ayn-fo-mah-sʸoans-koan-toar) *nt* information bureau

informere (ayn-fo-*may*-o) *v* inform

infrarød (*ayn*-frah-rurdh) *adj* infra-red

ingefær (*ayng*-er-fær) *c* ginger

ingen (*ayng*-ern) *pron* no; no

intetsteds

one, nobody; none

ingeniør (ayn-s^yayn-^yurr) *c* engineer

ingrediens (ayn-græ-di-*ehns*) *c* ingredient

initiativ (i-ni-ti-ah-*tee*∞) *nt* initiative

inkludere (ayn-kloo-*day*-o) *v* include; **inkluderet** included

inklusive (*ayn*-kloo-see∞) *adv* inclusive

inkompetent (*ayn*-kom-bay-tehnd) *adj* incompetent

insekt (ayn-*sehgd*) *nt* insect; bug *nAm*

insektmiddel (ayn-*sehgd*-midh-erl) *nt* (pl -midler) insect repellent

insistere (ayn-si-*sday*-o) *v* insist

inskription (ayn-sgræb-s^yoan) *c* inscription

inspektion (ayn-sbehg-s^yoan) *c* inspection

inspektør (ayn-sbehg-*turr*) *c* inspector

inspicere (ayn-sbi-*say*-o) *v* inspect

inspirere (ayn-sbi-*ray*-o) *v* inspire

installation (ayn-sdah-lah-s^yoan) *c* installation

installere (ayn-sdah-*lay*-o) *v* install

instinkt (ayn-*sdayngd*) *nt* instinct

institut (ayn-sdi-*tood*) *nt* (pl ∼ter) institute

institution (ayn-sdi-too-s^yoan) *c* institution

instruere (ayn-sdroo-*ay*-o) *v* direct

instruktør (ayn-sdroog-*turr*) *c* director; instructor

instrument (ayn-sdroo-*mehnd*) *nt* instrument

instrumentbræt (ayn-sdroo-*mehnd*-bræd) *nt* (pl ∼ter) dashboard

intakt (ayn-*tahgd*) *adj* intact; unbroken

integrere (*ayn*-ter-græ-o) *v* integrate

intellekt (ayn-tay-*lehgd*) *c* intellect

intellektuel (ayn-tay-lehg-too-*ehl*) *adj* intellectual

intelligens (ayn-tay-li-*gehns*) *c* intelligence

intelligent (ayn-tay-li-*gehnd*) *adj* clever, intelligent

interessant (ayn-træ-*sahnd*) *adj* interesting

interesse (ayn-to-*ræ*-ser) *c* interest

interessere (ayn-træ-*say*-o) *v* interest; **interesseret** *adj* interested

intern (ayn-*tern*) *adj* internal

international (*ayn*-to-nah-s^yoa-nahl) *adj* international

Internet (*ayn*-ter-nehd) *nt* Internet

intet (*ayn*-derdh) nothing

intetkøns- (*ayn*-derdh-kurns) neuter

intetsigende (*ayn*-derdh-si-er-ner) *adj* insignificant

intetsteds (*ayn*-derdh-sdehdhs) *adv* nowhere

intim (ayn-*tim*) *adj* intimate

intrige (ayn-*tree*-er) *c* intrigue

introducere (ayn-troa-doo-*say*-o) *v* introduce

invadere (ayn-vah-*day*-o) *v* invade

invalid (ayn-vah-*lidh*) *c* invalid; *adj* crippled, disabled

invasion (ayn-vah-s⁹*oan*) *c* invasion

investere (ayn-veh-*sday*-o) *v* invest

investering (ayn-veh-*sday*-ræng) *c* investment

invitere (ayn-vi-*tay*-o) *v* invite; **invitation** *c* invitation

involvere (ayn-vol-*vay*-o) *v* involve

Irak (*ee*-rahg) Iraq

iraker (i-*rah*-ko) *c* Iraqi

irakisk (i-*rah*-kisg) *adj* Iraqi

Iran (*ee*-rahn) Iran

iraner (i-*rah*-no) *c* Iranian

iransk (i-*rahnsg*) *adj* Iranian

Irland (*eer*-lahn) Ireland

ironi (i-roa-*ni*) *c* irony

ironisk (i-*roa*-nisg) *adj* ironical

irritabel (eer-i-*tah*-berl) *adj* irritable

irritere (eer-i-*tay*-o) *v* annoy, irritate

irriterende (eer-i-*tay*-o-ner) *adj* annoying

irsk (eersg) *adj* Irish

is (is) *c* ice; ice cream

isenkram (*i*-sern-krahm) *nt* hardware

isenkramforretning (*i*-sern-

krahm-fo-ræd-nayng) *c* hardware store

iskold (*iss*-kol) *adj* freezing

Island (*iss*-lahn) Iceland

islandsk (*iss*-lahnsg) *adj* Icelandic

islænding (*iss*-lehn-ayng) *c* Icelander

isolation (i-soa-lah-s⁹*oan*) *c* isolation

isolator (i-soa-*laa*-to) *c* insulator

isolere (i-soa-*lay*-o) *v* isolate; insulate; **isoleret** isolated

isolering (i-soa-*lay*-ræng) *c* isolation; insulation

ispose (*iss*-pōa-ser) *c* ice bag

Israel (*iss*-rahl) Israel

israeler (iss-rah-*ay*-lo) *c* Israeli

israelsk (iss-rah-*aylsg*) *adj* Israeli

isskab (*iss*-sgahb) *nt* refrigerator

istap (*iss*-tahb) *c* (pl ~per) icicle

isvand (*iss*-vahn) *nt* iced water

især (i-*sær*) *adv* in particular, especially

Italien (i-*tahl*-⁹ern) Italy

italiener (i-tahl-⁹*eh*-no) *c* Italian

italiensk (i-tahl-⁹*ehnsg*) *adj* Italian

iver (*i*-vo) *c* zeal; diligence

ivrig (*ee*°°-ri) *adj* anxious, zealous; eager

***iværksætte** (i-*værg*-seh-der) *v* *bring about; *put into effect

J

ja (ˠah) yes
jade (ˠaa-dher) c jade
jage (ˠaa-ah) v hunt; ~ bort chase
jagt (ˠahgd) c hunt; chase; hunting
jagthytte (ˠahgd-hew-der) c lodge
jagttegn (ˠahgd-tighn) nt (pl ~) game licence
jakke (ˠah-ger) c jacket
jakkesæt (ˠah-ger-sæd) nt (pl ~) suit
jalousi (sˠah-loo-si) c jealousy; nt shutter
jaloux (sˠah-loo) adj jealous
jammer (ˠahm-o) c misery
jamre (ˠahm-ro) v moan
januar (ˠah-noo-ah) January
Japan (ˠaa-pahn) Japan
japaner (ˠah-pah-no) c Japanese
japansk (ˠah-pahnsg) adj Japanese
jeg (ˠigh) pron I
jer (ˠær) pron you; yourselves
jeres (ˠai-oss) pron your
jern (ˠærn) nt (pl ~) iron; jern-iron
jernbane (ˠærn-baa-ner) c railway; railroad nAm
jernbanefløjl (ˠærn-baa-ner-floil) nt corduroy
jernbaneoverskæring (ˠærn-baa-ner-oˠo-o-sgeh-ræng) c level crossing, crossing
jernbanevogn (ˠærn-baa-ner-voˠoˠn) c waggon, coach
jetfly (dˠehd-flew) nt (pl ~) jet
jetlag (dyehd-lah) c jet lag
jeton (sˠeh-tong) c (pl ~s) chip
jod (ˠoadh) c iodine
jolle (ˠo-ler) c dinghy
jomfru (ˠom-froo) c virgin
jord (ˠoar) c earth; ground, soil
Jordan (ˠoar-dahn) Jordan
jordaner (ˠoar-dah-no) c Jordanian
jordansk (ˠoar-dahnsg) adj Jordanian
jordbund (ˠoar-bon) c soil
jordbunden (ˠoar-bon-ern) adj down-to-earth
jordbær (ˠoar-bær) nt (pl ~) strawberry
jordemoder (ˠoar-moar) c (pl -mødre) midwife
jordnød (ˠoar-nurdh) c (pl ~der) peanut
jordskælv (ˠoar-sgehlv) nt (pl ~) earthquake
journalist (sˠoor-nah-lisd) c journalist; reporter
journalistik (sˠoor-nah-li-sdig) c journalism
jubilæum (ˠoo-bi-lai-om) nt (pl ~æer) jubilee
juble (ˠoo-bler) v cheer, shout with joy
juks (ˠoohgs) c kitsch

jul (Ɂool) Christmas; Xmas

juli (Ɂoo-li) July

jumper (Ɂom-bo) *c* jersey

jungle (d^yong-ler) *c* jungle

juni (Ɂoo-ni) June

junior (Ɂoo-n-Ɂo) *adj* junior

juridisk (Ɂoo-ri-dhisg) *adj* legal

jurist (Ɂoo-risd) *c* lawyer

jury (Ɂoo-ri) *c* jury

justere (Ɂoo-*stay*-o) *v* adjust

justits (Ɂoo-sdids) *c* justice

juvel (Ɂoo-*vayl*) *c* gem; **juveler** jewellery

juvelér (Ɂoo-ver-*layr*) *c* jeweller

jæger (Ɂai-o) *c* hunter

jævn (Ɂeh^{oo}n) *adj* level; flat; plain, simple

jævnbyrdighed (Ɂeh^{oo}n-bewr-di-haydh) *c* equality

jævne (Ɂeh^{oo}-ner) *v* thicken

jævnstrøm (Ɂeh^{oo}n-sdrurm) *c* direct current

jøde (Ɂ*ūr*-dher) *c* Jew

jødisk (Ɂ*ūr*-dhisg) *adj* Jewish

jøkel (Ɂ*ūr*-gel) *c* glacier

K

kabaret (kah-bah-*ræ*) *c* (pl ~ter) cabaret

kabel (*kah*-berl) *nt* (pl kabler) cable; ~ **tv** cable tv

kabine (kah-*bee*-ner) *c* cabin

kabinet (kah-bi-*nehd*) *nt* (pl ~ter) cabinet

kaffe (*kah*-fer) *c* coffee

kaffeinfri (kah-fer-*een*-fri) *adj* decaf(feinated)

kaffekande (*kah*-fer-kah-ner) *c* coffee pot

kaffekolbe (*kah*-fer-kol-ber) *c* percolator

kaffekop (*kah*-fer-kob) *c* (pl ~per) coffee cup

kage (*kaa*-ah) *c* cake

kahyt (kah-*hewd*) *c* (pl ~ter) cabin

kaj (kahi) *c* wharf, quay; dock

kaki (*kah*-gi) *c* khaki

kakkel (*kah*-gerl) *c* (pl kakler) tile

kalamitet (kah-lah-mi-*tayd*) *c* calamity

kalcium (*kahl*-s^yom) *nt* calcium

kalde (kah-ler) *v* call

kalender (kah-*lehn*-o) *c* calendar; diary

kalk (kahlg) *c* lime

kalkun (kahl-*koon*) *c* turkey

kalorie (kah-*loar*-^yer) *c* calorie

kalv (kahlv) *c* calf

kalvekød (*kahl*-ver-kurdh) *nt* veal

kalveskind (*kahl*-ver-sgayn) *nt* (pl ~) calf skin

kam (kahm) *c* (pl ~me) comb

kamé (kah-*may*) *c* cameo

kamel (kah-*mayl*) *c* camel

kamera (*kah*-mo-rah) *nt* camera

karburator

kamin (kah-*min*) c fireplace

kammer (kahm-o) nt (pl kamre) chamber

kammerat (kah-mo-*rahd*) c buddy (*colloquial*)

kammertjener (*kahm*-o-tᵞai-no) c valet

kamp (kahmb) c fight, combat; struggle, battle; match

kampagne (kahm-*pahn*-ᵞer) c campaign

kanal (kah-*nahl*) c canal; channel

kanariefugl (kah-*nah*-ᵞer-fool) c canary

kande (*kah*-ner) c jug, pitcher

kandidat (kahn-di-*dahd*) c candidate

kane (*kaa*-ner) c sleigh

kanel (kah-*nayl*) c cinnamon

kanin (kah-*nin*) c rabbit

kano (*kaa*-noa) c canoe

kanon (kah-*noan*) c gun

kant (kahnd) c edge; rim; verge

kantine (kahn-*tee*-ner) c canteen

kantsten (*kahnd*-sdayn) c (pl ∼) curb

kaos (*kaa*-oss) nt chaos

kaotisk (kah-*oa*-tisg) adj chaotic

kap (kahb) nt (pl ∼) cape

kapacitet (kah-pah-si-*tayd*) c capacity

kapel (kah-*pehl*) nt (pl ∼ler) chapel

kapellan (kah-bay-*lahn*) c chaplain

kapital (kah-bi-*tahl*) c capital

kapitalanbringelse (kah-bi-*tahl*-ahn-bræng-erl-ser) c investment

kapitalisme (kah-bi-tah-*liss*-mer) c capitalism

kapitulation (kah-bi-too-lah-sᵞoan) c capitulation

kapløb (*kahb*-lurb) c (pl ∼) race

kappe (*kah*-ber) c cloak; robe

kappestrid (*kah*-ber-stridh) c competition

kapre (*kaa*-bro) v hijack

kaprer (*kaa*-bro) c hijacker

kapsel (*kahb*-serl) c (pl ∼ler) capsule

kaptajn (kahb-*tighn*) c captain

kar (kah) nt (pl ∼) vessel

karakter (kaa-ahg-*tayr*) c character; mark

karakterisere (kaa-ahg-tayr-i-*say*-o) v characterize

karakteristisk (kaa-ahg-tay-*riss*-disg) adj typical, characteristic

karakterstyrke (kaa-ahg-*tayr*-sdewr-ger) c guts

karaktertræk (kaaahg-*tayr*-træg) nt (pl ∼) characteristic

karamel (kaa-ah-*mehl*) c (pl ∼ler) caramel, toffee

karantæne (kaa-ahn-*tai*-ner) c quarantine

karat (kah-*rahd*) c (pl ∼) carat

karbonpapir (kah-*bong*-pah-peer) nt carbon paper

karburator (kah-boo-*raa*-to) c carburettor

kardinal (kah-di-*nahl*) c
cardinal

karet (kah-*ræd*) c coach

karneval (*kaa*-ner-vahl) *nt* (pl
~ler) carnival

karosseri (kah-ro-so-*ri*) *nt*
body-work; body *nAm*

karpe (*kaa*-ber) c carp

karré (kah-*ræ*) c house block
Am

karriere (kah-i-*ai*-o) c career

karrosse (kah-*ro*-ser) c
carriage

karrusel (kah-roo-*sehl*) c (pl
~ler) merry-go-round

karry (*kaa*-i) c curry

kartoffel (kah-*to*-ferl) c (pl
-tofler) potato; **mosede
kartofler** *npl* mashed
potatoes

karton (kah-*tong*) c
cardboard; carton; **karton-**
cardboard

kaserne (kah-*sær*-ner) c
barracks *pl*

kashmir (*kahsh*-meer) c
cashmere

kasino (kah-*see*-noa) *nt*
casino

kasket (kah-*sgehd*) c (pl ~ter)
cap

kasse (*kah*-ser) c pay desk;
cashier's office

kassere (kah-*say*-o) v
discard; reject

kasserer (kah-*say*-o) c
cashier; treasurer

kassererske (kah-*say*-o-
sger) c cashier

kasserolle (kah-ser-*ro*-ler) c

saucepan

kassette (kah-*seh*-deh) c
cassette

kast (kahsd) *nt* (pl ~) throw,
cast

kastanje (kah-*sdahn*-ᵞer) c
chestnut

kaste (*kahss*-der) v *throw;
toss, *cast; ~ **op** vomit

kat (kahd) c (pl ~te) cat

katakombe (kah-tah-*koam*-
ber) c catacomb

katalog (kah-tah-*loa*) *nt*
catalogue

katar (kah-*tah*) c catarrh

katastrofal (kah-dah-sdroa-
fahl) *adj* disastrous

katastrofe (kah-dah-*sdroa*-
fer) c catastrophe, disaster

katedral (kah-der-*drahl*) c
cathedral

kategori (kah-der-goa-*ri*) c
category

katolsk (kah-*toalsg*) *adj*
catholic

kaution (kou-sᵞ*oan*) c bail,
security

kaviar (*kah*-vi-ah) c caviar

ked af det (kaydh ah *day*)
sorry

kede (*kāy*-dher) v bore; ~ **sig**
*be bored

kedel (*kay*-dherl) c (pl
kedler) kettle

kedelig (*kāy*-dher-li) *adj*
boring, unpleasant; dull

keglebane (*kigh*-ler-baa-ner)
c bowling alley

kejser (*kigh*-so) c emperor

kejserdømme (*kigh*-so-dur-mer) *nt* empire

kejserinde (*kigh-so-ay-ner*) *c* empress

kejserlig (*kigh-so-li*) *adj* imperial

kejtet (*kigh-*derdh) *adj* awkward

kejthåndet (*kighd-*hon-erdh) *adj* left-handed

kemi (kay-*mi*) *c* chemistry

kemisk (*kay-*misg) *adj* chemical

kende (*keh-*ner) *v* *know

kendelse (*keh-*nerl-ser) *c* verdict

kendeord (*keh-*ner-oar) *nt* (pl ~) article

kender (*keh-*no) *c* connoisseur

kendetegn (*keh-*ner-tighn) *nt* (pl ~) characteristic

kendetegne (*keh-*ner-tigh-ner) *v* characterize; mark

kendsgerning (*kehns-*gær-nayng) *c* fact

kendskab (*kehn-*sgahb) *nt* knowledge

kendt (kehnd) *adj* well-known, famous

kennel (*kehn-*erl) *c* kennel

Kenya (*kehn-*Yah) Kenya

keramik (kay-rah-*mig*) *c* pottery, ceramics *pl*

kerne (*kær-*ner) *c* nucleus; pip; core, heart, essence; **kerne-** nuclear

kernehus (*kær-*ner-hoos) *nt* core

ketsjer (*kehd-*s³o) *c* racquet

kigge (*ki-*ger) *v* glance, look; peep

kighoste (*kee-*hoā-sder) *c* whooping cough

kikkert (*ki-*god) *c* binoculars *pl*

kilde (*ki-*ler) *c* spring, well; source, fountain; *v* tickle

kile (*kee-*ler) *c* wedge

kilo (*ki-*loa) *nt* (pl ~) kilogram

kilometer (ki-loa-*may*-do) *c* (pl ~) kilometre

kilometersten (ki-loa-*may*-do-sdayn) *c* (pl ~) milestone

kilometertal (ki-loa-*may*-do-tahl) *nt* distance in kilometres

kim (kim) *c* (pl ~) germ

Kina (*kee-*nah) China

kind (kayn) *c* cheek

kindben (*kayn-*bayn) *nt* (pl ~) cheekbone

kindtand (*kayn-*tahn) *c* (pl -tænder) molar

kineser (ki-*nay-*so) *c* Chinese

kinesisk (ki-*nay-*sisg) *adj* Chinese

kiosk (k³osg) *c* kiosk

kirke (*keer-*ger) *c* church; chapel

kirkegård (*keer-*ger-go) *c* cemetery; graveyard, churchyard

kirketårn (*keer-*ger-ton) *nt* steeple

kirsebær (*keer-*ser-bær) *nt* (pl ~) cherry

kirtel (*keer-*derl) *c* (pl -tler) gland

kirurg (ki-*roor*) *c* surgeon

kjole (k³*oā*-ler) *c* dress; frock

klage (*klaa*-ah) c complaint; v complain

klagebog (*klaa*-ah-bo⁰⁰) c (pl -bøger) complaints book

klam (klahm) adj damp

klampe (*klahm*-ber) c clamp

klang (klahng) c sound; tone

klappe (*klah*-ber) v clap

klar (klah) adj clear; serene, bright; evident; ready

klare (*klaa*-ah) v manage, *make; ~ sig med *make do with

***klargøre** (*klaa*-gur-o) v *make ready

***klarlægge** (*klaa*-leh-ger) v explain, clarify

klarsyn (*klaa*-sewn) nt vision

klasse (*klah*-ser) c form, class; adj upscale (restaurant)

klassekammerat (*klah*-ser-kah-mo-rahd) c classmate

klasseværelse (*klah*-ser-vai-ol-ser) nt classroom

klassificere (klah-si-fi-*say*-o) v classify

klassisk (*klah*-sisg) adj classical

klat (klahd) c (pl -ter) blot

klatre (*klahd*-ro) v climb

klatring (*klahd*-ræng) c climb

klausul (klou-*sool*) c clause

klaver (klah-*vayr*) nt piano

klenodie (klay-*noadh*-⁻ʸer) nt gem

klient (kli-*aynd*) c client; customer

klikke (*klay*-ger) v click

klima (*klee*-mah) nt climate

klimaanlæg (*klee*-mah-ahn-lehg) nt (pl ~) air conditioning

klinik (kli-*nig*) c (pl ~ker) clinic

klint (klaynd) c cliff

klipning (*klayb*-nayng) c haircut

klippe (*klay*-ber) c rock; v *cut; ~ af *cut off

klippeblok (*klay*-ber-blog) c (pl ~ke) boulder

klipperi (*klay*-ber-ri) adj rocky

klippeskrænt (*klay*-ber-sgrænd) c cliff

klistre (*kliss*-dro) v paste; *stick

klit (klid) c (pl ~ter) dune

klo (kloa) c (pl kløer) claw

kloak (kloa-*aag*) c (pl ~ker) sewer

klode (*klōā*-dher) c globe

klods (kloss) c block

klodset (*klo*-serdh) adj clumsy

klog (klo⁰⁰) adj clever

klokke (*klo*-ger) c bell; klokken ... at ... o'clock

klokkespil (*klo*-ger-sbayl) nt (pl ~) chimes pl

klone (*kloa*-ner) v clone

kloning (*kloa*-nayn) c clone

klor (kloar) c chlorine

kloster (*klo*-sdo) nt (pl -tre) convent, monastery; cloister

klovn (klo⁰⁰n) c clown

klub (kloob) c (pl ~ber) club

klud (kloodh) c rag; cloth

klukke (*kloo*-ger) v chuckle

klump (klomb) *c* lump

klumpet (*klom*-berdh) *adj* lumpy

klæbe (*klai*-ber) *v* *stick

klæbestrimmel (*klai*-ber-sdræm-erl) *c* (pl -strimler) adhesive tape

klæbrig (*klaib*-ri) *adj* sticky

klæde (*klai*-dher) *nt* cloth; *v* suit, *become; ~ på dress; ~ sig dress; ~ sig af undress; ~ sig om change; ~ sig på dress

klæder (*klai*-dho) *pl* clothes *pl*

klædeskab (*klai*-dher-sgahb) *nt* wardrobe

kløe (klur) *v* itch; *pl* beating

kløe (*klūr*-ur) *c* itch

kløft (klurfd) *c* chasm

kløgt (klurgd) *c* wit

kløver (*klur*-vo) *c* clover

knage (*knaa*-ah) *c* peg

knagerække (*knaa*-ah-ræ-ger) *c* hat rack

knallert (*knahl*-od) *c* moped; motorbike *nAm*

knap¹ (knahb) *c* (pl ~per) button

knap² (knahb) *adj* scarce; barely

knaphed (*knahb*-haydh) *c* shortage, scarcity

knaphul (*knahb*-hol) *nt* (pl ~ler) buttonhole

knappe (*knah*-ber) *v* button; ~ op unbutton

knappenål (*knah*-ber-nol) *c* pin

kneb (knayb) *nt* (pl ~) trick

knejpe (*knigh*-ber) *c* pub

***knibe** (*knee*-ber) *v* pinch

knibtang (*knee*^{oo}-tahng) *c* (pl -tænger) pincers *pl*

knipling (*knayb*-layng) *c* lace

knippel (*knay*-berl) *c* (pl -pler) club

knirke (*kneer*-ger) *v* creak

kniv (knee^{oo}) *c* knife

kno (knoa) *c* knuckle

knogle (*kno*^{oo}-ler) *c* bone

knop (knob) *c* (pl ~per) bud

knude (*kno*^{oo}-dher) *c* knot

knudepunkt (*kno*^{oo}-dher-pongd) *nt* junction

knurre (*kno*$\overline{a}$-o) *v* grumble

knus (knoos) *nt* (pl ~) hug

knuse (*kno*^{oo}-ser) *v* crush, *break, smash; hug; cuddle

knust (knoosd) *adj* broken

knytnæve (*knewd*-nai-ver) *c* fist

knytte (*knew*-der) *v* tie, knot; knyttet til attached to

knæ (kneh) *nt* (pl ~) knee

knægt (knehgd) *c* lad; knave

knæle (*knai*-ler) *v* *kneel

knæskal (*kneh*-sgahl) *c* (pl ~ler) kneecap

ko (koa) *c* (pl køer) cow

koagulere (koa-ah-goo-*lay*-o) *v* coagulate

kobber (*ko*^{oo}-o) *nt* copper

kobling (*kob*-layng) *c* clutch

kode (*ko*$\overline{a}$-dher) *c* code

kofanger (*koa*-fahng-o) *c* bumper

koffein (ko-fer-*in*) *nt* caffeine

koffeinfri (ko-fer-*in*-fri) *adj* decaffeinated

koge (*kaw*-er) v boil

kogebog (*kaw*-er-bo⁰⁰ -bøger) c (pl cookery book; cookbook *nAm*

kok (kog) c (pl ∼ke) cook

kokain (koa-kah-*in*) c cocaine

kokosnød (*koa*-goass-nurdh) c (pl ∼der) coconut

kold (kol) adj cold

kollega (koa-*lay*-gah) c (pl -ger) colleague

kollektiv (*ko*-layg-tee⁰⁰) adj collective

kollidere (koa-li-*day*-o) v collide

kollision (koa-li-*sʸoan*) c crash, collision

koloni (koa-loa-*ni*) c colony

kolonialvarer (koa-loa-ni-*ahl*-vaa-ah) pl groceries pl

kolonne (koa-*lo*-ner) c column

kolossal (koa-loa-*sahl*) adj tremendous, enormous

kombination (kom-bi-nah-*sʸoan*) c combination

kombinere (kom-bi-*nay*-o) v combine

komedie (koa-*maydh*-ʸer) c comedy

komfort (kom-*fawd*) c comfort

komfortabel (kom-fo-*tah*-berl) adj comfortable

komfur (kom-*foor*) nt stove, cooker

komiker (*koa*-mi-go) c comedian

komisk (*koa*-misg) adj comic

komité (koa-mi-*tay*) c committee

komma (*ko*-mah) nt comma

kommandere (koa-mahn-*day*-o) v command

komme (*ko*-mer) nt arrival, coming

*komme (*ko*-mer) v *come; kommende oncoming; following; ∼ sig recover; ∼ tilbage return

kommentar (koa-mehn-*tah*) c comment

kommentere (koa-mehn-*tay*-o) v comment

kommerciel (ko-mær-*sʸehl*) adj commercial

kommission (koa-mi-*sʸoan*) c commission

kommode (koa-*mōa*-dher) c chest of drawers; bureau *nAm*

kommunal (koa-moo-*nahl*) adj municipal

kommunalbestyrelse (koa-moo-*nahl*-bay-sdew-ol-ser) c town council; municipality

kommune (koa-*mōō*-ner) c commune

kommunikation (koa-moo-ni-kah-*sʸoan*) c communication

kommunisme (koa-moo-*niss*-mer) c communism

kommunist (koa-moo-*nisd*) c communist

kompagnon (*kom*-pahn-ʸong) c associate; partner

kompakt (kom-*pahgd*) adj compact

kompas (kom-*pahss*) nt (pl

~ser) compass

kompensation (kom-pehn-sah-s*y*oan) c compensation

kompensere (kom-pehn-*say*-o) v compensate

kompetence (kom-per-*tahng*-ser) c competence, capacity

kompetent (kom-per-*tehnd*) adj competent, qualified; capable

kompleks (kom-*plehgs*) nt complex

komplet (kom-*plehd*) adj utter, complete

kompliceret (kom-pli-*say*-odh) adj complicated

kompliment (kom-pli-*mahng*) c compliment

komplimentere (kom-pli-mayn-*tay*-o) v compliment

komplot (kom-*plod*) nt (pl ~ter) plot

komponist (koam-poa-*nisd*) c composer

komposition (koam-poa-si-s*y*oan) c composition

kompromis (koam-proa-*mi*) nt compromise

koncentration (kon-sayn-trah-s*y*oan) c concentration

koncentrere (kon-sehn-*træ*-o) v concentrate

koncern (kon-*surn*) c concern

koncert (kon-*særd*) c concert

koncertsal (kon-*særd*-sahl) c concert hall

koncession (kon-seh-s*y*oan) c concession

koncis (kon-*sis*) adj concise

kondition (kon-di-s*y*oan) c condition

konditor (kon-*di*-do) c confectioner

konditori (kon-di-do-*ri*) nt pastry shop

kondom (kon-*dom*) nt condom

konduktør (kon-doag-*turr*) c conductor

kone (*k̄oa*-ner) c wife

konfekt (kon-*fehgd*) c chocolates pl

konfektionssyet (kon-fehg-s*y*oans-sew-erdh) adj ready-made

konference (kon-fer-*rahng*-ser) c conference

konfiskere (kon-fi-*sgay*-o) v confiscate

konflikt (kon-*fligd*) c conflict

konge (*kong*-er) c king

kongelig (*kong*-er-li) adj royal

kongregation (kong-græ-gah-s*y*oan) c congregation

kongres (kong-*græss*) c (pl ~ser) congress

konklusion (kong-kloo-s*y*oan) c conclusion

konkret (kong-*kræd*) adj concrete

konkurrence (kong-goo-*rahng*-ser) c contest, competition; rivalry

konkurrent (kong-goo-*rænd*) c competitor, rival

konkurrere (kong-goo-*ræ*-o) v compete

konkurs (kong-*koors*) adj

bankrupt

konsekvens (kon-ser-*kvehns*) c consequence

konservativ (kon-*sær*-vah-tee^oo) adj conservative

konservatorium (kon-sær-vah-*toar*-^yom) nt (pl -ier) music academy

konservere (kon-sær-*vay*-o) v preserve

konservering (kon-sær-*vayr*-ayng) c preservation

konserves (kon-sær-*verss*) pl tinned food

konstant (kon-*sdahnd*) adj constant; even

konstatere (kon-sdah-*tay*-o) v *find; note, ascertain; diagnose

konstruere (kon-sdroo-*ay*-o) v construct

konstruktion (kon-sdroogs-^yoan) c construction

konsul (*kon*-sool) c consul

konsulat (kon-soo-*lahd*) nt consulate

konsultation (kon-sool-tah-s^yoan) c consultation

konsultationscenter (kon-sool-tah-s^yoans-sehn-do) nt (pl -tre) health centre

konsultationstid (kon-sool-tah-s^yoans-tidh) c consultation hours, surgery hours

konsultationsværelse (kon-sool-tah-s^yoans-vai-ol-ser) nt surgery

konsultere (kon-sool-*tay*-o) v consult

konsument (kon-soo-*mehnd*) c consumer

kontakt (kon-*tahgd*) c contact

kontakte (kon-*tahg*-der) v contact

kontaktlinser (kon-*tahgd*-layn-so) pl contact lenses

kontanten (kon-*tahn*-dern) c cash dispenser, ATM

kontanter (kon-*tahn*-do) pl cash

kontinent (kon-ti-*nehnd*) nt continent

kontinental (kon-ti-nehn-*tahl*) adj continental

kontingent (kon-*tayng*-gehnd) nt subscription; contingency

kontinuerlig (kon-ti-noo-*ayr*-li) adj continuous

konto (*kon*-toa) c (pl -ti) account

kontor (koan-*toar*) nt office

kontorist (kon-toa-*risd*) c clerk

kontra (*kon*-trah) prep versus

kontrakt (kon-*trahgd*) c agreement, contract

kontrast (kon-*trahsd*) c contrast

kontrol (koan-*trol*) c (pl ~ler) inspection, control; supervision; **føre ~ med** supervise

kontrollere (kon-troa-*lay*-o) v control, check

kontrollør (kon-troa-*lurr*) c supervisor; usher

kontroversiel (kon-troa-vær-s^yehl) adj controversial

kontusion (kon-too-s^y*oan*) *c* bruise

konversation (kon-vær-sah-s^y*oan*) *c* conversation

konvolut (kon-voa-*lood*) *c* (pl ∼ter) envelope

koordination (kōa-o-di-nah-s^y*oan*) *c* coordination

koordinere (kōa-o-di-*nay*-o) *v* coordinate

kop (kob) *c* (pl ∼per) cup

kopi (koa-*pi*) *c* copy

kopiere (koa-*p*^{y}*ay*-o) *v* copy

kopper (*ko*-bo) *pl* smallpox

kor (koar) *nt* (pl ∼) choir

koral (koa-*rahl*) *c* (pl ∼ler) coral

korend (koa-*ræn*) *c* currant

korn (koarn) *nt* (pl ∼) grain, corn

kornmark (*koarn*-maag) *c* cornfield

korpulent (ko-boo-*lehnd*) *adj* stout, corpulent

korrekt (ko-*rægd*) *adj* correct; right

korrespondance (kaw-o-sbon-*dahng*-ser) *c* correspondence

korrespondent (kaw-o-sbon-*dehnd*) *c* correspondent

korrespondere (kaw-oss-bon-*day*-o) *v* correspond

korridor (ko-i-*doar*) *c* corridor

korrigere (ko-i-*gay*-o) *v* correct

korrupt (ko-*roobd*) *adj* corrupt

korruption (koa-roob-s^y*oan*) *c* corruption

kors (kawss) *nt* (pl ∼) cross

korset (ko-*sehd*) *nt* (pl ∼ter) corset

korsfæste (*kawss*-fehss-der) *v* crucify

korsfæstelse (*kawss*-fehss-derl-ser) *c* crucifixion

korstog (*kawss*-to^{oo}) *nt* (pl ∼) crusade

korsvej (*kawss*-vigh) *c* road fork

kort (kawd) *nt* (pl ∼) map; card; *adj* short, brief; **grønt ∼** green card

kortfattet (*kawd*-fah-derdh) *adj* brief

kortslutning (*kawd*-slood-nayng) *c* short circuit

kosmetik (koss-mer-*tig*) *c* cosmetics *pl*

kost[1] (kosd) *c* food; fare; ∼ **og logi** room and board, board and lodging, bed and board

kost[2] (koast) *c* broom

kostbar (*kosd*-bah) *adj* expensive; precious

koste (*koss*-der) *v* *cost

kostskole (*kosd*-sgōa-ler) *c* boarding school

kotelet (koa-der-*lehd*) *c* (pl ∼ter) cutlet, chop

kovending (*koa*-veh-nayng) *c* veering; volte-face

køøje (*koa*-oi-er) *nt* porthole

krabbe (*krah*-ber) *c* crab

kradse (*krah*-ser) *v* scratch

kraft (krahfd) *c* (pl kræfter) force, power; energy

kraftig (*krahf*-di) *adj* strong;

powerful; stout

kraftværk (*krahfd*-værg) nt power station

krage (*kraa*-er) c crow

krampe (*krahm*-ber) c cramp; convulsion

kran (krahn) c crane

kranium (*krahn*-ᵞom) nt (pl -ier) skull

krat (krahd) nt (pl ~) scrub

krater (*krah*-do) nt crater

krav (krou) nt (pl ~) claim; requirement

krave (*kraa*-ver) c collar

kraveben (*kraa*-ver-bayn) nt (pl ~) collarbone

kraveknap (*kraa*-ver-knahb) c (pl ~per) collar stud

kravle (*krou*-ler) v crawl

kreativ (kræ-ah-*tiv*) adj creative

kredit (kræ-*did*) c (pl ~ter) credit

kreditkort (*kræ*-did-kawd) nt (pl ~) credit card; charge plate *Am*

kreditor (*kræ*-di-to) c creditor

kreds (kræs) c circle; ring; district; sphere

kredsløb (*krææss*-lurb) nt (pl ~) circulation; cycle

kreere (kræ-*ay*-o) v create

kridt (krid) nt chalk

krig (kri) c war

krigsfange (*kriss*-fah-nger) c prisoner of war

krigsmagt (*kriss*-mahgd) c military force

krigsskib (*kriss*-sgib) nt man-of-war

kriminalitet (kri-mi-nah-li-*tayd*) c criminality

kriminalroman (kri-mi-*nahl*-roa-mahn) c detective story

kriminel (kri-mi-*nehl*) adj criminal

krise (*kree*-ser) c crisis

kristen[1] (*kræss*-dern) c (pl -tne) Christian

kristen[2] (*kræss*-dern) adj Christian

Kristus (*kræss*-dooss) Christ

kritik (kri-*tig*) c (pl ~ker) criticism

kritiker (*kri*-ti-go) c critic

kritisere (kri-ti-*say*-o) v criticize

kritisk (*kri*-tisg) adj critical

kro (kroa) c inn; tavern

krog (kroᵒᵒ) c hook; corner

kroget (*kro*ᵒᵒ-erdh) adj crooked

krokodille (kro-ger-*di*-ler) c crocodile

kronblad (*krōan*-blahdh) nt petal

krone (*krōa*-ner) c crown; v crown

kronisk (*kroa*-nisg) adj chronic

kronologisk (kroa-noa-*loa*-isg) adj chronological

krop (krob) c (pl ~pe) body

krucifiks (kroo-si-*figs*) c crucifix

krudt (krood) nt gunpowder

krukke (*kro*-ger) c jar; ham

krum (krom) adj bent

krumme (*kro*-mer) c crumb

krumning (*krom*-nayng) c

bend

krus (kroos) *nt* (pl ~) mug

krybbe (*krew*-ber) *c* manger

krybdyr (*krewb*-dewr) *nt* (pl ~) reptile

*krybe (*krew*-ber) *v* *creep; *shrink

krydderi (krur-dho-*ri*) *nt* spice

krydret (*krurdh*-rodh) *adj* spiced; spicy

krydse (*krew*-ser) *v* cross; ~ af tick off

krydsning (krewss-nayng) *c* crossing

krydstogt (krewss-togd) *nt* cruise

krykke (*krur*-ger) *c* crutch

krympefri (*krurm*-ber-fri) *adj* shrinkproof

krystal (krew-*sdahl*) *nt* (pl ~ler) crystal; krystal- crystal

kræft (kræfd) *c* cancer

krænke (*kræng*-ger) *v* violate; insult; injure

krænkelse (*kræng*-gerl-ser) *c* violation

kræsen (*krææ*-sern) *adj* particular

kræve (*krææ*-ver) *v* claim; require, ask for, demand

krølle (*krur*-ler) *c* curl; *v* curl; crease; krøllet curly

kuffert (*ko*-fod) *c* trunk; case, suitcase; bag

kugle (*koo*-ler) *c* bullet; sphere

kuglepen (*koo*-ler-pehn) *c* (pl ~ne) ballpoint pen, Biro

kujon (koo-ˀ*oan*) *c* coward

kul (kol) *nt* (pl ~) coal

kuld (kool) *nt* (pl ~) litter

kulde (*koo*-ler) *c* cold

kuldegysning (*koo*-ler-gewss-nayng) *c* chill, shiver

kuller (*kool*-o) *c* haddock

kultiveret (kool-ti-*vay*-rodh) *adj* cultured

kultur (kool-*toor*) *c* culture

kun (kon) *adv* only

kunde (*kon*-ner) *c* customer; client

*kundgøre (*kon*-gur-o) *v* announce; proclaim

kundgørelse (*kon*-gur-ol-ser) *c* announcement

*kunne (*koo*-ner) *v* *can, *be able to; *may; *might

kunst (konsd) *c* art; de skønne kunster fine arts

kunstakademi (*konsd*-ah-kah-der-mi) *nt* art school

kunstgalleri (*konsd*-gah-lo-ri) *nt* gallery, art gallery

kunsthistorie (*konsd*-hi-stoar-ˀay) *c* art history

kunsthåndværk (*konsd*-hon-værg) *nt* (pl ~) handicraft

kunstig (*kon*-sdi) *adj* artificial

kunstindustri (*konsd*-ayn-doo-sdri) *c* arts and crafts

kunstner (konsd-no) *c* artist

kunstnerinde (konsd-no-*ay*-ner) *c* artist

kunstnerisk (*konsd*-no-risg) *adj* artistic

kunstsamling (*konsd*-sahm-layng) *c* art collection

kunstudstilling (*konsd*-

oodh-sdayl-ayng) *c* art
exhibition

kunstværk (konsd-værg) *nt*
work of art

kupé (koo-*pay*) *c*
compartment

kupon (koo-*pong*) *c* coupon

kuppel (koo-berl) *c* (pl
kupler) dome

kur (koor) *c* cure

kurere (koo-ræ-o) *v* cure

kuriositet (koo-ri-oa-si-*tayd*)
c curiosity

kurs (koors) *c* course

kursted (*koor*-sdehdh) *nt* spa

kursus (*koor*-sooss) *nt* (pl
kurser) course

kurv (koorv) *c* basket;
hamper

kurve (*koor*-ver) *c* curve;
bend

kusine (koo-*see*-ner) *c* cousin

kustode (koo-*stōā*-dher) *c*
attendant

kuvertafgift (koo-*værd*-ou-
gifd) *c* cover charge

kvadrat (kvah-*drahd*) *nt*
square

kvadratisk (kvah-*drah*-disg)
adj square

kvaksalver (*kvahg*-sahl-vo) *c*
quack

kvalificeret (kvah-li-fi-*say*-
odh) *adj* qualified

kvalifikation (kvah-li-fi-kah-
s²oan) *c* qualification

kvalitet (kvah-li-*tayd*) *c*
quality

kvalme (*kvahl*-mer) *c* nausea;
sickness

kvantitet (kvahn-ti-*tayd*) *c*
quantity

kvart (kvaad) *c* quarter

kvartal (kvah-*tahl*) *nt* quarter

kvarter (kvah-*tayr*) *nt* quarter
of an hour; district, quarter

kvartårlig (*kvaad*-aw-li) *adj*
quarterly

kviksølv (*kvig*-surl) *nt*
mercury

kvinde (*kvay*-ner) *c* woman

kvindelæge (*kvay*-ner-lai-eh)
c gynaecologist

kvist (kvaysd) *c* twig

kvittering (kvi-*tay*-ræng) *c*
receipt

kvota (*kvōā*-tah) *c* quota

kvæg (kveh) *nt* (pl ⁓) cattle *pl*

****kvæle** (*kvai*-ler) *v* strangle,
choke

****kvæles** (*kvai*-lerss) *v* choke

kvælstof (*kvail*-sdof) *nt*
nitrogen

kvæste (*kvehss*-der) *v* injure;
kvæstet injured

kvæstelse (*kvehss*-derl-ser) *c*
injury

kylling (*kew*-layng) *c* chicken

kys (kurss) *nt* (pl ⁓) kiss

kysk (kewsg) *adj* chaste

kysse (*kur*-ser) *v* kiss

kyst (kursd) *c* coast; seashore,
seaside

kæbe (*kai*-ber) *c* jaw

kæde (*kai*-dher) *c* chain

kæk (kehg) *adj* brave; plucky

kælder (*keh*-lo) *c* (pl -dre)
cellar, basement

kæledyr (*kai*-ler-dewr) *nt* (pl
⁓) pet

kæledægge (kai-ler-*deh*-ger) c pet, darling

kælk (kehlg) c sledge

kæmme (*kehm*-er) v comb

kæmpe (*kehm*-ber) c giant; v *fight, struggle, battle; combat

kæmpehøj (*kehm*-ber-hoi) c barrow, tumulus

kæmpemæssig (kehm-ber-meh-si) adj enormous

kæmpestor (*kehm*-ber-sdoar) adj huge

kænguru (kehng-*gōō*-roo) c kangaroo

kæp (kehb) c (pl ~pe) stick

kæphest (*kehb*-hehsd) c hobbyhorse

kær (kær) adj dear

kæreste (*kai*-o-sder) c boyfriend/girlfriend; sweetheart

kærlig (*kær*-li) adj affectionate

kærlighed (*kær*-li-haydh) c love

kærlighedshistorie (*kær*-li-haydhs-hi-sdoar-²er) c love story

kærre (*kær*-ro) c cart

kærtegn (*kær*-tighn) nt (pl ~) caress

kø (kur) c queue; *stå i ~ queue; stand in line Am

køb (kurb) nt (pl ~) purchase

købe (*kūr*-ber) v *buy; purchase

købekraft (*kūr*-ber-krahfd) c purchasing power

køber (*kūr*-bo) c buyer; purchaser

købesum (*kur*-ber-som) c (pl ~mer) purchase price

købmand (*kur*-mahn) c (pl -mænd) grocer; merchant, tradesman

købmandsforretning (*kur*-mahns-fo-ræd-nayng) c grocer's; grocery store nAm

*købslå (*kurb*-slo) v bargain

kød (kurdh) nt flesh; meat

køje (koi-er) c bunk

køkken (*kur*-gern) nt kitchen

køkkenchef (*kur*-gern-s²ehf) c chef

køkkenhave (*kur*-gern-haa-ver) c kitchen garden

køl (kurl) c keel

køleskab (*kūr*-ler-sgahb) nt refrigerator; fridge

kølig (*kūr*-li) adj chilly, cool

kølle (*kur*-ler) c club

køn¹ (kurn) nt (pl ~) gender, sex; køns- genital

køn² (kurn) adj good-looking, pretty

kønssygdom (*kurns-sēw*-dom) c (pl ~me) venereal disease

køre (*kūr*-o) v *drive; *ride; ~ i bil motor

kørebane (*kūr*-o-baa-ner) c carriageway; roadway nAm

kørekort (*kūr*-o-kawd) nt (pl ~) driver's licence, driving licence

køreplan (*kūr*-o-plahn) c schedule

køre sammen (*kūr*-o sahm-ern) v carpool

kørestol (*kūr*-o-sdoal) *c*
wheelchair

køretur (*kūr*-o-toor) *c* drive

køretøj (*kūr*-o-toi) *nt* vehicle

kål (kol) *c* cabbage

L

labbe (lah-ber) *v* slurp

laboratorium (lah-boa-rah-*toar-ᵞ*om) *nt* (pl -ier)
laboratory

labyrint (lah-bew-*rænd*) *c*
labyrinth; maze

lade (*laa*-dher) *c* barn

****lade** (*laa*-dher) *v* *let;* allow
to; ~ ligge **leave;* ~ som om
pretend; ~ til seem

ladning (*lahdh*-nayng) *c*
cargo; charge

lag (lah) *nt* (pl ~) layer

lagen (*lah*-ern) *nt* sheet

lager (*lah*-o) *nt* (pl lagre)
store, stock; **have på* ~ stock

lagerbygning (*lah*-o-bewg-nayng) *c* warehouse

lageropgørelse (*lah*-o-obgur-ol-ser) *c* inventory

lagkage (*lou*-kaa-ah) *c* layer
cake

lagune (lah-*gōō*-ner) *c*
lagoon

lak (lahg) *c* (pl ~ker) lacquer;
varnish

lakrids (lah-*kriss*) *c* liquorice

laks (lahgs) *c* (pl ~) salmon

laktose (lahg-*toa*-ser) *c*
lactose

laktose-intolerant (lahg-*toa*-ser ayn-to-lo-rahnd) *adj*
lactose intolerant

lam¹ (lahm) *nt* (pl ~) lamb

lam² (lahm) *adj* lame

lamme (*lah*-mer) *v* paralyse

lammekød (*lah*-mer-kurdh)
nt lamb

lampe (*lahm*-ber) *c* lamp

lampeskærm (*lahm*-bersgærm) *c* lampshade

land (lahn) *nt* country; land;
*gå i ~ land; *i* ~ ashore;
landet country; countryside

landbrug (*lahn*-broo) *nt*
agriculture

lande (*lah*-ner) *v* land

landevej (*lah*-ner-vigh) *c*
highway

landevejskro (*lah*-nervighss-kroa) *c* roadhouse;
roadside restaurant

landflygtig (lahn-*flurg*-di) *c*
exile

landgangsbro (*lahn*-gahngsbroa) *c* gangway

landlig (*lahn*-li) *adj* rural;
rustic

landmand (*lahn*-mahn) *c* (pl
-mænd) farmer

landmærke (*lahn*-mær-ger)
nt landmark

landsby (*lahns*-bew) *c* village

landskab (*lahn*-sgahb) *nt*
landscape, scenery

landsmand (*lahns*-mahn) *c*

(pl -mænd) countryman

landsted (*lahn*-sdehdh) nt
country house

landstryger (*lahn*-sdrēw-o) c
tramp

lang (lahng) adj long; langt
by far

langs (lahngs) prep along,
past; på ~ lengthways

langsom (*lahng*-som) adj
slow

langsynet (*lahng*-sew-nerdh)
adj long-sighted

langt (lahngd) adv far; ~ væk
adv far away

langvarig (*lahng*-vah-i) adj
long; prolonged

lappe (*lah*-ber) v patch

laptop (lahb-tob) c laptop

large (lahrsh) adj liberal

last (lahsd) c cargo; vice

lastbil (*lahsd*-bil) c lorry;
truck nAm

laste (*lahss*-der) v charge

lastrum (*lahsd*-rom) nt (pl ~)
hold

Latinamerika (lah-*tin*-ah-
may-ri-kah) Latin America

latinamerikansk (lah-*tin*-ah-
may-ri-kahnsg) adj Latin-
-American

latter (*lah*-do) c laugh,
laughter

latterlig (*lah*-do-li) adj
ridiculous; ludicrous

*latterliggøre (*lah*-do-li-gur-
o) v ridicule

lav (lahv) adj low

lave (*laa*-ver) v *make; fix

lavine (lah-*vee*-ner) c

avalanche

lavland (*lou*-lahn) nt lowlands
pl

lavsæson (*lou*-seh-song) c
low season

lavtryk (*lou*-trurg) nt (pl ~)
depression; low pressure

lavvande (*lou*-vah-ner) nt
low tide

lavvandet (*lou*-vahn-erdh)
adj shallow

*le (lay) v laugh

led (laydh) nt (pl ~) joint; link

lede (*lāy*-dher) v direct; head;
~ efter look for; hunt for

ledelse (*lāy*-dherl-ser) c
leadership, management,
administration

ledende (*lāy*-dher-ner) adj
leading

ledig (*lāy*-dhi) adj vacant;
unoccupied

ledning (*laydh*-nayng) c flex;
electric cord

ledsage (*laydh*-sah-ah) v
accompany; conduct

ledsager (*laydh*-sah-o) c
companion

leg (ligh) c play

legal (lay-*gahl*) adj legal

legalisering (lay-gah-li-*say*-
ræng) c legalization

legat (lay-*gahd*) nt
scholarship, grant

legation (lay-gah-*s⁵oan*) c
legation

lege (*ligh*-er) v play

legeme (*lai*-eh-mer) nt body

legeplads (*ligh*-er-plahss) c
recreation ground,

playground

legetøj (*ligh*-er-toi) *pl* toy

legetøjsforretning (*ligh*-er-toiss-fo-ræd-nayng) *c* toyshop

legitimationskort (lay-gi-ti-mah-s*y*oans-kawd) *nt* (pl ~) identity card

leje (*ligh*-er) *c* rent; *v* hire, rent; lease; til ~ for hire

lejekontrakt (*ligh*-er-kon-trahgd) *c* lease

lejer (*ligh*-o) *c* tenant

lejlighed (*ligh*-li-haydh) *c* opportunity, occasion, chance; flat; apartment *nAm*

lejlighedskøb (*ligh*-li-haydhs-kurb) *nt* (pl ~) bargain

lejr (ligho) *c* camp

leksikon (*lehg*-si-kon) *nt* (pl -ka) encyclopaedia

lektie (*lehg*-s*y*er) *c* lesson

lektier (*lehg*-s*y*er) *npl* homework

lektor (*lehg*-to) *c* master

lem (lehm) *nt* (pl ~mer) limb

ler (layr) *nt* clay

lertøj (*layr*-toi) *pl* crockery

lervarer (layr-vaa-ah) *pl* ceramics *pl*

let (lehd) *adj* light, easy; gentle

letfordærvelig (lehd-fo-dær-ver-li) *adj* perishable

lethed (*lehd*-haydh) *c* ease

lettelse (*leh*-derl-ser) *c* relief

leve (*lāy*-ver) *v* live

levebrød (*lāy*-ver-brurdh) *nt*

(pl ~) livelihood; job

levende (*lāy*-ver-ner) *adj* alive, live

lever (*lay*-vo) *c* liver

levere (lay-*vay*-o) *v* provide, furnish; deliver

levering (lay-*vay*-ræng) *c* delivery

levestandard (*lāy*-ver-stahn-dahd) *c* standard of living

levetid (*lāy*-ver-tidh) *c* lifetime

levevis (*lāy*-ver-vis) *c* (pl ~) lifestyle

levning (*leh*ᵒᵒ-nayng) *c* remnant, remains *pl*

libaneser (li-bah-*nayso*) *c* Lebanese

libanesisk (li-bah-*nay*-sisg) *adj* Lebanese

Libanon (*libah*-non) Lebanon

liberal (li-ber-*rahl*) *adj* liberal

Liberia (li-*bayr*-*y*ah) Liberia

liberianer (li-bay-ri-*y*ah-no) *c* Liberian

liberiansk (li-bay-ri-*y*ahnsg) *adj* Liberian

licens (li-*sehns*) *c* licence

*****lide** (*lee*-dher) *v* suffer

lidelse (*lee*-dherl-ser) *c* suffering

liden (*li*-dhern) *adj* (nt lidet) little

lidenskab (*lee*-dhern-sgahb) *c* passion

lidenskabelig (lee-dhern-*sgahb*-li) *adj* passionate

lig¹ (li) *nt* (pl ~) corpse

lig² (li) *adj* alike, like

loft

ligbrænde (*lee*-bræ-ner) v
cremate

lige (*lee*-i) adj even, straight;
level; adv equally; ~ så as; ~
så meget as much

ligeglad (*lee*-i-glahdh) adj
careless, indifferent

ligeledes (*lee*-i-lay-dherss)
adv likewise, also

ligesindet (*lee*-i-sayn-erdh)
adj like-minded

ligesom (*lee*-i-som) conj as

ligeså (*lee*-i-so) adv likewise

ligetil (*lee*-i-tayl) adj simple

ligeud (*lee*-i-oodh) adv
straight ahead, straight on

ligevægt (*lee*-i-vehgd) c
balance

*ligge (*lay*-ger) v *lie

liggestol (*lay*-ger-sdoal) c
deck chair

lighed (*lee*-haydh) c
similarity, resemblance

lighter (*ligh*-to) c lighter

ligne (*lee*-ner) v resemble

lignende (*lee*-ner-ner) adj
similar

ligtorn (*lee*-toarn) c corn

likør (li-*kurr*) c liqueur

lilje (*lil*-yer) c lily

lille (*li*-ler) adj (pl små) small,
little; short, minor; petty; ~
bitte tiny, minute

lillefinger (*li*-ler-fayng-o) c
(pl -gre) little finger

lim (*lim*) c glue; gum

lind (*layn*) c lime

lindetræ (*lay*-ner-træ) nt
limetree

lindre (*layn*-dro) v relieve,
alleviate

lindring (*layn*-dræng) c relief

line (*lee*-ner) c line

lineal (li-nay-*ahl*) c ruler

linje (*lin*-yer) c line

link nt link

linned (*lay*-nerdh) nt linen

linse (*layn*-ser) c lens

list (laysd) c ruse, trick

liste (*layss*-der) c list

liter (*li*-do) c (pl ~) litre

litteratur (li-der-rah-*toor*) c
literature

litterær (li-der-*rær*) adj
literary

liv (lee⁰⁰) nt (pl ~) life; i live
alive

livlig (*lee*⁰⁰-li) adj lively; vivid

livmoder (*lee*⁰⁰-mōā-dho) c
womb

livredder (*lee*⁰⁰-rædh-o) c
pool attendant

livsforsikring (*lee*⁰⁰ss-fo-
sayg-ræng) c life insurance

livsvigtig (*lee*⁰⁰ss-vayg-di)
adj vital

livvagt (*lee*⁰⁰-vahgd) c
bodyguard

lod¹ (lodh) nt (pl ~der) lot;
*trække ~ draw lots

lod² (lodh) c (pl ~der) lot,
destiny

lodret (*lodh*-ræd) adj vertical,
perpendicular

lods (loas) c pilot

lodseddel (*lodh*-sehdh-erl) c
(pl -sedler) lottery ticket

lodtrækning (*lodh*-træg-
nayng) c draw

loft (lofd) nt ceiling; attic

logerende (loa-*s*y*ay*-o-ner) *c*
(pl ~) lodger
logge af (*lo*-ger-ah) *v* log off
logge ind (*lo*-ger-ayn) *v* log in
logi (loa-*s*y*i*) *nt*
accommodation, lodgings *pl*
logik (loa-*gig*) *c* logic
logisk (*loa*-gisg) *adj* logical
lokal (loa-*kahl*) *adj* local
lokalisere (loa-kah-li-*say*-o)
v locate
lokalitet (loa-kah-li-*tayd*) *c*
locality
lokalsamtale (loa-*kahl*-
sahm-taa-ler) *c* local call
lokaltelefon (loa-*kahl*-tay-
ler-foan) *c* extension
lokaltog (loa-*kahl*-tooo) *nt*
(pl ~) local train
lokkemad (*lo*-ger-mahdh) *c*
bait
lokomotiv (loa-goa-moa-
*tee*oo) *nt* locomotive, engine
lomme (*lo*-mer) *c* pocket
lommekniv (*lo*-mer-knee*oo*) *c*
penknife, pocketknife
lommelygte (*lo*-mer-lurg-
der) *c* flashlight, torch
lommeregner (*lo*-mer-righ-
ner) *c* calculator
lommetørklæde (*lo*-mer-
turr-klai-dher) *nt*
handkerchief
lort (lord) *nt* crap
losse (*lo*-ser) *v* discharge,
unload
lotteri (lo-do-*ri*) *nt* lottery
lov (lo*oo*) *c* law; permission;
*give ~ til permit; *have ~ til
*be allowed to

love (*law*-ver) *v* promise
lovlig (*lo*oo-li) *adj* lawful
lovmæssig (*lo*oo-meh-si) *adj*
legal
lovprisning (*lo*oo-priss-
nayng) *c* praise, glory
loyal (loi-*yahl*) *adj* loyal
LP plade (*ehl*-pay-plaa-dher)
c long-playing record; album
nAm
luder (*loodh*-o) *c* whore
luft (lofd) *c* air; sky
lufte (*lof*-der) *v* air; ~ ud
ventilate
luftfartsselskab (*lofd*-fahds-
sehl-sgahb) *nt* airline
luftfilter (*lofd*-fil-to) *nt* (pl -tre) air-filter
lufthavn (*lofd*-houn) *c* airport
luftig (*lof*-di) *adj* airy
luftkaptajn (*lofd*-kahb-tighn)
c captain
luftkonditioneret (*lofd*-kon-
di-s*y*oa-nay-odh) *adj* air-
-conditioned
luftmadras (*lofd*-mah-
drahss) *c* (pl ~ser) air
mattress
luftpost (*lofd*-posd) *c* airmail
luftsyge (*lofd*-sew-ew) *c*
airsickness
lufttryk (*lofd*-trurg) *nt* (pl ~)
atmospheric pressure
lufttæt (*lofd*-tæd) *adj* airtight
luge (*loo*-oo) *c* hatch
lugt (logd) *c* smell; odour
lugte (*log*-der) *v* *smell
lukke (*lo*-ger) *v* close, *shut;
fasten; ~ for *cut off; ~ inde
*shut in; ~ op unlock; ~ op
for turn on; lukket shut,

closed
lukketøj (*lo*-ger-toi) *nt* fastener
luksuriøs (log-soor-*i*-*urs*) *adj* luxurious
luksus (*log*-sooss) *c* luxury
lumbago (lom-*baa*-goa) *c* lumbago
lund (lon) *c* grove
lune (*loo*-ner) *nt* humour, mood; whim; *v* warm
lunge (*long*-er) *c* lung
lungebetændelse (*long*-er-bay-tehn-erl-ser) *c* pneumonia
lunken (*long*-gern) *adj* tepid, lukewarm
luns (lons) *c* chunk
lunte (*lon*-der) *c* fuse
lur (loor) *c* nap
lus (loos) *c* (pl ~) louse
luvslidt (*leev*-slid) *adj* threadbare
ly (lew) *nt* shelter
lyd (lewdh) *c* sound; noise
lydbånd (*lewdh*-bon) *nt* (pl ~) tape; sound track
*****lyde** (*lēw*-dher) *v* sound
lydig (*lēw*-dhi) *adj* obedient
lydighed (*lēw*-dhi-haydh) *c* obedience
lydpotte (*lewdh*-po-der) *c* silencer; muffler *nAm*
lydt (lewd) *adj* noisy
lydtæt (*lewdh*-tehd) *adj* soundproof
lygte (*lurg*-der) *c* lantern; lamp
lykke (*lur*-ger) *c* happiness; fortune

lykkelig (*lur*-ger-li) *adj* happy
lykkes (*lur*-gerss) *v* manage, succeed
lykønske (lurg-*urn*-sger) *v* congratulate; compliment
lykønskning (lurg-*urnsg*-nayng) *c* congratulation
lyn (lewn) *nt* (pl ~) lightning
lyng (lurng) *c* heather
lynghede (*lurng*-hāy-dher) *c* moor
lynkursus (*lēwn*-koor-sooss) *nt* (pl -kurser) intensive course
lynlås (*lewn*-los) *c* zip, zipper
lys[1] (lews) *nt* (pl ~) light; skarpt ~ glare
lys[2] (lews) *adj* light; pale
lysbillede (*lewss*-bay-ler-dher) *nt* slide
lysende (*lēw*-ser-ner) *adj* shining; luminous
lyserød (*lew*-ser-rurdh) *adj* pink
lyshåret (*lewss*-ho-odh) *adj* fair
lyske (*lewss*-ger) *c* groin
lysning (*lewss*-nayng) *c* clearing
lyst (lursd) *c* desire; *****have ~ til *****feel like, fancy
lystig (*lurss*-di) *adj* merry, gay, jolly; humorous
lystspil (*lursd*-spayl) *nt* (pl ~) comedy
lytte (*lew*-der) *v* listen
lytter (*lew*-do) *c* listener
*****lyve** (*lēw*-ver) *v* lie
læ (leh) *nt* cover
læbe (*lai*-ber) *c* lip

læbestift (*lai*-ber-sdayfd) *c*
lipstick

læder (lehdh-o) *nt* leather;
læder- leather

læg¹ (lehg) *nt* (pl ~) pleat,
tuck

læg² (lehg) *c* (pl ~ge) calf

læge (*lai*-eh) *c* doctor,
physician; *v* heal;
praktiserende ~ general
practitioner

lægeerklæring (*lai*-eh-ær-
kleh-ræng) *c* health
certificate

lægelig (*lai*-eh-li) *adj* medical

lægemiddel (*lai*-eh-midh-
erl) *nt* (pl -midler) remedy,
medicament

lægevidenskab (laieh-vi-
dhern-sgahb) *c* medicine

***lægge** (*leh*-ger) *v* *put, *lay;
~ i blød soak; **~ ned**
lengthen; **~ sammen** add; **~**
sig ned *lie down; **~ til dock**

lægmand (*leh*-mahn) *c* (pl
-mænd) layman

læk (lehg) *c* leak; *adj* leaky

lække (*leh*-ger) *v* leak

lækker (*leh*-go) *adj* delicious;
enjoyable

lækkeri (leh-go-*ri*) *nt* delicacy

læne sig (*lai*-ner) *lean

lænestol (*lai*-ner-sdoal) *c*
armchair; easy chair

længde (*lehng*-der) *c* length

længdegrad (*lehng*-der-
grahdh) *c* longitude

længe (*lehng*-er) *c* wing

længere væk (*lehng*-o-ræ
vehg) *adv* farther

længes efter (lehng-erss)
long for

længsel (*lehng*-serl) *c* (pl
-sler) longing

lærd (lærd) *c* scholar; *adj*
learned

lære (*lai*-o) *c* teachings *pl*; *v*
*learn; *teach; **~ udenad**
memorize

lærebog (*lai*-o-bo⁰⁰) *c* (pl
-bøger) textbook

lærer (*lai*-o) *c* schoolteacher;
teacher; master

lærerig (*lai*-o-ri) *adj*
instructive

lærerinde (lai-o-*ay*-ner) *c*
teacher

læresætning (*lai*-o-sehd-
nayng) *c* thesis

lærke (*lær*-ger) *c* lark

lærling (*lai*-layng) *nt*
apprentice

lærred (*lær*-odh) *nt* linen;
canvas

læs (lehss) *nt* (pl ~) load

læse (*lai*-ser) *v* *read

læselampe (*lai*-ser-lahm-
ber) *c* reading lamp

læselig (*lai*-ser-li) *adj* legible

læsepult (*lai*-ser-poold) *c*
desk

læser (*lai*-so) *c* reader

læsesal (*lai*-ser-sahl) *c*
reading room

læsion (leh-s'*oan*) *c* injury

læsning (*laiss*-nayng) *c*
reading

læsse (*leh*-ser) *v* load; **~ af**
unload

løb (lurb) *nt* (pl ~) course, run,

race

*løbe (*lūr*-ber) *v* ***run;** ~ **på rollerblades** rollerblade

løbebane (*lūr*-ber-baa-ner) *c* career

løbehjul (*lūr*-ber-^yool) *nt* (pl ~) scooter

løber (*lūr*-bo) *c* runner

løfte (*lurf*-der) *nt* promise; vow; *v* lift

løftestang (*lurf*-der-sdahng) *c* (pl -stænger) lever

løg (loi) *nt* (pl ~) onion; bulb

løgn (loin) *c* lie

løgner (loin-o) *c* liar

løjerlig (lo-^yo-li) *adj* queer, odd, funny

løkke (*lur*-ger) *c* loop

løn (lurn) *c* pay, salary, wages *pl*

lønforhøjelse (*lurn*-fo-hoi-erl-ser) *c* rise; raise *nAm*

lønmodtager (*lurn*-moadh-tah-o) *c* employee

lønstigning (*lurn*-sdee-

nayng) *c* increase of salary; rise; raise *nAm*

lørdag (*lurr*-dah) *c* Saturday

løs (lurs) *adj* loose, detachable

løse (*lūr*-ser) *v* solve; ~ **op** *undo, untie, loose, *let loose, loosen, release

løsesum (*lūr*-ser-som) *c* (pl ~mer) ransom

løsne (*lurss*-ner) *v* loosen; detach, unfasten

løsning (*lūrss*-nayng) *c* solution

løve (*lūr*-ver) *c* lion

låg (lo) *nt* (pl ~) cover, lid; top

låge (*law*-er) *c* gate

lån (lon) *nt* (pl ~) loan

låne (*law*-ner) *v* borrow; ~ **ud** *lend

lår (lor) *nt* (pl ~) thigh

lås (los) *c* lock

låse (*law*-ser) *v* lock; ~ **inde** lock up; ~ **op** unlock

M

mad (mahdh) *c* fare; **lave** ~ cook

made (*maa*-dher) *v* *feed

madforgiftning (*mahdh*-fo-gifd-nayng) *c* food poisoning

mading (*mah*-dhayng) *c* bait

madlyst (*mahdh*-lursd) *c* appetite

madolie (*mahdh*-oal-^yer) *c* salad-oil

madras (mah-*drahss*) *c* (pl

~ser) mattress

mager (*mah*-o) *adj* lean

magi (mah-*gi*) *c* magic

magisk (*mah*-gisg) *adj* magic

magnet (mou-*nayd*) *c* magneto

magnetisk (mou-*nay*-disg) *adj* magnetic

magt (mahgd) *c* power; might; **udøvende ~** executive power magtesløs (*mahg*-derss-lurs) *adj* powerless

maj (migh) May

major (mah-*y̆oar*) *c* major

majs (mighs) *c* maize

majskolbe (*mighs*-kol-ber) *c* corn on the cob

makrel (maa-*kræl*) *c* (pl ∼) mackerel

malaria (mah-*lah*-ri-ah) *c* malaria

Malaysia (mah-*ligh*-s*y̆*ah) Malaysia

malaysier (mah-ligh-s*y̆*o) *c* Malaysian

malaysisk (mah-*ligh*-sisg) *nt* Malay; *adj* Malaysian

male (*maa*-ler) *v* paint; *grind

maler (*maa*-lo) *c* painter

maleri (maa-lo-*ri*) *nt* picture, painting

malerisk (*maa*-lo-risg) *adj* picturesque

malerkasse (*maa*-lo-kah-ser) *c* paintbox

maling (*maa*-layng) *c* paint

malm (mahlm) *c* ore

malplaceret (mahl-plah-*say*-odh) *adj* misplaced

man (mahn) *pron* one; you; we

manchet (mahng-s*y̆*ehd) *c* (pl ∼ter) cuff

manchetknapper (mahng-s*y̆*ehd-knah-bo) *pl* cuff links *pl*

mand (mahn) *c* (pl mænd) man; husband

mandag (*mahn*-dah) *c* Monday

mandarin (mahn-dah-*rin*) *c* mandarin; tangerine

mandat (mahn-*daht*) *nt* mandate

mandel (*mahn*-erl) *c* (pl -dler) almond; (hals)mandler tonsils *pl*

mandskab (*mahn*-sgahb) *nt* crew

manege (mah-*nāy̆*-sher) *c* ring

manerer (mah-*nay*-o) *pl* manners *pl*, ways *pl*

mange (*mahng*-er) *adj* many; much

mangel (*mahng*-erl) *c* (pl -gler) shortage, lack; want; deficiency

mangelfuld (*mahng*-erl-fool) *adj* faulty, defective

mangle (*mahng*-ler) *v* lack; fail; manglende missing

manicure (mah-ni-*kēw*-o) *c* manicure

manicurere (mah-ni-kew-*ræ*-o) *v* manicure

mannequin (mah-ner-*kehng*) *c* model

manufakturvarer (mah-noo-fahg-*toor*-vaa-ah) *pl* drapery

manuskript (mah-noo-sgræbd) *nt* manuscript

mappe (*mah*-ber) *c* briefcase

march (maash) *c* march

marchere (mah-*shay*-o) *v* march

marchhastighed (*maash*-hahss-di-haydh) *c* pace; cruising speed

margarine (mah-gah-*ree*-ner)

c margarine

margen (*mou*-ern) *c* margin

marinebillede (mah-*ree*-ner-bay-ler-dher) *nt* seascape

maritim (maa-i-*tim*) *adj* maritime

mark (maag) *c* field

markblomst (*maag*-blomsd) *nt* wild flower

marked (*maa*-gerdh) *nt* market, fair

markere (mah-*kay*-o) *v* indicate, mark; stress

marmelade (mah-mer-*laa*-dher) *c* marmalade

marmor (*mah*-mo) *nt* marble

marmorkugle (*mah*-mo-kōō-ler) *c* marble

marokkaner (mah-roa-*kah*-no) *c* Moroccan

marokkansk (mah-roa-*kahnsg*) *adj* Moroccan

Marokko (mah-*ro*-koa) Morocco

marsvin (*maa*-svin) *nt* (pl ~) guinea pig

marts (maads) March

martyr (*maa*-tewr) *c* martyr

marv (mahoo) *c* marrow

mascara (mah-*sgaa*-ah) *c* mascara

mase (*maa*-ser) *v* toil; mash, pulp, crush; smash

maske (*mahss*-ger) *c* mask; mesh

maskine (mah-*sgee*-ner) *c* engine, machine

maskineri (mah-sgi-no-*ri*) *nt* machinery

***maskinskrive** (mah-*sgeen-*

sgree-ver) *v* type

maskinskriverske (mah-*sgeen*-sgri-vo-sger) *c* typist

maskulin (*mah*-sgoo-lin) *adj* masculine

massage (mah-*saa*-sher) *c* massage

masse (*mah*-ser) *c* mass; bulk; heap, lot

masseproduktion (*mah*-ser-proa-doog-s³oan) *c* mass production

massere (mah-*say*-o) *v* massage

massiv (mah-*see*ᵒᵒ) *adj* solid, massive

masseøde-læggelsesvåben(*mah*-ser-*ūr*-dher-leh-gerl-sers-*vo*-bern) *nt* (pl – våbnet) weapons of mass destruction; WMD

massør (mah-*surr*) *c* masseur

mast (mahsd) *c* mast

mat (mahd) *adj* dull, mat; faint

matematik (mah-der-mah-*tig*) *c* mathematics

matematisk (mah-der-*mah*-disg) *adj* mathematical

materiale (mah-tri-*aa*-ler) *nt* material

materialhandel (mah-tri-*ahl*-hahn-erl) *c* pharmacy, chemist's; drugstore *nAm*

materiel (mah-tri-*ehl*) *adj* material

mausoleum (mou-soa-*lai*-om) *nt* (pl -eer) mausoleum

mave (*maa*-ver) *c* stomach;

belly; **mave-** gastric

mavepine (*maa*-ver-pee-ner) *c* stomach ache

mavesmerter (*maa*-ver-smær-do) *pl* stomach aches

mavesår (*maa*-ver-so) *nt* (pl ~) gastric ulcer

med (mehdh) *prep* with; by

medalje (may-*dahl*-Yer) *c* medal

***medbringe** (*mehdh*-bræng-er) *v* *bring, *bring along

meddele (*mehdh*-day-ler) *v* inform; communicate, notify

meddelelse (*mehdh*-day-lerl-ser) *c* information; bulletin

medejer (*mehdh*-igh-o) *c* partner, associate

medens (*may*-dherns) *conj* whilst

medfødt (*mehdh*-furd) *adj* natural

medfølelse (*mehdh*-fur-lerl-ser) *c* sympathy

medfølende (*mehdh*-fur-ler-ner) *adj* sympathetic

medgang (*mehdh*-gahng) *c* success; good fortune; prosperity

medicin (may-di-*sin*) *c* medicine; drug

medicinsk (may-di-*sinsg*) *adj* medical

medier (mayd-jer) *npl* media

meditere (may-di-*tay*-o) *v* meditate

medlem (*mehdh*-lehm) *nt* (pl ~mer) associate, member

medlemskab (*mehdh*-lehm-sgahb) *nt* membership

medlidenhed (may-*li*-dhern-haydh) *c* pity; *have ~ med pity

medmindre (meh-*mayn*-dro) *conj* unless

medregne (*mehdh*-righ-ner) *v* include, count

medvirken (*mehdh*-veer-gern) *c* cooperation, assistance

megen (*migh*-ern) *adj* (nt meget) much

meget (*migh*-erdh) *adv* very, much; far

mejeri (migh-o-*ri*) *nt* dairy

mejsel (*mahi*-serl) *c* (pl -sler) chisel

mekaniker (may-*kah*-ni-go) *c* mechanic

mekanisk (may-*kah*-nisg) *adj* mechanical

mekanisme (may-kah-*niss*-mer) *c* mechanism

mel (mayl) *nt* flour

melankoli (may-lahng-koa-*li*) *c* melancholy

melankolsk (may-lahng-*koalsg*) *adj* melancholic

melde (*meh*-ler) *v* report; ~ sig report; ~ sig ind i join

mellem (*mehl*-erm) *prep* between, among

mellemmand (*meh*-lerm-mahn) *c* (pl -mænd) intermediary

mellemmåltid (*meh*-lerm-mol-tidh) *nt* snack

mellemrum (*meh*-lerm-rom) *nt* (pl ~) interval, space

mellemsokkel (*mehl*-erm-sog-gerl) *c* adaptor

mellemspil (*meh*-lerm-spayl) *nt* (pl ~) interlude

mellemste (*mehl*-erm-sder) *adj* middle

mellemtid (*meh*-lerm-tidh) *c* interim; **i mellemtiden** meanwhile, in the meantime

melodi (may-loa-*di*) *c* tune, melody

melodisk (may-*loa*-disg) *adj* tuneful

melon (may-*loan*) *c* melon

membran (mehm-*brahn*) *c* membrane; diaphragm

memo (*māy*-moa) *nt* memo

men (mehn) *conj* but; only

mene (*māy*-ner) *v* *mean, *think; consider

mened (*māyn*-aydh) *c* perjury

menighed (*māy*-ni-haydh) *c* congregation; community; Church

mening (*māy*-nayng) *c* opinion, meaning; sense

meningsløs (*māy*-nayngs-lurs) *adj* meaningless; senseless

menneske (*meh*-ner-sger) *nt* human being; man

menneskehed (*meh*-ner-sger-haydh) *c* humanity, mankind

menneskelig (*meh*-ner-sger-li) *adj* human, humane

menneskemængde (*meh*-ner-sger-mehng-der) *c* crowd

mens (mehns) *conj* while

menstruation (mehm-sdroo-ah-s^y*oan*) *c* menstruation

mental (mehn-*tahl*) *adj* mental

menukort (may-*new*-kawd) *nt* (pl ~) menu

messe (*meh*-ser) *c* Mass; fair

messing (*meh*-sayng) *nt* brass

mester (*mehss*-do) *c* (pl mestre) champion; master

mesterværk (*mehss*-do-værg) *nt* masterpiece

mestre (*mehss*-dro) *v* master

metal (may-*tahl*) *nt* (pl ~ler) metal; **metal-** metal

meter (*may*-do) *c* (pl ~) metre

metode (may-*tōā*-dher) *c* method

metodisk (may-*toa*-dhisg) *adj* methodical

metrisk (*may*-træsg) *adj* metric

mexicaner (mehg-si-*kah*-no) *c* Mexican

mexicansk (mehg-si-*kahnsg*) *adj* Mexican

Mexico (*mehg*-si-koa) Mexico

middag (*may*-dah) *c* noon, midday; dinner

middagsmad (*may*-dahss-mahdh) *c* dinner

middel (*midh*-erl) *nt* (pl midler) means; remedy; **antiseptisk** ~ antiseptic; **beroligende** ~ sedative; **insektdræbende** ~ insecticide; **narkotisk** ~ narcotic; **styrkende** ~ tonic

middel- (*midh*-erl) medium

middelalder (*midh*-erl-ahl-o) c Middle Ages

middelalderlig (*midh*-erl-ahl-o-li) adj mediaeval

Middelhavet (*midh*-erl-hah-verdh) the Mediterranean

middelklasse (*midh*-erl-klah-ser) c middle class

middelmådig (*midh*-erl-mo-dhi) adj mediocre, moderate

midlertidig (*midh*-lo-ti-dhi) adj provisional, temporary

midnat (*midh*-nahd) midnight

midsommer (*midh*-so-mo) midsummer

midte (*may*-der) c middle; midst

midtergang (*may*-do-gahng) c aisle

midt i (mayd) amid

midtpunkt (mayd-pongd) nt centre

mig (migh) pron me; myself

migræne (mi-grææ-ner) c migraine

mikrobølgeovn (*mi*-kroa-burl-ger-o°°n) c microwave oven

mikrofon (mi-kroa-*foan*) c microphone

mild (mil) adj gentle, mild

militær (mi-li-*tær*) adj military

miljø (mil-³ur) nt environment, milieu

milliard (mil-*yadh*) c billion

million (mil-³oan) c million

millionær (mil-³oa-*nær*) c millionaire

min (min) pron (nt mit, pl mine) my

minde (*may*-ner) nt memory; remembrance

minde om (*may*-ner) remind

mindes (*may*-ness) v recall, recollect

mindesmærke (*may*-nerss-mær-ger) nt memorial, monument

mindeværdig (*may*-ner-vær-di) adj memorable

mindre (*mayn*-dro) adj minor; adv less; ikke desto ~ nevertheless

mindretal (*mayn*-dro-tahl) nt (pl ~) minority

mindreværdskompleks (*mayn*-dro-værs-kom-plehgs) nt inferiority complex

mindreårig (*mayn*-dro-o-i) c minor; adj under age

mindske (*mayn*-sger) v lessen, decrease

mindst (maynsd) adj least; adv at least; i det mindste at least

mine (*mee*-ner) c air, look; mine

minearbejder (*mee*-ner-aa-bigh-do) c miner

minedrift (*mee*-ner-dræfd) c mining

mineral (mi-ner-*rahl*) nt mineral

mineralvand (mi-ner-*rahl*-vahn) c soda water, mineral water

miniature (min-³ah-*fewr*) c

miniature

minimum (*mi*-ni-mom) *nt* (pl -ma) minimum

minister (mi-*niss*-do) *c* (pl -tre) minister

ministerium (mi-ni-*sdayr*-'om) *nt* (pl -ier) ministry

mink (mayngg) *c* mink

minus (*mee*-nooss) *nt* drawback; minus; *adv* minus

minut (mi-*nood*) *nt* (pl ~ter) minute

mirakel (mi-*rah*-gerl) *nt* (pl -kler) miracle

mirakuløs (mi-rah-goo-*lurs*) *adj* miraculous

misbillige (*miss*-bi-li-er) *v* disapprove

misbrug (*miss*-broo) *nt* (pl ~) misuse; abuse

misdannet (*miss*-dah-nerdh) *adj* deformed

*****misforstå** (*miss*-fo-sdo) *v* *misunderstand

misforståelse (*miss*-fo-sdo-erl-ser) *c* misunderstanding

mishage (*miss*-hah-ah) *v* displease

miskredit (*miss*-kræ-did) *c* discredit

mislyd (*miss*-lewdh) *c* dissonance, discord

mislykkes (*miss*-lur-gerss) *v* fail

mislykket (*miss*-lur-gerdh) *adj* unsuccessful

mistanke (*miss*-tahng-ger) *c* suspicion

miste (mayss-der) *v* *lose

mistro (*miss*-troa) *c*

suspicion; nære ~ til mistrust

mistroisk (*miss*-troa-isg) *adj* suspicious

mistænke (*miss*-tehng-ger) *v* suspect

mistænkelig (mis-*tehng*-ger-li) *adj* suspicious

mistænksom (miss-*tehng*-som) *adj* suspicious

mistænkt (*miss*-tehngd) *c* suspect

misunde (*miss*-on-er) *v* envy; grudge

misundelig (miss-*on*-er-li) *adj* envious

misundelse (miss-*on*-erl-ser) *c* envy

mobil (moa-*bil*) *adj* mobile

mobiltelefon (moa-*bil*-tay-ler-*foan*) *c* mobile phone; cell phone *nAm*

mod[1] (moadh) *nt* courage

mod[2] (moadh) *prep* against

modbydelig (moadh-*bew*-dher-li) *adj* revolting, repellent

mode (*mōa*-dher) *c* fashion

model (moa-*dehl*) *c* (pl ~ler) model

modellere (moa-der-*lay*-o) *v* model

modem (moa-*dehm*) *nt* (pl ~) modem

moden (*moa*-dhern) *adj* mature, ripe

modenhed (*moa*-dhern-haydh) *c* maturity

moderat (moa-der-*rahd*) *adj* moderate

moderigtig (mōa-dher-*ræg*-

di) *adj* trendy

modermærke (*mōa*-dho-mær-ger) *nt* birthmark

moderne (moa-*dær*-ner) *adj* modern; fashionable

modernisere (moa-dær-ni-*say*-o) *v* modernize; renovate

modersmål (*mōa*-dhoss-mol) *nt* (pl ~) mother tongue, native language

modgang (*moadh*-gahng) *c* bad luck, reverse

modgående (*moadh*-go-o-ner) *adj* oncoming

modificere (moa-di-fi-*say*-o) *v* modify

modig (*mōa*-dhi) *adj* courageous, brave

modsat (*moadh*-sahd) *adj* opposite; reverse, contrary

***modsige** (*moadh*-si-i) *v* contradict

modstand (*moadh*-sdahn) *c* resistance; opposition

modstander (*moadh*-sdahn-o) *c* opponent

modstridende (*moadh*-sdri-dher-ner) *adj* contradictory

modstående (*moadh*-sdo-o-ner) *adj* opposite

modsætning (*moadh*-sehd-nayng) *c* contrast; difference

***modsætte sig** (*moadh*-seh-der) resist, oppose

***modtage** (*moadh*-tah-ah) *v* receive, accept

modtagelig for (moadh-*tah*-ah-li fo) susceptible; amenable

modtagelse (*moadh*-tah-ahl-ser) *c* reception, receipt

modtagelsesbevis (*moadh*-tah-ahl-serss-bay-vis) *nt* receipt

modvilje (*moadh*-vil-^yer) *c* dislike; antipathy

mohair (moa-*hæer*) *c* mohair

mole (*mōa*-ler) *c* jetty, pier

moment (moa-*mehnd*) *nt* factor

momentan (moa-mehn-*tahn*) *adj* momentary

monark (moa-*naag*) *c* monarch

monarki (moa-nah-*ki*) *nt* monarchy

monetær (moa-nay-*tær*) *adj* monetary

monolog (moa-noa-*loa*) *c* monologue

monopol (moa-noa-*poal*) *nt* monopoly

monoton (moa-noa-*toan*) *adj* monotonous

montere (moan-*tay*-o) *v* mount, install

montre (*mong*-tro) *c* showcase

montør (moan-*turr*) *c* mechanic

monument (moa-noo-*mehnd*) *nt* monument

mor (moar) *c* (pl mødre) mother

moral (moa-*rahl*) *c* morals, moral

moralitet (moa-rah-li-*tayd*) *c* morality

moralsk (moa-*rahlsg*) *adj*

multikulturel

moral

mord (moar) *nt* (pl ~) murder; assassination

morder (*moar*-do) *c* murderer

more (*mōā*-o) *v* amuse

morfar (*mo*-fah) *c* (pl -fædre) grandfather

morfin (mo-*fin*) *c* morphine

morgen (*maw*-on) *c* morning; i ~ tomorrow; i **morges** this morning

morgenavis (*maw*-on-ah-vis) *c* morning paper

morgendæmring (*maw*-on-dehm-ræng) *c* dawn

morgenkåbe (*maw*-on-kaw-ber) *c* dressing gown

morgenmad (*maw*-on-mahdh) *c* breakfast

morgensko (*maw*-on-sgoa) *c* (pl ~) slipper

morgenudgave (*maw*-on-oodh-gaa-ver) *c* morning edition

mormor (*mo*-moar) *c* (pl -mødre) grandmother

morskab (*moar*-sgahb) *c* fun, amusement

morsom (*moar*-som) *adj* amusing; entertaining, enjoyable

mos (moass) *nt* (pl ~ser) moss

mosaik (moa-sah-*ig*) *c* (pl ~ker) mosaic

mose (*mōā*-ser) *c* bog; swamp; *v* mash

moské (moa-*sgay*) *c* mosque

moskito (moa-*sgi*-toa) *c* mosquito

moskitonet (moa-*sgi*-toa-nehd) *nt* (pl ~) mosquito net

motiv (moa-*tee⁰⁰*) *nt* motive; motif, theme; subject

motivere (moa-tee⁰⁰-*vay*-o) *v* motivate

motor (*mōā*-to) *c* engine; motor

motorbåd (*mōā*-to-bodh) *c* motorboat

motorcykel (*mōā*-to-sew-gerl) *c* (pl -kler) motorcycle

motorhjelm (*mōā*-to-³ehlm) *c* bonnet; hood *nAm*

motorskade (*mōā*-to-sgaa-dher) *c* breakdown

motorskib (*mōā*-to-sgib) *nt* launch

motorstop (*mōā*-to-sdob) *nt* (pl ~) engine failure, breakdown; *få ~ break down

motorvej (*mōā*-to-vigh) *c* motorway; highway *nAm*; afgiftsbelagt ~ turnpike *nAm*

motto (*mo*-toa) *nt* motto

mousserende (moo-*say*-o-ner) *adj* fizzy, sparkling

mudder (*moodh*-o) *nt* mud

mudret (*moodh*-rodh) *adj* muddy

muldyr (*mool*-dewr) *nt* (pl ~) mule

mulig (*mōō*-li) *adj* possible; eventual, probable

mulighed (*mōō*-li-haydh) *c* possibility, chance

muligvis (*mōō*-li-vis) *adv* perhaps

multikulturel (mool-ti-kool-

too-ral) *adj* multicultural

multiplicere (mool-ti-pli-*say*-o) *v* multiply

multiplikation (mool-ti-pli-gah-*s⁹oan*) *c* multiplication

mund (mon) *c* mouth

mundfuld (*mon*-fool) *c* bite

munding (*mo*-nayng) *c* mouth

mundtlig (*mond*-li) *adj* oral, verbal

mundvand (*non*-vahn) *nt* mouthwash

munk (mongg) *c* monk

munter (*mon*-do) *adj* gay, cheerful; merry

munterhed (*mon*-do-haydh) *c* gaiety, cheerfulness

mur (moor) *c* wall

mure (*mōō*-o) *v* *build; *lay bricks

murer (*mōō*-o) *c* bricklayer

mursten (*moor*-sdayn) *c* (pl ∼) brick

mus (moos) *c* (pl ∼) mice

museum (moo-*sai*-om) *nt* (pl -eer) museum

musical (*m⁹oo*-si-kahl) *c* (pl ∼s) musical comedy

musik (moo-*sig*) *c* music

musikalsk (moo-si-*kahlsg*) *adj* musical

musiker (*moo*-si-go) *c* musician

musikinstrument (moo-*sig*-ayn-sdroo-mehnd) *nt* musical instrument

muskat (moo-*sgahd*) *c* nutmeg

muskel (*mooss*-gerl) *c* (pl -kler) muscle

muskuløs (mooss-goo-*lurs*) *adj* muscular

musling (*mooss*-layng) *c* mussel

muslingeskal (*mooss*-layng-er-sgahl) *c* (pl ∼ler) seashell

musselin (moo-ser-*lin*) *nt* muslin

myg (mewg) *c* (pl ∼) mosquito

myldretid (*mewl*-ro-tidh) *c* peak hour, rush hour

mynde (*mur*-ner) *c* greyhound

myndig (*murn*-di) *adj* of age

myndighed (*murn*-di-haydh) *c* authority; myndigheder authorities *pl*

mynte (*murn*-der) *c* mint

myrde (*mewr*-der) *v* murder

myre (*mēw*-o) *c* ant

mysterium (mew-*sdayr*-⁹om) *nt* (pl -ier) mystery

mystisk (*mewss*-disg) *adj* mysterious

myte (*mēw*-ter) *c* myth

mytteri (mew-do-*ri*) *nt* mutiny

mægle (*mai*-ler) *v* mediate

mægler (*mai*-lo) *c* mediator; broker

mægtig (*mehg*-di) *adj* powerful; mighty

mælk (mehlg) *c* milk

mælkebøtte (*mehl*-ger-bur-der) *c* dandelion

mælkemand (*mehl*-ger-mahn) *c* (pl -mænd) milkman

mælket (*mehl*-gerdh) *adj*

milky

mængde (*mehng*-der) *c* lot, amount

mærkbar (*mærg*-bah) *adj* perceptible; noticeable

mærke (*mær*-ger) *nt* brand, sign, mark; *v* mark; *feel, notice, sense; blåt ~ bruise; mark; *lægge ~ til *pay attention to, notice; *sætte ~ ved mark

mærkelig (*mærg*-li) *adj* odd, strange; queer; curious

mærkepæl (*mær*-ger-pehl) *c* landmark

mærkeseddel (*mær*-ger-sehdh-erl) *c* (pl -sedler) tag

mærkværdig (*mærg*-vær-di) *adj* singular, strange

mæslinger (*mehss*-layng-o) *pl* measles

møbler (*murb*-lo) *pl* furniture

møblere (murb-*lay*-o) *v* furnish

møde (*mūr*-dher) *nt* encounter, meeting; appointment; *v* encounter, *meet

mødested (*mūr*-dher-sdehdh) *nt* meeting place

møje (*moi*-er) *c* difficulty, trouble, pains *pl*

møl (murl) *nt* (pl ~) moth

mølle (*mur*-ler) *c* mill

møller (*mur*-lo) *c* miller

mønster *nt* (pl -tre) pattern

mønt (murnd) *c* coin

møntenhed (murnd-*āyn*-haydh) *c* monetary unit

møntindkast (murnd-ayn-

kahsd) *nt* (pl ~) slot

møntvaskeri (*murnd*-vahss-go-ri) *nt* launderette

mør (murr) *adj* tender

mørk (murrg) *adj* dark; obscure

mørke (*murr*-ger) *nt* dark; gloom

møtrik (*mur*-træg) *c* (pl ~ker) nut

måde (*maw*-dher) *c* way, manner; fashion; på ingen ~ by no means; på samme ~ alike

mådeholdende (*maw*-dher-hol-er-ner) *adj* moderate

måge (*maw*-er) *c* gull

mål (mol) *nt* (pl ~) measure; goal; aim, target

målbevidst (*mawl*-bay-vaysd) *adj* determined

måle (*maw*-ler) *v* measure

målebånd (*maw*-ler-bon) *nt* (pl ~) tape measure

måleenhed (*maw*-ler-āyn-haydh) *c* standard

måler (*maw*-lo) *c* gauge

målestok (*maw*-ler-sdog) *c* (pl ~ke) scale

målløs (*mo*-lurs) *adj* speechless

målmand (*mawl*-mahn) *c* (pl -mænd) goalkeeper

målstreg (*mawl*-sdrigh) *c* finish

måltid (*mol*-tidh) *nt* meal

måne (*maw*-ner) *c* moon

måned (*maw*-nerdh) *c* month

månedlig (*maw*-nerdh-li) *adj* monthly

månedsblad (*maw*-nerdhs-blahdh) *nt* monthly magazine

måneskin (*maw*-ner-sgayn) *nt* moonlight

måske (mo-*sgay*) *adv* maybe, perhaps

måtte (*mo*-der) *c* mat

***måtte** (*mo*-der) *v* *may

N

nabo (*naa*-boa) *c* neighbour

nabolag (*naa*-boa-lah) *nt* (pl ~) neighbourhood; vicinity

naiv (nah-*ee*ᵛ) *adj* naïve

nakke (*nah*-ger) *c* nape of the neck

nar (nah) *c* (pl ~re) fool

narkose (nah-*kōa*-ser) *c* narcosis

narkotikum (nah-*koa*-ti-kom) *nt* (pl -ka) drug

narre (*naa*-ah) *v* fool

nat (nahd) *c* (pl nætter) night; i ~ tonight; natten over overnight; om natten by night

natcreme (*nahd*-kræm) *c* night cream

natfly (*nahd*-flew) *nt* (pl ~) night flight

nation (nah-sᵛ*oan*) *c* nation

national (nah-sᵛ*oa-nahl*) *adj* national

nationaldragt (nah-sᵛoa-*nahl*-drahgd) *c* national dress

nationalisere (nah-sᵛoa-nah-li-*say*-o) *v* nationalize

nationalitet (nah-sᵛoa-nah-li-*tayd*) *c* nationality

nationalpark (nah-sᵛoa-*nahl*-paag) *c* national park

nationalsang (nah-sᵛoa-*nahl*-sahng) *c* national anthem

natklub (*nahd*-kloob) *c* (pl ~ber) nightclub

natlig (*nahd*-li) *adj* nightly

natmad (*nahd*-mahdh) *c* midnight snack

nattakst (*nahd*-tahgsd) *c* night rate

nattergal (*nah*-do-gahl) *c* nightingale

nattog (*nahd*-tooo) *nt* (pl ~) night train

natur (nah-*toor*) *c* nature

naturalisere (nah-too-rah-li-*say*-o) *v* naturalize

naturlig (nah-*toor*-li) *adj* natural

naturligvis (nah-*toor*-li-vis) *adv* of course, naturally

natursilke (nah-*toor*-sayl-ger) *c* real silk

naturskøn (nah-*toor*-sgurn) *adj* scenic, beautiful

naturvidenskab (nah-*toor*-vidh-ern-sgahb) *c* natural science

navigation (nah-vi-gah-sᵛ*oan*) *c* navigation

navigere (nah-vi-*gay*-o) *v*
navigate

navle (*nou*-ler) *c* navel

navn (noun) *nt* name; i ... ~ on
behalf of, in the name of

navneord (*nou*-ner-oar) *nt*
(pl ~) noun

*navngive (*noun*-gi-ver) *v*
name

ned (naydh) *adv* down

nedad (*naydh*-ahdh) *adv*
downwards

nedarvet (*naydh*-ah-verdh)
adj hereditary

nedbør (*naydh*-burr) *c* fall of
rain; precipitation

nede (*nay*-dher) *adv* below

nedefter (*naydh*-ehf-do) *adv*
downwards, down

nedenfor (*nay*-dhern-fo) *adv*
beneath

nedenunder (*nay*-dhern-on-
o) *adv* downstairs; under

nederdel (*nay*-dho-dayl) *c*
skirt

nederdrægtig (nay-dho-
dræg-di) *adj* infamous, foul

nederlag (*nay*-dho-lah) *nt* (pl
~) defeat

Nederland (*nay*-dho-lahn)
the Netherlands

nederlandsk (*nay*-dho-
lahnsg) *adj* Dutch

nedgang (*naydh*-gahng) *c*
decrease

nedkomst (*naydh*-komsd) *c*
delivery, confinement

*nedlægge (*naydh*-leh-ger) *v*
discontinue

nedre (*naydh*-ro) *adj* inferior;

nederst bottom

*nedrive (*naydh*-ri-ver) *v*
demolish, pull down

nedrivning (*naydh*-
ree^{oo}-nayng) *c* demolition

*nedskære (*naydh*-sgeh-o) *v*
*cut, *cut down, reduce

nedslået (*naydh*-slo-odh) *adj*
depressed, down

nedstamning (*naydh*-
sdahm-nayng) *c* origin

nedstigning (*naydh*-sdi-
nayng) *c* descent

*nedsætte (*naydh*-seh-der) *v*
lower, reduce

nedtrykt (*naydh*-trurgd) *adj*
depressed, blue

negativ (nay-gah-tee^{oo}) *nt*
negative; *adj* negative

neger (*nay*-o) *c* (pl negre)
Negro

negl (nighl) *c* nail

neglefil (*nigh*-ler-fil) *c* nail
file

neglelak (*nigh*-ler-lahg) *c* nail
polish

neglesaks (*nigh*-ler-sahgs) *c*
nail scissors *pl*

negligé (nay-gli-*shay*) *nt*
negligee

nej (nigh) no

nemlig (*nehm*-li) *adv* namely

nerve (*nær*-ver) *c* nerve

nervøs (nær-*vurs*) *adj*
nervous

net¹ (nehd) *nt* (pl ~) net

net² (nehd) *adj* neat

nethinde (*nehd*-hay-ner) *c*
retina

netop (*nehd*-ob) *adv* just,

exactly

netto- (*neh*-toa) *nt* net

netværk (*nehd*-værg) *nt* network

netværke (*nehd*-værg-er) *v* networking

neuralgi (nur^{oo}-rahl-*gi*) *c* neuralgia

neurose (nur^{oo}-*rōa*-ser) *c* neurosis

neutral (nur^{oo}-*trahl*) *adj* neutral

nevø (neh-*vur*) *c* nephew

New Zealand (n^yoo-*sāy*-lahn) New Zealand

ni (ni) *num* nine

niece (ni-*ai*-ser) *c* niece

niende (*ni*-i-ner) *num* ninth

Nigeria (ni-*gayr*-^yah) Nigeria

nigerianer (ni-gayr-^y*ah*-no) *c* Nigerian

nigeriansk (ni-gayr-^y*ahnsg*) *adj* Nigerian

nik (nayg) *nt* (pl ~) nod

nikke (*nay*-ger) *v* nod

nikkel (*nay*-gerl) *nt* nickel

nikotin (ni-goa-*tin*) *c* nicotine

nip (nayb) *nt* (pl ~) sip

nitten (*nay*-dern) *num* nineteen

nittende (*nay*-der-ner) *num* nineteenth

niveau (ni-*voa*) *nt* level

nivellere (ni-ver-*lay*-o) *v* level

nogen (*nōa*-oan) *pron* someone, somebody; ~ sinde ever

noget (*naw*-odh) *pron* something, some; *adv*

somewhat

nogle (*nōa*-ler) *pron* some

nok (nog) *adv* enough; *være ~ *do

nominel (noa-mi-*nehl*) *adj* nominal

nominere (noa-mi-*nay*-o) *v* nominate

nominering (noa-mi-*nayr*-ayng) *c* nomination

nonne (*no*-ner) *c* nun

nonnekloster (*no*-ner-kloss-do) *nt* (pl -tre) convent

nord (noar) North

nordlig (*noar*-li) *adj* north, northern

nordmand (*noar*-mahn) *c* (pl -mænd) Norwegian

nordpol (*noar*-poal) *c* North Pole

nordvest (noar-*vehsd*) north-west

nordøst (noar-*ursd*) north-east

Norge (*naw*-er) Norway

norm (nom) *c* standard

normal (no-*mahl*) *adj* regular, normal

norsk (nawsg) *adj* Norwegian

nota (*nōa*-tah) *c* bill

notar (noa-*tah*) *c* notary

notat (noa-*tahd*) *nt* note

note (*nōa*-der) *c* note

notere (noa-*tay*-o) *v* note; list

notesblok (*nōa*-derss-blog) *c* (pl ~ke) pad

notesbog (*nōa*-derss-bo^{oo}) *c* (pl -bøger) notebook

notits (noa-*tids*) *c* notice

novelle (noa-*veh*-ler) *c* short

story
november (noa-*vehm*-bo)
   November
nu (noo) *adv* now; ~ og da
   now and then, occasionally
nuance (new-*ahng*-ser) *c*
   nuance, shade
nul (nol) *nt* (pl ~ler) nought;
   zero
nummer (*nom*-o) *nt* (pl
   numre) number; act
nummerplade (*nom*-o-plaa-
   dher) *c* registration plate;
   licence plate *Am*
nummerskive (nom-o-sgee-
   ver) *c* dial (*telephone*)
nummerviser (nom-o-vee-
   so) *nt* caller ID
nutid (*noo*-tidh) *c* present
nutidig (*noo*-ti-dhi) *adj*
   present, modern,
   contemporary
nutildags (*noo*-tay-dahs) *adv*
   nowadays
nuværende (*noo*-veh-o-ner)
   adj present
ny (new) *adj* new
nybegynder (*new*-bay-gurn-
   o) *c* beginner, learner
nybygger (*new*-bew-go) *c*
   pioneer, settler
*nyde (*new*-dher) *v* enjoy;
   indulge in; ~ godt profit
nydelse (*new*-dherl-ser) *c*
   pleasure; delight, enjoyment
nyhed (*new*-haydh) *c* news
nykke (*nur*-ger) *c* whim,
   fancy
nylig (*new*-li) *adj* recent; *adv*
   lately; for ~ recently, lately

nynne (*nur*-ner) *v* hum
nyre (*new*-o) *c* kidney
*nyse (*new*-ser) *v* sneeze
nysgerrig (newss-gær-i) *adj*
   inquisitive; nosy
nysgerrighed (newss-gær-i-
   haydh) *c* curiosity
nytte (*nur*-der) *c* use, utility;
   benefit; *v* *be of use
nyttig (*nur*-di) *adj* useful
nytår (*new*-doa) New Year
næb (nehb) *nt* (pl ~) beak
nægte (*nehg*-der) *v* deny
næh (nai) no
nænsom (*nehn*-som) *adj*
   gentle
næppe (*neh*-ber) *adv* hardly,
   scarcely
nær (nær) *adj* near, close; ~
   ved near
nærende (*nai*-o-ner) *adj*
   nutritious, nourishing
nærhed (*nær*-haydh) *c*
   vicinity
næring (*nai*-ræng) *c* food
næringsmidler (*nai*-rængs-
   midh-lo) *pl* foodstuffs *pl*
nærliggende (*nær*-lay-ger-
   ner) *adj* neighbouring;
   nearby
nærme sig (*nær*-mer)
   approach
nærsynet (*nær*-sew-nerdh)
   adj short-sighted
nærværelse (*nær*-veh-ol-ser)
   c presence
næse (*nai*-ser) *c* nose
næseblod (*nai*-ser-bloadh) *nt*
   nosebleed
næsebor (*nai*-ser-boar) *nt* (pl

~) nostril

næsehorn (*nai*-ser-hoarn) *nt* (pl ~) rhinoceros

næste (*neh*-sder) *adj* next

næsten (*nehss*-dern) *adv* almost, nearly

næsvis (*naiss*-vis) *adj* impertinent

nævestød (*nai*-ver-sdurdh) *nt* (pl ~) punch

nævne (*neh*°°-ner) *v* mention

nød[1] (nurdh) *c* misery, distress

nød[2] (nurdh) *c* (pl ~der) nut

nøddeknækker (*nur*-dher-kneh-go) *c* nutcrackers *pl*

nøddeskal (*nur*-dher-sgahl) *c* (pl ~ler) nutshell

nødsignal (*nurdh*-si-nahl) *c* distress signal

nødsituation (*nurdh*-si-dooah-s³oan) *c* emergency

nødstilfælde (*nurdhs*-taylfehl-er) *nt* (pl ~) emergency

nødtvungent (*nurdh*-tvongernd) *adv* reluctantly; by force

nødudgang (*nurdh*-oodh-gahng) *c* emergency exit

nødvendig (nurdh-*vehn*-di) *adj* necessary

nødvendighed (nurdh-*vehn*-di-haydh) *c* need, necessity

nøgen (*noi*-ern) *adj* naked; nude, bare

nøgenstudie (*noi*-ern-sdood³er) *c* nude

nøgle (*noi*-ler) *c* key

nøglehul (*noi*-ler-hol) *nt* (pl ~ler) keyhole

nøgtern (*nurg*-don) *adj* matter-of-fact; down-to--earth

nøjagtig (noi-*ahg*-di) *adj* precise, exact

nå (no) *v* attain, reach; achieve; *catch

nåde (*naw*-dher) *c* grace; mercy

nål (nol) *c* needle

nåletræ (*naw*-ler-træ) *nt* fir tree

når (no) *conj* when; ~ som helst whenever

O

oase (oa-*aa*-ser) *c* oasis

obduktion (ob-doog-s³oan) *c* autopsy

oberst (*oa*-bosd) *c* colonel

objekt (*ob*-³ehgd) *nt* object

objektiv (*ob*-³ehg-tee°°) *adj* objective

obligation (oab-li-gah-s³oan) *c* bond

obligatorisk (oab-li-gah-*toa*-risg) *adj* compulsory; obligatory

observation (ob-sær-vah-s³oan) *c* observation

observatorium (ob-sær-vah-*toar*-³om) *nt* (pl -ier) observatory

observere (ob-sær-*vay*-o) *v*

observe

ocean (oa-say-*ahn*) *nt* ocean

offensiv (o-fern-see⁰⁰) *c* offensive; *adj* offensive

offentlig (o-*fern*-li) *adj* public

*offentliggøre (o-*fern*-li-gur-o) *v* publish

offer (*o*-fo) *nt* (pl ofre) sacrifice; victim, casualty

officer (o-fi-*sayr*) *c* officer

officiel (o-fi-s*y*ehl) *adj* official

ofre (*of*-ro) *v* sacrifice

ofte (*of*-der) *adv* often

og (o) *conj* and; ~ **så videre** etcetera, and so on

også (*o*-ser) *adv* also, too, as well

okse (*og*-ser) *c* ox

oksekød (*og*-ser-kurdh) *nt* beef

oktober (oag-*toa*-bo) October

oldtid (*ol*-tidh) *c* antiquity; **oldtids-** ancient

olie (*oal*-*y*er) *c* oil

olieagtig (*oal*-*y*er-ahg-di) *adj* oily

oliefilter (*oal*-*y*er-fil-do) *nt* (pl -tre) oil filter

oliekilde (*oal*-*y*er-ki-ler) *c* oil well

oliemaleri (*oal*-*y*er-mah-lo-ri) *nt* oil painting

olieraffinaderi (*oal*-*y*er-rah-fi-nah-dho-ri) *nt* oil refinery

olietryk (*oal*-*y*er-trurg) *nt* (pl ~) oil pressure

oliven (oa-*li*-vern) *c* (pl ~) olive

olivenolie (oa-*li*-vern-oal-

---

*y*er) *c* olive oil

om (om) *prep* about, round, around, in; *conj* whether; **om ... eller** whether ... or; ~ **end** though

omdanne (om-*dahn*-er) *v* change, reshape, transform

omdrejning (om-*drigh*-nayng) *c* rotation

omegn (*om*-ighn) *c* surroundings *pl*

omelet (oa-mer-*lehd*) *c* (pl ~ter) omelette

omfang (*om*-fahng) *nt* circumference; extent; bulk

omfangsrig (*om*-fahngs-ri) *adj* extensive, big; bulky

omfatte (om-*fah*-der) *v* comprise, include

omfattende (*om*-fah-der-ner) *adj* extensive; comprehensive

omfavne (*om*-fou-ner) *v* hug, embrace

omfavnelse (*om*-fou-nerl-ser) *c* embrace

*omgive (om-gi-ver) *v* surround; circle

omgivelser (*om*-gi-verl-so) *pl* environment

omgående (*om*-go-o-ner) *adj* prompt; *adv* instantly, at once, immediately

*omgås (om-*gos*) *v* mix with, associate with

omhyggelig (om-*hew*-ger-li) *adj* careful; thorough

*omkomme (*om*-kom-er) *v* perish

omkostning (*om*-kosd-

nayng) *c* cost;
omkostninger expenses *pl*
omkostningsfri (*om*-kosd-nayngs-fri) *adj* free of charge
omkring (om-*kræng*) *prep* around, round; *adv* around, about
omkuld (om-*kool*) *adv* down, over
omkørsel (*om*-kurr-serl) *c* (pl -sler) diversion, detour
omliggende (*om*-lay-ger-ner) *adj* surrounding
omløb (*om*-lurb) *nt* circulation
omløbsbane (*om*-lurbs-*baa*-ner) *c* orbit
omregne (*om*-righ-ner) *v* convert
omregningstabel (*om*-righ-nayngs-tah-behl) *c* (pl ~ler) conversion chart
omrejsende (*om*-righ-ser-ner) *adj* travelling
omrids (*om*-riss) *nt* (pl ~) outline, contour
omringe (*om*-ræng-er) *v* surround, encircle; circle
område (*om*-raw-dher) *nt* area; region, zone; sphere
områdenummer (*om*-raw-dher-nom-o) *nt* (pl -numre) area code
omsider (om-*si*-dho) *adv* at length, finally
omslag (*om*-slah) *nt* (pl ~) jacket, cover; sleeve
omslutte (*om*-sloo-der) *v* encircle

omsorg (*om*-so) *c* care
omstillingsbord (*om*-sdayl-ayngs-boar) *nt* switchboard
omstridt (*om*-sdrid) *adj* controversial
omstændighed (*om*-sdehn-di-haydh) *c* condition, circumstance
omsving (*om*-svayng) *nt* (pl ~) revulsion
omsætning (*om*-sehd-nayng) *c* trade, business, sale; turnover
omsætningsafgift (*om*-sehd-nayngs-ou-gifd) sales tax
omsætningsskat (*om*-sehd-nayngs-sgahd) *c* turnover tax
omtale (*om*-taa-ler) *c* mention; *v* mention; mention, refer to
omtrent (om-*trænd*) *adv* about, approximately; practically
omtrentlig (om-*trænd*-li) *adj* approximate
omvej (*om*-vigh) *c* detour
omvende (*om*-vehn-er) *v* convert
omvendelse (*om*-vehn-erl-ser) *c* conversion
omvendt (*om*-vehnd) *adj* reverse, opposite, contrary
ond (on) *adj* wicked; bad; ill; *gøre ondt *hurt; ache
ondartet (*on*-ah-derdh) *adj* malignant
onde (*o*-ner) *nt* evil, nuisance
ondskabsfuld (*on*-sgahbs-fool) *adj* bad, malicious;

spiteful; vicious
ondskabsfuldhed (*on-sgahbs-fool-hayd*) *adv* spite
onkel (*ong-gerl*) *c* (pl onkler) uncle
onsdag (*ons-dah*) *c* Wednesday
onyks ($\overline{oa}$-newgs) *c* onyx
op (ob) *adv* up
opad (*ob-ahdh*) *adv* upwards
opal (*oa-pahl*) *c* opal
opbevare (*ob-bay-vah-ah*) *v* *keep
opdage (*ob-dah-ah*) *v* discover; notice, detect
opdagelse (*ob-dah-ahl-ser*) *c* discovery
opdele (*ob-day-ler*) *v* divide down; *break down
opdigte (*ob-dayg-der*) *v* invent
opdrage (*ob-drou-er*) *v* educate, *bring up
opdragelse (*ob-drou-erl-ser*) *c* education; upbringing
opdrætte (*ob-dræ-der*) *v* *breed; raise
opdyrke (*ob-dewr-ger*) *v* cultivate, till
opefter (*ob-ehf-do*) *adv* up
opera (*oa-ber-rah*) *c* opera
operahus (*oa-ber-rah-hoos*) *nt* opera house
operation (oa-ber-rah-$s^{y}oan$) *c* operation; surgery
operere (oa-ber-*ræ*-o) *v* operate
opfarende (*ob-fah-ah-ner*) *adj* hot-tempered
opfatte (*ob-fah-der*) *v*

perceive; conceive; *take
opfattelse (*ob-fah-derl-ser*) *c* perception; understanding, view, opinion
opfattelsesevne (*ob-fah-derl-serss-eh^oo-ner*) *c* perception, intellect
***opfinde** (*ob-fayn-er*) *v* invent
opfindelse (*ob-fayn-erl-ser*) *c* invention
opfinder (*ob-fayn-o*) *c* inventor
opfindsom (ob-*fayn*-som) *adj* inventive
opfordre (*ob-fo-dro*) *v* invite, ask, call on
opfostre (*ob-foss-dro*) *v* rear, raise
opføre (*ob-fur-o*) *v* erect; ~ sig behave; act
opførelse (*ob-fur-ol-ser*) *c* building, erection; performance, show
opførsel (*ob-furr-serl*) *c* behaviour, conduct
opgave (*ob-gaa-ver*) *c* assignment, duty, task; exercise
***opgive** (*ob-gi-ver*) *v* *give up
opgør (*ob-gurr*) *nt* (pl ~) settlement, scene; dispute
ophidse (*ob-hi-ser*) *v* excite
ophidselse (*ob-hi-serl-ser*) *c* excitement
ophold (*ob-hol*) *nt* (pl ~) stay
***opholde sig** (*ob-hol-er*) stay
opholdstilladelse (*ob-hols-tay-lah-dherl-ser*) *c* residence permit
ophøre (*ob-hur-o*) *v* finish;

end, quit

opkalde (*ob*-kahl-er) *v* name

opkræve (*ob*-kræ-ver) *v* collect

oplag (*ob*-lah) *nt* (pl ~) issue; impression, edition; stock, store

oplagre (*ob*-lah-ro) *v* store

oplagring (*ob*-lah-ræng) *c* storage

oplagthed (*ob*-lahgd-haydh) *c* zest

opleve (*ob*-lay-ver) *v* experience; witness

oplukker (*ob*-lo-go) *c* bottle opener

oplyse (*ob*-lew-ser) *v* illuminate

oplysning (*ob*-lews-nayng) *c* information; *give ~ inform

oplysningskontor (*ob*-lews-nayngs-koan-toar) *nt* inquiry office

opløse (*ob*-lur-ser) *v* dissolve; ~ sig dissolve

opløselig (*ob*-lur-ser-li) *adj* soluble

opløsning (*ob*-lurs-nayng) *c* dissolution

opmuntre (*ob*-mon-dro) *v* encourage, cheer up

opmærksom (ob-*mærg*-som) *adj* attentive; *være ~ *pay attention; *være ~ på attend to

opmærksomhed (ob-*mærg*-som-haydh) *c* notice, attention

opnå (*ob*-no) *v* obtain; gain

opnåelig (ob-*no*-o-li) *adj*

attainable

oppe (*o*-ber) *adv* above

opposition (oa-poa-si-s⁹*oan*) *c* opposition

oppustelig (ob-*poos*-der-li) *adj* inflatable

opret (*ob*-ræd) *adj* erect

*oprethold** (ob-rehd-ho-ler) *v* maintain; *keep up

opretstående (ob-*rahd*-sdo-o-ner) *adj* upright

oprette (ob-*ræ*-der) *v* found

oprigtig (ob-*ræg*-di) *adj* sincere, honest

oprindelig (ob-*ræn*-er-li) *adj* original; **oprindeligt** *adv* originally

oprindelse (*ob*-ræn-erl-ser) *c* origin

oprør (*ob*-rurr) *nt* (pl ~) rebellion; revolt; *gøre ~ revolt

oprørende (*ob*-rur-o-ner) *adj* revolting

*opsige** (*ob*-see-i) *v* *give notice; cancel

opsigtsvækkende (ob-*saygds*-veh-ger-ner) *adj* sensational

opskrift (*ob*-sgræfd) *c* recipe

opslag (*ob*-slah) *nt* (pl ~) placard, poster, bill; cuff, lapel

opslagtavle (ob-slahs-*tou*-ler) *c* bulletin board

opspore (*ob*-sboa-o) *v* trace

opspæde (ob-*sbeh*-dher) *v* dilute

opstand (*ob*-sdahn) *c* revolt, rebellion

opstemthed (*ob*-sdehmd-haydh) *c* excitement, elevation

opstigning (*ob*-sdi-nayng) *c* ascent

opstille (*ob*-sdayl-er) *v* *put up, nominate; place; erect

*opstå (*ob*-sdo) *v* *arise

opsving (*ob*-svayng) *nt* (pl ~) rise

opsvulmning (*ob*-svoolm-nayng) *c* swelling

opsyn (*ob*-sewn) *nt* supervision; *have ~ med supervise

opsynsmand (*ob*-sewns-mahn) *c* (pl -mænd) warden

*optage (*ob*-tah-ah) *v* *take up; occupy; tape; admit

optagelse (*ob*-tah-ahl-ser) *c* recording; admission

optaget (*ob*-tah-ahdh) *adj* busy; engaged

optegne (*ob*-tigh-ner) *v* record

optiker (*ob*-ti-go) *c* optician

optimisme (*ob*-ti-*miss*-mer) *c* optimism

optimist (ob-ti-*misd*) *c* optimist

optimistisk (ob-ti-*miss*-disg) *adj* optimistic

optog (*ob*-to°°) *nt* (pl ~) procession

*optræde (*ob*-treh-dher) *v* act

opvakt (*ob*-vahgd) *adj* bright

opvarme (*ob*-vah-mer) *v* heat

opvarmning (*ob*-vahm-nayng) *c* heating; global warming

opvarte (*ob*-vah-der) *v* attend on

opvaskemaskine (ob- vahss-ger-mah-sgee-ner) *c* dishwasher

orange (oa-*rahng*-sʸer) *adj* orange

ord (oar) *nt* (pl ~) word; med andre ~ in other words

ordbog (*oar*-bo°°) *c* (pl -bøger) dictionary

orden (*o*-dern) *c* order, method; congregation; i ~ in order

ordentlig (*o*-dern-li) *adj* correct; regular; neat, tidy

ordforråd (*oar*-faw-rodh) *nt* (pl ~) vocabulary

ordinere (aw-di-*nay*-o) *v* prescribe

ordinær (aw-di-*nær*) *adj* vulgar

ordliste (*oar*-layss-der) *c* vocabulary

ordne (*awd*-ner) *v* arrange; settle, sort

ordning (*awd*-nayng) *c* arrangement; settlement

ordre (*o*-dro) *c* order, command

ordreseddel (*o*-dro-sehdh-erl) *c* (pl -sedler) order form

ordspil (*oar*-spayl) *nt* (pl ~) pun

ordsprog (*oar*-sbro°°) *nt* (pl ~) proverb

ordveksling (*oar*-vehg-slayng) *c* argument

organ (*o*-gahn) *nt* organ

organisation (aw-gah-ni-sah-

organisere

s^yoan) *c* organization

organisere (aw-gah-ni-*say*-o)
v organize

organisk (o-*gah*-nisg) *adj*
organic

orgel (*o*-erl) *nt* (pl orgler)
organ

orientalsk (o-ri-ern-*tahlsg*)
adj oriental

Orienten (o-ri-*ehn*-dern) the
Orient

orientere sig (o-ri-ehn-*tay*-o)
orientate, *find one's
bearings

original (o-ri-gi-*nahl*) *adj*
original

orkan (o-*kahn*) *c* hurricane

orkester (o-*kehss*-do) *nt* (pl
-tre) orchestra; band

orkesterplads (o-*kehss*-do-
plahss) *c* orchestra seat *Am*

orlov (*aw*-lo^oo^) *c* leave

orm (oarm) *c* worm

ornament (aw-nah-*mehnd*) *nt*
ornament

ornamental (aw-nah-mehn-
tahl) *adj* ornamental

ortodoks (o-toa-*dogs*) *adj*
orthodox

os (oss) *pron* us; ourselves

ost (osd) *c* cheese

otte (*aw*-der) *num* eight

ottende (*o*-der-ner) *num*
eighth

ouverture (oa-vær-*tew*-o) *c*
overture

oval (oa-*vahl*) *adj* oval

oven for (*o*^oo^-ern fo) over

ovenover (*o*^oo^-ern-o^oo^-o) *adv*
overhead; oven over above

ovenpå (*o*^oo^-ern-po) *adv*
upstairs; oven på on top of

over (*o*^oo^-o) *prep* over, across;
adv over; over- chief; ~ for
facing, opposite

overall (*o*^oo^-o-*awl*) *c* (pl ~s)
overalls *pl*

overalt (*o*^oo^-o-*ahld*) *adv*
everywhere, throughout

overanstrenge sig (*o*^oo^-o-
ahn-sdræng-er) overwork

overbevise (*o*^oo^-o-bay-vi-ser)
v convince; persuade

overbevisning (*o*^oo^-o-bay-
vis-nayng) *c* conviction;
persuasion

overdreven (*o*^oo^-o-dræ-vern)
adj exaggerated, excessive;
extravagant

*overdrive (*o*^oo^-o-dri-ver) *v*
exaggerate

overenskomst (*o*^oo^-o-*ayns*-
komsd) *c* settlement,
agreement

i overensstemmelse med
(*o*^oo^-o-*ayn*-sdehm-erl-ser) in
agreement with, in
accordance with

overfald (*o*^oo^-o-fahl) *nt* (pl ~)
attack, assault; hold-up

*overfalde (*o*^oo^-o-fahl-er) *v*
attack, assault

overfart (*o*^oo^-o-fahd) *c*
passage, crossing

overflade (*o*^oo^-o-flaa-dher) *c*
surface

overfladisk (*o*^oo^-o-flah-
dhisg) *adj* superficial

overflod (*o*^oo^-o-floadh) *c*
abundance; plenty

overflødig (o°°-o-*flur*-dhi) adj superfluous, redundant

overfrakke (o°°-o-frah-ger) c overcoat, greatcoat

overfyldt (o°°-o-fewld) adj crowded

overføre (o°°-o-fur-o) v transfer

overgang (o°°-o-gahng) c transition

overgivelse (o°°-o-gi-verl-ser) c surrender

*overgive sig (o°°-o-gi-ver) surrender

overgroet (o°°-o-groa-erdh) adj overgrown

*overgå (o°°-o-go) v exceed, *outdo

overhale (o°°-o-hah-ler) v overhaul; *overtake; pass vAm

overhaling forbudt (o°°-o-hah-layng fo-*bood) no overtaking; no passing Am

overherredømme (o°°-o-hær-ro-dur-mer) nt supremacy, domination

overhoved (o°°-o-hōa-oadh) nt head; chief

overhovedet (o°°-o-hōa-erdh) adv at all

overilet (oaoo-o-i-lerdh) adj rash

overkomme (o°°-o ko-mer) v cope

*overlade (o°°-o-lah-dher) v *let have, hand over, commit

overlagt (o°°-o-lahgd) adj premeditated, deliberate

overlegen (o°°-o-lay-ern) adj superior

overleve (o°°-o-lay-ver) v survive

overmodig (o°°-o-moa-dhi) adj reckless

overordentlig (o°°-o-o-dern-li) adj extraordinary

overraske (o°°-o-rahss-ger) v surprise

overraskelse (o°°-o-rahss-gerl-ser) c surprise

*overrække (o°°-o-ræ-ger) v hand, present; *give

*overse (o°°-o-say) v overlook

overside (o°°-o-see-dher) c top side, top

oversigt (o°°-o-saygd) c survey

*overskride (o°°-o-sgri-dher) v exceed

overskrift (o°°-o-sgræfd) c heading; headline

overskud (o°°-o-sgoodh) nt (pl ∼) surplus; profit

overskyet (o°°-o-sgew-erdh) adj overcast, cloudy

overskæg (o°°-o-sgeh-g) nt (pl ∼) moustache

overslag (o°°-o-slah) nt (pl ∼) estimate

overspændt (o°°-o-sbehnd) adj overstrung

overstrømmende (o°°-o-sdrurm-er-ner) adj exuberant

oversvømmelse (o°°-o-svurm-erl-ser) c flood

*oversætte (o°°-o-seh-der) v translate

oversættelse (*o*°°-o-seh-derl-ser) *c* translation; version

oversøisk (*o*°°-o-sur-isg) *adj* overseas

*overtage (*o*°°-o-tah-ah) *v* *take over

overtale (*o*°°-o-tah-ler) *v* persuade

overtjener (*o*°°-o-t*y*ai-no) *c* head waiter

overtro (*o*°°-o-troa) *c* superstition

*overtræde (*o*°°-o-træ-dher) *v* infringe, violate

overtræk (*o*°°-o-træg) *nt* (pl ~) overdraft

overtrække (*o*°°-o-træg-o) *v* overdraw

overtræt (*o*°°-o-træd) *adj* over-tired

overveje (*o*°°-o-vigh-er) *v* consider

overvejelse (*o*°°-o-vigh-erl-ser) *c* consideration

*overvinde (*o*°°-o-vayn-er) *v* defeat, *beat, *overcome

overvægt (*o*°°-o-vehgd) *c* overweight

overvælde (*o*°°-o-vehl-er) *v* overwhelm

overvære (*o*°°-o-veh-o) *v* witness, attend

overvåge (*o*°°-o-vo-er) *v* patrol, watch

ovn (*o*°°n) *c* oven; stove; furnace

ozon (oa-*soan*) *npl* ozone

P

pacifisme (pah-si-*fiss*-mer) *c* pacifism

pacifist (pah-si-*fisd*) *c* pacifist

pacifistisk (pah-si-*fiss*-disg) *adj* pacifist

padleåre (*pahdh*-ler-aw-o) *c* paddle

pagina (*pah*-gi-nah) *c* page

pagt (*pahgd*) *c* pact

pakhus (*pahg*-hoos) *nt* store house, warehouse

Pakistan (*pah*-gi-sdahn) Pakistan

pakistaner (pah-gi-*sdah*-no) *c* Pakistani

pakistansk (pah-gi-*sdahnsg*) *adj* Pakistani

pakke¹ (*pah*-ger) *c* parcel, package; packet

pakke² (*pah*-ger) *v* pack; ~ ind wrap; ~ op unwrap; ~ sammen pack up; ~ ud unpack

palads (pah-*lahss*) *nt* palace

palme (*pahl*-mer) *c* palm

palæ (pah-*leh*) *nt* mansion

pande (*pah*-ner) *c* forehead; pan

pandehule (*pah*-ner-hoo-ler) *c* frontal sinus

panel (pah-*nayl*) *nt* panel

panelering (pah-nay-*layr*-ayng) *c* panelling

panik (pah-*nig*) *c* panic

pant (pahnd) *nt* deposit

pantelåner (*pahn*-der-law-no) *c* pawnbroker

*pantsætte (*pahnd*-seh-der) *v* pawn

papegøje (pah-ber-*goi*-er) *c* parrot; parakeet

papillot (pah-pi-*lod*) *c* (pl ~ter) curler

papir (pah-*peer*) *nt* paper; papir- papir*

papirhandel (pah-*peer*-hahn-erl) *c* stationer's

papirkniv (pah-peer-knee^oo) *c* paper knife

papirkurv (pah-*peer*-koorv) *c* wastepaper basket

papirlommetørklæde (pah-*peer*-lo-mer-turr-klai-dher) *nt* tissue

papirspose (pah-*peers*-pōa-ser) *c* paper bag

papirserviet (pah-peer-sær-v^ehd) *c* (pl ~ter) paper napkin

papirvarer (pah-*peer*-vaa-ah) *pl* stationery

par (pah) *nt* (pl ~) couple, pair

parade (pah-*raa*-dher) *c* parade

paradis (pah-rah-*dis*) *nt* (pl ~e) paradise

paradoks (paa-ah-*dogs*) *nt* paradox

paradoksal (paa-ah-dog-*sahl*) *adj* paradoxical

paragraf (paa-ah-*grahf*) *c* (pl ~fer) paragraph

parallel¹ (paa-ah-*lehl*) *c* (pl ~ler) parallel

parallel² (paa-ah-*lehl*) *adj* parallel

paraply (paa-ah-*plew*) *c* umbrella

parat (pah-*rahd*) *adj* ready

parcel (pah-*sehl*) *c* (pl ~ler) plot, lot

parfume (pah-*few*-mer) *c* perfume

park (paag) *c* park

parkanlæg (*paag*-ahn-lehg) *nt* (pl ~) public garden

parkere (pah-*kay*-o) *v* park

parkering (pah-*kayr*-ayng) *c* parking; ~ forbudt no parking

parkeringsafgift (pah-*kayr*-ayngs-ou-gifd) *c* parking fee

parkeringsplads (pah-*kayr*-ayngs-plahss) *c* car park; parking lot *Am*

parkeringszone (pah-*kayr*-ayngs-sōa-ner) *c* parking zone

parketplads (pah-*kehd*-plahss) *c* stall

parkometer (pah-goa-*may*-do) *nt* (pl -tre) parking meter

parlament (paa-lah-*mehnd*) *nt* parliament

parlamentarisk (paa-lah-mehn-*tah*-isg) *adj* parliamentary

parlør (pah-*lurr*) *c* phrase book

part (pahd) *c* part

parti (pah-*ti*) *nt* side, party; batch; match

partisk (pah-*tisg*) *adj* partial

partner (*paad*-no) *c* partner

paryk (pah-*rurg*) *c* (pl ~ker)
wig

pas[1] (pahss) *nt* (pl ~) passport

pas[2] (pahss) *nt* (pl ~ser)
mountain pass

pasfoto (*pahss*-foa-toa) *nt* (pl
~s) passport photograph

paskontrol (*pahss*-koan-trol)
c (pl ~ler) passport control

passage (pah-*saa*-s³er) *c*
passage

passager (pah-sah-s³*ayr*) *c*
passenger

passe (*pah*-ser) *v* suit, fit;
*take care of, look after;
tend; ~ på mind, look out,
watch out; beware; ~ til
match

passende (*pah*-ser-ner) *adj*
appropriate, adequate,
suitable; proper

passere (pah-*say*-o) *v* pass; ~
igennem pass through

passiv (*pah*-see⁰⁰) *adj*
passive

pasta (*pahss*-dah) *c* paste

patent (pah-*tehnd*) *nt* patent

pater (*pah*-do) *c* father

patient (pah-s³*ehnd*) *c*
patient

patriot (pah-tri-*oad*) *c* patriot

patron (pah-*troan*) *c* cartridge

patrulje (pah-*trool*-³er) *c*
patrol

patruljere (pah-trool-³*ay*-o) *v*
patrol

pattedyr (*pah*-der-dewr) *nt*
(pl ~) mammal

pause (*pou*-ser) *c* pause;
interval, intermission

pausere (pou-*say*-o) *v* pause

pave (*paa*-ver) *c* pope

pavillon (pah-vil-³*ong*) *c*
pavilion

peber (*pay*⁰⁰-o) *nt* pepper

pebermynte (*pay*⁰⁰-o-*murn*-
der) *c* peppermint

peberrod (*pay*⁰⁰-o-roadh) *c*
(pl -rødder) horseradish

pedal (pay-*dahl*) *c* pedal

peddigrør (*peh*-di-rurr) *nt* (pl
~) rattan

pedicurist (peh-di-kew-*risd*)
c pedicurist

pege (*pigh*-er) *v* point

pegefinger (*pigh*-er-fayng-o)
c (pl -gre) index finger

pelikan (pay-li-*kahn*) *c*
pelican

pels (pehls) *c* fur; fur coat

pen (pehn) *c* (pl ~ne) pen

penge (*pehng*-er) *pl* money

pengeafpresning (*pehng*-er-
ou-præss-nayng) *c*
blackmail; øve ~ blackmail

pengeanbringelse (*pehng*-
er-ahn-bræng-erl-ser) *c*
investment

pengeautomat (*pehng*-er-
ou-toa-mahd) *c* automatic
teller machine; ATM

pengeseddel (*pehng*-er-
sehdh-erl) *c* (pl -sedler)
banknote

pengeskab (*pehng*-er-sgahb)
nt safe

penicillin (peh-ni-si-*lin*) *nt*
penicillin

penny (pæ-ni) *c* (pl -nies)
penny

pensel (*pehn*-serl) c (pl -sler) paintbrush, brush

pension (pahng-s*y*oan) c pension; board; fuld ~ board and lodging

pensionat (pahng-s*y*oa-*nahd*) nt guesthouse, boardinghouse; pension

pensioneret (pahng-s*y*oa-*nay*-odh) adj retired

pensionering (pahng-s*y*oa-*nay*-rayng) c retirement

pensionær (pahng-s*y*oa-*nær*) c boarder

perfekt (pær-*fehgd*) adj perfect

periode (pæ-ri-*ōā*-dher) c term, period

periodisk (pær-i-*oa*-dhisg) adj periodical

perle (*pær*-ler) c bead, pearl

perlekæde (*pær*-ler-kai-dher) c beads pl

perlemor (*pær*-ler-moar) nt mother of pearl

permanent (pær-mah-*nehnd*) c permanent wave; adj permanent

perron (pæ-*rong*) c platform

perronbillet (pæ-*rong*-bi-lehd) c (pl ~ter) platform ticket

perser (*pær*-so) c Persian

Persien (*pær*-s*y*ern) Persia

persienne (pær-si-*eh*-ner) c blind

persille (pær-*sayl*-er) c parsley

persisk (*pær*-sisg) adj Persian

person (pær-*soan*) c person

personale (pær-soa-*naa*-ler) nt staff; personnel

personlig (pær-*soan*-li) adj private, personal; personligt ID-nummer c PIN; personal identification number

personlighed (pær-*soan*-li-haydh) c personality

persontog (pær-*soan*-tooo) nt (pl ~) passenger train

personvogn (pær-*soan*-vo⁰⁰n) c carriage; passenger car *Am*

perspektiv (pær-sbehg-*tee⁰⁰*) nt perspective

pertentlig (pær-*tehnd*-li) adj precise

pessimisme (pay-si-*miss*-mer) c pessimism

pessimist (pay-si-*misd*) c pessimist

pessimistisk (pay-si-*miss*-disg) adj pessimistic

petroleum (pay-*troal*-*y*om) c kerosene; paraffin

pianist (pi-ah-*nisd*) c pianist

pibe (*pee*-ber) c pipe

piberenser (*pee*-ber-ræn-so) c pipe cleaner

pibetobak (*pee*-ber-toa-bahg) c (pl ~ker) pipe tobacco

pige (*pee*-i) c girl

pigenavn (*pee*-i-noun) nt maiden name

pigespejder (*pee*-i-sbigh-do) c girl guide

pigtråd (*peeg*-trohd) c (pl ~) barbed wire

pikant (pi-*kahnd*) *adj*
savoury, spicy

pil (pil) *c* arrow

pilgrim (*peel*-græm) *c* (pl ~me) pilgrim

pilgrimsrejse (*peel*-græmsrigh-ser) *c* pilgrimage

pille (*pay*-ler) *c* pill; column, pillar

pilot (pi-*load*) *c* pilot

pimpsten (*paymb*-sdayn) *c* (pl ~) pumice stone

pincet (pin-*sehd*) *c* (pl ~ter) tweezers *pl*

pindsvin (*payn*-svin) *nt* (pl ~) hedgehog

pine (*pee*-ner) *c* torment; *v* torment

pingvin (payng-*vin*) *c* penguin

pinlig (*peen*-li) *adj* embarrassing, awkward

pisk (pisg) *c* whip

piske (*piss*-ger) *v* whip

pistol (pi-*sdoal*) *c* pistol

pittoresk (pi-toa-*ræsg*) *adj* picturesque

placere (plah-*say*-o) *v* place; *put; *lay

plade (*plaa*-dher) *c* plate; record, sheet

pladespiller (*plaa*-dher-sbaylo) *c* record player

plads (plahss) *c* seat; space, room; square

plage (*plaa*-ah) *c* plague; *v* bother, torture

plakat (plah-*kahd*) *c* poster

plan (plahn) *c* plan; project, scheme; map; *adj* plane,
level, even

planet (plah-*nayd*) *c* planet

planetarium (plah-ner-*tah*-Yom) *nt* (pl -ier) planetarium

planke (*plahng*-ger) *c* plank

***planlægge** (*plaan*-leh-ger) *v* plan; *make plans

plantage (plahn-*taa*-sYer) *c* plantation

plante (*plahn*-der) *c* plant; *v* plant

planteskole (*plahn*-der-sgōaler) *c* nursery

plaster (*plahss*-do) *nt* (pl -tre) plaster

plastic- (*plah*-sdig) plastic

plastisk kirurgi (*plah*-sdig kiroor-gi) *c* reconstructive surgery

platin (plah-*tin*) *nt* platinum

pleje (*pligh*-er) *v* nurse

plejeforældre (*pligh*-er-fo-ehl-dro) *pl* foster parents *pl*

plejehjem (*pligh*-er-Yehm) *nt* (pl ~) home; asylum

plet (plehd) *c* (pl ~ter) spot, stain; blot, speck

pletfjerner (plehd-fYær-no) *c* stain remover

pletfri (plehd-fri) *adj* spotless, stainless

plette (*pleh*-der) *v* stain; **plettet** spotted

pligt (playgd) *c* duty

plombe (*plom*-ber) *c* filling

plov (plo°°) *c* plough

pludselig (*plooss*-li) *adj* sudden; **pludseligt** suddenly

plukke (*plo*-ger) *v* pick, gather

plus (plooss) *adv* plus

plyndre (*plurn*-ro) *v* plunder

plædere (pleh-*day*-o) *v* plead

plæne (*plai*-ner) *c* lawn

pløje (*ploi*-er) *v* plough

pneumatisk (pnur^{oo}-*mah*-tisg) *adj* pneumatic

poesi (poa-eh-*si*) *c* poetry

poetisk (poa-*ay*-disg) *adj* poetic

pointantal (poa-*ehng*-ahn-tahl) *nt* score

pokal (poa-*kahl*) *c* cup

Polen (*poa*-lern) Poland

polere (poa-*lay*-o) *v* polish

polet (poa-*lehd*) *c* (pl ~ter) token

police (poa-*lee*-ser) *c* policy

polio (*poal*-^yoa) *c* polio

politi (poa-li-*ti*) *nt* police

politibetjent (poa-li-*ti*-bay-t^yehnd) *c* policeman

politik (poa-li-*tig*) *c* politics; policy

politiker (poa-*li*-ti-go) *c* politician

politimand (poa-li-*ti*-mahn) *c* (pl -mænd) policeman

politisk (poa-*li*-disg) *adj* political

politistation (poa-li-*ti*-sdahs-^yoan) *c* police station

polsk (poalsg) *adj* Polish

polstre (*pol*-sdro) *v* upholster

pommes frites (pom-*frid*) chips; French fries *nAm*

pony (*po*-ni) *c* pony

popmusik (*pob*-moo-sig) *c* pop music

populær (poa-boo-*lær*) *adj* popular

porcelæn (po-ser-*lehn*) *nt* china; porcelain

port (poard) *c* gate

portier (po-*t*^y*ay*) *c* porter

portion (po-s^y*oan*) *c* portion; helping

portner (*poard*-no) *c* doorkeeper; caretaker

porto (*paw*-toa) *c* postage

portofri (*paw*-toa-fri) *adj* postage paid, free of postage

portræt (po-*træd*) *nt* (pl ~ter) portrait

Portugal (*paw*-toa-gahl) Portugal

portugiser (po-toa-*gi*-so) *c* Portuguese

portugisisk (po-toa-*gi*-sisg) *adj* Portuguese

pose (*pōa*-ser) *c* bag

position (poa-si-s^y*oan*) *c* position; station

positionslys (poa-si-s^y*oans*-lews) *nt* (pl ~) parking light

positiv (*pōa*-si-tee^{oo}) *nt* positive; *adj* positive

post (posd) *c* mail, post; item

postanvisning (*posd*-ahn-vis-nayng) *c* postal order, money order; mail order *Am*

postbud (*posd*-boodh) *nt* postman

poste (*poss*-der) *v* mail, post

poste restante (*poass*-der ræ-*sdahng*-ter) poste restante

postering (po-*sdayr*-ayng) *c* entry

postkasse (*posd*-kah-ser) *c*

pillarbox

postkontor (*posd*-koan-toar)
nt post-office

postkort (*posd*-kawd) *nt* (pl
~) postcard; picture postcard

postnummer (*posd*-nom-o)
nt (pl -numre) zip code *Am*

postvæsen (*posd*-veh-sern)
nt postal authority

postyr (po-*sdewr*) *nt* fuss

pote (*pōā*-der) *c* paw

pottemagervarer (*po*-der-
mah-o-vaa-ah) *pl* pottery

pr. (*pær*) per

pragt (prahgd) *c* splendour;
pragt- magnificent

pragtfuld (*prahgd*-fool) *adj*
magnificent, lovely, splendid

praksis (*prahg*-siss) *c* practice

praktisere (prahg-ti-*say*-o) *v*
practise

praktisk (*prahg*-disg) *adj*
practical

prale (*praa*-ler) *v* boast

prekær (præ-*kær*) *adj*
precarious

pres (præss) *nt* (pl ~) pressure

presse (*præ*-ser) *c* press; *v*
press; ~ igennem (*præ*-ser i-
geh-nerm) *v* squeeze

pressekonference (*præ*-ser-
kon-fer-rahng-ser) *c* press
conference

presserende (præ-*say*-o-ner)
adj pressing, urgent

prestige (præ-*sdeesh*) *c*
prestige

prikke (*præ*-ger) *v* prick

primær (*pree*-mær) *adj*
primary

princip (præn-*sib*) *nt* (pl ~per)
principle

prins (præns) *c* prince

prinsesse (præn-seh-ser) *c*
princess

prioritet (pri-o-i-*tayd*) *c*
priority; mortgage

prioritetslån (pri-o-i-*tayds*-
lon) *nt* (pl ~) mortgage

pris (pris) *c* cost, price; rate;
award

prisfald (*priss*-fahl) *nt* (pl ~)
slump

prisliste (*priss*-layss-der) *c*
price list

*prissætte** (*priss*-seh-der) *v*
price

privat (pri-*vahd*) *adj* private

privatliv (pri-*vahd*-lee^{oo})
privacy

privilegere (pri-vi-li-*gay*-o) *v*
favour

privilegium (pri-vi-*lay*-g^{y}om)
nt (pl -ier) privilege

problem (proa-*blaym*) *nt*
problem; question

procent (proa-*sehnd*) *c*
percent

procentdel (proa-*sehnd*-
dayl) *c* percentage

proces (proa-*sehss*) *c* (pl
~ser) process; lawsuit

procession (proa-seh-s^y*oan*)
c procession

producent (proa-doo-*sehnd*)
c producer

produkt (proa-*dogd*) *nt*
product; produce

produktion (proa-doog-
s^y*oan*) *c* production; output

præservativ

profession (proa-fer-sʸoan) c profession

professionel (proa-feh-sʸoa-nehl) adj professional

professor (proa-feh-so) c professor

profet (proa-fayd) c prophet

profit (proa-fid) c (pl ∼ter) profit

program (proa-grahm) nt (pl ∼mer) programme

progressiv (proa-græ-see°°) adj progressive

projekt (proa-sʸehgd) nt project

projektør (proa-sʸehg-turr) c spotlight; searchlight

proklamere (proa-klah-may-o) v proclaim

promenade (proa-mer-naa-dher) c promenade

prop (prob) c (pl ∼per) cork; stopper

propaganda (proa-bah-gahn-dah) c propaganda

propel (proa-pehl) c (pl ∼ler) propeller

pro persona (proa pær-soa-nah) per person

propfuld (prob-fool) adj packed

proportion (proa-bo-sʸoan) c proportion

proportional (proa-bo-sʸoa-nahl) adj proportional

proptrækker (prob-træ-go) c corkscrew

prospekt (proa-sbehgd) nt prospectus

prospektkort (proa-sbehgd-kawd) nt (pl ∼) picture postcard

prostitueret (proa-sdi-too-ay-raydh) c (pl -ede) prostitute

protein (proa-ter-in) nt protein

protest (proa-tehsd) c protest

protestantisk (proa-der-sdahn-disg) adj Protestant

protestere (proa-der-sday-o) v protest; ∼ imod object to

protokol (proa-doa-kol) c (pl ∼ler) record

proviant (proa-vi-ahnd) c provisions pl

provins (proa-vayns) c province

provinsiel (proa-vayn-sʸehl) adj provincial

præcis (præ-sis) adj very, precise, punctual; præcist just

prædike (prædh-ger) v preach

prædiken (prædh-gern) c sermon

prædikestol (prædh-ger-sdoal) c pulpit

prægtig (præg-di) adj superb, gorgeous; swell

præmie (præm-ʸer) c prize

præposition (præ-boa-si-sʸoan) c preposition

præsentation (præ-sern-tah-sʸoan) c introduction

præsentere (præ-sern-tay-o) v present, introduce

præservativ (præ-sær-vah-tee°°) nt contraceptive

præsident (præ-si-*dehnd*) *c*
president, chairman

præst (prahsd) *c* clergyman;
parson, rector, vicar,
minister; **katolsk ~** priest

præstation (præ-sdah-s⁷*oan*)
c achievement

præstebolig (*prahss*-day-
bōā-li) *c* vicarage

præstegård (*prahss*-der-go) *c*
parsonage

præstere (præ-*sday*-o) *v*
achieve

præventionsmiddel (præ-
vern-s⁷*oans*-midh-erl) *nt* (pl
-midler) contraceptive

prøve¹ (*prūr*-ver) *c* rehearsal;
trial; ***holde ~ på** rehearse

prøve² (*prūr*-ver) *v* try,
attempt; try on

prøveværelse (*prūr*-ver-vai-
ol-ser) *nt* fitting room

psykiater (sew-gi-*ah*-do) *c*
psychiatrist

psykisk (*sew*-gisg) *adj*
psychic

psykoanalytiker (*sew*-goa-
ah-nah-lew-ti-go) *c* analyst,
psychoanalyst

psykolog (sew-goa-*loa*) *c*
psychologist

psykologi (sew-goa-loa-*gi*) *c*
psychology

psykologisk (sew-goa-*loa*-
isg) *adj* psychological

publikation (poob-li-kah-
s⁷*oan*) *c* publication

publikum (*poob*-li-kom) *nt*
audience, public

pudder (*poodh*-o) *nt* powder

pudderdåse (*poodh*-o-daw-
ser) *c* powder compact

pudderunderlag (*poodh*-o-
o-no-lah) *nt* (pl ~)
foundation cream

pude (*pōō*-dher) *c* pillow,
cushion; pad

pudebetræk (*pōō*-dher-ber-
træg) *nt* (pl ~) pillowcase

puds (pooss) *c* plaster

pudse (*poo*-ser) *v* polish;
brush up; cheat

pudsig (*poo*-si) *adj* droll,
funny

puf (pof) *nt* (pl ~) push

puffe (*po*-fer) *v* push

pukle (*pog*-ler) *v* swot, slog;
labour

puls (pools) *c* pulse

pulsåre (*pools*-aw-o) *c* artery

pulverisere (pol-vo-i-*say*-o) *v*
pulverize, *grind

pumpe (*pom*-ber) *c* pump; *v*
pump

pund (poon) *nt* (pl ~) pound

pung (pong) *c* purse, pouch

punkt (pongd) *nt* item, point;
issue; dot

punkteret (pong-*tay*-odh) *adj*
punctured

punktering (pong-*tayr*-ayng)
c puncture; blowout, flat
tyre

punktlig (*pongd*-li) *adj*
punctual

punktum (*pong*-tom) *nt* (pl
~mer) full stop, period

pupil (poo-*pil*) *c* (pl ~ler)
pupil

pure (*pōō*-o) *adj* sheer; *adv*

completely

purløg (*poor*-loi) nt (pl ~) chives pl

purpurfarvet (*poor*-bo-fah-verdh) adj purple

pus[1] (pooss) nt (pl ~) tot

pus[2] (pooss) nt pus

puslespil (*pooss*-ler-sbayl) nt (pl ~) jigsaw puzzle

puste (*pōō*-sder) v *blow, puff; ~ op inflate

pyjamas (pew-*y*aa-mahss) c (pl ~) pyjamas pl

pyt (pewd) c (pl ~ter) puddle

pæl (pehl) c pole, stake

pæn (pehn) adj nice

pære (*pai*-o) c pear; elektrisk ~ light bulb

pøl (purl) c pool

pølse (*purl*-ser) c sausage

på (po) prep on, upon; at, in

påbud (*po*-boodh) nt (pl ~) direction

*pådrage sig (*po*-drou-er) contract, incur, *catch

påfaldende (*po*-fahl-er-ner) adj striking, remarkable

påfugl (*po*-fool) c peacock

pågribelse (*paw*-gri-berl-ser) c capture, apprehension

påklædningsværelse (*po*-klehdh-nayngs-vai-ol-ser) nt dressing room

påkrævet (*po*-kræ-verdh) adj required, necessary

pålidelig (po-*li*-dher-li) adj reliable, trustworthy

påpasselig (po-*pah*-ser-li) adj careful

påske (*paw*-sger) Easter

påskelilje (*paw*-sger-lil-*y*er) c daffodil

påskud (*po*-sgoodh) nt (pl ~) pretext, pretence

påskønne (*po*-sgurn-er) v appreciate

*påstå (*po*-sdo) v claim, assert

*påtage sig (*po*-tah-ah) v *take charge of

påvirke (*po*-veer-ger) v influence, affect

påvise (*po*-*vi*-ser) v prove

R

rabalder (rah-*bahl*-o) nt noise; row; racket

rabarber (rah-*bah*-bo) c (pl ~) rhubarb

rabat (rah-*bahd*) c (pl ~ter) discount; rebate

race (*raa*-ser) c race, breed; race- racial

radering (rah-*dayr*-ayng) c etching; engraving

radiator (rah-di-*aa*-to) c radiator

radikal (rah-di-*kahl*) adj radical

radio (*rah*-d*y*oa) c wireless, radio

radise (rah-*di*-ser) c radish

radius (*rah*-d*y*ooss) c (pl -ier)

radius

raffinaderi (rah-fi-nah-*dho*-ri) *nt* refinery

raket (rah-*kæd*) *c* (pl ~ter) rocket

ramme (*rah*-mer) *c* frame; setting; *v* *hit; *strike

rampe (*rahm*-ber) *c* ramp, slope

rand (rahn) *c* border; brim, margin

rang (rahng) *c* rank; grade

rangordne (*rahng*-od-ner) *v* grade

rank (rahngg) *adj* upright

ransel (*rahn*-serl) *c* (pl -sler) knapsack

rap(-musik) (rab) *nt* rap (*music*)

rapport (rah-*pawd*) *c* report

rapportere (rah-po-*tay*-o) *v* report

rar (rah) *adj* nice

rase (*raa*-ser) *v* rage

rasende (*raa*-ser-ner) *adj* furious

raseri (raa-so-*ri*) *nt* rage, anger

rask (rahsg) *adj* well, healthy; fast; *blive ~ recover

rastløs (*rahsd*-lurs) *adj* restless

rat (rahd) *nt* (pl ~) steering wheel

ration (rah-*s⁷oan*) *c* ration

ratstamme (*rahd*-sdah-mer) *c* steering column

rav (rou) *nt* amber

ravn (roun) *c* raven

rayon (rah-*⁷*on) *c* rayon

reagere (ræ-ah-*gay*-o) *v* react

reaktion (ræ-ahg-*s⁷oan*) *c* reaction

realisabel (ræ-ah-li-*sah*-berl) *adj* realizable, feasible

realisere (ræ-ah-li-*say*-o) *v* carry out, realize

reb (ræb) *nt* (pl ~) rope

recept (ræ-*sehbd*) *c* prescription

reception (ræ-sehb-*s⁷oan*) *c* reception office

receptionsdame (ræ-sehb-*s⁷oans*-daa-mer) *c* receptionist

redaktør (ræ-dahg-*turr*) *c* editor

redde (*rædh*-er) *v* save, rescue

rede (*ræ*-dher) *c* nest; *v* comb; *adj* ready; ~ seng *make a bed

redegørelse (*ræ*-dher-gur-ol-ser) *c* explanation

redigere (ræ-*di*-gay-o) *v* edit

redning (*rædh*-nayng) *c* rescue, saving; salvation

redningsbælte (*rædh*-nayngs-behl-der) *nt* life buoy, lifebelt

redningsmand (*rædh*-nayngs-mahn) *c* (pl -mænd) saviour

redningsvest (*rædh*-nayngs-vehsd) *c* life jacket

redskab (*rædh*-sgahb) *nt* utensil, implement

reducere (ræ-doo-*say*-o) *v* reduce

reduktion (ræ-doog-*s⁷oan*) *c*

reduction

reel (ræ-*ehl*) adj real, genuine; fair

referat (ræ-fer-*rahd*) nt report; account; summary

reference (ræ-fer-*rahng*-ser) c reference

refleks (ræ-*flehgs*) c reflection

reflektere (ræ-flehg-*tay*-o) v reflect

reflektor (ræ-*flehg*-to) c reflector

reformationen (ræ-fo-mah-s³*oa*-nern) the Reformation

refundere (ræ-fon-*day*-o) v refund

refundering (ræ-fon-*dayr*-ayng) c refund

regatta (ræ-*gah*-tah) c regatta

regel (*ræ*-erl) c (pl regler) rule; regulation; som ~ as a rule

regelmæssig (*ræ*-erl-meh-si) adj regular

regere (ræ-*gay*-o) v govern; reign, rule

regering (ræ-*gayr*-ayng) c government

regeringstid (ræ-*gayr*-ayngs-tidh) c reign

regie (ræ-s³*i*) c direction

regime (ræ-s³*ee*-mer) nt régime

region (ræ-gi-*oan*) c region

regional (ræ-gi-oa-*nahl*) adj regional

register (ræ-*giss*-do) nt (pl -tre) index

registreringsnummer (ræ-gi-sdrær-ayngs-nom-o) nt (pl -numre) registration number; licence number Am

reglement (ræ-le-*mahng*) nt regulations pl

regn (righn) c rain

regnbue (*righn*-bōō-oo) c rainbow

regnbyge (*righn*-bēw-ew) c shower

regne¹ (*righ*-ner) v rain

regne² (*righ*-ner) v reckon; ~ for count, reckon; ~ med reckon

regnemaskine (*righ*-ner-mah-sgee-ner) c adding-machine; calculating machine; calculator

regnfrakke (*righn*-frah-ger) c raincoat, mackintosh

regnfuld (*righn*-fool) adj rainy

regning (*righ*-nayng) c bill; check nAm; arithmetic

regnskab (*righn*-sgahb) nt accounting

regulere (ræ-goo-*lay*-o) v regulate, adjust

regulering (ræ-goo-*layr*-ayng) c regulation

reje (*righ*-er) c shrimp; prawn

rejse (*righ*-ser) c journey, voyage, trip; v travel; erect; ~ bort depart; ~ sig *rise

rejsearrangør (*righ*-ser-aa-ahn-s³*urr*) c travel agent

rejsebureau (*righ*-ser-bew-roa) nt travel agency

rejsecheck (*righ*-ser-s³ehg) c (pl ~s) traveller's cheque

rejseforsikring (*righ*-ser-fo-sayg-ræng) c travel insurance

rejsegodsvogn (*rahi*-ser-goss-vo^{oo}n) c luggage van

rejsende (*righ*-ser-ner) c (pl ~) traveller

rejseplan (*righ*-ser-plahn) c itinerary

rejserute (*righ*-ser-rōō-der) c itinerary

rejseudgifter (*righ*-ser-oodh-gif-do) pl travelling expenses

rejsning (*righss*-nayng) c rising; erection

reklame (ræ-*klaa*-mer) c advertising; commercial

rekord (ræ-*kawd*) c record

rekreation (ræ-kræ-ah-s^yoan) c recreation

rekrut (ræ-*krood*) c (pl ~ter) recruit

rektangel (*rægd*-ahng-erl) nt (pl -gler) rectangle; oblong

rektangulær (*rægd*-ahng-goo-lær) adj rectangular

rektor (*ræg*-to) c principal, headmaster, head

relation (ræ-lah-s^yoan) c relation

relativ (*ræ*-lah-tee^{oo}) adj relative; comparative

relief (ræ-li-*ehf*) nt (pl ~fer) relief

religion (ræ-li-gi-*oan*) c religion

religiøs (ræ-li-gi-*urs*) adj religious

relikvie (ræ-*li*-kvi-er) c relic

rem (ræm) c (pl ~me) strap

ren (ræn) adj clean; pure; *gøre rent clean

rendesten (*ræ*-ner-sdayn) c gutter

*rengøre (*ræææn*-gur-o) v clean

rengøring (*ræææn*-gurr-ayng) c cleaning

rengøringsmiddel (*ræææn*-gurr-ayngs-midh-erl) nt (pl -midler) detergent, cleaning fluid

renommé (ræ-noa-*may*) nt reputation

rensdyr (*ræns*-dewr) nt (pl ~) reindeer

rense (*ræn*-ser) v clean; kemisk ~ dry-clean

renseri (ræn-so-*ri*) nt dry cleaner's

rentabel (ræn-*tah*-berl) adj profitable; paying

rente (*ræn*-der) c interest

reparation (ræ-bo-rah-*shoan*) c repair, reparation

reparere (ræ-bo-*ræ*-o) v repair; mend, fix

repertoire (ræ-pær-toa-*aa*-ah) nt repertory

reproducere (ræ-proa-doo-*say*-o) v reproduce

reproduktion (ræ-proa-doog-s^yoan) c reproduction

repræsentant (ræ-præ-sern-*tahnd*) c agent

repræsentation (ræ-præ-sern-tah-s^yoan) c representation

repræsentativ (*ræ*-præ-sern-

rette

tah-tee⁰⁰) *adj* representative

repræsentere (ræ-præ-sern-*tay*-o) *v* represent

republik (ræ-poo-*blig*) *c* (pl ~ker) republic

republikansk (ræ-poo-bli-*kahnsg*) *adj* republican

reservation (ræ-sær-vah-s*y*oan) *c* booking, reservation

reserve (ræ-sær-ver) *c* reserve; **reserve-** spare

reservedel (ræ-sær-ver-dayl) *c* spare part

reservedæk (ræ-sær-ver-dehg) *nt* (pl ~) spare tyre

reservehjul (ræ-sær-ver-*y*ool) *nt* (pl ~) spare wheel

reservere (ræ-sær-*vay*-o) *v* reserve; book

reserveret (ræ-sær-*vay*-odh) *adj* reserved

reservoir (ræ-sær-voa-*aa*) *nt* reservoir

resolut (ræ-soa-*lood*) *adj* resolute

respekt (ræ-*sbehgd*) *c* esteem, respect

respektabel (ræ-sbehg-*tah*-behl) *adj* respectable

respektere (ræ-sbehg-*tay*-o) *v* respect

respektiv (ræ-sbehg-tee⁰⁰) *adj* respective

respirator (ræ-spi-*rah*-ter) *c* life support

rest (ræsd) *c* rest; remainder, remnant; **for resten** by the way, besides

restaurant (ræ-sdoa-*rahng*) *c* restaurant

restere (ræ-*sday*-o) *v* remain; **resterende** remaining

restparti (*ræsd*-pah-ti) *nt* remainder

restriktion (ræ-sdræg-s*y*oan) *c* restriction

resultat (ræ-sool-*tahd*) *nt* result; issue, outcome

resultere (ræ-sool-*tay*-o) *v* result

resumé (ræ-sew-*may*) *nt* summary

ret¹ (ræd) *c* right; justice, law; **have ~ *be* right; **med rette** rightly

ret² (ræd) *c* (pl ~ter) course, dish

ret³ (ræd) *adj* right; appropriate, proper; *adv* fairly

retfærdig (ræd-*fær*-di) *adj* just, right, fair

retfærdiggøre (ræd-*fær*-di-*gür*-o) *v* justify

retfærdighed (ræd-*fær*-di-haydh) *c* justice

retmæssig (ræd-meh-si) *adj* legitimate

retning (*ræd*-nayng) *c* direction, way

retningslinje (*ræd*-nayngs-*lin*-*y*er) *c* guideline

retskaffen (ræd-sgah-fern) *adj* honourable; righteous

retssag (*ræd*-sah) *c* trial, lawsuit

rette¹ (ræ-der) *v* direct, aim; level; **~ imod** aim at

rette² (ræ-der) *v* straighten;

correct; level

rettelse (*ræ*-derl-ser) *c* correction

rettighed (*ræ*-di-haydh) *c* right

returnere (roi-mah-*nay*-o) *v* return; *send back

reumatisme (roi-mah-*tiss*-mer) *c* rheumatism

rev (*ræoo*) *nt* (pl ~) reef

revalidere (ræ-vah-li-*day*-o) *v* rehabilitate

revalidering (ræ-vah-li-*dayr*-ayng) *c* rehabilitation

revers (ræ-*værs*) *c* lapel

revidere (ræ-vi-*day*-o) *v* revise

revision (ræ-vi-*s*ᵞ*oan*) *c* revision

revne (*ræoo*-ner) *c* crack; crevice; flaw; *v* crack

revolution (ræ-voa-loo-*s*ᵞ*oan*) *c* revolution

revolutionær (ræ-voa-loo-*s*ᵞ*oa-nær*) *adj* revolutionary

revolver (ræ-*vol*-vo) *c* gun, revolver

revy (ræ-*vew*) *c* revue

revyteater *nt* (pl -tre) music hall

ribben (*ri*-bayn) *nt* (pl ~) rib

ribs (ræbs) *nt* (pl ~) currant

ridder (*ridh*-o) *c* knight

*ride (*ree*-dher) *v* *ride

rideskole (*ree*-dher-sgōa-ler) *c* riding school

ridning (*ridh*-nayng) *c* riding

rift (ræfd) *c* scratch; tear, cut

rig (ri) *adj* wealthy, rich

rigdom (*ree*-dom) *c* (pl ~me)

wealth, riches *pl*

rige (*ree*-i) *nt* empire; kingdom

rigelig (*ree*-i-li) *adj* absurd, plentiful

rigs- (riss) imperial

rigstelefonsamtale (riss-*tay*-ler-foan-sahm-taa-ler) *c* long-distance call

rigtig (*ræg*-di) *adj* just, right, correct; proper; rigtigt rather, exactly

rigtighed (*ræg*-di-haydh) *c* correctness, accuracy

rille (*ri*-ler) *c* groove

rim (rim) *nt* (pl ~) rhyme

rimelig (*ree*-mer-li) *adj* reasonable, fair

ring (ræng) *c* ring

ringe¹ (*ræng*-er) *v* *ring; ~ op call; ring up; call up *Am*; chime

ringe² (*ræng*-er) *adj* small, minor; ringere inferior; ringest least

ringeagtelse (*ræng*-er-ahg-derl-ser) *c* contempt; disdain

ringvej (*ræng*-vigh) *c* ring road, circular road

ris (ris) *c* (pl ~) rice

risikabel (ræ-si-*kah*-berl) *adj* risky; critical

risikere (ræ-si-*kay*-o) *v* risk

risiko (*ri*-si-koa) *c* (pl risici) risk; chance

rist (ræsd) *c* grating; grate

riste (*ræss*-der) *v* roast, grill

ristet brød (*ræss*-dedh brurdh) toast

rival (ri-*vahl*) *c* rival

rivalisere (ri-vah-li-*say*-o) v
rival

rivalisering (ri-vah-li-*sayr*-
ayng) c rivalry

rive (*ree*-ver) c rake

*rive (*ree*-ver) v grate; scratch;
rake; ~ itu *tear

rivejern (*ree*-ver-*y*ærn) nt (pl
~) grater

ro (roa) c quiet; v row; *falde
til ~ calm down

robust (roa-*boost*) adj robust

robåd (*roa*-bodh) c rowing
boat

rod¹ (roadh) nt mess; muddle

rod² (roadh) c (pl rødder) root

roderi (roa-dho-*ri*) nt mess

rogn (ro°°n) c roe

rolig (*roa*-li) adj quiet, calm;
tranquil, serene

rollerblades (*ro*-ler-blades) c
Rollerblades®

rolling (*ro*-layng) c toddler

roman (roa-*mahn*) c novel

romance (roa-*mahng*-ser) c
romance

romanforfatter (roa-*mahn*-
fo-fah-do) c novelist

romantisk (roa-*mahn*-tisg)
adj romantic

romersk-katolsk (roa-mosg-
kah-toalsg) adj Roman
Catholic

ror (roar) nt (pl ~) helm,
rudder

rorgænger (*roar*-gehng-o) c
steersman, helmsman

ros (roas) c praise

rosa (*roa*-sah) adj rose

rose (*roa*-ser) c rose; v praise

rosenkrans (*roa*-sern-
krahns) c rosary; beads pl

rosenkål (*roa*-sern-kol) c
sprouts pl

rosin (roa-*sin*) c raisin

rotte (*ro*-der) c rat

rouge (roosh) c rouge

roulet (roa-*lehd*) c (pl ~ter)
roulette

rovdyr (ro°°-dewr) nt (pl ~)
beast of prey

ru (roo) adj harsh

rubin (roo-*bin*) c ruby

rubrik (roo-*bræg*) c (pl ~ker)
column, article

rude (*roo*-dher) c pane

ruin (roo-*in*) c ruin

ruinere (roo-i-*nay*-o) v ruin

rulle (*roo*-ler) c roll; v roll

rullegardin (*roo*-ler-gah-din)
nt blind

rulleskøjteløb (roo-ler-sgoi-
der-lurb) nt roller-skating

rullesten (*roo*-ler-sdayn) c (pl
~) pebble

rulletrappe (*roo*-ler-trah-ber)
c escalator

rum (rom) nt (pl ~) room

rumme (*ro*-mer) v contain

rummelig (ro-mer-li) adj
roomy, spacious; large

rumskib (*rom*-sgib) nt space
shuttle

rumæner (roo-*meh*-no) c
Rumanian

Rumænien (roo-*mehn*-ᵉern)
Rumania

rumænsk (roo-*mehnsg*) adj
Rumanian

rund (ron) adj round

runde (*ron*-der) c round

rundhåndet (*ron*-hon-erdh) adj liberal, generous

rundkørsel (*ron*-kurr-serl) c (pl -kørsler) roundabout

rundrejse (*ron*-righ-ser) c tour

rundspørge (*ron*-sbūr-o) nt poll

rundstykke (*ron*-sdur-ger) c roll

ruskind (*roo*-sgayn) nt suede

Rusland (*rooss*-lahn) Russia

russer (*roo*-so) c Russian

russisk (*roo*-sisg) adj Russian

rust (rosd) c rust

rusten (*ross*-dern) adj rusty

rustning (*rosd*-nayng) c armour

rute (*rōō*-der) c route

rutebåd (*rōō*-der-bodh) c liner

rutine (roo-*tee*-ner) c routine

rutschebane (*rood*-sher-baa-ner) c slide

ry (rew) nt glory

rydde op (*rew*-dher) tidy up

ryg (rurg) c (pl ~ge) back

*ryge (*rew*-ew) v smoke

rygekupé (*rew*-ew-koo-*pay*) c smoking compartment; smoker

ryger (*rew*-o) c smoker

rygning forbudt (*rew*-nayng fo-*bood*) no smoking

rygrad (*rurg*-rahdh) c backbone

rygsmerter (*rurg*-smær-do) pl backache

rygsæk (*rurg*-sehg) c (pl ~ke) rucksack

rygsøjle (*rurg*-soi-ler) c spine

rygte (*rurg*-der) nt rumour; fame, reputation

ryk (rurg) nt (pl ~) tug; jerk, pull; wrench

rynke (*rurng*-ger) c wrinkle; crease

ryste (*rurss*-der) v *shake; tremble, shiver

rytme (*rewd*-mer) c rhythm

rytter (*rew*-do) c horseman, rider

rædsel (*rædh*-serl) c (pl -sler) terror, horror

rædselsfuld (*rædh*-serls-fool) adj awful, horrible, dreadful

rædselsvækkende (*rædh*-serls-veh-ger-ner) adj creepy

rædsom (*rædh*-som) adj terrible

række (*ræ*-ger) c row, line, rank; series, file

*række (*ræ*-ger) v pass

rækkefølge (*ræ*-ger-furl-Yer) c order; succession

rækkevidde (*ræ*-ger-vi-der) c reach; range; scope

rækværk (*ræg*-værg) nt (pl ~) railing

ræsonnere (*ræ*-soa-*nay*-o) v reason

ræv (*ræoo*) c fox

røbe (*rūr*-ber) v betray, disclose; *give away

rød (rurdh) adj red

rødbede (roa-*bay*-dher) c beetroot

rødkælk (*rurdh*-kehlg) c

robin
rødme (*rurdh*-mer) v blush
rødspætte (*rurdh*-sbeh-der) c plaice
røg (roi) c smoke
røgelse (*rūr*-url-ser) c incense
røgfri (roi-fri) adj smoke-free
røntgenbillede (*rurng*-gern-bay-ler-dher) nt X-ray
røntgenfotografere (*rurng*-gern-foa-doa-grah-*fay*-o) v X-ray
rør (rurr) nt (pl ~) tube, pipe; cane
røre (*rūr*-o) v stir; ~ **sig** stir; ~ **ved** touch
rørende (*rūr*-o-ner) adj touching
røve (*rūr*-ver) v rob
røver (*rūr*-vo) c robber
røveri (*rūr*-vo-ri) nt robbery
rå (ro) adj raw
råb (rob) nt (pl ~) call, shout, cry
råbe (*raw*-ber) v shout, call, cry

råd (rodh) nt (pl ~) counsel, advice; council; *have ~ til afford
råden (*rodh*-ern) adj rotten
råde (*raw*-dher) v advise; ~ **over** dispose of
*rådgive** (*rodh*-gi-ver) v advise
rådgiver (*rodh*-gi-vo) c counsellor
rådhus (*rodh*-hoos) nt town hall
rådighed (*raw*-dhi-haydh) c disposal; command
rådslagning (*rodh*-slah-nayng) c deliberation; consultation
*rådslå** (*rodh*-slo) v deliberate; consult
rådsmedlem (*rodhs*-mehdh-lehm) nt (pl ~mer) councillor
rålam (ro-lahm) nt (pl ~) fawn
råolie (ro-oal-Yer) c petroleum
råstof (ro-sdof) nt (pl ~fer) raw material

S

sadel (*sah*-dherl) c (pl sadler) saddle
safir (sah-*feer*) c sapphire
saft (sahfd) c juice; syrup; sap
saftig (*sahf*-di) adj juicy
sag (sah) c matter; cause; case
sagkyndig (*sou*-kurn-di) adj expert
saks (sahgs) c scissors pl

sal (sahl) c hall; floor, storey
salat (sah-*lahd*) c salad; **grøn ~** lettuce
saldo (*sahl*-doa) c balance
salg (sahl) nt (pl ~) sale; **til ~** for sale
salgbar (*sahl*-bah) adj saleable
salme (*sahl*-mer) c hymn;

psalm
salmiakspiritus (sahl-mi-*ahg*-sbeer-i-tooss) *c* ammonia
salon (sah-*long*) *c* drawing room; salon, lounge
salt (sahld) *nt* salt; *adj* salty
saltkar (*sahld*-kah) *nt* (pl ~) salt cellar, salt shaker *nAm*
salve (*sahl*-ver) *c* ointment
samarbejde (*sahm*-aa-*bigh*-der) *nt* cooperation, collaboration; *v* cooperate, collaborate
samarbejdsvillig (*sahm*-aa-bighds-vil-i) *adj* co-operative
samfund (*sahm*-fon) *nt* (pl ~) society; community; **samfunds-** social
samkvem (*sahm*-kvehm) *nt* intercourse, communication
samkørsel (*sahm*-kūr- serl) *c* carpool
samle (*sahm*-ler) *v* gather, collect; assemble; ~ op pick up
samler (*sahm*-lo) *c* collector
samles (*sahm*-lerss) *v* gather
samlet (*sahm*-lerdh) *adj* total, whole, overall
samling (*sahm*-layng) *c* collection; session
samme (*sah*-mer) *adj* same; equal
sammen (*sahm*-ern) *adv* together
sammendrag (*sahm*-ern-drou) *nt* (pl ~) résumé
sammenfatning (*sahm*-ern-fahd-nayng) *c* summary
sammenfoje (*sahm*-ern-foi-er) *v* join
sammenhæng (*sahm*-ern-hehng) *c* connection; coherence
sammenkomst (*sahm*-ern-komsd) *c* assembly; meeting
sammenligne (*sahm*-ern-li-ner) *v* compare
sammenligning (*sahm*-ern-li-nayng) *c* comparison
sammenlægge (*sahm*-ern-leh-ger) *v* merge (*companies*)
sammenstykke (*sahm*-ern-sdur-ger) *v* compile
sammenstød (*sahm*-ern-sdurdh) *nt* (pl ~) collision, clash; quarrel
sammensværgelse (*sahm*-ern-svær-erl-ser) *c* plot, conspiracy
***sammensværge sig** (*sahm*-ern-svær-er) conspire
sammensætning (*sahm*-ern-sehd-nayng) *c* composition
***sammensætte** (*sahm*-ern-seh-der) *v* compose, *put together
sammentræf (*sahm*-ern-træf) *nt* (pl ~) coincidence
samtale (*sahm*-taa-ler) *c* talk, conversation
samtidig (*sahm*-tidh-i) *adj* simultaneous, contemporary; *c* contemporary; **samtidigt** simultaneously
samtids- (*sahm*-tidhs)

contemporary
samtykke (*sahm*-tew-ger) *nt*
consent; *v* consent
samvittighed (sahm-*vi*-di-
haydh) *c* conscience
sanatorium (sah-nah-*toar-*
ᵞom) *nt* (pl -ier) sanatorium
sand (sahn) *nt* sand; *adj* true;
real, regular; correct
sandal (sahn-*dahl*) *c* sandal
sandelig (*sah*-ner-li) *adv*
indeed
sandet (sah-nerdh) *adj* sandy
sandfærdig (sahn-*fær*-di) *adj*
truthful
sandhed (*sahn*-herdh) *c* truth
sandpapir (*sahn*-pah-peer) *nt*
sandpaper
sandsynlig (sahn-*sewn*-li)
adj likely; probable
sandsynligvis (sahn-*sewn*-li-
viss) *adv* probably
sang (sahng) *c* song
sanger (*sahng*-o) *c* singer,
vocalist
sangerinde (sahng-o-*ay*-ner)
c singer
sanitær (sah-ni-*tær*) *adj*
sanitary
sans (sahns) *c* sense
sardin (sah-*din*) *c* sardine
sart (sahd) *adj* tender,
delicate
satellit (sah-der-*lid*) *c* (pl
~ter) satellite; ~ tv satellite
tv; ~ parabol *c* satellite dish;
~ radio *c* satellite radio
Saudi-Arabien (*sou*-di ah-
rahb-ᵞern) Saudi Arabia
saudiarabisk (*sou*-di-ah-*rah-*

bisg) *adj* Saudi Arabian
sauna (*sou*-nah) *c* sauna
sav (sahoo) *c* saw
savn (soun) *nt* (pl ~) lack,
need, want
savsmuld (*sou*-smool) *nt*
sawdust
savværk (*sou*-værg) *nt*
sawmill
scanne (sgahn-er) *v* scan
scanner (sgahn-o) *c* scanner
scanning (sgahn-ayn) *c* scan
scene (*say*-ner) *c* scene; stage
Schweiz (svighds)
Switzerland
schweizer (*svighd*-so) *c* Swiss
schweizisk (*svighd*-sisg) *adj*
Swiss
score (sgo͞a-o) *v* score
scrapbog (*sgrahb*-bo͠o) *c* (pl
~bøger) scrapbook
***se** (say) *v* look, *see; notice; ~
efter look after; ~ på look at;
~ sig for look out; ~ ud look;
~ ud til appear, seem
seer (*say*-o) *c* spectator,
viewer
segl (sighl) *nt* (pl ~) seal
sej (sigh) *adj* tough
sejl (sighl) *nt* (pl ~) sail
sejlads (sigh-*lahs*) *c* sailing
sejlbar (*sighl*-bah) *adj*
navigable
sejlbåd (*sighl*-bodh) *c* sailing
boat
sejldug (*sighl*-doo) *c* canvas
sejle (*sigh*-ler) *v* sail
sejlgarn (*sighl*-gahn) *nt*
string; twine
sejlklub (*sighl*-kloob) *c* (pl

~ber) yacht club
sejlsport (*sighl*-sbawd) *c* yachting
sejr (sighr) *c* victory
sekretær (say-grah-*tær*) *c* secretary, clerk
seks (sehgs) *num* six
seksten (*sigh*-sdern) *num* sixteen
sekstende (*sigh*-sder-ner) *num* sixteenth
seksualitet (sehg-soo-ah-li-*tayd*) *c* sexuality
seksuel (sehg-soo-*ehl*) *adj* sexual
sektion (sehg-*s*ʸ*oan*) *c* section
sekund (say-*kond*) *nt* second
sekundær (*say*-kon-dær) *adj* subordinate, secondary
seler (*sa̅y̅*-lo) *pl* braces *pl*; suspenders *plAm*
selleri (*say*-lo-ri) *c* celery
selskab (*sehl*-sgahb) *nt* company; society; association; party
selskabskjole (*sehl*-sgahbs-kʸo̅a̅-ler) *c* robe
selskabstøj (*sehl*-sgahbs-toi) *pl* evening dress
selv (sehl) *pron* myself; yourself; himself; herself; oneself; ourselves; yourselves; themselves; *adv* even; ~ **om** although, though
***selvangive** (*sehl*-ahn-gi-ver) *v* declare
selvangivelse (*sehl*-ahn-gi-verl-ser) *c* tax return
selvbetjening (*sehl*-bay-tʸeh-nayng) *c* self-service
selvfølgelig (sehl-*furl*-ʸer-li) *adv* of course
selvindlysende (*sehl*-ayn-lew-ser-ner) *adj* self-evident
selvisk (*sehl*-visg) *adj* selfish
selvklæbende mærkat (*sehl*-*klai*-bayn-o *mær*-gadh) *c* sticker
selvmord (*sehl*-moar) *nt* (pl ~) suicide
selvmordsangreb (*sehl*-moars-*ahn*-græb) *nt* suicide attack
selvmordsbomber (*sehl*-moars- *bom*-bo) *c* suicide bomber
selvoptaget (*sehl*-ob-tah-ahdh) *adj* self-centred
selvrådig (*sehl*-ro-dhi) *adj* head-strong
selvstyre (*sehl*-sde̅w̅-o) *nt* self-government
selvstændig (*sehl*-sdehn-di) *adj* independent, self--employed
semikolon (say-mi-*ko̅a̅*-lon) *nt* semicolon
sen (sayn) *adj* late
senat (say-*nahd*) *nt* senate
senator (say-*naa*-to) *c* senator
sende (*seh*-ner) *v* *send; transmit; ~ **af sted** dispatch; ~ **bort** dismiss; ~ **bud efter** *send for; ~ **tilbage** *send back
sender (*seh*-no) *c* transmitter
sending (*seh*-nayng) *c* consignment; shipment
sene (*sa̅y̅*-ner) *c* sinew,

tendon
senere (*sāy*-naw-o) *adv*
afterwards
seng (sehng) *c* bed
sengetøj (*sehng*-er-toi) *pl*
bedding
senil (say-*nil*) *adj* senile
sennep (*seh*-nob) *c* mustard
sensation (sehn-sah-*s*ᵞoan) *c*
sensation
sensationel (sehn-sah-
s*ᵞoa-nehl*) *adj* sensational
sentimental (sehn-ti-mehn-
tahl) *adj* sentimental
separat (say-bah-*rahd*) *adv*
separately; apart
september (sayb-*tehm*-bo)
September
septisk (*sehb*-tisg) *adj* septic
serie (sayr-ᵞer) *c* series;
sequence
seriøs (sayr-i-*urs*) *adj* serious
servere (sær-*vay*-o) *v* serve
service¹ (*surr*-viss) *c* service
service² (*sær*-vee-ser) *nt*
crockery; tableware
servicestation (*surr*-viss-
sdah-s*ᵞoan*) *c* service station
serviet (sær-vi-*ehd*) *c* (pl ~ter)
napkin; serviette
servitrice (sær-vi-*tree*-ser) *c*
waitress
seværdighed (say-*vær*-di-
haydh) *c* sight
si (si) *c* sieve; *v* strain, sift
siameser (see-ah-*may*-so) *c*
Siamese
siamesisk (see-ah-*may*-sisg)
adj Siamese
***sidde** (*say*-dher) *v* *sit; ~ fast

*stick
siddeplads (*sāy*-dher-plahss)
c seat
side (*see*-dher) *c* side; page; til
~ aside; ved siden af next to,
beside; next-door
sidegade (*see*-dher-gay-dher)
c side street
sidelys (*see*-dher-lews) *nt*
sidelight
sidelæns (*see*-dher-lehns)
adv sideways
sideløbende (*see*-dher-lur-
ber-ner) *adj* parallel
sidemand (*see*-dher-mahn) *c*
(pl -mænd) neighbour
siden (*sidh*-ern) *adv* since;
prep since; *conj* since; for ...
siden ago
sideskib (*see*-dher-sgib) *c*
aisle
sidst (sisd) *adj* last; past,
ultimate; til ~ at last
sig (sigh) *pron* herself,
himself; themselves
***sige** (*see*-i) *v* *say; *tell
signal (si-*nahl*) *nt* signal
signalement (si-nah-ler-
mahng) *nt* description
signalere (si-nah-*lay*-o) *v*
signal
sig selv (sigh-sehl) *pron* itself
sigtbarhed (*saygd*-bah-
haydh) *c* visibility
sigte (*sayg*-der) *v* sieve; ~
mod aim at; ~ på aim at
sigøjner (si-*goi*-no) *c* gipsy
sikker (*say*-go) *adj* secure,
sure, safe; certain; **sikkert**
surely

sikkerhed (*say*-go-haydh) c
security, safety; guarantee
sikkerhedsbælte (*say*-go-
haydhs-behl-der) nt seat belt
sikkerhedsforanstaltning
(*say*-go-haydhs-fo-ahn-
sdahld-nayng) c precaution
sikkerhedsnål (*say*-go-
haydhs-nol) c safety pin
sikkerhedssele (*say*-go-
haydhs-say-ler) c safety belt
sikre sig (*sayg*-ro) secure
sikring (*sayg*-ræng) c fuse
sild (sil) c (pl ~) herring
silke (*sayl*-ger) c silk
silkeblød (*sayl*-ger-blurdh)
adj mellow
simpelt hen (*saym*-berld
hehn) simply
simulere (si-moo-*lay*-o) v
simulate
sind (sayn) nt (pl ~) mind;
*have i sinde intend
sindig (*sayn*-di) adj steady
sindsbevægelse (*sayns*-bay-
veh-erl-ser) c emotion,
excitement
sindssyg (*sayns*-sew) c
lunatic; adj insane, lunatic
sindssyge (*sayns*-sew-ew) c
lunacy
sirene (si-*rææ*-ner) c siren
situation (si-doo-ah-s*y*oan) c
situation, position
siv (see^oo) nt (pl ~) rush; reed
sjak (s*y*ahg) nt (pl ~) gang
sjal (s*y*ahl) nt shawl
sjap (s*y*ahb) nt slush
sjette (s*y*ai-der) num sixth
sjofel (s*y*oa-ferl) adj obscene

sjov (s*y*o^oo) nt fun; adj funny
sjusket (s*y*ooss-gerdh) adj
sloven, sloppy
sjæl (s*y*ehl) c soul
sjælden (s*y*eh-lern) adj rare;
infrequent; **sjældent**
seldom, rarely
skab (sgahb) nt closet,
cupboard; (aflåseligt) ~ nt
locker
skabe (sgaa-ber) v create; ~
sig *be affected
skabning (sgaab-nayng) c
creature
skade (sgaa-dher) c mischief,
damage; harm; v *hurt,
harm
skadelig (sgaa-dher-li) adj
harmful; hurtful
skadeserstatning (sgaa-
dherss-ær-sdahd-nayng) c
compensation, indemnity
skadesløsholdelse (sgaa-
dherss-lurss-hol-erl-ser) c
indemnity
skaffe (sgah-fer) v supply,
provide
skaft (sgahfd) nt handle;
shaft; stick
skak (sgahg) chess; skak!
check!
skakbræt (sgahg-bræd) nt (pl
~ter) checkerboard nAm
skal (sgahl) c (pl ~ler) shell;
skin
skala (sgaa-lah) c scale
skaldet (sgahl-lerdh) adj bald
skaldyr (sgahl-dewr) nt (pl ~)
shellfish
skalle (sgah-ler) c roach

skam (sgahm) c shame, disgrace

skamfuld (sgahm-fool) adj ashamed

skamme sig (sgah-mer) *be ashamed

skandale (sgahn-daa-ler) c scandal

skandinav (sgahn-di-nahoo) c Scandinavian

Skandinavien (sgahn-di-nah-vᶦern) Scandinavia

skandinavisk (sgahn-di-nah-visg) adj Scandinavian

skarlagen (sgaa-lah-ahn) adj scarlet

skarp (sgaab) adj keen, sharp

skarpsindig (sgahb-sayn-di) adj shrewd

skat¹ (sgahd) c (pl ~te) treasure; darling; sweetheart

skat² (sgahd) c (pl ~ter) tax

skatte (sgah-der) v estimate, appreciate

skattefri (sgah-der-fri) adj tax-free

ske (sgay) c spoon; v occur, happen

skefuld (sgay-fool) c spoonful

skelet (sgay-lehd) nt (pl ~ter) skeleton

skelne (sgehl-ner) v discern, distinguish

skelnen (sgehl-nern) c discrimination, distinction

skeløjet (sgayl-oi-erdh) adj cross-eyed

skema (sgäy-mah) nt scheme

ski (sgi) c (pl ~) ski; *stå på ~ ski

skib (sgib) nt boat, ship

skibsfart (sgibs-fahd) c navigation

skibsreder (sgibs-ræ-dho) c shipowner

skibsrute (sgibs-rōō-der) c shipping route

skibsværft (sgibs-værfd) nt shipyard

skibukser (sgi-bog-so) pl ski pants

skifer (sgi-fo) c slate

skift (sgifd) nt (pl ~) shift

skifte (sgif-der) v change; switch

skihop (sgi-hob) nt (pl ~) ski jump

skik (sgig) c (pl ~ke) custom (social)

skikkelig (sgi-ger-li) adj harmless

skikkelse (sgi-gerl-ser) c figure

skikket (sgi-gerdh) adj convenient, fit, qualified

skildpadde (sgayl-pah-dher) c turtle

skilift (sgi-lifd) c ski lift

skille (sgay-ler) v part, separate; divide; ~ sig af med get rid of

skilles (sgay-lerss) v divorce

skillevæg (sgay-ler-vehg) c (pl ~ge) partition

skilning (sgayl-nayng) c parting

skilsmisse (sgayls-mi-ser) c divorce

skiløb (sgi-lurb) nt (pl ~) skiing

skiløber (*sgi*-lūr-bo) c skier

skimlet (*sgaym*-lerdh) adj mouldy

skimmel (*sgaym*-erl) c mildew

skimte (*sgaym*-der) v glimpse

skin (sgayn) nt light, glare; semblance; appearance

skind (sgayn) nt (pl ~) skin; **skind-** leather

skinhellig (*sgayn*-heh-li) adj hypocritical

skinke (*sgayng*-ger) c ham

skinne (*sgay*-ner) v *shine; **skinnende** glossy

skinsyg (*sgayn*-sew) adj envious

skistave (*sgi*-sdaa-ver) pl ski sticks; ski poles Am

skistøvler (*sgi*-sdur⁰⁰-lo) pl ski boots

skitse (sgid-ser) c sketch

skitsere (sgid-*say*-o) v sketch

skive (*sgee*-ver) c slice; disc

skjorte (*sgʸoar*-der) c shirt

skjul (sgʸool) nt (pl ~) cover, shelter; hiding-place

skjule (sgʸoo-ler) v *hide; conceal

sko (sgoa) c (pl ~) shoe

skocreme (*sgoa*-kræm) c shoe polish

skodde (*sgo*-dher) c shutter

skoforretning (*sgoa*-fo-ræd-nayng) c shoe shop

skoldkopper (*sgol*-ko-bo) pl chickenpox

skole (*sgōa*-ler) c school; college

skolebænk (*sgōa*-ler-behngg) c desk

skoledreng (*sgōa*-ler-dræng) c schoolboy

skoleinspektør (*sgōa*-ler-ayn-sbehg-turr) c headmaster, head teacher

skolelærer (*sgōa*-ler-lai-o) c teacher, schoolmaster

skolepige (*sgōa*-ler-pee-i) c schoolgirl

skoletaske (*sgōa*-ler-tahss-ger) c satchel

skomager (*sgoa*-mah-o) c shoemaker

skorpe (*sgaw*-ber) c crust

skorsten (*sgaw*-sdayn) c chimney

Skotland (*sgod*-lahn) Scotland

skotsk (sgodsg) adj Scottish

skotøj (*sgoa*-toi) pl footwear

skov (sgo⁰⁰) c wood, forest

skovfoged (*sgo⁰⁰*-fōa-oadh) c forester

skovklædt (*sgo⁰⁰*-klehd) adj wooded

skovl (sgo⁰⁰l) c shovel

skovstrækning (*sgo⁰⁰*-sdræg-nayng) c woodland

skovtur (*sgo⁰⁰*-toor) c picnic; *tage på ~ picnic

skrabe (*sgraa*-ber) v scrape

skrald (sgrahl) nt garbage

skraldespand (*sgrah*-ler-sbahn) c rubbish bin

skramme (*sgrah*-mer) c scratch; v bruise

skrammel (*sgrahm*-erl) nt junk; trash

skranke (*sgrahng*-ger) c

counter
*skride (*sgree*-dher) v slip,
skid; stalk, *stride
skridt (sgrid) *nt* (pl ~) step;
move, pace
skrifte (*sgræf*-der) v confess
skriftemål (*sgræf*-der-mol) *nt*
(pl ~) confession
skriftlig (*sgræfd*-li) *adj*
written; skriftligt in writing
skrig (sgri) *nt* (pl ~) scream,
cry
*skrige (*sgree*-i) v cry, scream
*skrive (*sgree*-ver) v *write; ~
bag på endorse; ~ ned
*write down; ~ op list; ~
under sign
skriveblok (*sgree*-ver-blog) *c*
(pl ~ke) writing pad
skrivebord (*sgree*-ver-boar)
nt desk; bureau
skrivemaskine (*sgree*-ver-
mah-sgee-ner) *c* typewriter
skrivemaskinepapir (*sgree*-
ver-mah-sgee-ner-pah-peer)
nt typing paper
skrivepapir (*sgree*-ver-pah-
peer) *nt* writing paper
skrubbe (*sgro*-ber) v scrub
skrue (*sgroo*-oo) *c* screw;
propeller; v screw; ~ af
unscrew
skruenøgle (*sgroo*-oo-noi-
ler) *c* wrench
skruetrækker (*sgroo*-oo-træ-
go) *c* screwdriver
skruetvinge (*sgroo*-oo-
tvayng-er) *c* clamp
skrædder (*sgrædh*-o) *c* tailor
skræddersyet (*sgrædh*-o-

sew-ewdh) *adj* tailor-made
skræk (sgræg) *c* fright; scare
skrækindjagende (*sgræg*-
ayn-⁻yah-er-ner) *adj*
terrifying; horrible
skrækkelig (*sgræ*-ger-li) *adj*
frightful, horrible
skræl (sgrahl) *c* (pl ~ler) peel
skrælle (*sgrah*-ler) v peel
skræmme (*sgræ*-mer) v scare
skræmt (sgræmd) *adj*
frightened
skrænt (sgrænd) *c* slope
skrøbelig (*sgrūū*-ber-li) *adj*
fragile
skød (sgud) *nt* (pl ~) lap
skrå (sgro) *adj* slanting
skrål (sgrol) *nt* (pl ~) shout,
bawl
skråle (*sgraw*-ler) v shout,
bawl
skråne (*sgraw*-ner) v slope;
slant; skrånende sloping,
slanting
skråning (*sgro*-nayng) *c*
hillside, incline
skub (sgob) *nt* (pl ~) push
skubbe (*sgo*-ber) v push
skud (sgoodh) *nt* (pl ~) shot
skudår (*sgoodh*-o) *nt* (pl ~)
leap year
skuespil (*sgoo*-oo-sbayl) *nt*
(pl ~) play; spectacle
skuespilforfatter (*sgoo*-oo-
sbayl-fo-fah-do) *c*
playwright
skuespiller (*sgoo*-oo-sbay-lo)
c actor; comedian
skuespillerinde (*sgoo*-oo-
sbay-lo-*ay*-ner) *c* actress

skuffe (*sgo*-fer) *c* drawer; *v* disappoint; *be disappointing

skuffelse (*sgo*-ferl-ser) *c* disappointment

skulder (*sgoo*-lo) *c* (pl -dre) shoulder

***skulle** (*sgoo*-ler) *v* *shall; *should; *must; *be obliged to, *be bound to

skulptur (sgoolb-*toor*) *c* sculpture

skum (sgom) *nt* foam; lather

skumgummi (*sgom*-go-mi) *c* foam rubber

skumme (*sgo*-mer) *v* foam

skummel (*sgom*-erl) *adj* sombre

skumring (*sgom*-ræng) *c* dusk

skur (sgoor) *nt* shed

skurk (sgoorg) *c* villain

skurrende (*sgoor*-o-ner) *adj* hoarse

sky (sgew) *c* cloud; *adj* timid, shy

***skyde** (*sgew*-dher) *v* fire, *shoot

skydedør (*sgew*-dher-durr) *c* sliding door

skydeskive (*sgew*-dher-sgee-ver) *c* mark, target

skyet (*sgew*-ewdh) *adj* cloudy

skygge (*sgew*-ger) *c* shade, shadow

skyggefuld (*sgew*-ger-fool) *adj* shady

skyld (sgewl) *c* guilt, fault; debt; blame; ***lægge** skylden på blame

skylde (*sgew*-ler) *v* owe

skyldig (*sgewl*-di) *adj* guilty; due

skylle (*sgur*-ler) *v* rinse

skylning (*sgurl*-nayng) *c* rinse

skynde sig (*sgur*-ner) hurry, hasten

skyskraber (*sgew*-sgraa-bo) *c* skyscraper

skæbne (*sgaib*-ner) *c* fate; destiny, fortune; luck

skæbnesvanger (*sgehb*-ner-svahng-o) *adj* fatal

skæg (sgehg) *nt* (pl ~) beard

skæl (sgehl) *nt* (pl ~) scale; dandruff

skælde ud (*sgeh*-ler) scold; call names

skælm (sgehlm) *c* rascal

skælve (*sgehl*-ver) *v* shiver, tremble

skænderi (sgeh-no-*ri*) *nt* quarrel; row

skændes (*sgeh*-nerss) *v* quarrel

skænke (*sgehng*-ger) *v* pour; donate

***skære** (*sgai*-o) *v* *cut; carve; ~ af *cut off; ~ ud carve

skærm (sgærm) *c* screen

skærme (*sgær*-mer) *v* shelter

skærmydsel (sgær-*mew*-serl) *c* (pl -sler) quarrel

skøjte (*sgoi*-der) *c* skate; ***løbe** på skøjter skate

skøjtebane (*sgoi*-der-baa-ner) *c* skating rink

skøjteløb (*sgoi*-der-lurb) *nt* skating

skøn¹ (sgurn) *nt* (pl ~)

judgment

skøn² (sgurn) *adj* lovely, glorious

skønhed (sgurn-haydh) *c* beauty

skønhedsmidler (sgurn-haydhs-midh-lo) *pl* cosmetics *pl*

skønhedspleje (sgurn-haydhs-pligh-er) *c* beauty treatment

skønhedssalon (sgurn-haydhs-sah-long) *c* beauty salon, beauty parlour

skønt (sgurnd) *conj* although, though

skør (sgurr) *adj* fragile; crazy

skål (sgol) *c* bowl, basin, dish; toast

sladder (slahdh-o) *c* gossip

sladre (slahdh-ro) *v* gossip

slag (slah) *nt* (pl ~) blow; slap; battle

slager (slaa-o) *c* hit

slagord (slou-oar) *nt* (pl ~) slogan

slags (slahgs) *c* (pl ~) kind, sort; **flere ~** all sorts of

slagter (slahg-do) *c* butcher

slagtilfælde (slou-tayl-fehl-er) *nt* (pl ~ler) stroke

slang (slaahn) *c* slang

slange (slahng-er) *c* snake; inner tube

slank (slahngg) *adj* slender, slim

slanke sig (slahng-ger) slim

slap (slahb) *adj* limp

slappe af (slah-ber) relax

slave (slaa-ver) *c* slave

slem (slehm) *adj* bad; **værre** worse; **værst** worst

slentre (slehn-dro) *v* stroll

slentretur (slehn-dro-toor) *c* stroll

slet (slehd) *adj* evil

slethvar (slehd-vah) *c* (pl ~re) brill

slette (sleh-der) *c* plain

***slibe** (slee-ber) *v* sharpen

***slide** (slee-dher) *v* wear out; **slidt** worn

slik (slayg) *nt* (pl ~) sweets; candy *nAm*

slikke (slay-ger) *v* lick

slips (slaybs) *nt* (pl ~) necktie, tie

slogan (slōa-gahn) *nt* (pl ~s) slogan

slot (slod) *nt* (pl ~te) castle

sludder (sloodh-o) *nt* rubbish; *c* chat

sludre (sloodh-ro) *v* chat

sludrechatol (sloodh-ro-s'ah-tol) *nt* (pl ~ler) chatterbox

sluge (slōō-oo) *v* swallow, devour

slugt (sloogd) *c* gorge

slukke (slo-ger) *v* extinguish, *put out; disconnect; ~ **for** switch off

slum (slom) *c* (pl ~s) slum

sluse (slōō-ser) *c* lock

slutning (slood-nayng) *c* finish, end; conclusion, ending; *drage en ~ infer, *draw a conclusion

slutte (sloo-der) *v* finish, end; **slut** finished

slynge *(slurng-er)* v *throw

slyngel *(slurng-erl)* c (pl -gler) rascal

slæbe *(slai-ber)* v drag; tug, tow

slæde *(slai-dher)* c sleigh; sledge

slægt *(slehgd)* c family

slægtning *(slehgd-nayng)* c relative; relation

slør *(slurr)* nt (pl ~) veil

sløret *(slūr-odh)* adj dim

sløset *(slūr-serdh)* adj careless

sløv *(slur°°)* adj dull, blunt; apathetic

slå *(slo)* c bolt

*slå *(slo)* v *strike, *beat, *hit, slap; ~ efter look up; **slående** striking; ~ ihjel kill; ~ ned knock down; ~ op look up; ~ sig ned settle down

*slås *(sloss)* v *fight; struggle

smadre *(smahdh-o)* v smash

smag *(smah)* c flavour, taste

smage *(smaa-ah)* v taste; ~ til flavour

smal *(smahl)* adj narrow

smaragd *(smah-rahd)* c emerald

smart *(smahd)* adj smart; posh

smattet *(smah-derdh)* adj slippery; greasy

smed *(smaydh)* c blacksmith, smith

smelte *(smehl-der)* v melt

smerte *(smær-der)* c ache, pain; grief, sorrow

smertefri *(smær-der-fri)* adj painless

smertefuld *(smær-der-fool)* adj painful

smertestillende middel *(smær-der-sday-ler-nugh midh-erl)* nt (pl - midler) painkiller

*smide *(smee-dher)* v *fling, pitch, *throw, *cast

smidig *(smee-dhi)* adj supple

smil *(smil)* nt (pl ~) smile

smile *(smee-ler)* v smile

smitsom *(smid-som)* adj contagious, infectious

smitte *(smi-der)* v infect; ~ af rub off; **smittende** contagious

smoking *(smōa-kayng)* c dinnerjacket; tuxedo nAm

smudsig *(smoo-si)* adj filthy

smugle *(smōō-ler)* v smuggle

smuk *(smog)* adj beautiful; fair, fine

smul *(smool)* adj smooth

smule *(smōō-ler)* c bit

smutte fra *(smoo-der)* slip

smykke *(smur-ger)* nt jewel; **smykker** jewellery

smækfuld *(smehg-fool)* adj packed

smække *(smeh-ger)* v slam; smack

smæld *(smehl)* nt (pl ~) crack

smælde *(smeh-ler)* v crack

smør *(smurr)* nt butter

*smøre *(smūr-o)* v smear, rub into; butter; lubricate; grease

smørelse *(smūr-ol-ser)* c

grease

smøreolie (*smūr*-o-oal-ᵞer) c
lubrication oil

smøring (*smūrr*-ayng) c
lubrication

smøringssystem (*smūrr*-
ayngs-sew-sdaym) nt
lubrication system

småborgerlig (*smo*-bawoo-
o-li) adj bourgeois

småkage (*smo*-kaa-ah) c
biscuit; cookie nAm; cracker
nAm

smålig (*smo*-li) adj stingy;
petty

småpenge (*smo*-pehng-er) pl
change; petty cash

snak (snahg) c chat

snakke (*snah*-ger) v talk; chat

snakkesalig (snah-ger-*sah*-li)
adj talkative

snarere (*snaa*-ro-ro) adv
sooner

snarligt (snaa-lid) adv soon

snart (snahd) adv shortly,
presently, soon; så ~ som as
soon as

snavs (snous) nt dirt, filth

snavset (*snou*-serdh) adj
dirty, filthy

sne (snay) c snow; v snow

snedrive (*snay*-dreever) c
snowdrift

snedækket (*snay*-deh-gerdh)
adj snowy

snegl (snighl) c snail

snestorm (*snay*-sdom) c
blizzard, snowstorm

snigskytte (*snee*-sgur-der) c
sniper

snit (snid) nt (pl ~) cut

snitsår (*snid*-so) nt (pl ~) cut

snitte (*sni*-der) v chip; carve

sno (snoa) v twist; ~ sig
*wind

snoet (sno-erdh) adj winding

snor (snoar) c string, cord;
leash, lead

snorke (*snaw*-ger) v snore

snorkel (*snaw*-gerl) c (pl
-kler) snorkel

snu (snoo) adj sly, cunning,
bright

snuble (*snoob*-ler) v stumble

snude (*snoo*-dher) c snout

snurre (*snoar*-o) *spin

snusket (*snoo*-sgerdh) adj
foul

*snyde (*snēw*-dher) v cheat

snæver (sneh⁰⁰-o) adj tight

snæversynet (sneh⁰⁰-o-sew-
nerdh) adj narrow-minded

snørebånd (*snūr*-o-bon) c
(pl ~) shoelace, lace

sodavand (so-*da*-vahn) nt (pl
~) soda

social (soa-sᵞ*ahl*) adj social

socialisme (soa-sᵞ*ah*-liss-
mer) c socialism

socialist (soa-sᵞ*ah*-lisd) c
socialist

socialistisk (soa-sᵞ*ah*-liss-
disg) adj socialist

sofa (*sōa*-fah) c sofa

software (*sawt*-wær) c
software

sogn (so⁰⁰n) nt parish

sok (sog) c (pl ~ker) sock

sol (soal) c sun

sol- (*sōal*-) adj solar

solbade (*sōal*-baa-dher) v
sunbathe

solbriller (*sōal*-bræ-lo) pl
sunglasses pl

solbrændt (*sōal*-brænd) adj
tanned

solbær (*sōal*-bær) nt (pl ~)
blackcurrant

soldat (soal-*dahd*) c soldier

solid (soa-*lidh*) adj firm, solid

solistkoncert (soa-*lisd*-kon-
særd) c recital

sollys (*sōal*-lews) nt sunlight

solnedgang (*sōal*-naydh-
gahng) c sunset

sololie (*sōal*-oal-ʸer) c suntan
oil

solopgang (*sōal*-ob-gahng) c
sunrise

solrig (*sōal*-ri) adj sunny

solsejl (*sōal*-sighl) nt (pl ~)
awning

solskin (*sōal*-sgayn) nt
sunshine

solskoldning (*sōal*-sgol-
nayng) c sunburn

solskærm (*sōal*-sgærm) c
sunshade

solsort (*sōal*-soard) c
blackbird

solstik (*sōal*-sdayg) nt (pl ~)
sunstroke

solsystem (*sōal*-sew-*sdaym*)
c solar system

som (som) pron who, that,
which; conj like, as; ~ om as
if

sommer (*so*-mo) c (pl somre)
summer

sommerfugl (*so*-mo-fool) c

butterfly

sommerhus (*so*-mo-hoos) nt
cottage

sommertid (*so*-mo-tidh) c
summer time

somme tider (*so*-mer *tee*-
dho) sometimes

sorg (so) c sorrow; grief

sort (soard) adj black

sortbørshandel (*soard*-
burrs-hahn-erl) c black
market

sortere (so-*tay*-o) v sort,
assort

sortiment (so-ti-*mahng*) nt
assortment

souvenir (soo-ver-*neer*) c (pl
~s) souvenir

*sove (*so*ᵒᵒ-er) v *sleep;
sovende asleep; ~ over sig
*oversleep

sovepille (*so*ᵒᵒ-er-pay-ler) c
sleeping pill

sovepose (*so*ᵒᵒ-er-pōa-ser) c
sleeping bag

sovesal (*so*ᵒᵒ-er-sahl) c
dormitory

sovevogn (*so*ᵒᵒ-er-voᵒᵒn) c
sleeping car; Pullman

soveværelse (*so*ᵒᵒ-er-vai-ol-
ser) nt bedroom

sovjetisk (so*ᵒᵒ*-ʸeh-disg) adj
Soviet

sovs (soᵒᵒs) c gravy, sauce

spade (*sbaa*-dher) c spade

spadsere (sbah-*say*-o) v walk

spadseredragt (sbah-*say*-o-
drahgd) c suit

spadserestok (sbah-*say*-o-
sdog) c (pl ~ke) walking stick

spadseretur (sbah-*say*-o-toor) *c* walk

spalte (*sbahl*-der) *c* cleft; column; *v* *split

spand (sbahn) *c* bucket, pail

Spanien (*sbah*-ni-ern) Spain

spanier (*sbahn*-ʸo) *c* Spaniard

spanke (*sbahn*-ger) *v* strut, swagger

spansk (sbahnsg) *adj* Spanish

spare (*sbaa*-ah) *v* save; economize, spare

sparegris (*sbaa*-ah-gris) *c* piggy bank

sparekasse (*sbaa*-ah-kah-ser) *c* savings bank

sparepenge (*sbaa*-ah-pehng-er) *pl* savings *pl*

spark (sbaag) *nt* (pl ~) kick

sparke (*sbaa*-ger) *v* kick

sparsommelig (sbah-*som*-er-li) *adj* thrifty, economical

specialisere sig (sbay-sʸah-li-*say*-o) specialize

specialist (sbay-sʸah-*lisd*) *c* specialist

specialitet (sbay-sʸah-li-*tayd*) *c* speciality

speciel (sbay-sʸehl) *adj* special; peculiar, particular

specifik (sbay-si-*fig*) *adj* specific

spedalskhed (sbay-*dahlsg*-haydh) *c* leprosy

speeder (*sbee*-do) *c* accelerator

speedometer (sbi-doa-*may*-do) *nt* (pl -metre) speedometer

spejde efter (*sbigh*-der) watch for

spejder (*sbigh*-do) *c* scout

spejl (sbighl) *nt* mirror; looking-glass

spejlbillede (*sbighl*-bay-ler-dher) *nt* reflection

spektakel (sbay-*tah*-gerl) *nt* (pl -kler) noise

spekulere (sbay-goo-*lay*-o) *v* speculate; ~ på consider

spendere (sbayn-*day*-o) *v* *spend

spid (sbidh) *nt* (pl ~) spit

spids (sbayss) *c* tip, point; *adj* pointed

spidse (sbi-*ser*) *v* sharpen

spil (sbayl) *nt* (pl ~) game, play

spild (sbil) *nt* waste

spilde (*sbi*-ler) *v* *spill; waste

spille (*sbay*-ler) *v* act; gamble, play

spillekort (*sbay*-le-kawd) *nt* (pl ~) playing card

spiller (*sbay*-lo) *c* player

spilopper (sbi-*lo*-bo) *pl* mischief

spinat (sbi-*nahd*) *c* spinach

*spinde (*sbay*-ner) *v* *spin; purr

spindelvæv (sbayn-erl-vehoo) *nt* (pl ~) spider's web

spion (sbi-*oan*) *c* spy

spir (sbeer) *nt* (pl ~) spire

spirituosa (sbeer-i-too-*oa*-sah) *pl* spirits

spiritus (*sbeer*-i-tooss) *c* liquor

spiritusforretning (*sbeer*-i-

tooss-fo-ræd-nayng) c off-
-licence, liquor store *nAm*
spise (*sbee*-ser) v *eat; ~
morgenmad *have
breakfast; ~ til middag dine
spisebestik (*sbee*-ser-bay-
sdayg) nt (pl ~) cutlery
spisekort (*sbee*-ser-kawd) nt
(pl ~) menu
spiselig (*sbee*-ser-li) adj
edible
spisesal (*sbee*-ser-sahl) c
dining room
spiseske (*sbee*-ser-sgay) c
tablespoon
spisestel (*sbee*-ser-sdehl) nt
(pl ~) dinner service
spisestue (*sbee*-ser-sdōō-oo)
c dining room
spisevogn (*sbee*-ser-vo⁰⁰n) c
dining car
splint (sblaynd) c splinter
splinterny (*sblayn*-do-new)
adj brand-new
spole (*sbōa*-ler) c spool; reel
spolere (sboa-*lay*-o) v spoil,
mess up
spor (sboar) nt (pl ~)
footprint, footmark; track;
trace; trail
sport (sbawd) c sport
sportsjakke (*sbawds*-ʸah-
ger) c sports jacket
sportskvinde (*sbawds*-kvay-
ner) c sportswoman
sportsmand (*sbawds*-mahn)
c (pl -mænd) sportsman
sportstøj (*sbawds*-toi) pl
sportswear
sportsvogn (*sbawds*-vo⁰⁰n) c

sports car
sporvogn (*sboar*-vo⁰⁰n) c
tram; streetcar *nAm*
spot (sbod) c mockery
spray (sbray) c (pl ~)
atomizer, spray
sprede (*sbrææ*-dher) v
scatter
spring (sbræng) nt (pl ~)
jump
*springe (*sbræng*-er) v jump;
*leap; ~ over skip
springvand (*sbræng*-vahn)
nt (pl ~) fountain
spritapparat (*sbrid*-ah-bah-
rahd) nt spirit stove
sprog (sbrooo) nt (pl ~)
language
sproglaboratorium (sbro⁰⁰-
lah-boa-rah-toar-ʸom) nt (pl
-ier) language laboratory
sprut (sprood) n booze*
*sprække (*sbræ*-ger) v *burst
sprænge i luften (*sbræng*-er i
lofdehn) v blow up
sprængstof (*sbræng*-sdof) nt
(pl ~fer) explosive
sprød (sbrurdh) adj crisp
sprøjt (sbroid) nt (pl ~)
splash, squirt; spout
sprøjte (*sbroi*-der) c syringe;
v splash; squirt; inject
spurv (sboorv) c sparrow
spyd (sbewdh) nt (pl ~) spear
spyt (sburd) nt spit
spytte (*sbur*-der) v *spit
spædbarn (*sbehdh*-bahn) nt
(pl -børn) infant, baby
spænde¹ (*sbeh*-ner) nt buckle
spænde² (*sbeh*-ner) v

tighten; ~ **fast** fasten

spændende (*sbeh*-ner-ner) *adj* exciting

spænding (*sbeh*-nayng) *c* tension; voltage

spændt (sbehnd) *adj* tense, tight; eager

spærre (*sbai*-o) *v* block

spøg (sboi) *c* joke

spøgefuld (*sbūr*-ur-fool) *adj* humorous

spøgelse (*sbūr*-url-ser) *nt* spirit, ghost

***spørge** (*sbūr*-o) *v* ask; **spørgende** interrogative; ~ **sig selv** wonder

spørgsmål (*sburrs*-mol) *nt* (pl ~) question; problem, matter; issue

spørgsmålstegn (*sburrs*-mols-tighn) *nt* (pl ~) question mark

stabel (*sdah*-berl) *c* (pl -bler) stack; pile

stabil (sdah-*bil*) *adj* stable

stable (*sdaa*-bler) *v* pile

stade (*sdaa*-dher) *nt* stand; level

stadion (*sdah*-d^yon) *nt* stadium

stadium (*sdah*-d^yom) *nt* (pl -ier) stage

stak (sdahg) *c* (pl ~ke) heap

stakit (sdah-*kid*) *nt* (pl ~ter) fence

stald (sdahl) *c* stable

stamcelle (*sdahm*-seh-ler) *c* stem cell

stamme (*sdah*-mer) *c* trunk; tribe; log; *v* stutter

stampe (*sdahm*-ber) *v* stamp

i stand til (i sdahn tayl) able; ***være i stand til** *be able to

standhaftig (sdahn-*hahf*-di) *adj* steadfast

standpunkt (*stahn*-pongd) *nt* point of view

standse (*sdahn*-ser) *v* halt, stop; discontinue

stang (sdahng) *c* (pl stænger) bar; rod

stanniol (sdahn-*^yoal*) *nt* tinfoil

start (sdahd) *c* beginning, start; take-off

startbane (*sdahd*-baa-ner) *c* runway

starte (*sdaa*-der) *v* start, *begin; *take off

stat (sdahd) *c* state; **stats- national**; **De Forenede Stater** The United States

station (sdah-s^yoan) *c* station; depot *nAm*

stationær (sdah-s^yoa-*nær*) *adj* stationary

statistik (sdah-di-*sdig*) *c* (pl ~ker) statistics *pl*

statsborger (*sdahds*-bawoo-o) *c* subject

statsborgerskab (*sdahds*-bo^{oo}-o-sgahb) *nt* citizenship

statsmand (*sdahds*-mahn) *c* (pl -mænd) statesman

statsminister (*sdahds*-mi-niss-do) *c* (pl -tre) Prime Minister; premier

statsoverhoved (*sdahds*-o^{oo}-o-hoā-oadh) *nt* head of state

statstjenestemand

statstjenestemand (*sdahds-t*ʸ*ai-ner-sder-mahn*) *c* (pl -mænd) civil servant

statue (*sdah-tōō-oo*) *c* statue

stave (*sdaa-*ver) *v* *spell

stavelse (*sdaa-*verl-ser) *c* syllable

stavemåde (*sdaa-*ver-maw-dher) *c* spelling

stearinlys (sday-*rin*-lews) *nt* (pl ~) candle

sted (sdehdh) *nt* spot, place; site; et eller andet ~ somewhere; *finde ~ *take place; i stedet for instead of; *tage af ~ *leave; depart

stedbarn (*sdehdh-*bahn) *nt* (pl -børn) stepchild

stedfar (*sdehdh-*faa) *c* (pl -fædre) stepfather

stedfortræder (*sdehdh-*fo-trædh-o) *c* substitute; deputy

stedlig (*sdehdh-*li) *adj* local

stedmor (*sday-*moar) *c* (pl -mødre) stepmother

stedord (*sdehdh-*oar) *nt* (pl ~) pronoun

stege (*sdigh-*er) *v* roast, fry

stegeovn (*sdigh-*er-o°°n) *c* oven

stegepande (*sdigh-*er-pah-ner) *c* frying pan

stejl (sdighl) *adj* steep

stemme (sdeh-mer) *c* voice; vote; *v* tune, vote; ~ overens correspond, agree

stemmeret (*sdeh-*mer-ræd) *c* suffrage; franchise

stemning (sdehm-nayng) *c*

172

atmosphere

stempel (*sdehm-*berl) *nt* (pl -pler) stamp; piston

stempelring (*sdehm-*berl-ræng) *c* piston ring

sten (sdayn) *c* (pl ~) stone; sten- stone

stenbrud (*sdāyn-*broodh) *nt* (pl ~) quarry

stenografi (sday-noa-grah-*fi*) *c* shorthand

stentøj (*sdāyn-*toi) *pl* stoneware

stereo (sday-ræ-o) *c* stereo

steril (sday-*ril*) *adj* sterile

sterilisere (sdayr-i-li-*say-*o) *v* sterilize

stewardesse (sd°oo-ah-*deh-*ser) *c* stewardess

sti (sdi) *c* path; trail

stifte (*sdayf-*der) *v* found; institute

stiftelse (*sdayf-*derl-ser) *c* foundation

stige (*sdee-*i) *c* ladder

*stige (*sdee-*i) *v* *rise, climb; ~ op ascend; ~ på *get on

stigning (*sdee-*nayng) *c* rise, ascent

stik (sdayg) *nt* (pl ~) sting; engraving, picture

*stikke (*sday-*ger) *v* *sting

stikkelsbær (*sdayg-*gerls-bær) *nt* (pl ~) gooseberry

stikkontakt (*sdayg-*koan-tahgd) *c* plug

stikord (*sdayg-*oar) *nt* (pl ~) cue; catchword

stikpille (*sdayg-*pay-ler) *c* suppository

stil (sdil) *c* style; essay

stilfærdig (sdayl-*fær*-di) *adj* quiet

stilhed (*sdayl*-haydh) *c* silence, quiet

stilk (sdaylg) *c* stem

stillads (sdi-*lahs*) *nt* scaffolding

stille[1] (*sday*-ler) *v* *put; place; ~ **ind** tune in; ~ **på plads** *put away

stille[2] (*sday*-ler) *adj* still, calm, quiet; silent

Stillehavet (*sday*-ler-hah-verdh) the Pacific Ocean

stilling (*sday*-layng) *c* position, job, situation

stimulans (sdi-moo-*lahns*) *c* stimulant

stimulere (sdi-moo-*lay*-o) *v* stimulate

sting (sdayng) *nt* (pl ~)

***stinke** (*sdayng*-ger) *v* *smell, *stink

stipendium (sdi-*pehn*-d'om) *nt* (pl -ier) grant, scholarship

stipulere (sdi-poo-*lay*-o) *v* stipulate

stirre (*sdee*-o) *v* stare, gaze

stiv (sdee[oo]) *adj* stiff, rigid; starched

stivelse (*sdee*-verl-ser) *c* starch

stivsindet (*sdee*[oo]-sayn-erdh) *adj* pig-headed

stjerne (sd'*ær*-ner) *c* star

***stjæle** (sd'*ai*-ler) *v* *steal

stof (sdof) *nt* (pl ~fer) fabric, material; matter; **fast ~** solid

stok (sdog) *c* (pl ~ke) cane

stol (sdoal) *c* chair

stola (s*doā*-lah) *c* stole

stole på (s*doā*-ler) trust; rely on

stolpe (*sdol*-ber) *c* post

stolt (sdold) *adj* proud

stolthed (*sdold*-haydh) *c* pride

stop! (sdob) stop!

stoplys (*sdob*-lews) *pl* brake lights

stoppe (*sdo*-ber) *v* stop; *put; darn

stoppegarn (*sto*-ber-gahn) *nt* darning wool

stoppested (*sdo*-ber-sdehdh) *nt* stop

stor (sdoar) *adj* big, great; large

storartet (*sdoar*-ah-derdh) *adj* terrific, splendid, great

Storbritannien (*sdoar*-bri-tahn-'ern) Great Britain

stork (sdawg) *c* stork

storm (sdom) *c* gale, storm; tempest

stormagasin (*sdoar*-mah-gah-sin) *nt* department store

stormflod (*sdawm*-floadh) *c* flood

stormfuld (*sdawm*-fool) *adj* stormy

stormlampe (*sdawm*-lahm-ber) *c* hurricane lamp

stormmåge (*sdawm*-maw-er) *c* seagull, common gull

storslået (*sdoar*-slo-odh) *adj* magnificent, superb, grand

storsnudet (*sdoar*-snoo-dherdh) *adj* snooty; arrogant

stort indkøbscenter (sdoard *ayn*-kurbs-*sehn*-to) *nt* (pl ~centre) mall

straf (sdrahf) *c* (pl ~fe) punishment; penalty

straffe (*sdrah*-fer) *v* punish

strafferet (*sdrah*-fer-ræd) *c* criminal law

straffespark (*sdrah*-fer-sbaag) *nt* (pl ~) penalty kick

straks (sdrahgs) *adv* instantly, straight away, immediately, at once

stram (sdrahm) *adj* tight, narrow

stramme (*sdrah*-mer) *v* tighten

strammes (*sdrah*-merss) *v* tighten

strand (sdrahn) *c* beach; seashore, shore

strandsnegl (*sdrahn*-snighl) *c* winkle

streg (sdrigh) *c* line

strejfe om (*sdrigh*-fer) wander, roam

strejke (*sdrigh*-ger) *c* strike; *v* *strike

streng (sdræng) *adj* severe, harsh, strict; *c* string

stribe (*sdree*-ber) *c* stripe

stribet (*sdree*-berdh) *adj* striped

strid (sdridh) *c* contest, fight; struggle, battle

***strides** (*sdree*-dherss) *v* dispute

strikke (*sdræ*-ger) *v* *knit

strikketøj (*sdræ*-ger-toi) *nt* knitting

striks (sdrægs) *adj* strict

strimmel (*sdræm*-erl) *c* (pl strimler) strip

strofe (*sdrōa*-fer) *c* stanza

strube (*sdrōō*-ber) *c* throat

strubehovedkatar (*sdrōō*-ber-hōa-oadh-kah-tah) *c* laryngitis

struds (sdrooss) *c* ostrich

struktur (sdroog-*toor*) *c* texture, structure; fabric

***stryge** (*sdrēw*-ew) *v* iron; *strike, *sweep

strygefri (*sdrēw*-ew-fri) *adj* wash and wear, drip-dry

strygejern (*sdrēw*-ew-Yærn) *nt* (pl ~) iron

stræbe (*sdræœ*-ber) *v* aspire; ~ efter pursue, *strive for

stræde (*sdræœ*-dher) *nt* lane

***strække** (*sdræ*-ger) *v* stretch

strækning (*sdræg*-nayng) *c* stretch

strøm (sdrurm) *c* (pl ~me) current; **med strømmen** downstream; **mod strømmen** upstream

strømfald (*sdrurm*-fahl) *nt* (pl ~) rapids *pl*

strømfordeler (*sdrurm*-fo-day-lo) *c* distributor

strømme (*sdrur*-mer) *v* stream, pour, flow

strømpe (*sdrurm*-ber) *c* stocking

strømpebukser (*sdrurm*-ber-bog-so) *pl* panty hose, tights *pl*

strømpeholder (*sdrurm*-ber-ho-lo) *c* garter belt *Am*

strå (sdro) *nt* (pl ~) straw

stråle (*draw*-ler) *c* ray, beam; jet; *v* *shine, beam

strålende (*sdro*-ler-ner) *adj* radiant, beaming; brilliant; bright

stråtag (*sdro*-tah) *nt* thatched roof

stråtækt (*sdro*-tehgd) *adj* thatched

student (sdoo-*dehnd*) *c* student

studere (sdoo-*day*-o) *v* study

studium (sdoo-d^yom) *nt* (pl -ier) studies

studse (*sdoo*-ser) *v* trim; *be startled

stueetage (sd<u>oo</u>-oo-ay-*taa*-s^yer) *c* ground floor

stuehus (sd<u>oo</u>-oo-hoos) *nt* farmhouse

stuetemperatur (sd<u>oo</u>-oo-tehm-brah-*toor*) *c* room temperature

stum (sdom) *adj* dumb; mute

stump (sdomb) *c* scrap, bit; *adj* blunt

stund (sdon) *c* while

stupid (sdoo-*pidh*) *adj* dumb

stykke (*sdur*-ger) *nt* piece, part; lump; **i stykker** broken; ***slå i stykker** *break

styrbord (*sdewr*-boar) *nt* starboard

styre (s*dew*-o) *nt* rule; *v* *lead; restrain; steer

styrke (*sdewr*-ger) *c* strength, force; power; **væbnede styrker** armed forces

styrte (*sdewr*-der) *v* dash;

rush; *fall down, drop; ~ **ned** crash

styrtebad (*sdewr*-der-bahdh) *nt* shower

stædig (*sdai*-dhi) *adj* stubborn

stær (sdær) *c* starling

stærk (sdærg) *adj* strong; powerful, severe

stævne (s*deh*^{oo}-ner) *nt* rally, meeting

stævning (s*deh*^{oo}-nayng) *c* writ

støbejern (s*dūr*-ber-^yærn) *nt* cast iron

stød (sdurdh) *nt* (pl ~) bump, push; stab

støddæmper (*sdurdh*-dehm-bo) *c* shock absorber

støde (s*dūr*-dher) *v* bump; punch; offend; *hurt; ~ **imod** knock against; ~ **på** *come across; ~ **sammen** crash, collide; bump

støj (sdoi) *c* noise

støjende (s*doi*-er-ner) *adj* noisy

stønne (*sdur*-ner) *v* groan

større (s*dūr*-o) *adj* bigger; major; superior; **størst** biggest; main

størrelse (s*dūr*-ol-ser) *c* size; **stor ~** outsize

størstedel (*sdurr*-sder-dayl) *c* the greater part, majority; bulk

støt (sdurd) *adj* steady

støtte (*sdur*-der) *c* support; *v* support

støttestrømpe (*sdur*-der-sdrurm-ber) *c* support hose

støv (sdur⁰⁰) *nt* dust

støvet (*sdūr*-verdh) *adj* dusty

støvle (sdur⁰⁰-ler) *c* boot

støvregn (sdur⁰⁰-rahin) *c* drizzle

støvsuge (sdur⁰⁰-sōō-oo) *v* hoover; vacuum *vAm*

støvsuger (sdur⁰⁰-sōō-o) *c* vacuum cleaner

***stå** (sdo) *v* *stand; ~ af *get off; *stående erect; ~ op *rise, *get up

ståhej (sdo-*high*) *c* fuss, bustle

stål (sdol) *nt* steel; rustfrit ~ stainless steel

ståltråd (*sdol*-trodh) *c* wire

subjekt (soob-ᵉhgd) *nt* subject

substans (soob-*sdahns*) *c* substance

substantiv (soob-sdahn-tee⁰⁰) *nt* noun

subtil (soob-*til*) *adj* subtle

succes (sewg-*say*) *c* success

suge (sōō-oo) *v* suck

suite (svee-der) *c* suite

sukker (*so*-go) *nt* sugar; stykke ~ lump of sugar

sukkerlage (*so*-go-laa-ah) *c* syrup

sukkersyge (*so*-go-sēw-ew) *c* diabetes

sukkersygepatient (*so*-go-sēw-ew-pah-sᵉhnd) *c* diabetic

sult (soold) *c* hunger

sulten (*sool*-dern) *adj* hungry

sum (som) *c* (pl ~mer) amount, sum

summen (*som*-ehn) *c* buzz

sump (somb) *c* marsh

sund (son) *adj* sound, healthy; wholesome

super (soo-*pær*) *adj* super

superlativ (soo-*pær*-lah-tee⁰⁰) *c* superlative; *adj* superlative

supermarked (*soo*-bo-maa-gerdh) *nt* supermarket

suppe (*so*-ber) *c* soup

suppeske (*so*-ber-sgay) *c* soup spoon

suppetallerken (*so*-ber-tah-*lær*-gern) *c* soup plate

sur (soor) *adj* sour

surfe (*surf*-er) *v* surf

suspendere (sooss-behn-*day*-o) *v* suspend

svag (svah) *adj* weak, feeble; faint, slight

svaghed (*svaa*-haydh) *c* weakness

svale (*svaa*-ler) *c* swallow

svamp (svahmb) *c* sponge; mushroom, toadstool

svane (*svaa*-ner) *c* swan

svanger (*svahng*-o) *adj* pregnant

svar (svah) *nt* (pl ~) answer, reply; som ~ in reply

svare (*svaa*-ah) *v* answer, reply; ~ til correspond

sved (svaydh) *c* sweat; perspiration

svede (*svāy*-dher) *v* sweat; perspire

svejse (*svigh*-ser) *v* weld

svejsesøm (*svigh*-ser-surm) c
(pl ~) joint

svensk (svehnsg) *adj* Swedish

svensker (*svehn*-sgo) c
Swede

Sverige (*svær*-i) Sweden

sveske (*svayss*-ger) c prune

svigerdatter (*svi*-o-dah-do) c
(pl -døtre) daughter-in-law

svigerfar (*svi*-o-faa) c (pl
-fædre) father-in-law

svigerforældre (*svi*-o-fo-ehl-
dro) *pl* parents-in-law *pl*

svigerinde (svi-o-*ay*-ner) c
sister-in-law

svigermor (*svi*-o-moar) c (pl
-mødre) mother-in-law

svigersøn (*svi*-o-surn) c (pl
~ner) son-in-law

svigte (*svayg*-der) v *let
down, fail, desert

svimmel (*svaym*-erl) *adj*
dizzy; giddy

svimmelhed (*svaym*-erl-
haydh) c dizziness; giddiness

svin (svin) *nt* (pl ~) pig

svindel (*svayn*-erl) c swindle

svindle (*svayn*-ler) v swindle

svindler (*svayn*-lo) c swindler

svinekød (*svee*-ner-kurdh) *nt*
pork

svinelæder (*svee*-ner-lehdh-
o) *nt* pigskin

sving (svayng) *nt* (pl ~) turn,
swing; bend, turning

svingdør (*svayng*-durr) c
revolving door

*svinge (*svay*-nger) v *swing,
turn

svoger (*svo*°°-o) c (pl -gre)
brother-in-law

svulme (*svool*-mer) v *swell

svulst (svoolsd) c tumour;
growth

svær (svær) *adj* difficult,
hard; corpulent, stout

sværd (svær) *nt* (pl ~) sword

*sværge (*svær*-er) v vow,
*swear

svævefly (*svææ*-ver-flew) *nt*
(pl ~) glider

svømme (*svur*-mer) v *swim

svømmebassin (*svur*-mer-
bah-sehng) *nt* swimming
pool

svømmer (*svur*-mo) c
swimmer; float

svømning (*svurm*-nayng) c
swimming

swahili (svah-*hee*-li) *nt*
Swahili

sy (sew) v *sew; ~ sammen
*sew up

syd (sewdh) south

Sydafrika (*sewdh*-ah-fri-kah)
South Africa

sydlig (*sewdh*-li) *adj*
southern; southerly

sydpol (*sewdh*-poal) c South
Pole

sydvest (sewdh-*vehsd*)
southwest

sydøst (sewdh-*ursd*)
southeast

syg (sew) *adj* sick, ill

sygdom (*sew*-dom) c (pl ~me)
disease, illness; sickness;
ailment

sygehus (*sew*-ew-hoos) *nt*
hospital

sygeplejerske (*sēēew*-pligh-o-sger) *c* nurse
syltetøj (*sewl*-der-toi) *nt* jam
symaskine (*sew*-mah-sgee-ner) *c* sewing machine
symbol (sewm-*boal*) *nt* symbol
symfoni (sewm-foa-*ni*) *c* symphony
sympati (sewm-pah-*ti*) *c* sympathy
sympatisk (sewm-*pah*-disg) *adj* nice
symptom (sewm-*toam*) *nt* symptom
syn (sewn) *nt* (pl ∼) sight; outlook
synagoge (sew-nah-*gōā*-oa) *c* synagogue
synd (surn) *c* sin
syndebuk (*sur*-ner-bog) *c* (pl ∼ke) scapegoat
***synes** (*sēēw*-nerss) *v* *think; appear; ∼ om like
***synge** (*surng*-er) *v* *sing
***synke** (*surng*-ger) *v* *sink; swallow
synlig (*sēēw*-n-li) *adj* visible
synonym (sew-noa-*newm*) *nt* synonym
synspunkt (*sewns*-pongd) *nt* view
synsvinkel (*sewns*-vayng-gerl) *c* (pl -kler) point-of--view
syntetisk (sewn-*tay*-disg) *adj* synthetic
syre (*sēēw*-o) *c* acid
syrer (*sew*-o) *c* Syrian
Syrien (*sewr*-ᵞern) Syria

syrisk (*sewr*-isg) *adj* Syrian
system (sew-*sdaym*) *nt* system
systematisk (sewss-der-*mah*-disg) *adj* systematic
sytråd (*sew*-trodh) *c* thread
sytten (*sur*-dern) *num* seventeen
syttende (*sur*-der-ner) *num* seventeenth
syv (sew⁰⁰) *num* seven
syvende (*sew*⁰⁰-er-ner) *num* seventh
sæbe (*sai*-ber) *c* soap
sæbepulver (*sai*-ber-pol-vo) *nt* soap powder
sæd (sehdh) *c* seed, grain; corn; sperm; custom
sæde (*sai*-dher) *nt* seat
sædelig (*sai*-dher-li) *adj* moral
sædvane (*sehdh*-vaa-ner) *c* usage
sædvanemæssig (*sehdh*-vaa-ner-meh-si) *adj* customary
sædvanlig (sehdh-*vahn*-li) *adj* usual; customary; ordinary; **sædvanligvis** usually, as a rule
sæk (sehg) *c* (pl ∼ke) sack
sæl (sehl) *c* seal
***sælge** (*sehl*-er) *v* *sell
sælsom (*sail*-som) *adj* queer
sænke (*sehng*-ger) *v* lower; *sink; devalue
sær (sær) *adj* odd
særdeles (sær-*day*-lerss) *adv* quite; **i særdeleshed** specially

særegenhed (*sær-ay-ayn-haydh*) c peculiarity
særlig (*sær-li*) adj particular, special
særskilt (*sær-sgayld*) adj separate
sæson (*seh-song*) c season
sæsonkort (*seh-song-kawd*) nt (pl ~) season ticket
sæt (*sehd*) nt (pl ~) set
sætning (*sehd-nayng*) c sentence
*sætte (*seh-der*) v place, *lay, *set, *put; ~ i gang launch; ~ i stand enable; ~ sig *sit down
sø (*sur*) c lake
sød (*surdh*) adj sweet; good
søde (*sūr-dher*) v sweeten
søfart (*sur-fahd*) c navigation
søge (*sūr-ur*) v search, *seek
søger (*sūr-o*) c viewfinder
søjle (*soi-ler*) c column; pillar
søkort (*sur-kawd*) nt (pl ~) chart
sølle (*sur-ler*) adj poor
sølv (*surl*) nt silver; sølv- silver
sølvsmed (*surl-smaydh*) c silversmith
sølvtøj (*surl-toi*) pl silverware
søm¹ (*surm*) nt (pl ~) nail
søm² (*surm*) c (pl ~me) seam; hem
sømand (*sur-mahn*) c (pl ~mænd) sailor; seaman
sømløs (*surm-lurs*) adj seamless
sømmelig (*sur-mer-li*) adj proper

søn (*surn*) c (pl ~ner) son
søndag (*surn-dah*) c Sunday
sønnedatter (*sur-ner-dah-do*) c (pl -døtre) granddaughter
sønneson (*sur-ner-surn*) c (pl ~ner) grandson
søpindsvin (*sur-payn-svin*) nt (pl ~) sea urchin
sørge (*surr-er*) v grieve; ~ for see to, attend to
sørgelig (*surr-er-li*) adj sad; grievous; lamentable
sørgespil (*surr-er-spayl*) nt (pl ~) drama
sørgetid (*surr-er-tidh*) c mourning
sørøver (*sur-rūr-vo*) c pirate
søster (*surss-do*) c (pl -tre) sister
søsyg (*sur-sew*) adj seasick
søsyge (*sur-sēw-ew*) c seasickness
søsætning (*sur-sehd-nayng*) c launching
søtunge (*sur-tong-er*) c sole
søvn (*surⁿn*) c sleep
søvnig (*surⁿn-ni*) adj sleepy
søvnløs (*surⁿn-lurs*) adj sleepless
søvnløshed (*surⁿn-lurss-haydh*) c insomnia
så¹ (*so*) adv so, then; conj so that; ~ at so that
så² (*so*) v *sow
sådan (*so-dahn*) adj such; adv so, such; ~ som like, such as
såfremt (*so-fræmd*) conj in case, if
såkaldt (*so-kahld*) adj so-

called

sål (sol) *c* sole

således (so-láy-dherss) *adv* thus

sår (sor) *nt* (pl ~) wound; ulcer

sårbar (saw-bah) *adj* vulnerable

såre (saw-o) *v* injure, wound; offend

såvel som (so-*vehl* som) as well as

T

tab (tahb) *nt* (pl ~) loss

tabe (taa-ber) *v* drop, *lose

tabel (tah-*behl*) *c* (pl ~ler) table; chart

taber (taa-bo) *c* loser

tablet (tah-*blehd*) *c* (pl ~ter) tablet

tabu (*taa*-boo) *nt* (pl ~) taboo

tag¹ (tah) *nt* roof

tag² (tah) *nt* (pl ~) grip

tage (*taa*-ah) *v* *get, *take; ~ af sted *leave; ~ bort *go away; ~ ilde op resent; ~ imod accept; ~ modet fra discourage; ~ på *put on; ~ sig af *take care of; mind; ~ væk *take away

tagsten (*tou*-sdayn) *c* (pl ~) tile

tak (tahg) thank you

takke (*tah*-ger) *v* thank; *have at ~ for owe

taknemmelig (tahg-*nehm*-li) *adj* grateful, thankful

taknemmelighed (tahg-*nehm*-li-haydh) *c* gratitude

taksere (tahg-*say*-o) *v* estimate, value

takst (tahgsd) *c* fare

taktik (tahg-*tig*) *c* tactics *pl*

tal (tahl) *nt* (pl ~) number

tale (*taa*-ler) *c* speech; *v* talk, *speak; talens brug speech

talemeddelelse (*taa*-ler-*mehdh*-day-lerl-ser) *nt* voice mail

talent (tah-*lehnd*) *nt* talent; faculty

talerstol (*taa*-lo-sdoal) *c* platform; pulpit

talje (*tahl*-²er) *c* waist

talkum (*tahl*-kom) *nt* talc powder

tallerken (tah-*lær*-gern) *c* plate; dish

talon (tah-*long*) *c* counterfoil, stub

talord (*tahl*-oar) *nt* (pl ~) numeral

talrig (*tahl*-ri) *adj* numerous

tam (tahm) *adj* tame

tampon (tahm-*poang*) *c* tampon

tand (tahn) *c* (pl tænder) tooth

tandbørste (*tahn*-burr-sder) *c* toothbrush

tandkød (*tahn*-kurdh) *nt* gum

tandlæge (*tahn*-lai-eh) *c* dentist

tandpasta (*tahn*-pahss-dah) *c* toothpaste

tandpine (*tahn*-pee-ner) *c* toothache

tandprotese (*tahn*-proa-tay̅-ser) *c* denture

tandpulver (*tahn*-pol-vo) *nt* toothpowder

tandstikker (*tahn*-sday-go) *c* toothpick

tang (tahng) *c* (pl tænger) tongs *pl*; pliers *pl*

tank (tahngg) *c* tank

tanke (*tahng*-ger) *c* idea, thought

tankeløs (*tahng*-ger-lurs) *adj* thoughtless, careless

tankestreg (*tahng*-ger-sdrigh) *c* dash

tankskib (*tahngg*-sgib) *nt* tanker

tankstation (*tahngg*-sdah-s³oan) *c* filling station

tante (*tahn*-der) *c* aunt

tape (tayb) *c* adhesive tape

tapet (tah-*payd*) *nt* wallpaper

tapper (*tah*-bo) *adj* courageous, brave

tapperhed (*tah*-bo-haydh) *c* courage

tarif (tah-*rif*) *c* (pl ~fer) tariff, rate

tarm (tahm) *c* gut, intestine

tarvelig (*taa*-ver-li) *adj* common

taske (*tahss*-ger) *c* bag

tavle (*tou*-ler) *c* blackboard; board

tavs (tous) *adj* silent

taxameter (tahg-sah-*may*-do)

nt (pl -tre) taximeter

taxi (*tahg*-si) *c* cab, taxi

taxichauffør (*tahg*-si-s³oa-furr) *c* cab driver, taxi driver

taxiholdeplads (*tahg*-si-ho-ler-plahss) *c* taxi rank; taxi stand *Am*

te (tay) *c* tea

teater (tay-*ah*-do) *nt* (pl -tre) theatre

tegn (tighn) *nt* (pl ~) sign; token, indication, signal; *gøre ~ signal

tegne (*tigh*-ner) *v* *draw; sketch

tegnebog (*tigh*-ner-bo⁰⁰) *c* (pl -bøger) wallet; pocketbook

tegnefilm (*tigh*-ner-film) *c* (pl ~) cartoon

tegneserie (*tigh*-ner-sayr-³er) *c* comics *pl*

tegnestift (*tigh*-ner-sdayfd) *c* drawing pin; thumbtack *nAm*

tegning (*tigh*-nayng) *c* drawing; sketch; skematisk ~ diagram

teint (tehng) *c* complexion

teknik (tehg-*nig*) *c* (pl ~ker) technique

tekniker (*tehg*-ni-go) *c* technician

teknisk (*tehg*-nisg) *adj* technical

teknisk support (*tehg*-nisg so-port) *c* technical support

teknologi (tehg-noa-loa-*gi*) *c* technology

teknologisk (tehg-noa-loa-

gish) adj technological

tekop (*tay*-kob) *c* (pl ~per)
teacup

tekst (tehgsd) *c* text

tekste (tehgsd-er) *v* text

tekstil (tehgs-*til*) *nt* textile

telefon (tay-ler-*foan*) *c*
telephone, phone

telefonbog (tay-ler-*foan*-
bo∞) *c* (pl -bøger)
telephone directory;
telephone book *Am*

telefonboks (tay-ler-*foan*-
bogs) *c* telephone booth

telefoncentral (tay-ler-*foan*-
sehn-trahl) *c* telephone
exchange

telefondame (tay-ler-*foan*-
daa-mer) *c* telephone
operator; operator,
telephonist

telefonkort (tay-ler-*foan*-
kawd) *nt* phone card

telefonere (tay-ler-foa-*nay*-o)
v phone

telefonopkald (tay-ler-*foan*-
ob-kahl) *c* call

telefonopringning (tay-ler-
foan-ob-ræng-nayng) *c* call,
telephone call

telefonrør (tay-ler-*foan*-rurr)
nt (pl ~) receiver

telefonsamtale (tay-ler-*foan*-
sahm-taa-ler) *c* telephone
call

telegrafere (tay-ler-grah-*fay*-
o) *v* cable, telegraph

telegram (tay-ler-*grahm*) *nt*
(pl ~mer) cable, telegram

telekommunikation (tay-ler-

koa-moo-ni-kah-*syoan*) *c*
telecommunications

teleobjektiv (*tay*-ler-ob-^yehg-
tee∞) *nt* telephoto lens

telepati (*tay*-ler-pah-*ti*) *c*
telepathy

telt (tehld) *nt* tent

tema (*tay*-mah) *nt* theme

temmelig (*teh*-mer-li) *adv*
pretty, rather, quite

tempel (*tehm*-berl) *nt* (pl
-pler) temple

temperatur (tehm-brah-*toor*)
c temperature

tempo (*tehm*-boa) *nt* (pl -pi)
pace

tendens (tehn-*dehns*) *c*
tendency

tennis (*teh*-niss) tennis

tennisbane (*teh*-niss-baa-
ner) *c* tennis court

tennissko (*teh*-niss-sgoa) *pl*
tennis shoes

teologi (tay-oa-loa-*gi*) *c*
theology

teoretisk (tay-oa-*ræ*-disg) *adj*
theoretical

teori (tay-oa-*ri*) *c* theory

tepotte (*tay*-po-der) *c* teapot

terapi (tay-ah-*pi*) *c* therapy

termoflaske (*tær*-moa-flahss-
ger) *c* vacuum flask, thermos
flask

termometer (tær-moa-*may*-
do) *nt* (pl -tre) thermometer

termostat (tær-moa-*sdahd*) *c*
thermostat

ternet (*tær*-nerdh) *adj*
checked

terning (*tær*-nayng) *c* cube

terpentin (tær-bern-*tin*) c
turpentine

terrasse (tah-*rah*-ser) c
terrace

territorium (tær-i-*toar*-ᵛom)
nt (pl -ier) territory

terror (*tær*-o) c terrorism

terrorisme (tær-o-*riss*-mer) c
terrorism

terrorist (tær-o-*risd*) c
terrorist

terræn (tah-*ræng*) nt terrain

tesalon (*tay*-sah-long) c tea-
-shop

teske (*tay*-sgay) c teaspoon

teskefuld (*tay*-sgay-fool) c
teaspoonful

testamente (tay-sdah-*mehn*-
der) nt will

teste (*tehss*-der) v test

testel (*tay*-sdehl) nt (pl ~) tea
set

Thailand (*tigh*-lahn) Thailand

thailandsk (*tigh*-lahnsg) adj
Thai

thailænder (*tigh*-lehn-o) c
Thai

ti (ti) num ten

tid (tidh) c time; hour;
moment; hele tiden all the
time; i den sidste ~ lately; i
tide in time

tidevand (*tee*-dher-vahn) nt
tide

tidlig (*tidh*-li) adj early

tidligere (*tidh*-li-aw-o) adj
former, earlier; late;
previous; adv before,
formerly

tidsbesparende (*tidhs*-bay-

sbah-ah-ner) adj time-saving

tidsel (*ti*-serl) c (pl -sler)
thistle

tidsfordriv (*tidhs*-fo-*driv*) nt
(pl ~) pastime

tidsskrift (*tidhs*-sgræfd) nt
periodical; journal,
magazine, review

***tie** (*tee*-i) v *be silent; ~ stille
*keep quiet

tiende (*ti*-i-ner) num tenth

tiger (*ti*-o) c (pl tigre) tiger

tigge (*tay*-ger) v beg

tigger (*tay*-go) c beggar

til (tayl) prep for, to, until; ~
sidst adv eventually

tilbage (tay-*baa*-ah) adv back

tilbagebetale (tay-*baa*-ah-
bay-tah-ler) v *repay

tilbagebetaling (tay-*baa*-ah-
bay-tah-layng) c repayment

tilbageflyvning (tay-*baa*-ah-
flew°°-nayng) c return flight

tilbagekalde (tay-*baa*-ah-
kahl-er) v recall, call back

tilbagekomst (tay-*baa*-ah-
komsd) c return

tilbagerejse (tay-*baa*-ah-
righ-ser) c return journey,
journey home

tilbagestående (tay-*baa*-ah-
sdo-o-ner) adj
underdeveloped; overdue

tilbagevej (tay-*baa*-ah-vigh) c
way back

***tilbede** (*tayl*-bay-dher) v
worship

tilbehør (*tayl*-bay-hurr) nt
accessories pl

tilberede (*tayl*-bay-reh-dher)

v cook; prepare

*tilbringe (*tayl*-bræng-er) v
*spend

tilbud (*tayl*-boodh) nt (pl ∼)
offer

*tilbyde (*tayl*-bew-dher) v
offer

tilbøjeli (tay-*boi*-li) adj
inclined; *være ∼ *be
inclined to

tilbøjelighed (tay-*boi*-li-
haydh) c tendency;
inclination; disposition;
*have ∼ til tend

tildele (*tayl*-day-ler) v assign
to; award

tildragelse (*tayl*-drou-erl-
ser) c incident

tildække (*tayl*-deh-ger) v
cover; bury

tilegne sig (*tayl*-igh-ner) v
acquire

*tilendebringe (tay-*ehn*-er-
bræng-er) v finish

tilflugtssted (*tayl*-flogds-
sdehdh) nt shelter, refuge

tilforladelig (tayl-fo-*lah*-
dher-li) adj sound

tilfreds (tay-*fræss*) adj
pleased, contented,
satisfied, content; happy

tilfredshed (tay-*fræss*-haydh)
c satisfaction; contentment

tilfredsstille (tay-*fræss*-sdayl-
er) v satisfy

tilfredsstillelse (tay-*fræss*-
sdayl-erl-ser) c satisfaction

tilfredsstillende (tay-*fræss*-
sdayl-uh-ner) adj
satisfactory

tilfælde (*tayl*-fehl-er) nt (pl ∼)
case, instance; chance; i ∼ af
in case of

tilfældig (tay-*fehl*-di) adj
accidental; casual,
incidental; tilfældigvis by
chance

tilføje (*tayl*-foi-er) v add;
inflict on; cause

tilføjelse (*tayl*-foi-erl-ser) c
addition

tilførsel (*tayl*-furr-serl) c (pl
-sler) supply

*tilgive (*tayl*-gi-ver) v
*forgive

tilgivelse (*tayl*-gi-verl-ser) c
forgiveness, pardon

tilgængelig (tay-*gehng*-er-li)
adj accessible

tilhænger (*tayl*-hehng-o) c
supporter

tilhøre (*tayl*-hur-o) v belong
to, belong

tilhører (*tayl*-hūr-o) c auditor

*tilintetgøre (tay-*ayn*-derdh-
gur-o) v destroy

tilintetgørelse (tay-*ayn*-
derdh-gur-ol-ser) c
destruction

tiljuble (*tayl*-ʔoob-ler) v cheer

tilkendegivelse (tay-*keh*-
ner-gi-verl-ser) c
manifestation,
demonstration

*tillade (tay-*lah*-dher) v
permit, allow; *være tilladt
*be allowed

tilladelse (tay-*lah*-dherl-ser)
c permission; license

tillid (*tay*-lidh) c trust,

confidence

tillidsfuld (*tay-lidhs-fool*) *adj* confident

tillige (*tay-lee-i*) *adv* as well, in addition

tillæg (*tay-lehg*) *nt* (pl ~) supplement; surcharge

tillægsord (*tay-lehgs-oar*) *nt* (pl ~) adjective

tilmed (*tayl-mehdh*) *adv* moreover

tilnavn (*tayl-noun*) *nt* nickname

tilpasse (*tayl-pah-ser*) *v* adapt, adjust; suit

tilrettevise (*tay-ræ-der-vi-ser*) *v* reprimand

tilråde (*tayl-ro-dher*) *v* string; twine

***tilskrive** (*tayl-sgri-ver*) *v* assign to

tilskud (*tayl-sgoodh*) *nt* (pl ~) contribution; grant, subsidy

tilskuer (*tayl-sgoo-o*) *c* spectator

tilskynde (*tayl-sgurn-er*) urge

tilslutning (*tayl-slood-nayng*) *c* consent; approval; attendance

tilslutte (*tayl-sloo-der*) *v* connect; plug in; ~ **sig** join

tilsluttet (*tayl-sloo-derdh*) *adj* connected; affiliated

tilstand (*tayl-sdahn*) *c* state, condition

tilstedeværelse (*tay-sdai-dher-veh-ol-ser*) *c* presence

tilstedeværende (*tay-sdai-dher-veh-o-ner*) *adj* present

tilstrækkelig (*tay-sdræ-ger-*

li) *adj* sufficient, enough; adequate; ***være** ~ suffice

tilstødende (*tayl-sdur-dher-ner*) *adj* neighbouring

tilsvarende (*tayl-svah-ah-ner*) *adj* corresponding; equivalent

tilsyneladende (*tay-sēw-ner-lah-dher-ner*) *adj* apparent; *adv* apparently

tilsynsførende (*tayl-sewns-für-o-ner*) *c* (pl ~) supervisor

tilsølet (*tayl-sur-lerdh*) *adj* soiled

***tiltage** (*tayl-tah-ah*) *v* increase; ***grow**; **tiltagende** progressive

tiltalende (*tayl-tah-ler-ner*) *adj* pleasant

tiltro (*tayl-troa*) *c* faith

***tiltrække** (*tayl-træ-ger*) *v* attract; **tiltrækkende** attractive

tiltrækning (*tayl-træg-nayng*) *c* attraction

tilværelse (*tayl-veh-ol-ser*) *c* existence, life

time (*tee-mer*) *c* hour; lesson; class; **hver** ~ hourly

timeplan (*tee-mer-plahn*) *c* schedule

timian (*ti-mi-ahn*) *c* thyme

tin (*tayn*) *nt* tin; pewter

tinde (*tay-ner*) *c* peak

tinding (*tay-nayng*) *c* temple

ting (*tayng*) *c* (pl ~) thing

tingest (*tay-ngersd*) *c* gadget

tirre (*tee-o*) *v* irritate

tirsdag (*teers-dah*) *c* Tuesday

tit (*tid*) *adv* often

titel (*ti*-derl) *c* (pl titler) title

titte (*ti*-der) *v* look at, peek, peep

tjene (*t'ai*-ner) *v* earn; *make; ~ på profit by

tjener (*t'ai*-no) *c* waiter; domestic, servant; valet

tjeneste (*t'ai*-nerss-der) *c* favour

tjenestepige (*t'ai*-nerss-der-pee-i) *c* maid, servant

tjenlig (*t'ain*-li) *adj* useable; workable; reasonable

tjære (*t'ai*-o) *c* tar

tjørn (*t'ûrn*) *c* thornbush

to (toa) *num* two

tobak (toa-*bahg*) *c* (pl ~ker) tobacco

tobakshandel (toa-*bahgs*-hahn-erl) *c* tobacconist's

tobakshandler (toa-*bahgs*-hahn-lo) *c* tobacconist

tobakspung (toa-*bahgs*-pong) *c* tobacco pouch

todelt (toa-dayld) *adj* two--piece

tog (tooo) *nt* (pl ~) train; gennemgående ~ through train

togfærge (*to*°°-fær-er) *c* train ferry

togt (to°°gd) *nt* journey

toilet (toa-ah-*lehd*) *nt* (pl ~ter) toilet, lavatory; bathroom; washroom *nAm*

toiletbord (toa-ah-*lehd*-boar) *nt* dressing table

toiletpapir (toa-ah-*lehd*-pah-peer) *nt* toilet paper

toiletsager (toa-ah-*lehd*-saa-o) *pl* toiletry

toilettaske (toa-ah-*lehd*-tahss-ger) *c* toilet case

told (tol) *c* Customs duty

toldafgift (*tol*-ou-gifd) *c* Customs duty

tolder (*to*-lo) *c* Customs officer

toldfri (*tol*-fri) *adj* duty-free

toldvæsen (*tol*-veh-sern) *nt* Customs duty

tolk (tolg) *c* interpreter

tolke (*tol*-ger) *v* interpret

tolv (tol) *num* twelve

tolvte (*tol*-der) *num* twelfth

tom (tom) *adj* empty

tomat (toa-*mahd*) *c* tomato

tomme (*to*-mer) *n* inch (2.54 cm)

tommelfinger (*to*-merl-fayng-o) *c* (pl -fingre) thumb

ton (ton) *c* (pl ~s) ton

tone (*tōa*-ner) *c* note, tone

top (tob) *c* (pl ~pe) summit, top; peak

toppunkt (*tob*-pongd) *nt* height

topstykke (*tob*-sdur-ger) *nt* cylinder head

torden (*toar*-dern) *c* thunder

tordenvejr (*toar*-dern-vær) *nt* thunderstorm

tordne (*toard*-ner) *v* thunder

torn (toarn) *c* thorn

torsdag (*tors*-dah) *c* Thursday

torsk (tawsg) *c* (pl ~) cod

tortere (to-*tay*-o) *v* torture

tortur (to-*toor*) *c* torture

torv (tooo) *nt* marketplace;

square
tosproget (*toa*-sbro°°-erdh) *adj* bilingual
tosset (*to*-serd) *adj* foolish, zany; estimate, appreciate
total (toa-*tahl*) *c* total; *adj* total; **totalt** completely
totalisator (toa-tah-li-*saa*-to) *c* bookmaker
totalitær (toa-tah-li-*tær*) *adj* totalitarian
toupet (too-*pay*) *c* hair piece
tov (to°°) *nt* rope, cord
tradition (trah-di-s^y*oan*) *c* tradition
traditionel (trah-di-s^yoa-*nehl*) *adj* traditional
trafik (trah-*fig*) *c* traffic
trafiklys (trah-*fig*-lews) *nt* (pl ~) traffic light
trafikprop (trah-*fig*-prob) *c* (pl ~per) jam, traffic jam
tragedie (trah-*gaydh*-^yer) *c* tragedy
tragisk (*trah*-gisg) *adj* tragic, sad
tragt (trahgd) *c* funnel
traktat (trahg-*tahd*) *c* treaty
traktor (*trahg*-to) *c* tractor
trang (trahng) *adj* narrow; *c* desire; craving; urge
transaktion (trahns-ahg-s^y*oan*) *c* deal, transaction
transatlantisk (trahns-ahd-*lahn*-disg) *adj* transatlantic
transformator (trahns-fo-*maa*-to) *c* transformer
translatør (trahns-lah-*turr*) *c* translator
transmission (trahns-mi-s^y*oan*) *c* transmission
transpiration (trahn-sbi-rah-s^y*oan*) *c* perspiration
transpirere (trahn-sbi-*ræ*-o) *v* perspire
transport (trahns-*pawd*) *c* transport, transportation
transportabel (trahns-bo-*tah*-berl) *adj* portable, transportable
transportere (trahns-bo-*tay*-o) *v* transport
trappe (*trah*-ber) *c* staircase, stairs *pl*
travl (troul) *adj* busy; active
tre (træ) *num* three
tredive (*trædh*-ver) *num* thirty
tredivte (*trædhf*-der) *num* thirtieth
tredje (*trædh*-^yer) *num* third
trefjerdedels (træ-f^y*ai*-o-dayls) *adj* three-quarter
trekant (*træ*-kahnd) *c* triangle
trekantet (*træ*-kahn-derdh) *adj* triangular
tremme (*træ*-mer) *c* bar
tremmekasse (*træ*-mer-kah-ser) *c* crate
tres (træss) *num* sixty
tretten (*trah*-dern) *num* thirteen
trettende (*trah*-der-ner) *num* thirteenth
tribune (tri-*bew*-ner) *c* stand
trillebør (tri-ler-burr) *c* wheelbarrow
trin (trin) *nt* (pl ~) step
trisse (*tri*-ser) *c* pulley
trist (trisd) *adj* sad; dull

triumf (tri-*omf*) c triumph

triumfere (tri-om-*fay*-o) v triumph; triumferende triumphant

tro (troa) c faith, belief; v *think, believe; adj true, faithful, loyal

trods (tross) prep despite, in spite of; på ~ af in spite of

trofast (troa-fahsd) adj faithful, true

trolddomskunst (trol-doms-konsd) c magic

tromme (tro-mer) c drum

trommehinde (tro-mer-hay-ner) c eardrum

trompet (trom-*payd*) c trumpet

trone (*troa*-ner) c throne

troperne (*troa*-bo-ner) pl tropics pl

tropisk (troa-bisg) adj tropical

tropper (tro-bo) pl troops pl

troværdig (troa-*vær*-di) adj credible

true (*troo*-oo) v threaten; truende threatening

trussel (*troo*-serl) c (pl -sler) threat

trusser (tro-so) pl panties pl

tryk (trurg) nt (pl ~) pressure; accent; print

trykke (*trur*-ger) v press; print; ~ på press

trykkende (*trur*-ger-ner) adj stuffy

trykknap (*trur*-knahb) c (pl ~per) push button

trykkoger (*trurg*-kaw-o) c pressure cooker

tryksag (*trurg*-sah) c printed matter

tryllekunstner (trew-ler-konsd-no) c magician

træ (træ) nt tree; wood; træ-wooden

*træde (*træ*-dher) v step; thread

*træffe (*træ*-fer) v encounter, *meet; *hit

træg (træ) adj slack

træhammer (*træ*-hah-mo) c (pl -hamre) mallet

træk (træg) nt (pl ~) trait, feature; move; c draught

*trække (*træ*-ger) v *draw, pull; extract; ~ fra subtract, deduct; ~ op *wind; uncork; ~ tilbage *withdraw; ~ ud *take a long time, extract

trækpapir (*træg*-pah-peer) nt blotting paper

trækul (*træ*-kol) nt (pl ~) charcoal

trækvogn (*træg*-vo°°n) c cart, barrow

træne (*træ*-ner) v train; drill

træner (*træ*-no) c coach

trænge ind (*træng*-er) trespass

trænge til (*træng*-er) need

træning (*træ*-nayng) c training

træsko (*træ*-sgoa) c (pl ~) wooden shoe

træskærerarbejde (*træ*-sgeh-o-aa-bigh-der) nt wood carving

træt (træd) adj tired; weary; ~

af tired of

trætte (*træ*-der) v tire;
trættende tiring

trættes (*træ*-derss) v *get
tired; argue

trævle (*træoo*-ler) v fray

trøje (*troi*-er) c jacket;
cardigan

trøst (trursd) c comfort,
consolation

trøste (*trurss*-der) v comfort,
console

trøstepræmie (*trurss*-der-
præm-ᵞer) c consolation
prize

tråd (trodh) c thread; wire

trådløs (trodh-*lurs*) adj
wireless

tube (*too*-ber) c tube

tuberkulose (too-bær-goo-
lōa-ser) c tuberculosis

tud (toodh) c nozzle

tude (*too*-dher) v hoot; toot
vAm, honk vAm

tudehorn (*too*-dher-hoarn) nt
(pl ∼) hooter

tudse (*too*-ser) c toad

tue (*too*-er) c mound

tulipan (too-li-*pahn*) c tulip

tumult (too-*moold*) c riot

tuneser (too-*nay*-so) c
Tunisian

Tunesien (too-nay-sᵞern)
Tunisia

tunesisk (too-*nay*-sisg) adj
Tunisian

tunfisk (*tōo*-n-faysg) c (pl ∼)
tuna

tung (tong) adj heavy

tunge (*to*-nger) c tongue

tungnem (*tong*-nehm) adj
slow

tungsind (*tong*-sayn) nt
melancholy

tungtvejende (*tongd*-vigh-er-
ner) adj capital, weighty

tunika (*too*-ni-kah) c tunic

tunnel (*ton*-erl) c tunnel

tur (toor) c trip; ride; turn

turbine (toor-*bee*-ner) c
turbine

*turde (*tōo*-o) v dare

turisme (too-*riss*-mer) c
tourism

turist (too-*risd*) c tourist

turistbureau (too-*risd*-bew-
roa) nt tourist office

turistklasse (too-*risd*-klah-
ser) c tourist class

turnering (toor-*nayr*-ayng) c
tournament

tur-retur (*toor*-ræ-toor) round
trip Am

tusind (*too*-sern) num
thousand

tusmørke (*tooss*-murr-ger) nt
twilight

TV (tay-vay) nt (pl ∼) TV

tvangfri (*tvahng*-fri) adj
informal, casual

tvangstanke (*tvahngs*-tahng-
ger) c obsession

tvetydig (*tvay*-tewdh-i) adj
ambiguous

tvillinger (*tvi*-layng-o) pl
twins pl

*tvinge (*tvayng*-er) v force;
compel

tvist (tvaysd) c dispute

tvivl (tvee°°l) c (pl ∼) doubt;

uden ~ without doubt

tvivle (*tvee*⁰⁰-ler) v doubt; ~ på query

tvivlsom (*tvee*⁰⁰*l*-som) adj doubtful

tværtimod (*tværd*-i-moadh) adv on the contrary

tydelig (*tew*-dher-li) adj plain, clear, distinct; explicit

*tydeliggøre (*tew*-dher-li-gur-o) v clarify, elucidate

tyfus (*tew*-fooss) c typhoid

tygge (*tew*-ger) v chew

tyggegummi (*tew*-ger-go-mi) nt chewing gum

tyk (tewg) adj big, thick; fat; bulky

tykkelse (*tew*-gerl-ser) c thickness

tynd (turn) adj thin; sheer; weak

tyngdekraft (*turng*-der-krahfd) c gravity

tynge (*turng*-er) v weigh on; oppress

type (*tew*-ber) c type

typisk (*tew*-bisg) adj typical

tyr (tewr) c bull

tyran (tew-*rahn*) c (pl ~ner) tyrant

tyrefægtning (*tew*-o-fehgd-nayng) c bullfight

tyrefægtningsarena (*tew*-o-fehgd-nayngs-ah-*ræ*æ-nah) c bullring

Tyrkiet (tewr-*ki*-erdh) Turkey

tyrkisk (*tewr*-gisg) adj Turkish; ~ bad Turkish bath

tysk (tewsg) adj German

tysker (*tewss*-go) c German

Tyskland (*tewsg*-lahn) Germany

tyv (tew⁰⁰) c thief

tyve (*tew*-ver) num twenty

tyvende (*tew*-ver-ner) num twentieth

tyveri (tew-vo-ri) nt theft; robbery

*tælle (*teh*-ler) v count; ~ sammen count

tæller (*teh*-lo) c meter

tæmme (*teh*-mer) v tame

tænde (*teh*-ner) v *light; ~for turn on, switch on

tænding (*teh*-nayng) c ignition

tændrør (*tehn*-rurr) nt (pl ~) sparking plug

tændspole (*tehn*-sb*oa*-ler) c ignition coil

tændstik (*tehn*-sdayg) c (pl ~ker) match

tændstikæske (*tehn*-sdayg-ehss-ger) c matchbox

tænke (*tehng*-ger) v *think; guess; ~ over *think over; ~ på *think of; ~ sig imagine; fancy

tænker (*tehng*-go) c thinker

tænksom (*tehng*-som) adj thoughtful

tæppe (*teh*-ber) nt rug, carpet; blanket; curtain

tærskel (*tær*-sgerl) c (pl -kler) threshold

tæt (tehd) adj dense; thick

tæve (*tai*-ver) c bitch; v *beat up

tø (tur) v thaw; ~ op thaw

tøffel (*tur*-ferl) c (pl tøfler)

slipper

tøj (toi) pl clothes pl

tøjle (toi-ler) v curb; restrain; bridle; c rein

tømme (tur-mer) v empty; c rein

tømmer (turm-o) nt timber

tømmerflåde (tur-mo-flaw-dher) c raft

tømmermænd (tur-mo-mehn) pl hangover

tømning (turm-nayng) c emptying; collection

tømrer (turm-ro) c carpenter

tønde (tur-ner) c barrel; cask;

tør (turr) adj dry; neat

tørke (turr-ger) c drought

tørre (tūr-o) v dry; ~ af wipe

tørretumbler (tūr-o-tomb-lo) c dryer

tørst (turrsd) c thirst

tørstig (turr-sdi) adj thirsty

tøve (tūr-ver) v hesitate

tøvejr (tur-vær) nt thaw

tå (to) c (pl tær) toe

tåbelig (taw-ber-li) adj foolish

tåge (taw-er) c fog

tågedis (taw-er-dis) c mist

tågelygte (taw-er-lurg-der) c foglamp

tåget (taw-erdh) adj foggy

tåle (taw-ler) v *bear; sustain

tålmodig (tol-moa-dhi) adj patient

tålmodighed (tol-moa-dhi-haydh) c patience

tåre (taw-o) c tear

tåreperser (taw-o-pær-so) c tearjerker

tårn (ton) nt tower

U

uafbrudt (oo-ou-brood) adj continuous

uafhængig (oo-ou-hehng-i) adj independent

uafhængighed (oo-ou-hehng-i-haydh) c independence

ualmindelig (oo-ahl-mayn-li) adj unusual; uncommon

uanselig (oo-ahn-say-li) adj insignificant; inconspicuous

uanstændig (oo-ahn-sdehn-di) adj indecent

uantagelig (oo-ahn-tah-ah-li) adj unacceptable

uartig (oo-ah-di) adj naughty

uautoriseret (oo-ou-toa-ri-say-odh) adj unauthorized

ubeboelig (oo-bay-boa-oa-li) adj uninhabitable

ubeboet (oo-bay-boa-erdh) adj uninhabited; desert

ubegribelig (oo-bay-gri-ber-li) adj puzzling

ubegrænset (oo-bay-græn-serdh) adj unlimited

ubehagelig (oo-bay-hah-ah-li) adj disagreeable, unpleasant; nasty

ubekvem (oo-bay-kvehm) adj uncomfortable

ubekymret (oo-bay-kurm-

rodh) *adj* carefree,
unconcerned
ubelejlig (oo-bay-*ligh*-li) *adj*
inconvenient
ubesindig (*oo*-bay-sayn-di)
adj rash
ubeskadiget (*oo*-bay-sgah-
dhi-erdh) *adj* whole, intact
ubeskeden (*oo*-bay-sgay-
dhern) *adj* immodest
ubeskyttet (*oo*-bay-sgur-
derdh) *adj* unprotected
ubestemt (*oo*-bay-sdehmd)
adj indefinite; uncertain
ubesvaret (*oo*-bay-svah-
ahdh) *adj* unanswered
ubetydelig (oo-bay-*tew*-dher-
li) *adj* insignificant; slight;
petty
ubodelig (oo-*boa*-dher-li) *adj*
irreparable
u-båd (*oo*-bodh) *c* submarine
ud (oodh) *adv* out; ~ over
beyond
udad (*oodh*-ahdh) *adv*
outwards
udbene (*oodh*-bay-ner) *v*
bone
udbetaling (*oodh*-bay-tah-
layng) *c* down payment
udblæsning (*oodh*-blehs-
nayng) *c* exhaust
udblæsningsrør (*oodh*-
blehs-nayngs-rurr) *nt* (pl ~)
exhaust pipe
udblode (*oodh*-blur-dher) *v*
soak
udbrede (*oodh*-brǣ-dher) *v*
*spread out, *put about
***udbringe** (*oodh*-brǣ-nger) *v*

deliver
udbringning (*oodh*-brǣng-
nayng) *c* delivery
udbrud (*oodh*-broodh) *nt* (pl
~) exclamation; outbreak
***udbryde** (*oodh*-brew-dher) *v*
exclaim
udbud (*oodh*-boodh) *nt* (pl ~)
supply
udbytte (*oodh*-bew-der) *nt*
benefit; profit; *v* exploit
uddanne (*oodh*-dahn-er) *v*
educate
uddannelse (*oodh*-dahn-erl-
ser) *c* education;
background
uddele (*oodh*-day-ler) *v*
distribute; administer, issue
uddrag (*oodh*-drou) *nt* (pl ~)
extract; excerpt
uddybe (*oodh*-dew-ber) *v*
deepen; elaborate
ude (*ōō*-dher) *adv* out
***udelade** (*ōō*-dher-lah-dher)
v *leave out; omit
udelukke (*ōō*-dher-lo-ger) *v*
exclude
udelukkende (oo-dher-lo-
ger-ner) *adv* exclusively;
solely
uden (*ōō*-dhern) *prep*
without; ~ for outside, out of
udenad (*ōō*-dhern-ahdh) *adv*
by heart
udendørs (*ōō*-dhern-durrs)
adv outdoors
udenfor (*ōō*-dhern-fo) *adv*
outside
udenlands (*ōō*-dhern-lahns)
adv abroad

udenlandsk (*ōō*-dhern-lahnsg) *adj* foreign; alien

udfald (*oodh*-fahl) *nt* (pl ~) result; issue; sally, attack; **uheldigt ~** failure

udflugt (*oodh*-flogd) *c* trip; excursion, outing, picnic

udfolde (*oodh*-fol-er) *v* unfold, *expand; expand

udfordre (*oodh*-fo-dro) *v* challenge; dare

udfordring (*oodh*-fo-dræng) *c* challenge

udforske (*oodh*-faw-sger) *v* explore

udfylde (*oodh*-fewl-er) *v* fill in; fill out *Am*

udfore (*oodh*-fur-o) *v* export; execute; perform

udførlig (oodh-*furr*-li) *adj* detailed

udforsel (*oodh*-furr-serl) *c* (pl -sler) export, exportation

udgang (*oodh*-gahng) *c* exit, way out

udgangspunkt (*oodh*-gahngs-pongd) *nt* starting point

udgave (*oodh*-gaa-ver) *c* edition

udgift (*oodh*-gifd) *c* expense, expenditure; **udgifter** expenditure, expenses *pl*

*udgive (*oodh*-gi-ver) *v* publish

udgrave (*oodh*-grah-ver) *v* *dig out; excavate

udgravning (*oodh*-grou-nayng) *c* excavation

*udgyde (*oodh*-gew-dher) *v*

*shed

*udholde (*oodh*-hol-er) *v* *bear, endure

udholdelig (oodh-*hol*-er-li) *adj* tolerable

udjævne (*oodh*-^yeh^{oo}-ner) *v* level

udkant (*oodh*-kahnd) *c* outskirts *pl*

udkast (*oodh*-kahsd) *nt* (pl ~) design

udkaste (*oodh*-kahss-der) *v* design

udkorsel (*oodh*-kurr-serl) *c* (pl -sler) exit

udlede (*oodh*-lay-dher) *v* deduce

udleje (*oodh*-ligh-er) *v* *let; lease

udlevere (*oodh*-lay-vay-o) *v* deliver, hand over; extradite

udligne (*oodh*-li-ner) *v* equalize

udlosse (*oodh*-lo-ser) *v* unload

udlufte (*oodh*-lof-der) *v* ventilate

udluftning (*oodh*-lofd-nayng) *c* ventilation

udlænding (*oodh*-lehn-ayng) *c* foreigner; alien

*udløbe (*oodh*-lur-ber) *v* expire; **udlobet** expired

udmatte (*oodh*-mah-der) *v* exhaust; **udmattet** tired

udmærke sig (*oodh*-mær-ger) excel, distinguish oneself

udmærket (*oodh*-mær-gerdh) *adj* fine, excellent

udnytte (*oodh-nur-der*) v
exploit; apply; utilize

udnævne (*oodh-neh∞-ner*) v
appoint

udnævnelse (*oodh-neh∞-nerl-ser*) c
appointment; nomination

udrede (*oodh-ræ-dher*) v
clear up, unravel, elucidate

udregne (*oodh-righ-ner*) v
calculate

udrette (*oodh-ræ-der*) v
perform, accomplish, achieve

udruste (*oodh-ross-der*) v
equip

udrustning (*oodh-rost-nayng*) c equipment

udsalg (*oodh-sahl*) nt (pl ~)
clearance sale; sales

udseende (*oodh-say-ay-ner*)
nt look; appearance

udsende (*oodh-sehn-er*) v
transmit, *broadcast

udsendelse (*oodh-sehn-erl-ser*) c broadcast

udsending (*oodh-sehn-ayng*)
c emissary, envoy

udsigt (*oodh-saygd*) c
outlook, view; prospect

udskejelse (*oodh-sgigh-erl-ser*) c excess

***udskyde** (*oodh-sgew-dher*)
v *put off, postpone

udslidt (*oodh-slid*) adj worn-out

udslæt (*oodh-slehd*) nt (pl ~)
rash

udsmykning (*oodh-smurg-nayng*) c decoration

udsolgt (*oodh-sold*) adj sold
out; full

udspekuleret (*oodh-sbay-goo-lay-odh*) adj clever,
cunning, sly

udsprede (*oodh-sbræ-dher*) v
*shed

udspring (*oodh-sbræng*) nt
(pl ~) source

udstedelse (*oodh-sdehdh-erl-ser*) c issue

udstille (*oodh-sdayl-er*) v
exhibit, *show

udstilling (*oodh-sdayl-ayng*)
c exhibition, exposition,
show; display

udstillingslokale (*oodh-sdayl-ayngs-loa-kaa-ler*) nt
showroom

udstillingsvindue (*oodh-sdayl-ayngs-vayn-dōō-oo*) nt
shopwindow

udstrakt (*oodh-sdrahgd*) adj
broad

udstyr (*oodh-sdewr*) nt (pl ~)
gear, outfit; kit

udstyre (*oodh-sdew-o*) v
equip

udstødningsgas (*oodh-sdurdh-nayngs-gahss*) c
exhaust gases

udsuge (*oodh-soo-oo*) v suck
out; *bleed

***udsætte** (*oodh-seh-der*) v
postpone, delay; ~ for
expose

udsættelse (*oodh-seh-derl-ser*) c delay, postponement

udsøgt (*oodh-surgd*) adj
select; exquisite, fine

udtale (*oodh*-taa-ler) *c* pronunciation; *v* pronounce

udtalt (*oodh*-tahld) *adj* express

udtryk (*oodh*-trurg) *nt* (pl ~) expression; term; *give ~ for express

udtrykke (*oodh*-trur-ger) *v* express

udtrykkelig (oo-*trur*-ger-li) *adj* explicit

udtænke (*oodh*-tehng-ger) *v* conceive, devise

uduelig (oo-*doo*-oo-li) *adj* incapable, incompetent

udvalg (*oodh*-vahl) *nt* (pl ~) selection, choice; variety, assortment; committee

udvalgt (*oodh*-vahld) *adj* select

udvej (*oodh*-vigh) *c* way out; expedient

udveksle (*oodh*-vehg-sler) *v* exchange

udvendig (*oodh*-vehn-di) *adj* external; outward

udvide (*oodh*-vi-dher) *v* enlarge, extend; widen, expand

udvidelse (*oodh*-vi-dherl-ser) *c* extension, expansion, enlargement

udvikle (*oodh*-vayg-ler) *v* develop

udvikling (*oodh*-vayg-layng) *c* development

udvise (*oodh*-vi-ser) *v* expel, send out; display

*udvælge (*oodh*-vehl-ᵞer) *v* select

udvælgelse (*oodh*-vehl-ᵞerl-ser) *c* selection

udyrket (oo-dewr-gerdh) *adj* waste

udøve (*oodh*-ur-ver) *v* exercise

udånde (*oodh*-on-er) *v* expire, exhale

uegnet (oo-*igh*-nerdh) *adj* unfit, unqualified

uendelig (oo-*ehn*-er-li) *adj* infinite, endless

*være uenig (*vai*-o oo-*ay*-ni) disagree

uerfaren (oo-ær-fah-ahn) *adj* inexperienced

ufaglært (oo-fou-lærd) *adj* unskilled

uforklarlig (oo-fo-*klah*-li) *adj* unaccountable, inexplicable

uformel (oo-fo-mehl) *adj* informal

uforskammet (oo-fo-sgahm-erdh) *adj* insolent; impertinent, rude, impudent

uforskammethed (oo-fo-sgahm-erdh-haydh) *c* insolence

uforsætlig (oo-fo-sehd-li) *adj* unintentional

ufortjent (oo-fo-t-ᵞehnd) *adj* undeserved

ufremkommelig (oo-fræm-kom-er-li) *adj* impassable

ufuldkommen (oo-fool-kom-ern) *adj* imperfect

ufuldstændig (oo-fool-sdehn-di) *adj* incomplete

uge (ōō-oo) *c* week

ugentlig (ōō-oon-li) *adj*

weekly

ugerevy (oo-oo-ræ-vew) *c* newsreel

ugift (*oo*-gifd) *adj* single

ugle (oo-ler) *c* owl

ugunstig (*oo*-gon-sdi) *adj* unfavourable

ugyldig (oo-*gewl*-di) *adj* void, invalid

uhelbredelig (oo-hehl-*bræ*-dher-li) *adj* incurable

uheld (*oo*-hehl) *nt* (pl ~) accident; misfortune, bad luck

uheldig (oo-*hehl*-di) *adj* unlucky; unfortunate

uheldsvanger (*oo*-hehl-svahng-o) *adj* sinister

uhyggelig (oo-*hewg*-li) *adj* creepy, horrifying; cheerless

uhyre (oo-*hew*-o) *adj* huge

uhøflig (*oo*-hurf-li) *adj* impolite, rude

uigenkaldelig (oo-i-gehn-*kahl*-er-li) *adj* irrevocable

ujævn (*oo*-ᵞeh⁰⁰n) *adj* uneven; bumpy, rough

ukendt (*oo*-kehnd) *adj* unfamiliar, unknown; ~ **person** stranger

uklar (*oo*-klah) *adj* obscure, dim

uklog (*oo*-klo⁰⁰) *adj* unwise

ukrudt (*oo*-krood) *nt* weed

ukvalificeret (*oo*-kvah-li-fi-say-oh) *adj* unqualified

ulastelig (oo-*lah*-sder-li) *adj* faultless, immaculate

uld (ool) *c* wool

ulden (*oo*-lern) *adj* woollen

ulejlige (oo-*ligh*-lee-i) *v* trouble

ulejlighed (oo-*ligh*-li-haydh) *c* trouble

ulempe (*oo*-lehm-ber) *c* inconvenience; disadvantage

ulige (*oo*-lee-i) *adj* odd; unequal, uneven

ulovlig (oo-*lo*⁰⁰-li) *adj* illegal; unlawful; illicit

ultraviolet (*ool*-trah-vi-oa-lehd) *adj* ultraviolet

ulv (oolv) *c* wolf

ulydig (oo-*lew*-dhi) *adj* disobedient

ulykke (*oo*-lur-ger) *c* accident, disaster; misfortune, calamity

ulykkelig (oo-*lurg*-li) *adj* unhappy, miserable; unfortunate

ulæselig (oo-*leh*-ser-li) *adj* illegible; unreadable

umage (*oo*-maa-ah) *c* trouble, pains; ***gøre sig ~** bother

umiddelbar (*oo*-mi-dherl-bah) *adj* immediate, direct

umulig (oo-*moo*-li) *adj* impossible

umådelig (oo-*mo*-dher-li) *adj* vast, immense

under (*on*-o) *prep* beneath, under, below; during; *nt* wonder

underbenklæder (o-no-bäynklai-dho) briefs *pl*; underpants *plAm*

underbukser (*o*-no-bog-so) *pl* drawers, briefs *pl*; pants

pl; shorts *plAm*
underdrive (o-no-*dree*-ver) *v*
understate
underdrivelse (o-no-*dree*-vehl-ser) *c* (pl ~r)
understatement
underernæring (o-no-ær-nær-ayng) *c* malnutrition
undergang (o-no-gahng) *c*
ruin, fall
undergrundsbane (o-no-grons-baa-ner) *c*
underground; subway *nAm*
underholdende (o-no-hol-er-ner) entertaining
***underholde** (o-no-hol-er) *v*
amuse, entertain
underholdning (o-no-hol-nayng) *c* entertainment
underjordisk (o-no-ᵞoar-disg) *adj* underground
underkaste (o-no-kahss-der) *v* subject; ~ **sig** submit
underkjole (o-no-kᵞoa-ler) *c*
slip
underkop (o-no-kob) *c* (pl ~per) saucer
underlegen (o-no-lay-ern) *adj* inferior
underlig (o-no-li) *adj* queer, strange; curious; odd, peculiar
underliv (o-no-lee°°) *nt* lower abdomen
underneden (o-no-nᾱy-dhern) *adv* underneath
underordnet (o-no-od-nerdh) *adj* subordinate, secondary; minor; additional

underretning (on-o-ræd-nayng) *c* information; notice
underrette (on-o-ræ-der) *v*
notify, inform
underskrift (o-no-sgræfd) *c*
signature
***underskrive** (o-no-sgri-ver) *v* sign
underskud (o-no-sgoodh) *nt*
(pl ~) deficit
understrege (o-no-sdrigh-er) *c* underline; emphasize
understrøm (o-no-sdrurm) *c*
(pl ~me) undercurrent
understøtte (o-no-sdur-der) *v* support, assist, aid
understøttelse (o-no-sdur-derl-ser) *c* assistance
undersøge (o-no-sur-ur) *v*
examine; enquire
undersøgelse (o-no-sur-url-ser) *c* examination, investigation; inquiry, enquiry; checkup
undersøisk (o-no-sur-isg) *adj*
underwater
undertegne (o-no-tigh-ner) *v*
sign
undertitel (o-no-ti-derl) *c* (pl -tler) subtitle
undertrykke (o-no-trur-ger) *v* suppress; oppress
undertrøje (o-no-troi-er) *c*
vest, undershirt
undertøj (o-no-toi) *pl*
underwear
undervise (o-no-vi-ser) *v*
*teach; instruct
undervisning (o-no-vis-nayng) *c* instruction; tuition,

instruction, lesson;
education
undervurdere (*o*-no-voor-day-o) *v* underestimate
undfangelse (*on*-fahng-erl-ser) *c* conception
*****undgå** (*on*-go) *v* avoid,
escape
*****undlade** (*on*-lah-dher) *v* fail,
omit
undre sig (*on*-dro) marvel,
wonder
undskyld! sorry!
undskylde (*on*-sgewl-er) *v*
excuse
undskyldning (*on*-sgewl-nayng) *c* apology, excuse;
*****bede om ~ apologize
*****undslippe** (*on*-slay-ber) *v*
escape
undtagelse (*on*-tah-ahl-ser) *c*
exception; **med ~ af** except
undtagen (*on-tah*-ahn) *prep*
but, except
undvære (*on*-veh-o) *v* spare
ung (ong) *adj* young
ungarer (*ong*-gah-ah) *c*
Hungarian
Ungarn (*ong*-gahn) Hungary
ungarsk (*ong*-gahsg) *adj*
Hungarian
ungdom (*ong*-dom) *c* youth;
ungdoms- juvenile
unge (*o*-nger) *c* kid
ungkarl (*ong*-kahl) *c* bachelor
uniform (oo-ni-*fom*) *c*
uniform
unik (oo-*nig*) *adj* unique
union (oon-*Ɂoan*) *c* union
univers (oo-ni-*værs*) *nt*

universe
universel (oo-ni-vær-*sehl*) *adj*
universal
universitet (oo-ni-vær-si-*tayd*) *nt* university
unse (*on*-ser) *n* ounce (28.35
g)
unyttig (*oo*-nur-di) *adj*
useless; idle
unødvendig (oo-nurdh-*vehn*-di) *adj* unnecessary
unøjagtig (oo-noi-*ahg*-di) *adj*
inaccurate
uofficiel (*oo*-o-fi-sᵉehl) *adj*
unofficial
uopdyrket (*oo*-ob-dewr-gerdh) *adj* uncultivated
uophørlig (oo-ob-*hurr*-li) *adj*
continual; **uophørligt**
continually
uopmærksom (oo-ob-*mærg*-som) *adj* inattentive
uorden (*oo*-o-dern) *c*
disorder; **i ~** out of order,
broken
uordentlig (oo-o-*dern*-li) *adj*
untidy
uoverkommelig (oo-o°°⁰-o-*kom*-er-li) *adj*
impossible; prohibitive
uovertruffen (*oo*-o°°⁰-o-tro-fern) *adj* unsurpassed
upartisk (*oo*-pah-tisg) *adj*
impartial
upassende (*oo*-pah-ser-ner)
adj improper, unsuitable
upersonlig (*oo*-pær-soan-li)
adj impersonal
upload (op-lod) *v* upload
upopulær (*oo*-poa-boo-lær)

adj unpopular

upålidelig (oo-po-*li*-dher-li) *adj* untrustworthy, unreliable

ur (oor) *nt* clock; watch

uregelmæssig (*oo*-ræ-erl-meh-si) *adj* irregular

uren (*oo*-ræn) *adj* unclean

uret (*oo*-ræd) *c* wrong, injustice; *adj* wrong; ***gøre ~** wrong; ***have ~** *be wrong

uretfærdig (oo-ræd-*fær*-di) *adj* unjust, unfair

urigtig (*oo*-ræg-di) *adj* incorrect

urimelig (oo-*ri*-mer-li) *adj* unreasonable; absurd

urin (oo-*rin*) *c* urine

urmager (*oor*-mah-o) *c* watchmaker

uro (*oo*-roa) *c* unrest; excitement, alarm

urolig (oo-*roa*-li) *adj* restless

urrem (*oor*-ræm) *c* (pl ~me) watchstrap

urskov (*oor*-sgo⁰⁰) *c* jungle

urt (oord) *c* herb

Uruguay (*oo*-roo-goo-igh) Uruguay

uruguayaner (oo-roo-goo-ah-ʸ*ah*-no) *c* Uruguayan

uruguayansk (oo-roo-goo-ah-ʸ*ahnsg*) *adj* Uruguayan

usand (*oo*-sahn) *adj* false, untrue

usandsynlig (oo-sahn-*sewn*-li) *adj* unlikely, improbable

uselvisk (*oo*-sehl-visg) *adj* unselfish

usikker (*oo*-say-go) *adj*

unsafe; uneasy

uskadelig (oo-*sgah*-dher-li) *adj* harmless

uskadt (*oo*-sgahd) *adj* unhurt, uninjured, safe

uskolet (oo-sgō̄a-lerdh) *adj* untrained; uneducated

uskyldig (oo-*sgewl*-di) *adj* innocent

uskyldighed (oo-*sgewl*-di-haydh) *c* innocence

usoigneret (oo-soa-ahn-ʸay-odh) *adj* untidy; slovenly

uspiselig (oo-*sbi*-ser-li) *adj* inedible

ustabil (*oo*-sdah-bil) *adj* unstable, unsteady

usund (*oo*-son) *adj* unhealthy; unsound

usympatisk (*oo*-sewm-pah-disg) *adj* unpleasant; nasty

usynlig (oo-*sewn*-li) *adj* invisible

usædvanlig (oo-seh-*vahn*-li) *adj* exceptional, unusual; uncommon

utaknemmelig (oo-tahg-*nehm*-li) *adj* ungrateful

utilfreds (*oo*-tay-fræss) *adj* dissatisfied, discontented

utilfredsstillende (oo-tay-fræss-sdayl-er-ner) *adj* unsatisfactory

utilgængelig (oo-tay-*gehng*-er-li) *adj* inaccessible

utilpas (*oo*-tay-pahss) *adj* unwell

utilstrækkelig (oo-tay-*sdræ*-ger-li) *adj* insufficient; inadequate

utilstrækkelighed (oo-tay-
sdræ-ger-li-haydh) *c*
insufficiency, inadequacy

utiltalende (oo-tayl-tah-ler-
ner) *adj* unpleasant,
repulsive

utro (oo-troa) *adj* unfaithful;
disloyal

utrolig (oo-*troa*-li) *adj*
incredible

utvivlsomt (oo-*tvee*°°l-somd)
adv undoubtedly

utvungenhed (oo-*tvong*-ern-
haydh) *c* ease

utydelig (oo-*tew*-dher-li) *adj*
dim, indistinct

utænkelig (oo-*tehng*-ger-li)
adj unthinkable;
inconceivable

utålelig (oo-*to*-ler-li) *adj*
intolerable, unbearable

utålmodig (oo-tol-*moa*-dhi)
adj impatient; eager

uudholdelig (oo-oodh-*hol*-
er-li) *adj* intolerable,
unendurable

uundgåelig (oo-on-*go*-o-li)
adj inevitable; unavoidable

uundværlig (oo-on-*vær*-li)
adj indispensable

uvant (oo-vahnd) *adj*
unaccustomed

uvedkommende (oo-vaydh-
kom-er-ner) *c* (pl ~)
trespasser

uvejr (oo-vær) *nt* (pl ~)
tempest, storm

uvenlig (oo-vehn-li) *adj*
unkind; unfriendly

uventet (oo-vehn-derdh) *adj*
unexpected

uvidende (oo-vi-dher-ner)
adj ignorant; unaware

uvigtig (oo-vayg-di) *adj*
unimportant

uvillig (oo-vil-i) *adj* unwilling;
averse

uvirkelig (oo-veerg-li) *adj*
unreal

uvirksom (oo-veerg-som) *adj*
idle

uvis (oo-vayss) *adj* doubtful,
uncertain

uvurderlig (oo-voor-*dayr*-li)
adj priceless, invaluable

uvæsentlig (oo-veh-sern-li)
adj insignificant, unessential

uægte (oo-ehg-der) *adj* false,
artificial

uærlig (oo-*ær*-li) *adj*
dishonest; crooked

uønsket (oo-urn-sgerdh) *adj*
unwanted, undesirable

V

vable (*vaa*-berl) *c* blister

vaccination (vahg-si-nah-
s°oan) *c* vaccination;
inoculation

vaccinere (vahg-si-*nay*-o) *v*
vaccinate; inoculate

vade (*vaa*-dher) *v* wade

vaffel (*vah*-ferl) *c* (pl vafler)

vanskabt

wafer; waffle

vag (vah) *adj* faint, vague

vagabond (vah-gah-*bond*) *c* tramp

vagabondere (vah-gah-bon-*day*-o) *v* tramp

vagt (vahgd) *c* guard

vagtel (*vahg*-derl) *c* (pl -tler) quail

vagthavende (*vahgd*-hou-er-ner) *c* (pl ~) warden

vakance (vah-*kahng*-ser) *c* vacancy

vakle (*vahg*-ler) *v* falter; **vaklende** shaky

vaklevorn (*vah*-gerl-von) *adj* unsteady

vaks (vahgs) *adj* smart

vakuum (*vah*-kom) *nt* vacuum

valen (*vaa*-lern) *adj* numb

valg (vahl) *nt* (pl ~) choice; pick; election; option

valgfri (*vahl*-fri) *adj* optional

valgkreds (*vahl*-kræs) *c* constituency

valgret (*vahl*-ræd) *c* suffrage

valgsted (*vahl*-sdehdh) *c* poll

valmue (*vahl*-mōō-oo) *c* poppy

valnød (*vahl*-nurdh) *c* (pl ~der) walnut

vals (vahls) *c* waltz

valuta (vah-*loo*-tah) *c* currency; **udenlandsk** ~ foreign currency

valutakurs (vah-*loo*-tah-koors) *c* rate of exchange

vand (vahn) *nt* water; **rindende** ~ running water

vandfald (*vahn*-fahl) *nt* (pl ~) waterfall

vandfarve (*vahn*-faa-ver) *c* watercolo(u)r

vandhane (*vahn*-haa-ner) *c* tap; faucet *nAm*

vandløb (*vahn*-lurb) *nt* (pl ~) stream

vandmand (*vahn*-mahn) *c* (pl -mænd) jellyfish

vandmelon (*vahn*-may-loan) *c* watermelon

vandpumpe (*vahn*-pom-ber) *c* water pump

vandre (*vahn*-dro) *v* wander, roam, stroll; hike; ~ **om** wander

vandrer (*vahn*-dro) *c* wanderer; walker

vandrerhjem (*vahn*-dro-ʸehm) *nt* (pl ~) youth hostel

vandret (*vahn*-ræd) *adj* horizontal

vandski (*vahn*-sgi) *c* (pl ~) water ski

vandtæt (*vahn*-tehd) *adj* waterproof

vandvej (*vahn*-vigh) *c* waterway

vane (*vaa*-ner) *c* habit

vanemæssig (*vaa*-ner-meh-si) *adj* habitual

vanfør (*vahn*-furr) *adj* invalid

vanille (vah-*nil*-ʸer) *c* vanilla

vankelmodig (*vahng*-gerl-moa-dhi) *adj* unsteady

vanlig (*vaan*-li) *adj* customary; usual

vanskabt (*vahn*-sgahbd) *adj* deformed

vanskelig (*vahn*-sger-li) *adj*
hard, difficult

vanskelighed (*vahn*-sger-li-
haydh) *c* difficulty

vant (vahnt) *adj* accustomed;
*være ~ til *be used to

vanter (*vahn*-do) *pl* mittens *pl*

vanvid (*vahn*-vidh) *nt*
madness

vanvittig (*vahn*-vi-di) *adj*
crazy, mad

vare (*vaa*-ah) *v* last, endure,
*take

varehus (*vaa*-ah-hoos) *nt*
department store

varemærke (*vaa*-ah-mær-
ger) *nt* trademark

vareprøve (*vaa*-ah-prūr-ver)
c sample

varer (*vaa*-ah) *pl* goods *pl*;
merchandise, wares *pl*

varevogn (*vaa*-ah-voᵒᵒn) *c*
pick-up van, van, delivery
van

variabel (vah-i-*ah*-berl) *adj*
variable

variere (vah-i-*ay*-o) *v* vary;
varieret varied

varietéforestilling (vah-i-er-
tay-faw-o-sdayl-ayng) *c*
variety show

varietéteater (vah-i-er-*tay*-
tay-ah-do) *nt* (pl -teatre)
variety theatre

varig (*vaa*-i) *adj* permanent,
lasting

varighed (*vaa*-i-haydh) *c*
duration

varm (vahm) *adj* hot, warm

varme (*vaa*-mer) *c* heat;
warmth; *v* warm, heat

varmedunk (*vaa*-mer-dongg)
c hot-water bottle

varmeovn (*vaa*-mer-oᵒᵒn) *c*
heater

varmepude (*vaa*-mer-pōō-
dher) *c* heating pad

vase (*vaa*-ser) *c* vase

vask (vahsg) *c* washing; sink

vaskbar (*vahsg*-bah) *adj*
washable

vaske (*vahss*-ger) *v* wash; ~
op *do the dishes, wash up

vaskemaskine (*vahss*-ger-
mah-sgee-ner) *c* washing
machine

vaskepulver (*vahss*-ger-pol-
vo) *nt* washing powder

vaskeri (vahss-go-*ri*) *nt*
laundry

vasketøj (*vahss*-ger-toi) *pl*
washing, laundry

vat (vahd) *nt* cotton wool

vaterpas (*vah*-do-pahss) *nt*
(pl ~) level

vattæppe (*vahd*-teh-ber) *nt*
quilt

ved (vaydh) *prep* by, on

vedbend (*vaydh*-bayn) *c* (pl
~) ivy

vederlag (*vāy*-dho-lah) *nt* (pl
~) compensation,
consideration

vedføje (*vaydh*-foi-er) *v*
attach, add, affix

vedligeholdelse (vay-*lee*-i-
hol-erl-ser) *c* maintenance;
upkeep

*vedlægge** (*vaydh*-leh-ger) *v*
enclose

velsignelse

vedrøre (*vaydh*-rur-o) *v*
concern; **vedrørende**
concerning; about

*vedtage (*vaydh*-tah-ah) *v*
agree to; carry, pass, adopt

vedvare (*vaydh*-vah-ah) *v*
continue, last

vedvarende (*vaydh*-vah-ah-
ner) *adj* continuous;
permanent

vegetarianer (vay-ger-tah-i-
ah-no) *c* vegetarian

vegetarian (vay-ger-tah-
s³oan) *c* vegetarian

vegetation (vay-ger-tah-
s³oan) *c* vegetation

vej (vigh) *c* road, drive; way;
af vejen out of the way;
blind ~ cul-de-sac; **på ~ til**
bound for; **vise ~** guide

vejafgift (*vigh*-ou-gift) *c* toll

vejarbejde (*vigh*-aa-bigh-
der) *nt* road-making; road up

veje (*vigh*-er) *v* weigh

vejgaffel (*vigh*-gah-ferl) *c* (pl
-gafler) fork

vejkant (*vigh*-kahnd) *c*
roadside; wayside

vejkort (*vigh*-kawd) *nt* (pl ~)
road map

vejkryds (*vigh*-krewss) *nt* (pl
~) intersection, junction

vejlede (*vigh*-lay-dher) *v*
direct, guide, instruct

vejnet (*vigh*-nehd) *nt* (pl ~)
road system

vejr (vær) *nt* weather; breath

vejrmølle (*vær*-mur-ler) *c*
windmill

vejrtrækning (*vær*-træg-
nayng) *c* respiration,
breathing

vejrudsigt (*vær*-oodh-saygd)
c weather forecast

vejviser (*vigh*-vi-so) *c*
signpost; milepost

veksel (*vehg*-serl) *c* (pl -sler)
bill; draft

vekselkontor (*vehg*-serl-
koan-toar) *nt* money
exchange, exchange office

vekselkurs (*vehg*-serl-koors)
c exchange rate

vekselstrøm (*vehg*-serl-
sdrurm) *c* alternating
current

vekselvis (*vehg*-sler-ner) *adv*
alternately

veksle (*vehg*-sler) *v* change,
exchange

velbefindende (*vehl*-bay-
fayn-er-ner) *nt* ease

velbegrundet (*vehl*-bay-
gron-erdh) *adj* well-founded

velfærd (*vehl*-fær) *c*
prosperity; welfare

velgørenhed (vehl-*gurr*-ern-
haydh) *c* charity

velhavende (*vehl*-hah-ver-
ner) *adj* well-to-do,
prosperous

velkendt (*vehl*-kehnd) *adj*
familiar

velkommen (*vehl*-kom-ern)
adj welcome; ***byde ~**
welcome

velkomst (*vehl*-komsd) *c*
welcome

vellykket (*vehl*-lur-gerdh) *adj*
successful

velsigne (vehl-*si*-ner) *v* bless

velsignelse (vehl-*si*-nerl-ser)

c blessing

velsmagende (*vehl*-smah-ah-ner) *adj* savoury, tasty

velstand (*vehl*-sdahn) *c* prosperity

velvilje (*vehl*-vil-ⁱer) *c* goodwill

velvære (*vehl*-vai-o) *nt* well-being, comfort

vemodig (vay-*moa*-dhi) *adj* sad

ven (vehn) *c* (pl ~ner) friend

vende (*veh*-ner) *v* turn, turn round; ~ om turn back; turn over; invert; ~ **sig om** turn round; ~ **tilbage** *go back, return

vendepunkt (*veh*-ner-pongd) *nt* turning point

vending (*veh*-nayng) *c* turn; phrase

Venezuela (vay-ner-soo-*ay*-lah) Venezuela

venezuelaner (vay-ner-soo-ay-*lah*-no) *c* Venezuelan

venezuelansk (vay-ner-soo-ay-*lahnsg*) *adj* Venezuelan

veninde (vehn-*ay*-ner) *c* friend

venlig (*vehn*-li) *adj* kind, friendly; **venligst** please

venskab (*vehn*-sgahb) *nt* friendship

venskabelig (vehn-*sgah*-ber-li) *adj* friendly, amicable

venstre (*vehn*-sdro) *adj* left-hand, left

vente (*vehn*-der) *v* wait; expect; ~ **på** await

venteliste (*vehn*-der-layss-der) *c* waiting list

venten (*vehn*-dern) *c* waiting

venteværelse (*vehn*-der-vai-ol-ser) *nt* waiting room

ventil (vehn-*til*) *c* valve

ventilation (vehn-ti-lah-sⁱ*oan*) *c* ventilation

ventilator (vehn-ti-*laa*-to) *c* fan, ventilator

ventilatorrem (vehn-ti-*laa*-to-ræm) *c* (pl ~me) fan belt

ventilere (vehn-ti-*lay*-o) *v* ventilate

veranda (vay-*rahn*-dah) *c* veranda

verbum (*vær*-bom) *nt* (pl -ber) verb

verden (*vær*-dern) *c* world

verdensberømt (*vær*-derns-bay-rurmd) *adj* world-famous

verdensdel (*vær*-derns-dayl) *c* continent

verdensomspændende (*vær*-derns-om-sbehn-er-ner) *adj* world-wide

verdensrum (*vær*-derns-rom) *nt* space

verificere (vær-i-fi-*say*-o) *v* verify

vers (værs) *nt* (pl ~) verse, stanza

version (vær-sⁱ*oan*) *c* version

vest (vehsd) west; *c* waistcoat, vest *nAm*

vestibule (veh-sdi-*bew*-ler) *c* lobby, hall

vestlig (*vehsd*-li) *adj* western; westerly

veterinær (vay-tær-i-*nær*) *c*

veterinary surgeon

vi (vi) *pron* we

via (*vee-*ah) *prep* via

vibration (vi-brah-*s*ʸ*oan*) *c* vibration

vibrere (vi-*bræ*-o) *v* vibrate

vicevært (*vee-*ser-værd) *c* janitor, caretaker

vid (vidh) *adj* wide, broad

***vide** (*vee-*dher) *v* *know

videbegærlig (*vee-*dher-bay-gær-li) *adj* curious

videnskab (*vee-*dhern-sgahb) *c* science

videnskabelig (*vee-*dhern-*sgahb-*li) *adj* scientific

videnskabsmand (*vee-*dhern-sgahbs-mahn) *c* (pl ∼mænd) scientist

video (*vi-*day-oa) *c* video; ∼kamera *nt* video camera; ∼kasette *c* video cassette; ∼båndoptager *c* video recorder; ∼spil *nt* (pl ∼) video game

videreforhandler (vidh-ro-fo-*hahn-*lo) *c* retailer

vidne (*vidh-*ner) *nt* witness; *v* testify

vidtstrakt (*vid-*sdrahgd) *adj* vast

vidunder (*vidh-*on-o) *nt* marvel, wonder

vidunderlig (vidh-*on*-o-li) *adj* wonderful, marvellous

vielsesring (*vi-*erl-serss-ræng) *c* wedding ring

vifte (*vayf-*der) *c* fan

vig (vi) *c* creek, inlet, cove

vigtig (*vayg-*di) *adj*

important; proud

vigtighed (*vayg-*di-haydh) *c* importance

vigtig person (*vayg-*di pær-*soan*) *c* (pl ∼s) VIP

viis (vis) *adj* (pl vise) wise

vikariat (vi-kah-i-*ahd*) *nt* replacement

vikariere (vi-kah-i-*ay-*o) *v* substitute

vikle (*vayg-*ler) *v* wrap, twist; *wind

viktualieforretning (vig-too-*ahl*-ʸer-fo-ræd-nayng) *c* delicatessen

vild (vil) *adj* wild; savage, fierce

vildfarelse (*vil*-fah-ahl-ser) *c* error

vildt (vild) *nt* game

vildthandler (*vild-*hahn-lo) *c* poulterer

vildtreservat (*vild-*ræ-sær-vahd) *nt* game reserve

vilje (*vil-*ʸer) *c* willpower; med ∼ intentionally, on purpose

viljestyrke (*vil-*ʸer-sdewr-ger) *c* willpower

vilkår (*vil-*ko) *nt* (pl ∼) term, condition

vilkårlig (vil-*ko-*li) *adj* arbitrary

villa (*vi-*lah) *c* villa

***ville** (*vi-*ler) *v* *will, want

villig (*vi-*li) *adj* willing; inclined; **villigt** willingly

vin (vin) *c* wine

vind (vayn) *c* wind

***vinde** (*vay-*ner) *v* *win; **vindende** winning; ∼ over defeat

vindebro (*vay-*ner-broa) *c* drawbridge

vinder (*vay-*no) *c* winner

vindmølle (*vayn-*mur-ler) *c* windmill

vindruer (*vin-*drōō-o) *pl* grapes *pl*

vindspejl (*vayn-*sbighl) *nt* windscreen; windshield *nAm*

vindstød (*vayn-*sdurdh) *nt* (pl ~) blow; gust

vindue (*vayn-*dōō-oo) *nt* window

vindueskarm (*vayn-*dooss-kahm) *c* windowsill

vinduesvisker (*vayn-*dooss-vayss-go) *c* windscreen wiper; windshield wiper *Am*

vinge (*vayng-*er) *c* wing

vinhandler (*veen-*hahn-lo) *c* wine merchant

vinhøst (*veen-*hursd) *c* vintage

vink (vayngg) *nt* (pl ~) sign

vinke (*vayng-*ger) *v* wave

vinkel (*vayng-*gerl) *c* (pl -kler) angle

vinkort (*veen-*kawd) *nt* (pl ~) wine list

vinkælder (*veen-*keh-lo) *c* (pl -dre) wine cellar

vinmark (*veen-*maag) *c* vineyard

vinplante (*veen-*plahn-der) *c* vine

vinter (*vayn-*do) *c* (pl -tre) winter

vintersport (*vayn-*do-sbawd) *c* winter sports

viol (vi-*oal*) *c* violet

violet (vi-oa-*lehd*) *adj* violet

violin (vi-oa-*lin*) *c* violin

vippe (*vay-*ber) *c* seesaw

virke (*veer-*ger) *v* work; operate

virkelig (*veer-*ger-li) *adj* very, true, real; actual, substantial; **virkeligt** really

*virkeliggøre (*veer-*ger-li-gur-o) *v* realize

virkelighed (*veer-*ger-li-haydh) *c* reality; **i virkeligheden** in fact

virkemåde (*veer-*ger-maw-dher) *c* mode of operation

virkning (*veerg-*nayng) *c* effect

virkningsfuld (*veerg-*nayngs-fool) *adj* efficient

virkningsløs (*veerg-*nayngs-lurs) *adj* inefficient

virksom (*veerg-*som) *adj* effective

virksomhed (*veerg-*som-haydh) *c* business

virus (vee-roos) *c* virus

virvar (*veer-*vah) *nt* muddle

vis (vayss) *adj* certain; **visse** some

visdom (*veess-*dom) *c* wisdom

vise (*vee-*ser) *c* song; ballad, tune; *v* point out, *show; display; ~ **sig** appear; prove; ~ **vej(en)** *v* show the way

visit (vi-*sid*) *c* (pl ~ter) call, visit

visitere (vi-si-*tay-*o) *v* search

visitkort (vi-*sid*-kawd) *nt* (pl ~) visiting-card

viskelæder (*vayss*-ger-lehdh-o) *nt* eraser, rubber

viskestykke (*vayss*-ger-sdur-ger) *nt* dish towel, tea cloth

visne (*vayss*-ner) *v* wither

visum (*vee*-som) *nt* (pl visa) visa

vitamin (vi-tah-*min*) *nt* vitamin

vittig (*vi*-di) *adj* witty

vogn (vo⁰⁰n) *c* carriage

vogte sig (*vog*-der) beware

vokal (voa-*kahl*) *c* vowel; *adj* vocal

voks (vogs) *nt* wax

vokse (vog-ser) *v* *grow

voksen¹ (*vog*-sern) *c* (pl -sne) adult, grown-up

voksen² (*vog*-sern) *adj* adult, grown-up

vokskabinet (*vogs*-kah-bi-nehd) *nt* (pl ~ter) waxworks *pl*

voksmannequin (*vogs*-mah-ner-kehng) *c* mannequin

vold (vol) *c* force, violence; embankment, rampart

voldgrav (*vol*-grahoo) *c* moat

voldshandling (*vols*-hahn-layng) *c* outrage

voldsom (*vol*-som) *adj* violent

*voldtage (*vol*-tah) *v* rape; assault

volt (vold) *c* (pl ~) volt

volumen (voa-*loo*-mern) *nt* volume

vor (vo) *pron* (nt vort, pl vore)

vores (*vo*-ross) *pron* ours

vove (*vaw*-ver) *v* dare; venture; vovet risky

vovestykke (vo⁰⁰-er-sdur-ger) *nt* venture, hazard

vrag (vrahoo) *nt* (pl ~) wreck

vranten (*vrahn*-dern) *adj* cross

vred (vrædh) *adj* angry

vrede (*vræe*-dher) *c* anger; temper

*vride (*vree*-dher) *v* twist; *wring

vridning (*vridh*-nayng) *c* twist

vræl (vræl) *nt* (pl ~) cry

vrøvl (vrur⁰⁰l) *nt* nonsense; rubbish

vrøvle (vrur⁰⁰-ler) *v* talk rubbish

vugge (*vo*-ger) *c* cradle; *v* rock

vuggestue (*vo*-ger-sdoo̅o̅o) *c* nursery

vulgær (vool-*gær*) *adj* vulgar

vulkan (vool-*kahn*) *c* volcano

vurdere (voor-*day*-o) *v* estimate, value; evaluate

vurdering (voor-*dayr*-ayng) *c* appreciation, evaluation

vædde (*vai*-dher) *v* *bet

væddeløb (*vai*-dher-lurb) *nt* (pl ~) race

væddeløbsbane (*vai*-dher-lurbs-baa-ner) *c* racetrack; racecourse

væddeløbshest (*vai*-dher-lurbs-hehsd) *c* racehorse

væddemål (*vai*-dher-mol) *nt*

(pl ~) bet

væg (vehg) c (pl ~ge) wall

væggetøj (veh-ger-toi) pl bug, bedbugs pl

vægt (vehgd) c weight; scales pl; weighing machine

væk (vehg) adv away, off

vække (veh-ger) v *awake, *wake

vækkeur (veh-ger-oor) nt alarm-clock

vækst (vehgsd) c growth

væksthus (vehgsd-hoos) nt greenhouse

vældig (vehl-di) adj huge

***vælge** (vehl-¹er) v *choose; elect; pick

vælger (vehl-yo) c voter

væmmelig (vehm-li) adj nasty

væmmelse (vehm-erl-ser) c disgust

vænne (veh-ner) v accustom

værdi (vær-di) c worth, value

værdifuld (vær-di-fool) adj valuable; important

værdig (vær-di) adj dignified, worthy; ~ til worthy of

værdigenstande (vær-di-gehn-sdah-ner) pl valuables pl

værdighed (vai-di-hayd) c dignity

værdiløs (vær-di-lurs) adj worthless

værdipapirer (vær-di-pah-pi-o) pl stocks and shares

***værdsætte** (vær-seh-der) v appreciate

værdsættelse (vær-seh-derl-ser) c appreciation

***være** (vai-o) v *be; ~ afhængig af depend on; ~ værd *be worth

værelse (vai-ol-ser) nt room; ~ med morgenmad bed and breakfast

værelsesbetjening (vai-ol-serss-bay-¹¹eh-nayng) c room service

værge (vær-er) c guardian

værkfører (værg-fur-o) c foreman

værksted (værg-sdehdh) nt workshop

værktøj (værg-toi) nt tool; implement

værktøjssæt (værg-toiss-sehd) nt (pl ~) tool kit

værn (værn) nt (pl ~) defence

værnepligtig (vær-ner-playg-di) c conscript, draftee

værre (vær-o) adj worse; **værst** worst

værsgo (værs-goa) here you are

vært (værd) c host

værtinde (værd-ay-ner) c hostess; landlady

værtshus (værds-hoos) nt pub, public house

væsen (veh-sern) nt (pl væsner) being; essence, manner

væsentlig (veh-sern-li) adj essential

væske (vehss-ger) c fluid

væv (vehoo) nt (pl ~) tissue

væve (vai-ver) v *weave

væver (vai-vo) c weaver

våben (*vo*-bern) *nt* (pl ~) arm; weapon

våbenstilstand (*vo*-bern-sdayl-sdahn) *c* armistice

våd (vodh) *adj* wet; moist

vågen (*vaw*-ern) *adj* awake

vågne (*vo⁰⁰*-ner) *v* wake up; ~ **op** wake up

Y

yacht (ʸahgd) *c* yacht

yde (*ēw*-dher) *v* offer; grant; extend

yderligere (*ewdh*-o-li-aw-o) *adj* additional, further

yderlighed (*ew*-dho-li-haydh) *c* extreme

ydermere (*ew*-dho-māy-o) *adv* furthermore

yderside (*ewdh*-o-see-dher) *c* exterior, outside

yderst (*ewdh*-osd) *adj* extreme; utmost

ydmyg (*ewdh*-mew) *adj* humble

ydre (*ewdh*-ro) *nt* appearance; outside; *adj* exterior

ynde (*ur*-ner) *c* grace

yndefuld (*ur*-ner-fool) *adj* graceful

yndig (*urn*-di) *adj* lovely

yndigheder (*urn*-di-haydh-o) *pl* charm

yndling (*urng*-layng) *c* favourite; **yndlings-** favourite; pet

ynke (*urng*-ger) *v* pity

ytre (*ewd*-ro) *v* express; utter

yuppie (ʸoo-bi) *c* yuppie

Z

zebra (*sāy*-brah) *c* zebra

zenit (*sāy*-nid) *nt* zenith

zink (sayngg) *c* zinc

zone (*sōa*-ner) *c* zone

zoo (*sōa*-oa) *c* zoo

zoologi (sōa-oa-loa-*gi*) *c* zoology

zoomlinse (*sōōm*-layn-ser) *c* zoom lens

Æ

æble (*aib*-ler) *nt* apple

ædel (*eh*-dherl) *adj* noble

ædelsten (*eh*-dherl-sdayn) (pl ~) stone, gem

ædru (*ai*-droo) *adj* sober

æg¹ (ehg) *nt* (pl ~) egg

æg² (ehg) *c* (pl ~ge) edge

æggeblomme (*eh*-ger-blomer) *c* egg yolk, yolk

ægte (*ehg-der*) *adj* true, genuine, authentic; *v* marry

ægtefælle (*ehg-der-fehl-er*) *c* spouse

ægtemand (*ehg-der-mahn*) *c* husband

ægtepar (*ehg-der-pah* ~) *nt* married couple

ægteskab (*ehg-der-sgahb*) *nt* marriage; matrimony

ækel (*eh-gerl*) *adj* revolting, disgusting

ækvator (eh-*kvaa*-to) *c* equator

ældre (*ehl*-dro) *adj* elder; aged, elderly

ældst (ehlsd) *adj* elder, eldest

ændre (*ehn*-dro) *v* alter, change

ændring (*ehn*-dræng) *c* alteration, change

ængstelig (*ehng*-sder-li) *adj* afraid

ængstelse (*ehng*-sderl-ser) *c* anxiety

ærbødig (*ær-bur*-dhi) *adj* respectful

ærbødighed (*ær-bur*-dhi-

haydh) *c* respect

ære (*ai*-o) *c* honour, glory; *v* honour

ærefrygt (*ai*-o-frurgd) *c* respect

æreful (*ai*-o-fool) *adj* honourable

æresfølelse (*ai-oss-fūr*-lerl-ser) *c* sense of honour

ærgerlig (*ær*-o-li) *adj* annoying

ærgerrig (*ær-gær*-i) *adj* ambitious

ærgre (*ær*-ro) *v* annoy

ærgrelse (*ær*-rol-ser) *c* annoyance; bother

ærinde (*ai*-o-ner) *nt* errand

ærlig (*ær*-li) *adj* honest; straight

ærlighed (*ær*-li-haydh) *c* honesty

ærme (*ær*-mer) *nt* sleeve

ært (ærd) *c* pea

ærværdig (*ær-vær*-di) *adj* venerable

æsel (*eh*-serl) *nt* (pl æsler) donkey

æske (*ehss*-ger) *c* box

æter (*eh*-do) *c* ether

Ø

ø (ur) *c* island

øde (*ūr*-dher) *adj* desert

***ødelægge** (*ūr*-dher-leh-ger) *v* destroy; wreck; *spoil

ødelæggelse (*ūr*-dher-leh-gerl-ser) *c* destruction; ruin

ødsel (*ur*-serl) *adj* wasteful;

extravagant; lavish

øhav (*ur*-hou) *nt* archipelago

øje (*oi*-er) *nt* (pl øjne) eye; *holde ~ med *keep an eye on

øjeblik (*oi*-er-blayg) *nt* (pl ~ke) instant, moment,

second; **for øjeblikket** now
øjeblikkelig (oi-er-*blay*-ger-li) adj immediate, present; momentary; prompt; **øjeblikkeligt** adv immediately, instantly
øjebliksbillede (*oi*-er-blaygs-bay-ler-dher) nt snapshot
øjenbryn (*oi*-ern-brewn) nt (pl ~) eyebrow
øjenbrynsstift (*oi*-ern-brewns-sdayfd) c eyebrow pencil
øjenlæge (*oi*-ern-lai-eh) c oculist
øjenlåg (*oi*-ern-lo) nt (pl ~) eyelid
øjenskygge (*oi*-ern-sgew-ger) c eye shadow
øjensynlig (oi-ern-*sewn*-lid) adv apparently
øjenvidne (*oi*-ern-vidh-ner) nt eyewitness
øjenvippe (*oi*-ern-vay-ber) c eyelash
økologi (ur-koa-loa-*gi*) c ecology
økologisk (ur-koa-*loa*-isg) adj ecological
økomenisk (ur-koo-*may*-nisg) adj oecumenical
økonom (ur-koa-*noam*) c economist
økonomi (ur-koa-noa-*mi*) c economy
økonomisk (ur-koa-*noa*-misg) adj economic; economical
økoturist (ur-koa-too-*risd*) c

eco-tourist
økse (*urg*-ser) c axe
øl (url) nt beer, ale
øm (urm) adj sore; tender
ømhed (*urm*-haydh) c tenderness
ønske (*urns*-ger) nt wish, desire; v want, desire, wish
ønskelig (*urn*-sger-li) desirable
øre (*ūr*-o) nt ear
ørenring (*ūr*-on-ræng) c earring
ørepine (*ūr*-o-pee-ner) c earache
ørken (*urr*-gern) c desert
ørn (urrn) c eagle
ørred (*ūr*-odh) c trout
øsregn (*ūrss*-righn) c downpour
øst (ursd) east
østers (*urss*-doss) c (pl ~) oyster
østlig (*ursd*-li) adj eastern
østre (*urss*-dro) adj eastern
Østrig (*urss*-dri) Austria
østriger (*urss*-dri-o) c Austrian
østrigsk (*urss*-drisg) adj Austrian
øve (*ūr*-ver) v exercise; ~ **sig** practise
øvelse (*ūr*-verl-ser) c exercise
øverst (*ūr*-vosd) adj top
øvet (*ūr*-verdh) adj skilled
øvre (*ur*ᵒᵒ-ro) adj upper
øvrighed (*ur*ᵒᵒ-ri-haydh) c authorities pl
for øvrigt (*ur*ᵒᵒ-rid) moreover

Å

å (o) *c* brook

åben (*aw*-bern) *adj* open

åbenbar (*aw*-bern-bah) *adj*
apparent; **åbenbart**
apparently

åbenbare (o-bern-*bah*-ah) *v*
reveal, disclose

åbenhjertig (o-bern-*y*ær-di)
adj open, frank, candid

åbne (*awb*-ner) *v* open

åbner (*awb*-ner) *c* opener

åbning (*awb*-nayng) *c*
opening; gap

åbningstider (*awb*-nayngs-
tee-dho) *pl* business hours

åg (o) *nt* (pl ~) yoke

ål (ol) *c* (pl ~) eel

ånd (on) *c* ghost, spirit

ånde (o-ner) *v* breathe

åndedrag (o-ner-drah) *nt* (pl
~) breath

åndedræt (o-ner-dræd) *nt*
breathing

åndelig (o-ner-li) *adj* spiritual

år (o) *nt* (pl ~) year

årbog (*aw*-bo°°) *c* (pl -bøger)
annual

åre (*aw*-o) *c* vein; oar

åreknude (*aw*-o-kno͞o-dher) *c*
varicose vein

årgang (*aw*-gahng) *c* volume;
vintage

århundrede (o-*hoon*-ro-
dher) *nt* century

årlig (o-*aw*-li) *adj* annual,
yearly; **årligt** per annum

årsag (*aw*-sah) *c* reason, cause

årsdag (*os*-dah) *c* anniversary

årstid (*awss*-tidh) *c* season

årvågen (*aw*-vo-ern) *adj* alert,
wpatchful; vigilant

English – Danish
Engelsk – Dansk

A

a [ei,ə] *art* (an) en *art*

abbey ['æbi] *n* abbedi *nt*

abbreviation [ə,bri:vi'eiʃən] *n* forkortelse *c*

ability [ə'biləti] *n* dygtighed *c*; evne *c*

able ['eibəl] *adj* i stand til; duelig, dygtig; *be ~ to* *være i stand til; *kunne

aboard [ə'bɔ:d] *adv* om bord

abolish [ə'bɔliʃ] *v* afskaffe

abortion [ə'bɔ:ʃən] *n* abort *c*

about [ə'baut] *prep* om; angående, vedrørende; *adv* cirka, omtrent; omkring

above [ə'bʌv] *prep* oven over; *adv* ovenover

abroad [ə'brɔ:d] *adv* udenlands

abscess ['æbses] *n* byld *c*

absence ['æbsəns] *n* fravær *nt*

absent ['æbsənt] *adj* fraværende

absolutely ['æbsəlu:tli] *adv* absolut

abstain from [əb'stein] *afholde sig fra

abstract ['æbstrækt] *adj* abstrakt

absurd [əb'sə:d] *adj* urimelig, absurd

abundance [ə'bʌndəns] *n* overflod *c*

abundant [ə'bʌndənt] *adj* rigelig

abuse [ə'bju:s] *n* misbrug *nt*

academy [ə'kædəmi] *n* akademi *nt*

accelerate [ək'seləreit] *v* accelerere, *sætte farten op

accelerator [ək'seləreitə] *n* speeder *c*

accent ['æksənt] *n* accent *c*; tryk *nt*

accept [ək'sept] *v* acceptere, *modtage, *tage imod

access ['ækses] *n* adgang *c*

accessible [ək'sesəbəl] *adj* tilgængelig

accessories [ək'sesəriz] *pl* tilbehør *nt*

accident ['æksidənt] *n* ulykke *c*, uheld *nt*

accidental [,æksi'dentəl] *adj* tilfældig

accommodate [ə'kɔmədeit] *v* skaffe husly

accommodation [ə,kɔmə'deiʃən] *n* husly *nt*, logi *nt*

accompany [ə'kʌmpəni] *v*

ledsage; *følge;
akkompagnere

accomplish [əˈkʌmpliʃ] v
fuldbyrde; fuldføre

in accordance with [in
əˈkɔːdəns wið] i
overensstemmelse med

according to [əˈkɔːdiŋ tuː]
ifølge; i overensstemmelse
med

account [əˈkaunt] n konto c;
beretning c; ~ for *gøre rede
for; **on** ~ **of** på grund af

accurate [ˈækjurət] adj
akkurat

accuse [əˈkjuːz] v beskylde;
anklage

accused [əˈkjuːzd] n
anklagede c

accustom [əˈkʌstəm] v
vænne; **accustomed** vant

ache [eik] v *gøre ondt; n
smerte c

achieve [əˈtʃiːv] v nå;
præstere

achievement [əˈtʃiːvmənt] n
præstation c

acknowledge [əkˈnɔlidʒ] v
erkende; indrømme;
bekræfte

acne [ˈækni] n filipenser

acorn [ˈeikɔːn] n agern nt

acquaintance [əˈkweintəns]
n bekendt c

acquire [əˈkwaiə] v tilegne
sig, erhverve

acquisition [ˌækwiˈziʃən] n
erhvervelse c

acquittal [əˈkwitəl] n
frifindelse c

across [əˈkrɔs] prep over; på
den anden side af; adv på
den anden side

act [ækt] n handling c; akt c;
nummer nt; v handle,
*optræde; opføre sig; spille

action [ˈækʃən] n handling c,
aktion c

active [ˈæktiv] adj aktiv; travl

activewear [ˈæktivˌweə] n
fritidstøj nt

activity [ækˈtivəti] n aktivitet
c

actor [ˈæktə] n skuespiller c

actress [ˈæktris] n
skuespillerinde c

actual [ˈæktʃuəl] adj faktisk,
virkelig

actually [ˈæktʃuəli] adv
faktisk

acute [əˈkjuːt] adj spids, fin;
akut

adapt [əˈdæpt] v tilpasse

adaptor [əˈdæptə] n
mellemsokkel c

add [æd] v *lægge sammen;
tilføje

addition [əˈdiʃən] n addition
c; tilføjelse c

additional [əˈdiʃənəl] adj
ekstra; yderligere;
underordnet

address [əˈdres] n adresse c;
v adressere; henvende sig til

addressee [ˌædreˈsiː] n
adressat c

adequate [ˈædikwət] adj
tilstrækkelig; passende,
adækvat

adjective [ˈædʒiktiv] n

tillægsord nt

adjust [əˈdʒʌst] v justere;
tilpasse

administer [ədˈministə] v
administrere; uddele

administration
[əd.miniˈstreiʃən] n
administration c; ledelse c

administrative
[ədˈministrətiv] adj
administrativt;
administrerende; ~ law
forvaltningsret c

admiration [ˌædməˈreiʃən] n
beundring c

admire [ədˈmaiə] v beundre

admission [ədˈmiʃən] n
adgang c; optagelse c

admit [ədˈmit] v *give
adgang, *optage;
indrømme, erkende

admittance [ədˈmitəns] n
adgang c; no ~ adgang
forbudt

adopt [əˈdɔpt] v adoptere,
*vedtage

adorable [əˈdɔːrəbəl] adj
henrivende

adult [ˈædʌlt] n voksen c; adj
voksen

advance [ədˈvaːns] n
fremgang c; forskud nt; v *gå
fremad; betale i forskud; in ~
på forhånd, i forvejen

advanced [ədˈvaːnst] adj
avanceret

advantage [ədˈvaːntidʒ] n
fordel c

advantageous
[ˌædvənˈteidʒəs] adj

fordelagtig

adventure [ədˈventʃə] n
eventyr nt

adverb [ˈædvəːb] n
adverbium nt

advertisement
[ədˈvəːtismənt] n annonce c

advertising [ˈædvətaiziŋ] n
reklame c

advice [ədˈvais] n råd nt

advise [ədˈvaiz] v *rådgive,
råde

advocate [ˈædvəkət] n
fortaler c

aerial [ˈɛəriəl] n antenne c

aeroplane [ˈɛərəplein] n
flyvemaskine c

affair [əˈfɛə] n anliggende nt;
affære c, forhold nt

affect [əˈfekt] v påvirke;
*angå

affected [əˈfektid] adj
affekteret

affection [əˈfekʃən] n
sygdom c; hengivenhed c

affectionate [əˈfekʃənit] adj
hengiven, kærlig

affiliated [əˈfilieitid] adj
tilsluttet

affirm [əˈfəːm] v forsikre

affirmative [əˈfəːmətiv] adj
bekræftende

afford [əˈfɔːd] v *have råd til

afraid [əˈfreid] adj bange,
ængstelig; *be ~ *være bange

Africa [ˈæfrikə] Afrika

African [ˈæfrikən] adj
afrikansk; n afrikaner c

after [ˈaːftə] prep efter; conj
efter at

afternoon [ˌɑːftəˈnuːn] *n*
eftermiddag *c*; this ~ i
eftermiddag

afterwards [ˈɑːftəwədz] *adv*
senere, bagefter

again [əˈgen] *adv* igen; atter;
~ and again gang på gang

against [əˈgenst] *prep* mod

age [eidʒ] *n* alder *c*; alderdom
c; of ~ myndig; under ~
mindreårig

aged [ˈeidʒid] *adj* ældre;
gammel

agency [ˈeidʒənsi] *n*
agentvirksomhed *c*; bureau
nt; agentur *nt*

agenda [əˈdʒendə] *n*
dagsorden *c*

agent [ˈeidʒənt] *n* agent *c*,
repræsentant *c*

aggressive [əˈgresiv] *adj*
aggressiv

ago [əˈgou] *adv* for ... siden

agrarian [əˈgreəriən] *adj*
landbrugs-

agree [əˈgriː] *v* *være enig;
indvillige; stemme overens

agreeable [əˈgriːəbəl] *adj*
behagelig

agreement [əˈgriːmənt] *n*
kontrakt *c*; overenskomst *c*,
aftale *c*; enighed *c*

agriculture [ˈægrikʌltʃə] *n*
landbrug *nt*

ahead [əˈhed] *adv* foran; ~ of
foran; *go ~ *gå videre;
straight ~ ligeud

aid [eid] *n* hjælp *c*; *v* *hjælpe,
understøtte

AIDS [eidz] AIDS

aim [eim] *n* mål *nt*; ~ at rette
imod, sigte på; sigte mod

air [ɛə] *n* luft *c*; *v* lufte

airbag [ˈeəbæg] *n* airbag *c*

air conditioning
[ˈeəkənˌdiʃəniŋ] *n*
klimaanlæg *nt*; air-
-conditioned *adj*
luftkonditioneret

airfield [ˈeəfiːld] *n* flyveplads
c

airline [ˈeəlain] *n*
luftfartsselskab *c*

airmail [ˈeəmeil] *n* luftpost *c*

airplane [ˈeəplein] *nAm*
flyvemaskine *c*

airport [ˈeəpɔːt] *n* lufthavn *c*

airsickness [ˈeəˌsiknəs] *n*
luftsyge *c*

airtight [ˈeətait] *adj* lufttæt

airy [ˈeəri] *adj* luftig

aisle [ail] *n* sideskib *nt*;
midtergang *c*

alarm [əˈlɑːm] *n* alarm *c*; *v*
forurolige

alarm-clock [əˈlɑːmklɔk] *n*
vækkeur *nt*

album [ˈælbəm] *n* album *nt*

alcohol [ˈælkəhɔl] *n* alkohol *c*

alcoholic [ˌælkəˈhɔlik] *adj*
alkoholholdig

ale [eil] *n* øl *nt*

algebra [ˈældʒibrə] *n* algebra
c

Algeria [ælˈdʒiəriə] Algeriet

Algerian [ælˈdʒiəriən] *adj*
algerisk; *n* algerier *c*

alien [ˈeiliən] *n* udlænding *c*;
adj udenlandsk

alike [əˈlaik] *adj* ens, lig; *adv*

på samme måde

alive [ə'laiv] *adj* levende, i live

all [ɔ:l] *adj* al, hele; alle; ~ **in** alt iberegnet; ~ **right!** fint!; **at ~** overhovedet

allergy ['ælədʒi] *n* allergi *c*

alley ['æli] *n* gyde *c*

alliance [ə'laiəns] *n* alliance *c*

allies ['ælaiz] *pl* allierede *pl*

allow [ə'lau] *v* *tillade; ~ **to** *lade; ***be allowed *være** tilladt; ***be allowed to *have** lov til

allowance [ə'lauəns] *n* bidrag *nt*

almond ['ɑ:mənd] *n* mandel *c*

almost ['ɔ:lmoust] *adv* næsten

alone [ə'loun] *adv* alene

along [ə'lɔŋ] *prep* langs

aloud [ə'laud] *adv* højt

alphabet ['ælfəbet] *n* alfabet *nt*

already [ɔ:l'redi] *adv* allerede

also ['ɔ:lsou] *adv* også; desuden, ligeledes

altar ['ɔ:ltə] *n* alter *nt*

alter ['ɔ:ltə] *v* forandre, ændre

alteration [,ɔ:ltə'reiʃən] *n* forandring *c*, ændring *c*

alternate [ɔ:l'tə:nət] *adj* skiftende

alternative [ɔ:l'tə:nətiv] *n* alternativ *nt*

although [ɔ:l'ðou] *conj* selv om, skønt

altitude ['æltitju:d] *n* højde *c*

alto ['æltou] *n* (pl ~s) alt *c*

altogether [,ɔ:ltə'geðə] *adv*

fuldstændigt; alt i alt

always ['ɔ:lweiz] *adv* altid

am [æm] *v* (pr be)

amaze [ə'meiz] *v* forbløffe, forbavse, forundre

amazement [ə'meizmənt] *n* forbavselse *c*

amazing [ə'meiziŋ] *adj* fantastisk

ambassador [æm'bæsədə] *n* ambassadør *c*

amber ['æmbə] *n* rav *nt*

ambiguous [æm'bigjuəs] *adj* tvetydig

ambition [æm'biʃən] *n* ambition *c*

ambitious [æm'biʃəs] *adj* ambitiøs; ærgerrig

ambulance ['æmbjuləns] *n* ambulance *c*

ambush ['æmbuʃ] *n* baghold *nt*

America [ə'merikə] Amerika

American [ə'merikən] *adj* amerikansk; *n* amerikaner *c*

amethyst ['æmiθist] *n* ametyst *c*

amid [ə'mid] *prep* blandt; midt i, midt iblandt

ammonia [ə'mouniə] *n* salmiakspiritus *c*

amnesty ['æmnisti] *n* amnesti *c*

among [ə'mʌŋ] *prep* blandt; imellem, mellem; ~ **other things** blandt andet

amount [ə'maunt] *n* mængde *c*; beløb *nt*, sum *c*; ~ **to** *beløbe sig til

amuse [ə'mju:z] *v* more,

*underholde

amusement [ə'mju:zmənt] *n*
fornøjelse *c*, adspredelse *c*

amusing [ə'mju:ziŋ] *adj*
morsom

anaemia [ə'ni:miə] *n*
blodmangel *c*

anaesthesia [,ænis'θi:ziə] *n*
bedøvelse *c*

anaesthetic [,ænis'θetik] *n*
bedøvelsesmiddel *nt*

analyse ['ænəlaiz] *v*
analysere

analysis [ə'næləsis] *n* (pl
-ses) analyse *c*

analyst ['ænəlist] *n*
analytiker *c*;
psykoanalytiker *c*

anarchy ['ænəki] *n* anarki *nt*

anatomy [ə'nætəmi] *n*
anatomi *c*

ancestor ['ænsestə] *n*
forfader *c*

anchor ['æŋkə] *n* anker *nt*

anchovy ['æntʃəvi] *n* ansjos *c*

ancient ['einʃənt] *adj*
gammel; forældet,
gammeldags; oldtids-

and [ænd, ənd] *conj* og

angel ['eindʒəl] *n* engel *c*

anger ['æŋgə] *n* vrede *c*;
raseri *nt*

angle ['æŋgəl] *v* fiske; *n*
vinkel *c*

angry ['æŋgri] *adj* vred

animal ['æniməl] *n* dyr *nt*

ankle ['æŋkəl] *n* ankel *c*

annex[1] ['æneks] *n* anneks *nt*;
bilag *nt*

annex[2] [ə'neks] *v* annektere

anniversary [,æni'və:səri] *n*
årsdag *c*

announce [ə'nauns] *v*
*bekendtgøre, *kundgøre

announcement
[ə'naunsmənt] *n*
kundgørelse *c*,
bekendtgørelse *c*

annoy [ə'nɔi] *v* plage, irritere;
ærgre

annoyance [ə'nɔiəns] *n*
ærgrelse *c*

annoying [ə'nɔiiŋ] *adj*
ærgerlig, irriterende

annual ['ænjuəl] *adj* årlig; *n*
årbog *c*

per annum [pər 'ænəm] årligt

anonymous [ə'nɔniməs] *adj*
anonym

another [ə'nʌðə] *adj* en til; en
anden

answer ['ɑ:nsə] *v* svare;
besvare; *n* svar *nt*

ant [ænt] *n* myre *c*

antibiotic [,æntibai'ɔtik] *n*
antibiotikum *c*

anticipate [æn'tisipeit] *v*
forvente, *foregribe

antifreeze ['æntifri:z] *n*
frostvæske *c*

antipathy [æn'tipəθi] *n*
modvilje *c*

antique [æn'ti:k] *adj* antik; *n*
antikvitet *c*; ~ **dealer**
antikvitetshandler *c*

anxiety [æŋ'zaiəti] *n*
ængstelse *c*

anxious ['æŋkʃəs] *adj* ivrig;
bekymret

any ['eni] *adj* enhver, hvilken

som helst
anybody ['enibɔdi] *pron*
hvem som helst
anyhow ['enihau] *adv* på
hvilken som helst måde
anyone ['eniwʌn] *pron*
enhver
anything ['eniθiŋ] *pron* hvad
som helst
anyway ['eniwei] *adv*
alligevel
anywhere ['eniwɛə] *adv* hvor
som helst
apart [ə'paːt] *adv* adskilt,
separat; ~ **from** bortset fra
apartment [ə'paːtmənt] *n*
værelse; *nAm* lejlighed *c*; ~
house *Am*
beboelsesejendom *c*
apathy ['æpəθi] *n* sløvhed *c*
aperitif [ə'perəntif] *n* aperitif *c*
apologize [ə'pɔlədʒaiz] *v*
*bede om undskyldning
apology [ə'pɔlədʒi] *n*
undskyldning *c*
apparatus [ˌæpə'reitəs] *n*
indretning *c*, apparat *nt*
apparent [ə'pærənt] *adj*
tilsyneladende; åbenbar
apparently [ə'pærəntli] *adv*
tilsyneladende; åbenbart;
øjensynligt
appeal [ə'piːl] *n* appel *c*
appear [ə'piə] *v* *se ud til,
*synes; *fremgå; vise sig;
*fremtræde
appearance [ə'piərəns] *n*
ydre *nt*; fremtoning *c*; entré
c
appendicitis [əˌpendi'saitis]

n blindtarmsbetændelse *c*
appendix [ə'pendiks] *n* (pl
-dices, -dixes) blindtarm *c*
appetite ['æpətait] *n* appetit
c; begær *nt*
appetizer ['æpətaizə] *n*
appetitvækker *c*
appetizing ['æpətaiziŋ] *adj*
appetitlig
applaud [ə'plɔːd] *v* klappe
applause [ə'plɔːz] *n* bifald *nt*
apple ['æpəl] *n* æble *nt*
appliance [ə'plaiəns] *n*
apparat *nt*, indretning *c*
application [ˌæpli'keiʃən] *n*
anvendelse *c*; ansøgning *c*
apply [ə'plai] *v* udnytte,
anvende; benytte; ansøge;
*gælde
appoint [ə'pɔint] *v* udnævne;
aftale
appointment [ə'pɔintmənt] *n*
aftale *c*, møde *nt*;
udnævnelse *c*
appreciate [ə'priːʃieit] *v*
*værdsætte; påskønne
appreciation [əˌpriːʃi'eiʃən]
n vurdering *c*; værdsættelse *c*
apprentice [ə'prentis] *n*
lærling *c*
approach [ə'prəutʃ] *v* nærme
sig; *n* fremgangsmåde *c*;
adgang *c*
appropriate [ə'prəupriət] *adj*
formålstjenlig, egnet,
passende
approval [ə'pruːvəl] *n*
billigelse *c*; bifald *nt*,
indvilligelse *c*
approve [ə'pruːv] *v*

godkende

approximate [ə'prɒksimət] *adj* omtrentlig

approximately [ə'prɒksimətli] *adv* cirka, omtrent

apricot ['eiprikɒt] *n* abrikos *c*

April ['eiprəl] april

apron ['eiprən] *n* forklæde *nt*

Arab ['ærəb] *adj* arabisk; *n* araber *c*

arbitrary ['ɑ:bitrəri] *adj* vilkårlig

arcade [ɑ:'keid] *n* arkade *c*, buegang *c*

arch [ɑ:tʃ] *n* bue *c*; hvælving *c*

archaeologist [,ɑ:ki'ɔlədʒist] *n* arkæolog *c*

archaeology [,ɑ:ki'ɔlədʒi] *n* arkæologi *c*

arched [ɑ:tʃt] *adj* bueformet

architect ['ɑ:kitekt] *n* arkitekt *c*

architecture ['ɑ:kitektʃə] *n* bygningskunst *c*, arkitektur *c*

archives ['ɑ:kaivz] *pl* arkiv *nt*

are [ɑ:] *v* (pr be)

area ['ɛəriə] *n* område *nt*; areal *nt*; ~ **code** områdenummer *nt*

Argentina [,ɑ:dʒən'ti:nə] Argentina

Argentinian [,ɑ:dʒən'tiniən] *adj* argentinsk; *n* argentiner *c*

argue ['ɑ:gju:] *v* diskutere, drøfte, argumentere

argument ['ɑ:gjumənt] *n* argument *c*; diskussion *c*;

ordveksling *c*

*arise [ə'raiz] *v* *opstå

arithmetic [ə'riθmətik] *n* regning *c*

arm [ɑ:m] *n* arm *c*; våben *nt*; armlæn *nt*; *v* bevæbne

armchair ['ɑ:mtʃɛə] *n* lænestol *c*, armstol *c*

armed [ɑ:md] *adj* bevæbnet; ~ **forces** væbnede styrker

armour ['ɑ:mə] *n* rustning *c*

army ['ɑ:mi] *n* hær *c*

aroma [ə'roumə] *n* aroma *c*

around [ə'raund] *prep* omkring, om; *adv* omkring

arrange [ə'reindʒ] *v* ordne; arrangere

arrangement [ə'reindʒmənt] *n* ordning *c*

arrest [ə'rest] *v* arrestere, *anholde; *n* arrestation *c*, anholdelse *c*

arrival [ə'raivəl] *n* ankomst *c*; komme *nt*

arrive [ə'raiv] *v* *ankomme

arrow ['ærou] *n* pil *c*

art [ɑ:t] *n* kunst *c*; færdighed *c*; ~ **collection** kunstsamling *c*; ~ **exhibition** kunstudstilling *c*; ~ **gallery** kunstgalleri *nt*; ~ **history** kunsthistorie *c*; **arts and crafts** kunsthåndværk *nt*; ~ **school** kunstakademi *nt*

artery ['ɑ:təri] *n* pulsåre *c*

artichoke ['ɑ:titʃouk] *n* artiskok *c*

article ['ɑ:tikəl] *n* genstand *c*; artikel *c*; kendeord *nt*

artificial [,ɑ:ti'fiʃəl] *adj*

kunstig
artist ['ɑːtist] n kunstner c;
kunstnerinde c
artistic [ɑː'tistik] adj
kunstnerisk, artistisk
as [æz] conj ligesom, som;
lige så; eftersom, fordi; da,
idet; ~ **from** fra; fra og med;
~ **if** som om
asbestos [æz'bestɔs] n
asbest c
ascend [ə'send] v *bestige;
*stige op
ascent [ə'sent] n stigning c;
opstigning c
ascertain [æsə'tein] v
konstatere; forvisse sig om,
*fastslå
ash [æʃ] n aske c
ashamed [ə'ʃeimd] adj
skamfuld; *be ~ skamme sig
ashore [ə'ʃɔː] adv i land
ashtray ['æʃtrei] n askebæger
nt
Asia ['eiʃə] Asien
Asian ['eiʃən] adj asiatisk;
asiat c
aside [ə'said] adv afsides, til
side
ask [ɑːsk] v *spørge; *bede;
*indbyde
asleep [ə'sliːp] adj sovende
asparagus [ə'spærəgəs] n
asparges c
aspect ['æspekt] n aspekt nt
asphalt ['æsfælt] n asfalt c
aspire [ə'spaiə] v stræbe
aspirin ['æspərin] n aspirin c
assassination
[ə,sæsi'neiʃən] n mord nt

assault [ə'sɔːlt] v *angribe;
*voldtage
assemble [ə'sembəl] v
forsamle; samle, montere
assembly [ə'sembli] n
sammenkomst c, forsamling
c
assignment [ə'sainmənt] n
opgave c
assign to [ə'sain] tildele;
*tilskrive
assist [ə'sist] v *bistå,
*hjælpe; ~ **at** være til stede
ved
assistance [ə'sistəns] n
hjælp c; assistance c,
understøttelse c
assistant [ə'sistənt] n
assistent c
associate[1] [ə'souʃiət] n
kollega c, kompagnon c;
forbundsfælle c; medlem nt
associate[2] [ə'souʃieit] v
associere; ~ **with** *omgås
association [ə,sousi'eiʃən] n
forening c
assort [ə'sɔːt] v sortere
assortment [ə'sɔːtmənt] n
sortiment nt, udvalg nt
assume [ə'sjuːm] v *antage,
*gå ud fra, formode
assure [ə'ʃuə] v forsikre
asthma ['æsmə] n astma c
astonish [ə'stɔniʃ] v
forbløffe, forbavse
astonishing [ə'stɔniʃiŋ] adj
forbavsende
astonishment
[ə'stɔniʃmənt] n forbavselse
c

astronomy [ə'strɔnəmi] n
astronomi c

astronaut ['æstrənɔːt] n
astronaut c

asylum [ə'sailəm] n asyl nt;
plejehjem nt

at [æt] prep i, hos; på

ate [et] v (p eat)

atheist ['eiθiist] n ateist c

athlete ['æθliːt] n idrætsmand
c

athletics [æθ'letiks] pl atletik
c

Atlantic [ət'læntik]
Atlanterhavet

ATM ['eiti:'em], automatic
teller machine n
pengeautomat c

atmosphere ['ætməsfiə] n
atmosfære c; stemning c

atom ['ætəm] n atom nt

atomic [ə'tɔmik] adj atom-

atomizer ['ætəmaizə] n
forstøver c; spray c

attach [ə'tætʃ] v fæstne,
*fastgøre; vedføje; attached
to knyttet til

attack [ə'tæk] v *overfalde,
*angribe; n angreb nt

attain [ə'tein] v nå

attainable [ə'teinəbəl] adj
opnåelig

attempt [ə'tempt] v forsøge,
prøve; n forsøg nt

attend [ə'tend] v overvære; ~
on opvarte; ~ to beskæftige
sig med, sørge for; *være
opmærksom på

attendance [ə'tendəns] n
tilslutning c

attendant [ə'tendənt] n
kustode c

attention [ə'tenʃən] n
opmærksomhed c; *pay ~
*være opmærksom

attentive [ə'tentiv] adj
opmærksom

attest [ə'test] v attestere

attic ['ætik] n loft nt

attitude ['ætitjuːd] n
holdning c

attorney [ə'təːni] n advokat c

attract [ə'trækt] v *tiltrække

attraction [ə'trækʃən] n
attraktion c; tiltrækning c,
charme c

attractive [ə'træktiv] adj
tiltrækkende

auction ['ɔːkʃən] n auktion c

audible ['ɔːdibəl] adj hørlig

audience ['ɔːdiəns] n
publikum nt

auditor ['ɔːditə] n tilhører c

auditorium [,ɔːdi'tɔːriəm] n
auditorium nt

August ['ɔːgəst] august

aunt [ɑːnt] n tante c

Australia [ɔ'streiliə]
Australien

Australian [ɔ'streiliən] adj
australsk; n australier c

Austria ['ɔstriə] Østrig

Austrian ['ɔstriən] adj
østrigsk; n østriger c

authentic [ɔː'θentik] adj
autentisk; ægte

author ['ɔːθə] n forfatter c

authoritarian
[ɔː,θɔri'teəriən] adj
autoritær

authority [ɔː'θɔrəti] n
autoritet c; myndighed c;
authorities pl øvrighed c,
myndigheder

authorization
[,ɔːθərai'zeiʃən] n
autorisation c; godkendelse
c

automatic [,ɔːtə'mætik] adj
automatisk; ~ **teller**
kontanten c

automation [,ɔːtə'meiʃən] n
automatisering c

automobile [ɔːtəməbiːl] n
bil c; ~ **club** automobilklub c

autonomous [ɔː'tɔnəməs]
adj autonom

autopsy ['ɔːtɔpsi] n
obduktion c

autumn ['ɔːtəm] n efterår nt

available [ə'veiləbəl] adj
disponibel, for hånden

avalanche ['ævəlɑːnʃ] n
lavine c

avenue ['ævənjuː] n allé c

average ['ævəridʒ] adj
gennemsnitlig; n
gennemsnit nt; **on the** ~ i
gennemsnit

averse [ə'vɜːs] adj uvillig

aversion [ə'vɜːʃən] n
aversion c

avoid [ə'vɔid] v *undgå

await [ə'weit] v vente på,
afvente

awake [ə'weik] adj vågen

*awake [ə'weik] v vække

award [ə'wɔːd] n pris c; v
tildele

aware [ə'wɛə] adj klar over

away [ə'wei] adv væk; ***go** ~
*tage bort

awful ['ɔːfəl] adj frygtelig,
rædselsfuld

awkward ['ɔːkwəd] adj
pinlig; kejtet

awning ['ɔːniŋ] n solsejl nt

axe [æks] n økse c

axle ['æksəl] n aksel c

B

baby ['beibi] n baby c; ~
carriage Am barnevogn c

babysitter ['beibi,sitə] n
babysitter c

bachelor ['bætʃələ] n
ungkarl c

back [bæk] n ryg c; adv
tilbage; ***go** ~ vende tilbage

backache ['bækeik] n
rygsmerter pl

backbone ['bækboun] n

rygrad c

background ['bækgraund] n
baggrund c; uddannelse c

backwards ['bækwədz] adv
baglæns

bacon ['beikən] n bacon c

bacterium [bæk'tiːriəm] n (pl
-ria) bakterie c

bad [bæd] adj dårlig; alvorlig,
slem

bag [bæg] n pose c; taske c,

håndtaske c; kuffert c
baggage ['bægidʒ] n bagage c; **~ deposit office** Am bagageopbevaring c; **hand ~** Am håndbagage c
bail [beil] n kaution c
bait [beit] n lokkemad c
bake [beik] v bage
baker ['beikə] n bager c
bakery ['beikəri] n bageri nt
balance ['bæləns] n ligevægt c; balance c; saldo c
balcony ['bælkəni] n balkon c
bald [bɔːld] adj skaldet
ball [bɔːl] n bold c; bal nt
ballet ['bælei] n ballet c
balloon [bə'luːn] n ballon c
ballpoint pen ['bɔːlpɔintpen] n kuglepen c
ballroom ['bɔːlruːm] n balsal c
banana [bə'nɑːnə] n banan c
band [bænd] n orkester c; bånd nt
bandage ['bændidʒ] n forbinding c
bank [bæŋk] n bred c; bank c; v deponere, *sætte i banken; **~ account** bankkonto c
banknote ['bæŋknout] n pengeseddel c
bank rate ['bæŋkreit] n diskonto c
bankrupt ['bæŋkrʌpt] adj konkurs, fallit
banner ['bænə] n banner nt
banquet ['bæŋkwit] n banket c
baptism ['bæptizəm] n dåb c
baptize [bæp'taiz] v døbe

bar [bɑː] n bar c; stang c; tremme c
barbecue ['bɑːbikjuː] n grill c; v grille
barbed wire ['bɑːbd waiə] n pigtråd c
barber ['bɑːbə] n barber c
bare [bɛə] adj nøgen, bar
barely ['bɛəli] adv knap, knap nok
bargain ['bɑːgin] n lejlighedskøb c; v *købslå
baritone ['bæritoun] n baryton c
bark [bɑːk] n bark c; v gø
barley ['bɑːli] n byg c
barn [bɑːn] n lade c
barometer [bə'rɔmitə] n barometer nt
baroque [bə'rɔk] adj barok
barracks ['bærəks] pl kaserne c
barrel ['bærəl] n tønde c
barrier ['bæriə] n barriere c; bom c
barrister ['bæristə] n advokat c
bartender ['bɑːˌtendə] n bartender c
base [beis] n base c; fundament nt; v begrunde
baseball ['beisbɔːl] n baseball
basement ['beismənt] n kælder c
basic ['beisik] adj grundlæggende; **basics** pl grundreglerne
basilica [bə'zilikə] n basilika c

basin ['beisən] n skål c, bækken c

basis ['beisis] n (pl bases) basis c, grundlag nt

basket ['bɑːskit] n kurv c

bass¹ [beis] n bas c

bass² [bæs] n (pl ~) aborre c

bastard ['bɑːstəd] n slyngel c; schuft c

batch [bætʃ] n parti nt, bunke c

bath [bɑːθ] n bad nt; ~ salts badesalt nt; ~ towel badehåndklæde nt

bathe [beið] v bade

bathing cap ['beiðiŋkæp] n badehætte c

bathing suit ['beiðiŋsuːt] n badedragt c; badebukser pl

bathrobe ['bɑːθroub] n badekåbe c

bathroom ['bɑːθruːm] n badeværelse nt; toilet nt

batter ['bætə] n dej c

battery ['bætəri] n batteri nt; akkumulator c

battle ['bætəl] n slag nt; kamp c, strid c; v kæmpe

bay [bei] n bugt c; v glamme

*be [biː] v *være

beach [biːtʃ] n strand c; nudist ~ fribadestrand c

bead [biːd] n perle c; beads pl perlekæde c; rosenkrans c

beak [biːk] n næb nt

beam [biːm] n stråle c; bjælke c

bean [biːn] n bønne c

bear [beə] n bjørn c

*bear [beə] v *bære; tåle;

*udholde

beard [biəd] n skæg nt

beast [biːst] n dyr nt; ~ of prey rovdyr nt

*beat [biːt] v *slå

beautiful ['bjuːtifəl] adj smuk

beauty ['bjuːti] n skønhed c; ~ parlour skønhedssalon c; ~ salon skønhedssalon c; ~ treatment skønhedspleje c

beaver ['biːvə] n bæver c

because [bi'kɔz] conj fordi; eftersom; ~ of på grund af

*become [bi'kʌm] v *blive; klæde

bed [bed] n seng c; ~ and board kost og logi, helpension c; ~ and breakfast værelse med morgenmad

bedding ['bediŋ] n sengetøj pl

bedroom ['bedruːm] n soveværelse nt

bee [biː] n bi c

beech [biːtʃ] n bøg c

beef [biːf] n oksekød nt

beefburger ['biːfbəːgə] n burger c

beehive ['biːhaiv] n bistade nt

been [biːn] v (pp be)

beer [biə] n øl nt

beet [biːt] n bede c

beetle ['biːtəl] n bille c

beetroot ['biːtruːt] n rødbede c

before [bi'fɔː] prep før; foran; conj før; adv forud; tidligere, inden beg [beg] v tigge; *bønfalde; *bede

beggar ['begə] n tigger c

*begin [bi'gin] v begynde; starte

beginner [bi'ginə] n nybegynder c

beginning [bi'giniŋ] n begyndelse c; start c

on behalf of [ɔn bi'hɑ:f ɔv] i ... navn, på ... vegne

behave [bi'heiv] v opføre sig

behaviour [bi'heivjə] n opførsel c

behind [bi'haind] prep bag; adv bagved

beige [beiʒ] adj beige

being [bi:iŋ] n væsen nt

Belgian ['beldʒən] adj belgisk; n belgier c

Belgium ['beldʒəm] Belgien

belief [bi'li:f] n tro c

believe [bi'li:v] v tro

bell [bel] n klokke c

bellboy ['belbɔi] n piccolo c

belly ['beli] n mave c

belong [bi'lɔŋ] v tilhøre

belongings [bi'lɔŋiŋz] pl ejendele pl

beloved [bi'lʌvd] adj elsket

below [bi'lou] prep under; adv nede

belt [belt] n bælte nt; garter ~ Am strømpeholder c

bench [bentʃ] n bænk c

bend [bend] n sving nt, kurve c; krumning c

*bend [bend] v bøje; ~ down bøje sig

beneath [bi'ni:θ] prep under;

adv nedenfor

benefit ['benifit] n nytte c, udbytte nt; understøttelse c; v *drage fordel

bent [bent] adj (pp bend) krum

berry ['beri] n bær nt

beside [bi'said] prep ved siden af

besides [bi'saidz] adv desuden; for resten; prep foruden

best [best] adj bedst

bet [bet] n væddemål nt; indsats c

*bet [bet] v vædde

betray [bi'trei] v forråde

better ['betə] adj bedre

between [bi'twi:n] prep mellem

beverage ['bevəridʒ] n drik c

beware [bi'wɛə] v passe på, vogte sig

beyond [bi'jɔnd] prep hinsides; på den anden side af; ud over; adv på den anden side

bible ['baibəl] n bibel c

bicycle ['baisikəl] n cykel c

bid [bid] n bud nt; v tilbyde

big [big] adj stor; omfangsrig; tyk; betydelig

bike [baik] n colloquial cykel c; v cykle

bile [bail] n galde c

bilingual [bai'liŋgwəl] adj tosproget

bill [bil] n regning c, nota c; v fakturere

billiards ['biljədz] pl billard

nt

billion ['biljən] *n* milliard *c*

*bind [baind] *v* *binde

binding ['baindiŋ] *n*
indbinding *c*

binoculars [bi'nɔkjələz] *pl*
kikkert *c*

biodegradable
[,baioudi'greidəbəl] *adj*
biologisk nedbrydeligt

biology [bai'ɔlɔdʒi] *n* biologi
c

bipolar [,bai'poulə] *adj*
bipolær

birch [bə:tʃ] *n* birk *c*

bird [bə:d] *n* fugl *c*

birth [bə:θ] *n* fødsel *c*

birthday ['bə:θdei] *n*
fødselsdag *c*

biscuit ['biskit] *n* småkage *c*

bishop ['biʃəp] *n* biskop *c*

bit [bit] *n* stump *c*; smule *c*

bitch [bitʃ] *n* tæve *c*

bite [bait] *n* mundfuld *c*; bid
nt

*bite [bait] *v* *bide

bitter ['bitə] *adj* bitter

black [blæk] *adj* sort; ~
market sortbørshandel *c*

blackberry ['blækbəri] *n*
brombær *c*

Blackberry® ['blækbəri] *n*
Blackberry *nt*

blackbird ['blækbə:d] *n*
solsort *c*

blackboard ['blækbɔ:d] *n*
tavle *c*

blackcurrant [,blæk'kʌrənt]
n solbær *c*

blackmail ['blækmeil] *n*

pengeafpresning *c*; *v* øve
pengeafpresning

blacksmith ['blæksmiθ] *n*
smed *c*

bladder ['blædə] *n* blære *c*

blade [bleid] *n* blad *nt*; ~ of
grass græsstrå *nt*

blame [bleim] *n* skyld *c*;
bebrejdelse *c*; *v* dadle,
*lægge skylden på

blank [blæŋk] *adj* blank

blanket ['blæŋkit] *n* tæppe *nt*

blast [blɑ:st] *n* eksplosion *c*

blazer ['bleizə] *n* blazer *c*

bleach [bli:tʃ] *v* blege

bleak [bli:k] *adj* barsk

*bleed [bli:d] *v* bløde; udsuge

bless [bles] *v* velsigne

blessing ['blesiŋ] *n*
velsignelse *c*

blind [blaind] *n* persienne *c*,
rullegardin *nt*; *adj* blind; *v*
blænde

blister ['blistə] *n* vable *c*,
blære *c*

blizzard ['blizəd] *n* snestorm
c

block [blɔk] *v* spærre,
blokere; *n* klods *c*; ~ of flats
beboelsesejendom *c*

Blog [blɔg] *n* Blog *c*

blond [blɔnd] *n* blond *c*; *adj*
blond

blonde [blɔnd] *n* blondine *c*

blood [blʌd] *n* blod *nt*; ~
pressure blodtryk *nt*

blood poisoning
['blʌd,pɔizəniŋ] *n*
blodforgiftning *c*

blood vessel ['blʌd,vesəl] *n*

blodkar nt

bloody ['blʌdi] adj colloquial forbandet

blossom ['blɔsəm] n blomst c

blot [blɔt] n klat c; plet c; blotting paper trækpapir nt

blouse [blauz] n bluse c

blow [blou] n slag nt; vindstød nt

*blow [blou] v blæse; ~ up sprænge i luften

blowout ['blouaut] n punktering c

blue [bluː] adj blå; nedtrykt

blunt [blʌnt] adj sløv; stump

blush [blʌʃ] v rødme

board [bɔːd] n bræt nt; tavle c; pension c; bestyrelse c; ~ and lodging kost og logi, fuld pension

boarder ['bɔːdə] n pensionær c

boardinghouse ['bɔːdiŋhaus] n pensionat nt

boarding school ['bɔːdiŋskuːl] n kostskole c

boast [boust] v prale

boat [bout] n båd c, skib nt

body ['bɔdi] n krop c; legeme nt

bodyguard ['bɔdigaːd] n livvagt c

body-work ['bɔdiwəːk] n karosseri c

bog [bɔg] n mose c

boil [bɔil] v koge; n byld c

bold [bould] adj dristig, fræk

Bolivia [bə'liviə] Bolivia

Bolivian [bə'liviən] adj boliviansk; n bolivianer c

bolt [boult] n slå c; bolt c

bomb [bɔm] n bombe c; v bombardere

bond [bɔnd] n obligation c

bone [boun] n ben nt, knogle c; v udbene

bonnet ['bɔnit] n motorhjelm c

book [buk] n bog c; v reservere; bogføre; *indskrive

booking ['bukiŋ] n bestilling c, reservation c

bookmaker ['buk,meikə] n totalisator c

bookseller ['buk,selə] n boghandler c

bookstand ['bukstænd] n kiosk c, bogstand c

bookstore ['bukstɔː] n boghandel c, boglade c

boot [buːt] n støvle c; bagagerum nt

booth [buːð] n bod c; boks c

booze* [buːz] n colloquial sprut c; v suse

border ['bɔːdə] n grænse c; rand c

bore¹ [bɔː] v kede; bore; n dødbider c

bore² [bɔː] v (p bear)

boring ['bɔːriŋ] adj kedelig

born [bɔːn] adj født

borrow ['bɔrou] v låne

bosom ['buzəm] n barm c

boss [bɔs] n chef c

botany ['bɔtəni] n botanik c

both [bouθ] adj begge; both ... and både ... og

bother ['bɔðə] v genere,

breast

plage; *gøre sig umage; n
ærgrelse c

bottle ['botəl] n flaske c; ~
opener oplukker c; hot-
-water ~ varmedunk c

bottleneck ['botəlnek] n
flaskehals c

bottom ['botəm] n bund c;
bagdel c, ende c; adj nederst

bought [bo:t] v (p, pp buy)

boulder ['bouldə] n
klippeblok c

bound [baund] n grænse c;
*be ~ to *skulle; ~ for på vej
til

boundary ['baundəri] n
grænse c

bouquet [bu'kei] n buket c

bourgeois ['buəʒwa:] adj
småborgerlig

boutique [bu'ti:k] n boutique
c

bow¹ [bau] v bukke

bow² [bou] n bue c; ~ tie
butterfly c

bowels [bauəlz] pl indvolde
pl

bowl [boul] n skål c

bowling ['bouliŋ] n kegler pl,
bowling; ~ alley keglebane c

box¹ [boks] n bokse; boxing
match boksekamp c

box² [boks] n æske c

box office ['boks,ofis] n
billetluge c, billetkontor c

boy [boi] n dreng c, fyr c; ~
scout drengespejder c

boyfriend ['boifrend] n
kæreste c

bra [bra:] n brystholder c, bh c

bracelet ['breislit] n armbånd
nt

braces ['breisiz] pl seler pl

brain [brein] n hjerne c;
forstand c

brain wave ['breinweiv] n lys
idé

brake [breik] n bremse c; ~
drum bremsetromle c; ~
lights stoplys c

branch [bra:ntʃ] n gren c;
filial c

brand [brænd] n mærke nt;
brændemærke nt

brand-new [,brænd'nju:] adj
splinterny

brass [bra:s] n messing nt; ~
band hornorkester c

brassware ['bra:sweə] n
messingtøj pl

brave [breiv] adj modig

Brazil [brə'zil] Brasilien

Brazilian [brə'ziljən] adj
brasiliansk; n brasilianer c

breach [bri:tʃ] n brud nt

bread [bred] n brød nt;
wholemeal ~ fuldkornsbrød
nt

breadth [bredθ] n bredde c

break [breik] n brud nt;
frikvarter nt

*break [breik] v *slå i stykker,
*bryde; ~ down *få
motorstop; *nedbryde;
*bryde sammen; opdele

breakdown ['breikdaun] n
motorskade c, motorstop nt

breakfast ['brekfəst] n
morgenmad c

breast [brest] n bryst nt

breaststroke ['breststrouk] n brystsvømning c

breath [breθ] n åndedrag nt; vejr nt

breathe [bri:ð] v ånde

breathing ['bri:ðiŋ] n åndedræt nt

breed [bri:d] n race c

*breed [bri:d] v opdrætte

breeze [bri:z] n brise c

brew [bru:] v brygge

brewery ['bru:əri] n bryggeri nt

bribe [braib] v *bestikke

bribery ['braibəri] n bestikkelse c

brick [brik] n mursten c

bricklayer ['brikleiə] n murer c

bride [braid] n brud c

bridegroom ['braidgru:m] n brudgom c

bridge [bridʒ] n bro c; bridge c

brief [bri:f] adj kort; kortfattet

briefcase ['bri:fkeis] n mappe c

briefs [bri:fs] pl underbenklæder pl, underbukser pl

bright [brait] adj klar; strålende; snu, opvakt

brighten ['braitən] v (polish) *gøre lysere; (the sky) lyse op

brill [bril] n slethvar c

brilliant ['briljənt] adj brillant; genial

brim [brim] n rand c

*bring [briŋ] v *bringe;

*medbringe; ~ back *bringe tilbage; ~ up opdrage;

*bringe på bane, fremføre

brisk [brisk] adj rask, livlig, frisk

Britain ['britən] England

British ['britiʃ] adj britisk; engelsk

Briton ['britən] n brite c; englænder c

broad [brɔ:d] adj bred; udstrakt, vid; almen

broadband ['brɔ:dbænd] n bredbånd nt

broadcast ['brɔ:dka:st] n udsendelse c

*broadcast ['brɔ:dka:st] v udsende

brochure ['brouʃuə] n brochure c

broke¹ [brouk] v (p break)

broke² [brouk] adj blank

broken ['broukən] adj (pp break) knust, i stykker; i uorden

broker ['broukə] n mægler c

bronchitis [brɔŋ'kaitis] n bronkitis c

bronze [brɔnz] n bronze c; adj bronze-

brooch [broutʃ] n broche c

brook [bruk] n å c

broom [bru:m] n kost c

brothel ['brɔθəl] n bordel nt

brother ['brʌðə] n bror c

brother-in-law ['brʌðərinlɔ:] n (pl brothers-) svoger c

brought [brɔ:t] v (p, pp bring)

brown [braun] adj brun

bruise [bruːz] n kvæstelse c,
blåt mærke; v *give blå
mærker

brunette [bruːˈnet] n
brunette c

brush [brʌʃ] n børste c;
pensel c; v pudse, børste

brutal [ˈbruːtəl] adj brutal

bubble [ˈbʌbəl] n boble c

buck [bʌk] n colloquial dollar
c

bucket [ˈbʌkit] n spand c

buckle [ˈbʌkəl] n spænde nt

bud [bʌd] n knop c

buddy [ˈbʌdi] n colloquial (pl
-dies) kammerat c

budget [ˈbʌdʒit] n budget nt

buffet [ˈbufei] n koldt bord
nt

bug [bʌg] n væggetøj pl; bille
c; nAm insekt nt

*build [bild] v bygge

building [ˈbildiŋ] n bygning c

bulb [bʌlb] n løg nt;
blomsterløg nt; light ~
elektrisk pære

Bulgaria [bʌlˈgeəriə]
Bulgarien

Bulgarian [bʌlˈgeəriən] adj
bulgarsk; n bulgarer c

bulk [bʌlk] n omfang nt;
masse c; størstedel c

bulky [ˈbʌlki] adj tyk,
omfangsrig

bull [bul] n tyr c

bullet [ˈbulit] n kugle c

bulletin [ˈbulitin] n
meddelelse c;~ board n
opslagstavle c

bullfight [ˈbulfait] n
tyrefægtning c

bullring [ˈbulriŋ] n
tyrefægtningsarena c

bump [bʌmp] v støde; støde
sammen; dundre; n stød nt

bumper [ˈbʌmpə] n kofanger
c

bumpy [ˈbʌmpi] adj ujævn

bun [bʌn] n bolle c

bunch [bʌntʃ] n buket c; flok
c

bundle [ˈbʌndəl] n bundt nt; v
bundte, *binde sammen

bunk [bʌŋk] n køje c

buoy [bɔi] n bøje c

burden [ˈbəːdən] v bebyrde; n
byrde c

bureau [ˈbjuərou] n (pl ~x,
~s) skrivebord nt; nAm
kommode c

bureaucracy [bjuəˈrɔkrəsi] n
bureaukrati nt

burglar [ˈbəːglə] n
indbrudstyv c

burgle [ˈbəːgəl] v *bryde ind

burial [ˈberiəl] n begravelse c

burn [bəːn] n brandsår nt

*burn [bəːn] v brænde;
brænde på

*burst [bəːst] v *sprække,
briste

bury [ˈberi] v begrave

bus [bʌs] n bus c

bush [buʃ] n busk c

business [ˈbiznəs] n
forretninger, handel c;
virksomhed c, forretning c;
erhverv nt; affære c; ~ hours
åbningstider pl,
forretningstid c; ~ trip
forretningsrejse c; on ~ i

forretninger
business-like ['biznislaik]
adj forretningsmæssig
businessman ['biznəsmən]
n (pl -men) forretningsmand
c
businesswoman
['biznəswumən] *n* (pl
-women) forretningskvinde
c
bust [bʌst] *n* buste *c*
bustle ['bʌsəl] *n* ståhej *c*
busy ['bizi] *adj* optaget; travl
but [bʌt] *conj* men; *prep*
undtagen
butcher ['butʃə] *n* slagter *c*
butter ['bʌtə] *n* smør *nt*

butterfly ['bʌtəflai] *n*
sommerfugl *c*; ~ stroke
butterfly *c*
buttock ['bʌtək] *n* balde *c*;
buttocks *pl* bagdel *c*
button ['bʌtən] *n* knap *c*; *v*
knappe
buttonhole ['bʌtənhoul] *n*
knaphul *nt*
***buy** [bai] *v* købe; anskaffe
buyer ['baiə] *n* køber *c*
buzz [bʌz] *n* summen *c*
by [bai] *prep* af; med; ved
bye-bye [bai'bai] *colloquial*
farvel
by-pass ['baipɑːs] *n* ringvej
c; *v* *gå uden om

C

cab [kæb] *n* taxi *c*
cabaret ['kæbərei] *n* kabaret
c
cabbage ['kæbidʒ] *n* kål *c*
cab driver ['kæb,draivə] *n*
taxichauffør *c*
cabin ['kæbin] *n* kabine *c*;
hytte *c*; kahyt *c*
cabinet ['kæbinət] *n* kabinet
nt
cable ['keibəl] *n* kabel *nt*;
telegram *nt*; *v* telegrafere
café ['kæfei] *n* café *c*
cafeteria [,kæfə'tiəriə] *n*
cafeteria *c*
caffeine ['kæfiːn] *n* koffein *c*
cage [keidʒ] *n* bur *nt*
cake [keik] *n* kage *c*, lagkage
c

calamity [kə'læməti] *n*
ulykke *c*, kalamitet *c*
calcium ['kælsiəm] *n* kalcium
nt
calculate ['kælkjuleit] *v*
udregne, beregne
calculation [,kælkju'leiʃən]
n beregning *c*
calculator ['kælkju'leitə] *n*
lommeregner *c*
calendar ['kæləndə] *n*
kalender *c*
calf [kɑːf] *n* (pl calves) kalv *c*;
læg *c*; ~ skin kalveskind *c*
call [kɔːl] *v* råbe; kalde; ringe
op; *n* råb *nt*; besøg *nt*, visit *c*;
telefonopringning *c*; ***be
called** *hedde; ~ names
skælde ud; ~ on besøge; ~ up

Am ringe op

call waiting ['kɔːl‿'weitiŋ] *n* Call Waiting *c (facilitet)*

caller ID ['kɔːlər‿ai'diː] *n* nummerviser *c*

calm [kɑːm] *adj* rolig, stille; ~ down berolige; *fald*e til ro

calorie ['kæləri] *n* kalorie *c*

came [keim] *v* (p come)

camel ['kæməl] *n* kamel *c*

cameo ['kæmiou] *n* (pl ~s) kamé *c*

camera ['kæmərə] *n* kamera *nt*; filmkamera *nt*; ~ shop fotoforretning *c*

camp [kæmp] *n* lejr *c*; *v* campere

campaign [kæm'pein] *n* kampagne *c*

camp bed [,kæmp'bed] *n* feltseng *c*

camper ['kæmpə] *n* campist *c*

camping ['kæmpiŋ] *n* camping *c*; ~ site campingplads *c*

can [kæn] *n* dåse *c*; ~ opener dåseåbner *c*

*can [kæn] v *kunne

Canada ['kænədə] Canada

Canadian [kə'neidiən] *adj* canadisk; *n* canadier *c*

canal [kə'næl] *n* kanal *c*

canary [kə'nɛəri] *n* kanariefugl *c*

cancel ['kænsəl] *v* annullere; afbestille

cancellation [,kænsə'leiʃən] *n* annullering *c*

cancer ['kænsə] *n* kræft *c*

candidate ['kændidət] *n*

kandidat *c*

candle ['kændəl] *n* stearinlys *nt*

candy ['kændi] *nAm* bolsje *nt*; *nAm* slik *nt*, *nAm* godter *pl*; ~ store *Am* chokoladeforretning *c*

cane [kein] *n* rør *nt*; stok *c*

canister ['kænistə] *n* dåse *c*

canoe [kə'nuː] *n* kano *c*

canteen [kæn'tiːn] *n* kantine *c*; feltflaske *c*

canvas ['kænvəs] *n* sejldug *c*

cap [kæp] *n* hue *c*, kasket *c*

capable ['keipəbəl] *adj* dygtig, kompetent

capacity [kə'pæsəti] *n* kapacitet *c*; kompetence *c*

cape [keip] *n* cape *c*; kap *nt*

capital ['kæpitəl] *n* hovedstad *c*; kapital *c*; *adj* tungtvejende, hoved-; ~ letter stort bogstav

capitalism ['kæpitəlizəm] *n* kapitalisme *c*

capitulation [kə,pitju'leiʃən] *n* kapitulation *c*

capsule ['kæpsjuːl] *n* kapsel *c*

captain ['kæptin] *n* kaptajn *c*; luftkaptajn *c*

capture ['kæptʃə] *v* fange, *tage til fange; *indtage; *n* pågribelse *c*; erobring *c*

car [kaː] *n* bil *c*; ~ hire biludlejning *c*; ~ jacking *n* bilkapring *c*; ~ park parkeringsplads *c*; ~ pool *n* samkørsel *c*; *v* køre sammen; ~ rental *Am*

biludlejning c
caramel ['kærəməl] n
karamel c
carat ['kærət] n karat c
caravan ['kærəvæn] n
campingvogn c;
beboelsesvogn c
carburettor [,ka:bju'retə] n
karburator c
card [ka:d] n kort nt; brevkort
nt; visitkort nt
cardboard ['ka:dbɔ:d] n
karton c; adj karton-
cardigan ['ka:digən] n trøje c
cardinal ['ka:dinəl] n
kardinal c; adj hoved-,
afgørende
care [kɛə] n omsorg c;
bekymring c; ~ about
bekymre sig om; ~ for
*bryde sig om; *take ~ of
*tage sig af, passe
career [kə'riə] n karriere c,
løbebane c
carefree ['kɛəfri:] adj
ubekymret
careful ['kɛəfəl] adj forsigtig;
omhyggelig, påpasselig
careless ['kɛələs] adj
tankeløs, sløset
caretaker ['kɛə,teikə] n
portner c
cargo ['ka:gou] n (pl ~es) last
c, ladning c
carnival ['ka:nivəl] n
karneval c
carp [ka:p] n (pl ~) karpe c
carpenter ['ka:pintə] n
tømrer c
carpet ['ka:pit] n gulvtæppe

nt, tæppe nt
carriage ['kærid3] n
personvogn c; karrosse c,
vogn c
carriageway ['kærid3wei] n
kørebane c
carrot ['kærət] n gulerod c
carry ['kæri] v *bære; føre; ~
on *fortsætte; ~ out
gennemføre
carrycot ['kærikɔt] n babylift
c
cart [ka:t] n kærre c,
trækvogn c
cartilage ['ka:tilid3] n brusk
c
carton ['ka:tən] n karton c
cartoon [ka:'tu:n] n
tegnefilm c
cartridge ['ka:trid3] n patron c
carve [ka:v] v *skære, *skære
ud; snitte
carving ['ka:viŋ] n
billedskærerarbejde nt
case [keis] n tilfælde nt; sag c;
kuffert c; etui nt; attaché ~
dokumentmappe c; in ~
såfremt; in ~ of i tilfælde af
cash [kæʃ] n kontanter pl; v
indløse, indkassere; hæve; ~
dispenser kontanten c
cashier [kæ'ʃiə] n kasserer c;
kassererske c
cashmere ['kæʃmiə] n
kashmir c
casino [kə'si:nou] n (pl ~s)
kasino nt
cask [ka:sk] n fad nt, tønde c
cassette [kə'set] n kassette c

cast [kɑːst] n kast nt

*cast [kɑːst] v kaste, *smide; cast iron støbejern nt

castle ['kɑːsəl] n slot nt, borg c

casual ['kæʒuəl] adj tvangfri; tilfældig, flygtig

casualty ['kæʒuəlti] n offer nt

cat [kæt] n kat c

catalogue ['kætəlɔg] n katalog nt

catarrh [kə'tɑː] n katar c

catastrophe [kə'tæstrəfi] n katastrofe c

*catch [kætʃ] v fange; *gribe; *gribe i; nå

catchword ['kætʃwɔːd] n stikord nt

category ['kætigəri] n kategori c

cathedral [kə'θiːdrəl] n katedral c, domkirke c

catholic ['kæθəlik] adj katolsk

cattle ['kætəl] pl kvæg nt

caught [kɔːt] v (p, pp catch)

cauliflower ['kɔliflauə] n blomkål c

cause [kɔːz] v forårsage; forvolde; n årsag c; grund c, anledning c; sag c; ~ to *få til at

caution ['kɔːʃən] n forsigtighed c; v advare

cautious ['kɔːʃəs] adj forsigtig

cave [keiv] n grotte c

cavern ['kævən] n hule c

caviar ['kæviɑː] n kaviar c

cavity ['kævəti] n hulhed c

CD player ['siː'diː ˌpleiə] n CD-afspiller c

CD(-ROM) [siː'diː] n CD (-ROM) c

cease [siːs] v *holde op

ceasefire ['siːsfaiə] n våbenstilstand c

ceiling ['siːliŋ] n loft nt

celebrate ['selibreit] v fejre

celebration [ˌseli'breiʃən] n fest c

celebrity [si'lebrəti] n berømthed c

celery ['seləri] n selleri c

cell [sel] n celle c

cellar ['selə] n kælder c

cellphone ['selfoun] nAm mobiltelefon c

cement [si'ment] n cement c

cemetery ['semitri] n kirkegård c

censorship ['sensəʃip] n censur c

center ['sentə] nAm center nt

centigrade ['sentigreid] adj celsius

centimetre ['sentimiːtə] n centimeter c

central ['sentrəl] adj central; ~ heating centralvarme c; ~ station hovedbanegård c

centralize ['sentrəlaiz] v centralisere

centre ['sentə] n centrum c; midtpunkt nt

century ['sentʃəri] n århundrede nt

ceramics [si'ræmiks] pl keramik c, lervarer pl

ceremony ['serəməni] n

ceremoni c
certain ['sə:tən] *adj* sikker;
vis
certainly ['sə:tənli] *adv*
bestemt
certificate [sə'tifikət] *n*
certifikat *nt*; bevis *nt*, attest
c, diplom *nt*, dokument *nt*
chain [tʃein] *n* kæde *c*
chair [tʃeə] *n* stol *c*
chairman ['tʃeəmən] *n* (pl
-men) formand *c*
chairwoman ['tʃeəwumən] *n*
(pl -women)
bestyrelsesformand *c*
chalet ['ʃælei] *n* bjerghytte *c*
chalk [tʃɔ:k] *n* kridt *nt*
challenge ['tʃæləndʒ] *v*
udfordre; *n* udfordring *c*
chamber ['tʃeimbə] *n*
kammer *nt*
champagne [ʃæm'pein] *n*
champagne *c*
champion ['tʃæmpjən] *n*
mester *c*; forkæmper *c*
chance [tʃɑ:ns] *n* tilfælde *nt*;
chance *c*, lejlighed *c*; risiko
c; by ~ tilfældigvis
change [tʃeindʒ] *v* forandre,
ændre; veksle; klæde sig om;
skifte; *n* forandring *c*,
ændring *c*; småpenge *pl*,
byttepenge *pl*; for a ~ til en
forandring
channel ['tʃænəl] *n* kanal *c*;
English Channel Den
engelske Kanal
chaos [keiɔs] *n* kaos *nt*
chaotic [kei'ɔtik] *adj* kaotisk
chap [tʃæp] *n* fyr *c*

chapel ['tʃæpəl] *n* kapel *nt*,
kirke *c*
chaplain ['tʃæplin] *n*
kapellan *c*
character ['kærəktə] *n*
karakter *c*
characteristic
[,kærəktə'ristik] *adj*
betegnende, karakteristisk;
n kendetegn *c*
karaktertræk *nt*
characterize ['kærəktəraiz] *v*
karakterisere
charcoal ['tʃɑ:koul] *n* trækul
nt
charge [tʃɑ:dʒ] *v* forlange;
anklage; laste; *n* gebyr *nt*;
ladning *c*, byrde *c*,
belastning *c*; anklage *c*; ~
plate *Am* kreditkort *nt*; free
of ~ omkostningsfri; in ~ of
ansvarlig for; *take ~ of
*påtage sig
charity ['tʃærəti] *n*
velgørenhed *c*
charm [tʃɑ:m] *n* charme *c*,
yndigheder *pl*; amulet *c*
charming ['tʃɑ:miŋ] *adj*
charmerende
chart [tʃɑ:t] *n* tabel *c*;
diagram *nt*; søkort *nt*;
~ conversion ~
omregningstabel *c*
chase [tʃeis] *v* *forfølge; jage
bort, *fordrive; *n* jagt *c*
chasm ['kæzəm] *n* kløft *c*
chassis ['ʃæsi] *n* (pl ~)
chassis *nt*
chaste [tʃeist] *adj* kysk
chat [tʃæt] *v* sludre, snakke; *n*

sludder c, snak c

chatterbox ['tʃætəbɔks] n
sludrechatol nt

chauffeur ['ʃoufə] n chauffør
c

cheap [tʃi:p] adj billig;
fordelagtig

cheat [tʃi:t] v bedrage,
*snyde

check [tʃek] v checke,
kontrollere; n felt nt; nAm
regning c; nAm check c;
check! skak!; ~ in indskrive
sig, checke ind; ~ out checke
ud, *forlade

checkbook ['tʃekbuk] nAm
checkhæfte nt

checkerboard ['tʃekəbɔ:d]
nAm skakbræt nt

checkers ['tʃekəz] plAm
damspil nt

checkroom ['tʃekru:m] nAm
garderobe c

checkup ['tʃekʌp] n
undersøgelse c

cheek [tʃi:k] n kind c

cheekbone ['tʃi:kboun] n
kindben c

cheeky ['tʃi:ki] adj colloquial
fræk

cheer [tʃiə] v hylde, tiljuble; ~
up opmuntre

cheerful ['tʃiəfəl] adj munter,
glad

cheese [tʃi:z] n ost c

chef [ʃef] n køkkenchef c

chemical ['kemikəl] adj
kemisk

chemist ['kemist] n apoteker
c; chemist's apotek nt;

materialhandel c

chemistry ['kemistri] n kemi
c

cheque [tʃek] n check c

chequebook ['tʃekbuk] n
checkhæfte nt

cherry ['tʃeri] n kirsebær nt

chess [tʃes] n skak; ~ set
skakspil nt

chest [tʃest] n bryst nt;
brystkasse c; dragtkiste c; ~
of drawers kommode c

chestnut ['tʃesnʌt] n
kastanje c

chew [tʃu:] v tygge

chewing gum ['tʃu:iŋgʌm] n
tyggegummi nt

chicken ['tʃikin] n kylling c

chickenpox ['tʃikinpɔks] n
skoldkopper pl

chief [tʃi:f] n overhoved nt;
adj hoved-, over-

chieftain ['tʃi:ftən] n
høvding c

child [tʃaild] n (pl children)
barn nt

childbirth ['tʃaildbə:θ] n
fødsel c

childhood ['tʃaildhud] n
barndom c

Chile ['tʃili] Chile

Chilean ['tʃiliən] adj
chilensk; n chilener c

chill [tʃil] n kuldegysning c;
kulde c

chilly ['tʃili] adj kølig

chime [tʃaim] v ringe

chimes [tʃaimz] pl klokkespil
nt

chimney ['tʃimni] n skorsten

c

chin [tʃin] n hage c
China ['tʃainə] Kina
china ['tʃainə] n porcelæn nt
Chinese [tʃai'niːz] adj
kinesisk; n kineser c
chip [tʃip] n flis c; jeton c; v
*slå en flis af, snitte; **chips**
pommes frites
chisel ['tʃizəl] n mejsel c
chives [tʃaivz] pl purløg nt
chlorine ['klɔːriːn] n klor c
chocolate ['tʃɔklət] n
chokolade c; konfekt c
choice [tʃɔis] n valg nt;
udvalg nt
choir [kwaiə] n kor nt
choke [tʃouk] v *kvæles;
*kvæle; n choker c
***choose** [tʃuːz] v *vælge
chop [tʃɔp] n kotelet c; v
hakke
Christ [kraist] Kristus
christen ['krisən] v døbe
christening ['krisəniŋ] n dåb
c
Christian ['kristʃən] adj
kristen; ~ **name** fornavn nt
Christmas ['krisməs] jul
chronic ['krɔnik] adj kronisk
chronological
[,krɔnə'lɔdʒikəl] adj
kronologisk
chuckle ['tʃʌkəl] v klukke;
kluklatter c
chunk [tʃʌŋk] n luns c
church [tʃəːtʃ] n kirke c
churchyard ['tʃəːtʃjɑːd] n
kirkegård c
cigar [si'gɑː] n cigar c; ~ **shop**

cigarforretning c
cigarette [,sigə'ret] n cigaret
c
cigarette case [,sigə'retkeis]
n cigaretetui c
cigarette holder
[,sigə'ret,houldə] n
cigaretrør nt
cigarette lighter
[,sigə'ret,laitə] n
cigarettænder c
cinema ['sinəmə] n biograf c
cinnamon ['sinəmən] n kanel
c
circle ['səːkəl] n cirkel c;
kreds c; balkon c; v *omgive,
omringe
circulation [,səːkju'leiʃən] n
kredsløb nt; blodomløb nt;
omløb nt
circumstance
['səːkəmstæns] n
omstændighed c
circus ['səːkəs] n cirkus c
citizen ['sitizən] n borger c
citizenship ['sitizənʃip] n
statsborgerskab nt
city ['siti] n by c
civic ['sivik] adj borger-
civil ['sivəl] adj civil; høflig; ~
law borgerlig ret; ~ **servant**
statstjenestemand c
civilian [si'viljən] adj civil; n
civilist c
civilization [,sivəlai'zeiʃən] n
civilisation c
civilized ['sivəlaizd] adj
civiliseret
claim [kleim] v kræve, fordre;
*påstå; n krav nt, fordring c

clamp [klæmp] n klampe c; skruetvinge c

clap [klæp] v klappe, applaudere

clarify ['klærifai] v *klargøre, *tydeliggøre

class [kla:s] n klasse c

classical ['klæsikəl] adj klassisk

classify ['klæsifai] v klassificere

classmate ['kla:smeit] n klassekammerat c

classroom ['kla:sru:m] n klasseværelse nt

clause [klɔ:z] n klausul c

claw [klɔ:] n klo c

clay [klei] n ler nt

clean [kli:n] adj ren; v rense, *gøre rent, *rengøre

cleaning ['kli:niŋ] n rengøring c; ~ fluid rengøringsmiddel c

clear [kliə] adj klar; tydelig; v rydde, rense

clearing ['kliəriŋ] n lysning c

cleft [kleft] n spalte c

clergyman ['klə:dʒimən] n (pl -men) præst c

clerk [kla:k] n kontorist c; sekretær c

clever ['klevə] adj intelligent; udspekuleret, begavet, klog

click [klik] v klikke; ~ into place klikke på plads

client ['klaiənt] n kunde c; klient c

cliff [klif] n klint c, klippeskrænt c

climate ['klaimit] n klima nt

climb [klaim] v klatre; *stige; n klatring c

cling [kliŋ] v hænge fast; ~ to (a thing) hænge fast ved; (a person) klamre sig til

clinic ['klinik] n klinik c

cloak [klouk] n kappe c

cloakroom ['kloukru:m] n garderobe c

clock [klɔk] n ur nt; at ... o'clock klokken ...

cloister ['klɔistə] n kloster nt

clone [kloun] v klone; n kloning c

close¹ [klouz] v lukke; closed adj lukket

close² [klous] adj nær

closet ['klɔzit] n skab nt; nAm garderobeskab nt

cloth [klɔθ] n klæde nt; klud c

clothes [klouðz] pl klæder pl, tøj pl

clothing ['klouðiŋ] n tøj pl

cloud [klaud] n sky c

cloudy ['klaudi] adj skyet, overskyet

clover ['klouvə] n kløver c

clown [klaun] n klovn c

club [klʌb] n klub c, forening c; kølle c, knippel c

clumsy ['klʌmzi] adj klodset

clutch [klʌtʃ] n kobling c; greb nt

coach [koutʃ] n bus c; jernbanevogn c; karet c; træner c

coal [koul] n kul nt

coarse [kɔ:s] adj grov

coast [koust] n kyst c

coat [kout] n frakke c

coat hanger ['kout,hæŋə] n
bøjle c
cocaine [kou'kein] n kokain c
cock [kɔk] n hane c
cocktail ['kɔkteil] n cocktail c
coconut ['koukənʌt] n
kokosnød c
cod [kɔd] n (pl ~) torsk c
code [koud] n kode c
coffee ['kɔfi] n kaffe c
cognac ['kɔnjæk] n cognac c
coherence [kou'hiərəns] n
sammenhæng c
coin [kɔin] n mønt c
coincide [,kouin'said] v
*falde sammen
cold [kould] adj kold; n kulde
c; forkølelse c; *catch a ~
*blive forkølet
collaborate [kə'læbərait] v
samarbejde
collapse [kə'læps] v *bryde
sammen
collar ['kɔlə] n halsbånd nt;
krave c; ~ stud kraveknap c
collarbone ['kɔləboun] n
kravebenet nt
colleague ['kɔli:g] n kollega c
collect [kə'lekt] v samle;
hente, afhente; indsamle
collection [kə'lekʃən] n
samling c; tømning c
collective [kə'lektiv] adj
kollektiv
collector [kə'lektə] n samler
c; indsamler c
college ['kɔlidʒ] n højere
læreanstalt; skole c
collide [kə'laid] v støde
sammen, kollidere

collision [kə'liʒən] n
sammenstød nt, kollision c
Colombia [kə'lɔmbiə] n
Colombia
Colombian [kə'lɔmbiən] adj
colombiansk; n colombianer
c
colonel ['kɔːnəl] n oberst c
colony ['kɔləni] n koloni c
colour ['kʌlə] n farve c; v
farve; ~ film farvefilm c
colour-blind ['kʌləblaind]
adj farveblind
coloured ['kʌləd] adj farvet
colourful ['kʌləfəl] adj
farverig, broget
column ['kɔləm] n søjle c,
pille c; spalte c; rubrik c;
kolonne c
coma ['koumə] n coma c
comb [koum] v rede; n kam c
combat ['kɔmbæt] n kamp c;
v bekæmpe, kæmpe
combination [,kɔmbi'neiʃən]
n kombination c
combine [kəm'bain] v
kombinere
*come [kʌm] v *komme; ~
across støde på; *finde
comedian [kə'miːdiən] n
skuespiller c; komiker c
comedy ['kɔmədi] n komedie
c, lystspil nt; musical ~
musical c
comfort ['kʌmfət] n komfort
c, bekvemmelighed c; trøst
c; v trøste
comfortable ['kʌmfətəbəl]
adj bekvem, komfortabel
comic ['kɔmik] adj komisk

complain

comics ['kɔmiks] pl
tegneserie c
coming ['kʌmiŋ] n komme nt
comma ['kɔmə] n komma c
command [kə'mɑːnd] v
befale, kommandere; n
ordre c
commander [kə'mɑːndə] n
befalingsmand c
commemoration
[kə,memə'reiʃən] n
mindefest c
commence [kə'mens] v
begynde
comment ['kɔment] n
kommentar c; v
kommentere
commerce ['kɔmɔːs] n
handel c
commercial [kə'mɔːʃəl] adj
handels-, kommerciel; n
reklame c; ~ law erhvervsret
c
commission [kə'miʃən] n
kommission c
commit [kə'mit] v *overlade,
betro; *begå
committee [kə'miti] n komité
c, udvalg nt
common ['kɔmən] adj fælles;
vanlig, almindelig; tarvelig
commune ['kɔmjuːn] n
kommune c
communicate
[kə'mjuːnikeit] v meddele
communication
[kə,mjuːni'keiʃən] n
kommunikation c;
meddelelse c
communiqué [kə'mjuːnikei]
n communiqué nt
communism ['kɔmjunizəm]
n kommunisme c
communist ['kɔmjunist] n
kommunist c
community [kə'mjuːnəti] n
samfund nt
compact ['kɔmpækt] adj
kompakt
compact disc ['kɔmpækt
disk] n CD c; ~ player CD-
-afspiller
companion [kəm'pænjən] n
ledsager c
company ['kʌmpəni] n
selskab nt, firma nt
comparative [kəm'pærətiv]
adj relativ
compare [kəm'pεə] v
sammenligne
comparison [kəm'pærisən] n
sammenligning c
compass ['kʌmpəs] n
kompas nt
compel [kəm'pel] v *tvinge
compensate ['kɔmpənseit] v
kompensere
compensation
[,kɔmpən'seiʃən] n
kompensation c;
skadeserstatning c
compete [kəm'piːt] v
konkurrere
competition [,kɔmpə'tiʃən] n
konkurrence c; kappestrid c
competitor [kəm'petitər] n
konkurrent c
compile [kəm'pail] v
sammenstykke
complain [kəm'plein] v klage

complaint [kəm'pleint] n
klage c;
complaints book
klagebog c

complete [kəm'pli:t] adj
fuldstændig, komplet; v
fuldende

completely [kəm'pli:tli] adv
helt, totalt, fuldstændigt

complex ['kɔmpleks] n
kompleks nt; adj indviklet

complexion [kəm'plekʃən] n
teint c

complicated ['kɔmplikeitid]
adj kompliceret, indviklet

compliment ['kɔmplimənt] n
kompliment c; v
komplimentere, lykønske

compose [kəm'pouz] v
*sammensætte; komponere

composer [kəm'pouzə] n
komponist c

composition [,kɔmpə'ziʃən]
n komposition c;
sammensætning c

comprehensive
[,kɔmpri'hensiv] adj
omfattende

comprise [kəm'praiz] v
indbefatte, omfatte

compromise ['kɔmprəmaiz]
n kompromis nt

compulsory [kəm'pʌlsəri]
adj obligatorisk

computer [kəm'pju:tə] n
computer c

conceal [kən'si:l] v skjule

conceited [kən'si:tid] adj
indbildsk

conceive [kən'si:v] v opfatte,
udtænke; forestille sig

concentrate ['kɔnsəntreit] v
koncentrere

concentration
[,kɔnsən'treiʃən] n
koncentration c

concept ['kɔnsept] n begreb
nt

conception [kən'sepʃən] n
forestilling c; undfangelse c

concern [kən'sə:n] v vedrøre,
*angå; v bekymring c;
anliggende nt; foretagende
nt, koncern c

concerned [kən'sə:nd] adj
bekymret; impliceret

concerning [kən'sə:niŋ] prep
angående, vedrørende

concert ['kɔnsət] n koncert c;
~ hall koncertsal c

concession [kən'seʃən] n
koncession c; indrømmelse c

concise [kən'sais] adj koncis

conclusion [kən'klu:ʒən] n
konklusion c, slutning c

concrete ['kɔŋkri:t] adj
konkret; n beton c

concurrence [kəŋ'kʌrəns] n
sammentræf nt

concussion [kəŋ'kʌʃən] n
hjernerystelse c

condition [kən'diʃən] n
betingelse c; kondition c,
tilstand c; omstændighed c

conditional [kən'diʃənəl] adj
betinget

conditioner [kən'diʃənə] n
conditioner c

condom ['kɔndəm] n
kondom nt

conduct¹ ['kɔndʌkt] n

opførsel c

conduct[2] [kən'dʌkt] v føre;
ledsage; dirigere

conductor [kən'dʌktə] n
konduktør c; dirigent c

confectioner [kən'fekʃənə] n
konditor c

confess [kən'fes] v erkende;
skrifte; bekende

confession [kən'feʃən] n
bekendelse c; skriftemål c

confidence ['kɔnfidəns] n
tillid c

confident ['kɔnfidənt] adj
tillidsfuld

confidential [,kɔnfi'denʃəl]
adj fortrolig

confirm [kən'fəːm] v
bekræfte

confirmation
[,kɔnfə'meiʃən] n
bekræftelse c

confiscate ['kɔnfiskeit] v
*beslaglægge, konfiskere

conflict ['kɔnflikt] n konflikt
c

confuse [kən'fjuːz] v forvirre

confusion [kən'fjuːʒən] n
forvirring c

congratulate
[kən'grætʃuleit] v lykønske,
gratulere

congratulation
[kən,grætʃu'leiʃən] n
gratulation c, lykønskning c

congregation
[,kɔŋgri'geiʃən] n menighed
c; kongregation c, orden c

congress ['kɔŋgres] n
kongres c

connect [kə'nekt] v
*forbinde; tilslutte

connection [kə'nekʃən] n
forbindelse c; sammenhæng
c

connoisseur [,kɔnə'səː] n
kender c

connotation [,kɔnə'teiʃən] n
bibetydning c

conquer ['kɔŋkə] v erobre;
besejre

conquest ['kɔŋkwest] n
erobring c

conscience ['kɔnʃəns] n
samvittighed c

conscious ['kɔnʃəs] adj
bevidst

consciousness ['kɔnʃəsnəs]
n bevidsthed c

conscript ['kɔnskript] n
værnepligtig c

conscription [kən'skripʃən]
n værnepligt c

consent [kən'sent] v
samtykke; bifalde; n
samtykke nt, tilslutning c

consequence ['kɔnsikwəns]
n konsekvens c

consequently
['kɔnsikwəntli] adv følgelig

conservative [kən'səːvətiv]
adj konservativ

consider [kən'sidə] v
betragte; overveje; *anse,
mene

considerable [kən'sidərəbəl]
adj betydelig, anselig

considerate [kən'sidərət] adj
hensynsfuld

consideration

[kən,sidə'reiʃən] n
overvejelse c; eftertanke c,
hensyn c

considering [kən'sidəriŋ]
prep i betragtning af

consignment
[kən'sainmənt] n sending c

consist of [kən'sist] *bestå af

conspire [kən'spaiə] v
*sammensværge sig

constant ['kɔnstənt] adj
konstant

constipation [,kɔnsti'peiʃən]
n forstoppelse c

constituency
[kən'stitʃuənsi] n valgkreds
c

constitution
[,kɔnsti'tju:ʃən] n
forfatning c

construct [kən'strʌkt] v
konstruere; bygge

construction [kən'strʌkʃən]
n konstruktion c; byggeri nt,
bygning c

consul ['kɔnsəl] n konsul c

consulate ['kɔnsjulət] n
konsulat nt

consult [kən'sʌlt] v
konsultere

consultation [,kɔnsəl'teiʃən]
n konsultation c; ~ hours
konsultationstid c

consume [kən'sju:m] v
forbruge

consumer [kən'sju:mə] n
forbruger c, konsument c

contact ['kɔntækt] n kontakt
c, berøring c; v kontakte; ~
lenses kontaktlinser pl

contagious [kən'teidʒəs] adj
smitsom, smittende

contain [kən'tein] v
*indeholde; rumme

container [kən'teinə] n
beholder c; container c

contemporary
[kən'tempərəri] adj samtids-
; daværende; nutidig; n
samtidig c

contempt [kən'tempt] n
ringeagtelse c, foragt c

content [kən'tent] adj tilfreds

contents ['kɔntents] pl
indhold nt

contest [kən'test] n strid c;
konkurrence c

continent ['kɔntinənt] n
kontinent nt, verdensdel c;
fastland nt

continental [,kɔnti'nentəl]
adj kontinental

continual [kən'tinjuəl] adj
uophørlig, vedvarende;
continually adv uophørligt

continue [kən'tinju:] v
*fortsætte; vedvare

continuous [kən'tinjuəs] adj
vedvarende, uafbrudt,
kontinuerlig

contour ['kɔntuə] n omrids nt

contraceptive
[,kɔntrə'septiv] n
præventionsmiddel nt

contract¹ ['kɔntrækt] n
kontrakt c

contract² [kən'trækt] v
*trække sig sammen;
*pådrage sig

contractor [kən'træktə] n

entreprenør c

contradict [ˌkɔntrəˈdikt] v
*modsige

contradictory
[ˌkɔntrəˈdiktəri] adj
modstridende

contrary [ˈkɔntrəri] n
modsætning c; adj modsat;
on the ~ tværtimod

contrast [ˈkɔntrɑːst] n
kontrast c; forskel c

contribution
[ˌkɔntriˈbjuːʃən] n bidrag n

control [kənˈtroul] n kontrol
c; v kontrollere

controversial
[ˌkɔntrəˈvəːʃəl] adj
kontroversiel, omstridt

convenience [kənˈviːnjəns]
n bekvemmelighed c

convenient [kənˈviːnjənt]
adj bekvem; egnet, belejlig

convent [ˈkɔnvənt] n kloster
nt

conversation
[ˌkɔnvəˈseiʃən] n samtale c,
konversation c

convert [kənˈvəːt] v
omvende; omregne

convict¹ [kənˈvikt] v
domfælde

convict² [ˈkɔnvikt] n
domfældt c; straffefange c

conviction [kənˈvikʃən] n
overbevisning c;
domfældelse c

convince [kənˈvins] v
overbevise

convulsion [kənˈvʌlʃən] n
krampe c

cook [kuk] n kok c; v lave
mad; tilberede

cookbook [ˈkukbuk] nAm
kogebog c

cooker [ˈkukə] n komfur nt;
gas ~ gaskomfur nt

cookery book [ˈkukəribuk] n
kogebog c

cookie [ˈkuki] nAm småkage
c

cool [kuːl] adj kølig

cooperation
[kouˌɔpəˈreiʃən] n
samarbejde nt; medvirken c

co-operative [kouˈɔpərətiv]
adj andels-;
samarbejdsvillig;
andelsforetagende nt

coordinate [kouˈɔːdineit] v
koordinere

coordination
[kouˌɔːdiˈneiʃən] n
koordination c

cope [koup] v overkomme

copper [ˈkɔpə] n kobber nt

copy [ˈkɔpi] n kopi c; afskrift
c; eksemplar nt; v kopiere;
*eftergøre; carbon ~
gennemslag nt

coral [ˈkɔrəl] n koral c

cord [kɔːd] n tov nt; snor c

cordial [ˈkɔːdiəl] adj hjertelig

corduroy [ˈkɔːdərɔi] n
jernbanefløjl nt

core [kɔː] n kerne c; kernehus
nt

cork [kɔːk] n prop c

corkscrew [ˈkɔːkskruː] n
proptrækker c

corn [kɔːn] n korn nt; sæd c;

ligtorn *c*

corner ['kɔːnə] *n* hjørne *nt*

cornfield ['kɔːnfiːld] *n* kornmark *c*

corpse [kɔːps] *n* lig *nt*

corpulent ['kɔːpjulənt] *adj* korpulent; svær, fed

correct [kə'rekt] *adj* korrekt, sand, rigtig; *v* rette, korrigere

correction [kə'rekʃən] *n* rettelse *c*

correctness [kə'rektnəs] *n* rigtighed *c*

correspond [,kɔri'spɔnd] *v* korrespondere; svare til, stemme overens

correspondence [,kɔri'spɔndəns] *n* brevveksling *c*, korrespondance *c*

correspondent [,kɔri'spɔndənt] *n* korrespondent *c*

corridor ['kɔridɔː] *n* korridor *c*

corrupt [kə'rʌpt] *adj* korrupt; *v* *bestikke

corruption [kə'rʌpʃən] *n* korruption *c*

corset ['kɔːsit] *n* korset *nt*

cosmetics [kɔz'metiks] *pl* kosmetik *c*, skønhedsmidler *pl*

cost [kɔst] *n* omkostning *c*; pris *c*

*cost [kɔst] *v* koste

cosy ['kouzi] *adj* hyggelig

cot [kɔt] *nAm* feltseng *c*

cottage ['kɔtidʒ] *n*

sommerhus *nt*

cotton ['kɔtən] *n* bomuld *c*; bomulds-

cotton wool ['kɔtənwul] *n* vat *nt*

couch [kautʃ] *n* divan *c*

cough [kɔf] *n* hoste *c*; *v* hoste

could [kud] *v* (p can)

council ['kaunsəl] *n* råd *nt*

councillor ['kaunsələ] *n* rådsmedlem *nt*

counsel ['kaunsəl] *n* råd *nt*

counsellor ['kaunsələ] *n* rådgiver *c*

count [kaunt] *v* *tælle; *tælle sammen; medregne; regne for; *n* greve *c*

counter ['kauntə] *n* disk *c*; skranke *c*

counterfeit ['kauntəfiːt] *v* forfalske

counterfoil ['kauntəfɔil] *n* talon *c*

countess ['kauntis] *n* grevinde *c*

country ['kʌntri] *n* land *nt*; landet; egn *c*; ~ house landsted *nt*

countryman ['kʌntrimən] *n* (pl -men) landsmand *c*

countryside ['kʌntrisaid] *n* landet

county ['kaunti] *n* grevskab *nt*

couple ['kʌpəl] *n* par *nt*

coupon ['kuːpɔn] *n* kupon *c*

courage ['kʌridʒ] *n* tapperhed *c*, mod *nt*

courageous [kə'reidʒəs] *adj* tapper, modig

course [kɔːs] *n* kurs *c*; ret *c*; løb *nt*; kursus *nt*; **intensive ~** lynkursus *nt*; **of ~** naturligvis, selvfølgelig

court [kɔːt] *n* domstol *c*; hof *nt*

courteous ['kɔːtiəs] *adj* beleven

cousin ['kʌzən] *n* kusine *c*, fætter *c*

cover ['kʌvə] *v* dække, tildække; *n* læ *nt*; låg *nt*; omslag *nt*; **~ charge** kuvertafgift *c*

cow [kau] *n* ko *c*

coward ['kauəd] *n* kujon *c*

cowardly ['kauədli] *adj* fej

crab [kræb] *n* krabbe *c*

crack [kræk] *n* smæld *nt*; revne *c*; *v* smælde; revne, briste, brække

cracker ['krækə] *nAm* småkage *c*

cradle ['kreidəl] *n* vugge *c*

cramp [kræmp] *n* krampe *c*

crane [krein] *n* kran *c*

crap [kræp] *n* vulgar sludder og vrøvl *nt*

crash [kræʃ] *n* kollision *c*; *v* støde sammen; styrte ned; **~ barrier** autoværn *nt*

crate [kreit] *n* tremmekasse *c*

crater ['kreitə] *n* krater *nt*

crawl [krɔːl] *v* kravle; *n* crawl *c*

craze [kreiz] *n* dille *c*

crazy ['kreizi] *adj* skør; vanvittig, forrykt

creak [kriːk] *v* knirke

cream [kriːm] *n* creme *c*; fløde *c*; *adj* flødefarvet

creamy ['kriːmi] *adj* flødeagtig

crease [kriːs] *v* krølle; *n* fold *c*; rynke *c*

create [kri'eit] *v* skabe; kreere

creative [kri'eitiv] *adj* kreativ

creature ['kriːtʃə] *n* skabning *c*

credible ['kredibəl] *adj* troværdig

credit ['kredit] *n* kredit *c*; *v* *godskrive, kreditere; **~ card** kreditkort *nt*

creditor ['kreditə] *n* kreditor *c*

credulous ['kredjuləs] *adj* godtroende

creek [kriːk] *n* vig *c*, bugt *c*; *nAm* bæk *c*

*creep [kriːp] *v* *krybe

creepy ['kriːpi] *adj* rædselsvækkende, uhyggelig

cremate [kri'meit] *v* ligbrænde

crew [kruː] *n* mandskab *nt*

cricket ['krikit] *n* kricket; fårekylling *c*

crime [kraim] *n* forbrydelse *c*

criminal ['kriminəl] *n* forbryder *c*; *adj* kriminel, forbryderisk; **~ law** strafferet *c*

criminality [ˌkrimin'nælɔti] *n* kriminalitet *c*

crimson ['krimzən] *adj* højrød

crippled ['kripəld] *adj* invalid

crisis ['kraisis] *n* (*pl* crises)

krise c
crisp [krisp] *adj* sprød
critic ['kritik] *n* kritiker c
critical ['kritikəl] *adj* kritisk;
  risikabel, betænkelig
criticism ['kritisizəm] *n*
  kritik c
criticize ['kritisaiz] *v* kritisere
crochet ['krouʃei] *v* hækle
crockery ['krɔkəri] *n* lertøj
  pl, service *nt*
crocodile ['krɔkədail] *n*
  krokodille c
crook [kruk] *n* svindler c
crooked ['krukid] *adj* kroget,
  fordrejet; uærlig
crop [krɔp] *n* afgrøde c
cross [krɔs] *v* krydse; *adj*
  vranten, gnaven; *n* kors *nt*
cross-eyed ['krɔsaid] *adj*
  skeløjet
crossing ['krɔsiŋ] *n* overfart
  c; krydsning c;
  fodgængerovergang c;
  jernbaneoverskæring c
crossroads ['krɔsroudz] *n*
  gadekryds *nt*
crosswalk ['krɔswɔːk] *nAm*
  fodgængerovergang c
crow [krou] *n* krage c
crowbar ['kroubɑː] *n*
  brækjern *nt*
crowd [kraud] *n*
  menneskemængde c,
  folkeskare c
crowded ['kraudid] *adj*
  stuvende fuld; overfyldt
crown [kraun] *n* krone c; *v*
  krone
crucifix ['kruːsifiks] *n*

krucifiks *nt*
crucifixion [,kruːsi'fikʃən] *n*
  korsfæstelse c
crucify ['kruːsifai] *v*
  korsfæste
cruel [kruəl] *adj* grusom
cruise [kruːz] *n* krydstogt *nt*
crumb [krʌm] *n* krumme c
crusade [kruː'seid] *n* korstog
  nt
crust [krʌst] *n* skorpe c
crutch [krʌtʃ] *n* krykke c
cry [krai] *v* *græde; *skrige;
  råbe; *n* skrig *nt*, vræl *nt*; råb
  nt
crystal ['kristəl] *n* krystal *nt*;
  adj krystal-
Cuba ['kjuːbə] Cuba
Cuban ['kjuːbən] *adj*
  cubansk; *n* cubaner c
cube [kjuːb] *n* terning c
cuckoo ['kukuː] *n* gøg c
cucumber ['kjuːkʌmbə] *n*
  agurk c
cuddle ['kʌdəl] *v* omfavne,
  knuse
cuff [kʌf] *n* manchet c
cuff links ['kʌfliŋks] *pl*
  manchetknapper *pl*
cul-de-sac ['kʌldəsæk] *n*
  blind vej
cultivate ['kʌltiveit] *v* dyrke,
  opdyrke
culture ['kʌltʃə] *n* kultur c
cultured ['kʌltʃəd] *adj*
  kultiveret
cunning ['kʌniŋ] *adj* snu
cup [kʌp] *n* kop c; pokal c
cupboard ['kʌbəd] *n* skab *nt*
curb [kəːb] *n* kantsten c; *v*

tøjle

cure [kjuə] v helbrede, kurere; n kur c; helbredelse c

curiosity [,kjuəri'ɔsəti] n nysgerrighed c

curious ['kjuəriəs] adj videbegærlig, nysgerrig; mærkelig

curl [kə:l] v krølle; n krølle c

curler ['kə:lə] n papillot c

curly ['kə:li] adj krøllet

currant ['kʌrənt] n korend c; ribs nt

currency ['kʌrənsi] n valuta c; foreign ~ udenlandsk valuta

current ['kʌrənt] n strøm c; adj indeværende, gængs; alternating ~ vekselstrøm c; direct ~ jævnstrøm c

curriculum [kə'rikjuləm] n undervisningsplan c

curry ['kʌri] n karry c

curse [kə:s] v bande; forbande; n forbandelse c, ed c

curtain ['kə:tən] n gardin nt; tæppe nt

curve [kə:v] n kurve c

drejning c

curved [kə:vd] adj bøjet, buet

cushion ['kuʃən] n pude c

custody ['kʌstədi] n forvaring c; formynderskab nt

custom ['kʌstəm] n skik c

customary ['kʌstəməri] adj sædvanemæssig, sædvanlig, vanlig

customer ['kʌstəmə] n kunde c; klient c

customs ['kʌstəmz] pl toldvæsen nt; ~ duty told c; ~ officer tolder c

cut [kʌt] n snit nt; snitsår c

*cut [kʌt] v *skære; klippe; *nedskære; ~ off *skære af; klippe af; lukke for, *afbryde

cutlery ['kʌtləri] n spisebestik nt

cutlet ['kʌtlət] n kotelet c

cycle ['saikəl] n cykel c; kredsløb nt, cyklus c

cyclist ['saiklist] n cyklist c

cylinder ['silində] n cylinder c; ~ head topstykke nt

cymbal ['simbəl] n bækken nt

D

dad [dæd] n far c

daddy ['dædi] n far c

daffodil ['dæfədil] n påskelilje c

daily ['deili] adj daglig; n dagblad nt

dairy ['deəri] n mejeri nt

dam [dæm] n dæmning c

damage ['dæmidʒ] n skade c; v beskadige

damn [dæm] v fandens

damp [dæmp] adj fugtig;

klam; *n* fugt *c*; *v* fugte

dance [dɑːns] *v* danse; *n* dans *c*

dandelion ['dændilaiən] *n* mælkebøtte *c*

dandruff ['dændrəf] *n* skæl *nt*

Dane [dein] *n* dansker *c*

danger ['deindʒə] *n* fare *c*

dangerous ['deindʒərəs] *adj* farlig

Danish ['deiniʃ] *adj* dansk

dare [deə] *v* turde, vove; udfordre

daring ['deəriŋ] *adj* dumdristig

dark [dɑːk] *adj* mørk; *n* mørke *nt*

darling ['dɑːliŋ] *n* kæreste *c*, skat *c*

darn [dɑːn] *v* stoppe

dash [dæʃ] *v* styrte; *n* tankestreg *c*

dashboard ['dæʃbɔːd] *n* instrumentbræt *nt*

data ['deitə] *pl* faktum *nt*

date[1] [deit] *n* dato *c*; aftale *c*; *v* datere; **out of ~** forældet

date[2] [deit] *n* daddel *c*

daughter ['dɔːtə] *n* datter *c*

daughter-in-law ['dɔːtərinlɔː] *n* (pl daughters-) svigerdatter *c*

dawn [dɔːn] *n* morgendæmring *c*; dæmring *c*

day [dei] *n* dag *c*; **by ~** om dagen; **~ trip** dagtur *c*; **per ~** per dag; **the ~ before yesterday** i forgårs

daybreak ['deibreik] *n*

daggry *nt*

daylight ['deilait] *n* dagslys *nt*

day spa ['dei ˌspɑː] *n* dagspa *c*

dead [ded] *adj* død

deaf [def] *adj* døv

deal [diːl] *n* transaktion *c*, forretning *c*

*deal [diːl] *v* dele ud; **~ with** *have med at gøre, *tage sig af; ***~** gøre forretning med

dealer ['diːlə] *n* handlende *c*, forhandler *c*

dear [diə] *adj* kær; dyr; dyrebar *c*

death [deθ] *n* død *c*; **~ penalty** dødsstraf *c*

debate [di'beit] *n* debat *c*

debit ['debit] *n* debet *c*

debit card ['debit ˌkɑːd] *n* debitkort *nt*

debt [det] *n* gæld *c*

decaf(feinated) [diːˈkæfineitid] *adj* kaffeinfri

deceit [di'siːt] *n* bedrag *nt*

deceive [di'siːv] *v* bedrage

December [di'sembə] december

decency ['diːsənsi] *n* anstændighed *c*

decent ['diːsənt] *adj* anstændig

decide [di'said] *v* *afgøre, bestemme, beslutte

decision [di'siʒən] *n* afgørelse *c*, beslutning *c*

deck [dek] *n* dæk *nt*; **~ cabin** dækskahyt *c*; **~ chair** liggestol *c*

declaration [,deklə'reiʃən] n
erklæring c; deklaration c

declare [di'kleə] v erklære;
*selvangive; fortolde

decorate ['dekəreit] v
dekorere

decoration [,dekə'reiʃən] n
udsmykning c

decrease [di:'kri:s] v
formindske, mindske;
*aftage; n nedgang c

dedicate ['dedikeit] v hellige

deduce [di'dju:s] v udlede

deduct [di'dʌkt] v *trække
fra, *fratrække

deed [di:d] n handling c,
gerning c

deep [di:p] adj dyb

deep-freeze [,di:p'fri:z] n
dybfryser c

deer [diə] n (pl ~) hjort c

defeat [di'fi:t] v *vinde over;
n nederlag nt

defective [di'fektiv] adj
mangelfuld

defence [di'fens] n forsvar nt;
værn nt

defend [di'fend] v forsvare

deficiency [di'fiʃənsi] n
mangel c

deficit ['defisit] n underskud
nt

define [di'fain] v *fastlægge,
definere

definite ['definit] adj bestemt

definition [,defi'niʃən] n
definition c

deformed [di'fɔ:md] adj
misdannet, vanskabt

degree [di'gri:] n grad c

delay [di'lei] v forsinke;
*udsætte; n forsinkelse c;
udsættelse c

delegate ['deligət] n
delegeret c

delegation [,deli'geiʃən] n
delegation c, deputation c

deliberate¹ [di'libəreit] v
drøfte, overveje; *rådslå

deliberate² [di'libərət] adj
overlagt

deliberation [di,libə'reiʃən] n
drøftelse c, rådslagning c

delicacy ['delikəsi] n lækkeri
nt

delicate ['delikət] adj delikat;
sart

delicatessen [,delikə'tesən]
n delikatesse c;
viktualieforretning c

delicious [di'liʃəs] adj dejlig,
lækker

delight [di'lait] n fryd c,
nydelse c; v henrykke

delighted [di'laitəd] adj glad

delightful [di'laitfəl] adj
henrivende, herlig

deliver [di'livə] v levere,
aflevere; frelse

delivery [di'livəri] n levering
c, udbringning c; nedkomst
c; frelse c; ~ van varevogn c

demand [di'ma:nd] v behøve,
kræve; n forlangende nt;
efterspørgsel c

democracy [di'mɔkrəsi] n
demokrati c

democratic [,demə'krætik]
adj demokratisk

demolish [di'mɔliʃ] v

*nedrive, *ødelægge
demolition [,deməˈliʃən] n
nedrivning c
demonstrate [ˈdemənstreit]
v bevise; demonstrere
demonstration
[,demənˈstreiʃən] n
demonstration c;
tilkendegivelse c
den [den] n hule c
Denmark [ˈdenmɑːk]
Danmark
denomination
[di,nɔmiˈneiʃən] n
benævnelse c
dense [dens] adj tæt
dent [dent] n bule c
dentist [ˈdentist] n tandlæge
c
denture [ˈdentʃə] n
tandprotese c
deny [diˈnai] v nægte,
benægte, fornægte
deodorant [diːˈoudərənt] n
deodorant c
depart [diˈpɑːt] v rejse bort,
*tage af sted; *afgå ved
døden
department [diˈpɑːtmənt] n
afdeling c, departement nt; ~
store stormagasin nt
departure [diˈpɑːtʃə] n
afrejse c, afgang c
dependant [diˈpendənt] adj
afhængig
depend on [diˈpend]; v (on a
thing) afhænge af; (on a
person) være afhængig af;
that depends det kommer
an på

deposit [diˈpɔzit] n
bankindskud nt; pant nt;
bundfald nt, aflejring c; v
deponere
depot [ˈdepou] n depot nt;
nAm station c
depress [diˈpres] v
deprimere
depressing [diˈpresiŋ] adj
deprimerende
depression [diˈpreʃən] n
depression c; lavtryk nt
deprive of [diˈpraiv] *fratage,
berøve
depth [depθ] n dybde c
deputy [ˈdepjuti] n deputeret
c; stedfortræder c
descend [diˈsend] v *gå ned
descendant [diˈsendənt] n
efterkommer c
descent [diˈsent] n
nedstigning c
describe [diˈskraib] v
*beskrive
description [diˈskripʃən] n
beskrivelse c; signalement
nt
desert¹ [ˈdezət] n ørken c; adj
øde, ubeboet
desert² [diˈzəːt] v desertere;
*forlade
deserve [diˈzəːv] v fortjene
design [diˈzain] v udkaste; n
udkast nt; hensigt c
designate [ˈdezigneit] v
bestemme
desirable [diˈzaiərəbəl] adj
attråværdig, ønskelig
desire [diˈzaiə] n ønske nt;
lyst c, begær nt; v ønske,

attrå, begære

desk [desk] *n* skrivebord *nt*; læsepult *c*; skolebænk *c*

despair [di'speə] *n* fortvivlelse *c*; *v* fortvivle

despatch [di'spætʃ] *v* forsende

desperate ['despərət] *adj* desperat

despise [di'spaiz] *v* foragte

despite [di'spait] *prep* trods

dessert [di'zə:t] *n* dessert *c*

destination [,desti'neiʃən] *n* bestemmelsessted *nt*

destine ['destin] *v* bestemme

destiny ['destini] *n* skæbne *c*, lod *c*

destroy [di'stroi] *v* *tilintetgøre, *ødelægge

destruction [di'strʌkʃən] *n* ødelæggelse *c*; tilintetgørelse *c*

detach [di'tætʃ] *v* løsne

detail ['di:teil] *n* enkelthed *c*, detalje *c*

detailed ['di:teild] *adj* detaljeret, udførlig

detect [di'tekt] *v* opdage

detective [di'tektiv] *n* detektiv *c*; ~ story kriminalroman *c*

detergent [di'tə:dʒənt] *n* rengøringsmiddel *nt*

determine [di'tə:min] *v* *fastsætte, bestemme

determined [di'tə:mind] *adj* målbevidst

detest [di'test] *v* afsky

detour ['di:tuə] *n* omvej *c*; omkørsel *c*

devaluation [,di:vælju'eiʃən] *n* devaluering *c*

devalue [,di:'vælju:] *v* devaluere

develop [di'veləp] *v* udvikle; fremkalde

development [di'veləpmənt] *n* udvikling *c*

deviate ['di:vieit] *v* *afvige

devil ['devəl] *n* djævel *c*

devise [di'vaiz] *v* udtænke

devote [di'vout] *v* hellige

dew [dju:] *n* dug *c*

diabetes [,daiə'bi:ti:z] *n* sukkersyge *c*, diabetes *c*

diabetic [,daiə'betik] *n* diabetiker *c*, sukkersygepatient *c*

diagnose [,daiəg'nouz] *v* stille en diagnose; konstatere

diagnosis [,daiəg'nousis] *n* (pl -ses) diagnose *c*

diagonal [dai'ægənəl] *n* diagonal *c*; *adj* diagonal

diagram ['daiəgræm] *n* skematisk tegning; grafisk fremstilling, figur *c*

dialect ['daiəlekt] *n* dialekt *c*

dial ['daiəl] *n* nummerskive *c*; *v* dreje et nummer

diamond ['daiəmənd] *n* diamant *c*

diaper ['daiəpə] *nAm* ble *c*

diaphragm ['daiəfræm] *n* membran *c*

diarrhoea [daiə'riə] *n* diarré *c*

diary ['daiəri] *n* kalender *c*; dagbog *c*

dictaphone ['diktəfoun] *n*

diktafon c
dictate [dik'teit] v diktere
dictator [dik'teitə] n diktator c
dictionary ['dikʃənəri] n ordbog c
did [did] v (p do)
die [dai] v *dø; *afgå ved døden
diesel ['diːzəl] n dieselmotor c
diet ['daiət] n diæt c
differ ['difə] v *være forskellig
difference ['difərəns] n forskel c
different ['difərənt] adj forskellig; anden
difficult ['difikəlt] adj vanskelig; svær
difficulty ['difikəlti] n vanskelighed c; møje c
*dig** [dig] v grave; udgrave
digest [di'dʒest] v fordøje
digestible [di'dʒestəbəl] adj fordøjelig
digestion [di'dʒestʃən] n fordøjelse c
digit ['didʒit] n ciffer nt
digital ['didʒitəl] adj digital; ~ camera n digitalkamera nt; ~ photo n digitalfoto nt; ~ projector n digitalprojektor c
dignified ['dignifaid] adj værdig
dignity ['digniti] n værdighed c
dilapidated [di'læpideitid] adj forfalden

diligence ['dilidʒəns] n iver c, flid c
diligent ['dilidʒənt] adj ihærdig, flittig
dilute [dai'ljuːt] v opspæde, fortynde
dim [dim] adj sløret, dæmpet; uklar, dunkel, utydelig
dine [dain] v spise til middag
dinghy ['dingi] n jolle c
dining car ['dainiŋkɑː] n spisevogn c
dining room ['dainiŋruːm] n spisestue c; spisesal c
dinner ['dinə] n middag c; middagsmad c, aftensmad c
dinner jacket ['dinə,dʒækit] n smoking c
dinner service ['dinə,səːvis] n spisestel nt
diphtheria [dif'θiəriə] n difteritis c
diploma [di'pləumə] n eksamensbevis nt
diplomat ['dipləmæt] n diplomat c
direct [di'rekt] adj direkte; v vejlede; lede
direction [di'rekʃən] n retning c; påbud nt; regie c; bestyrelse c, direktion c; directional signal Am blinklys nt; directions for use brugsanvisning c
directive [di'rektiv] n direktiv nt
director [di'rektə] n direktør c; instruktør c
directory [di'rektəri] n (telephone) telefonbog c; (at

a visitors' centre) vejviser c

dirt [də:t] n snavs mc

dirty ['də:ti] adj snavset, beskidt

disabled [di'seibəld] adj handicappet, invalid

disadvantage [,disəd'va:ntidʒ] n ulempe c

disagree [,disə'gri:] v *være uenig

disagreeable [,disə'gri:əbəl] adj ubehagelig

disappear [,disə'piə] v *forsvinde

disappoint [,disə'pɔint] v skuffe

disappointment [,disə'pɔintmənt] n skuffelse c

disapprove [,disə'pru:v] v misbillige

disaster [di'za:stə] n katastrofe c, ulykke c

disastrous [di'za:strəs] adj katastrofal

disc [disk] n skive c; grammofonplade c; slipped ~ diskusprolaps c

discard [di'ska:d] v kassere

discharge [dis'tʃa:dʒ] v losse, aflæsse; afskedige; n afsked c; ~ of *fritage for

discipline ['disiplin] n disciplin c

discolour [di'skʌlə] v falme; discoloured falmet

disconnect [,diskə'nekt] v adskille; *afbryde, slukke

discontented [,diskən'tentid] adj utilfreds

discontinue [,diskən'tinju:] v standse, *nedlægge

discount ['diskaunt] n rabat c, dekort c

discourage [dis'kʌrədʒ] v tage modet fra

discover [di'skʌvə] v opdage

discovery [di'skʌvəri] n opdagelse c

discuss [di'skʌs] v diskutere; debattere

discussion [di'skʌʃən] n diskussion c; samtale c, drøftelse c, debat c

disease [di'zi:z] n sygdom c

disembark [,disim'ba:k] v *gå fra borde

disgrace [dis'greis] n skam c

disguise [dis'gaiz] v forklæde sig; n forklædning c

disgust [dis'gʌst] n væmmelse c; adj væmmelig

disgusting [dis'gʌstiŋ] adj ækel, afskyelig

dish [diʃ] n tallerken c; skål c, fad nt; ret c

dishonest [di'sɔnist] adj uærlig

dishwasher ['diʃwɔʃə] n opvaskemaskine c

disinfect [,disin'fekt] v desinficere

disinfectant [,disin'fektənt] n desinfektionsmiddel nt

disk drive [disk‿draiv] n drev nt

dislike [di'slaik] v ikke *kunne lide, ikke *kunne fordrage; n afsky c, modvilje c, antipati c

dislocated ['disləkeitid] adj
*gået af led

dismiss [dis'mis] v sende
bort; afskedige

disorder [di'sɔːdə] n uorden c

dispatch [di'spætʃ] v
afsende, ekspedere

display [di'splei] v fremvise;
vise; n fremvisning c,
udstilling c

displease [di'spliːz] v
mishage

disposable [di'spouzəbəl]
adj engangs-

disposal [di'spouzəl] n
rådighed c

dispose of [di'spouz] skille
sig af med

dispute [di'spjuːt] n opgør
nt; disput c, tvist c; v
*strides; *bestride

dissatisfied [di'sætisfaid]
adj utilfreds

dissolve [di'zɔlv] v opløse

dissuade from [di'sweid]
fraråde

distance ['distəns] n afstand
c; ~ in kilometres
kilometertal nt

distant ['distənt] adj fjern

distinct [di'stiŋkt] adj
tydelig; forskellig

distinction [di'stiŋkʃən] n
forskel c, skelnen c

distinguish [di'stiŋgwiʃ] v
skelne

distinguished [di'stiŋgwiʃt]
adj fornem

distress [di'stres] n nød c; ~
signal nødsignal nt

distribute [di'stribjuːt] v
uddele

distributor [di'stribjutə] n
eneforhandler c;
strømfordeler c

district ['distrikt] n distrikt
nt; egne c, kvarter nt

disturb [di'stəːb] v forstyrre

disturbance [di'stəːbəns] n
forstyrrelse c; forvirring c

ditch [ditʃ] n grøft c

dive [daiv] v dykke

diversion [dai'vəːʃən] n
omkørsel c; adspredelse c

divide [di'vaid] v dele;
fordele; skille

divine [di'vain] adj
guddommelig

division [di'viʒən] n deling c;
adskillelse c; afdeling c

divorce [di'vɔːs] n skilsmisse
c; v skilles

dizziness ['dizinəs] n
svimmelhed c

dizzy ['dizi] adj svimmel

*do [duː] v *gøre; *være nok

dock [dɔk] n dok c; kaj c; v
*lægge til

docker ['dɔkə] n
havnearbejder c

doctor ['dɔktə] n læge c,
doktor c

document ['dɔkjumənt] n
dokument nt

dog [dɔg] n hund c

doll [dɔl] n dukke c

dollar ['dʌlə] n dollar c

dome [doum] n kuppel c

domestic [də'mestik] adj (in-
-country) hjemme-; (in the

home) huslig

domicile ['dɔmisail] *n* bopæl
c

domination [,dɔmi'neiʃən] *n*
overherredømme *nt*

dominion [də'minjən] *n*
herredømme *nt*

donate [dou'neit] *v* skænke

donation [dou'neiʃən] *n*
donation *c*, gave *c*

done [dʌn] *v* (pp do)

donkey ['dɔŋki] *n* æsel *nt*

donor ['dounə] *n* giver *c*

door [dɔ:] *n* dør *c*; **revolving ~**
svingdør *c*; **sliding ~**
skydedør *c*

doorbell ['dɔ:bel] *n*
dørklokke *c*

doorkeeper ['dɔ:,ki:pə] *n*
portner *c*

doorman ['dɔ:mən] *n* (pl
-men) dørvogter *c*

dormitory ['dɔ:mitri] *n*
sovesal *c*

dose [dous] *n* dosis *c*

dot [dɔt] *n* prik *c*

double ['dʌbəl] *adj* dobbelt

doubt [daut] *v* tvivle,
betvivle; *n* tvivl *c*; **without ~**
uden tvivl

doubtful ['dautfəl] *adj*
tvivlsom; uvis

dough [dou] *n* dej *c*

down[1] [daun] *adv* ned;
nedefter, omkuld; *adj*
nedslået; *prep* ned ad, hen
langs; **~ payment** udbetaling
c

down[2] [daun] *n* dun *nt*

download ['daun,loud] *nt*

download *c*

downpour ['daunpɔ:] *n*
øsregn *c*

downstairs [,daun'steəz] *adv*
nedenunder

downstream [,daun'stri:m]
adv med strømmen

down-to-earth [,dauntu'ə:θ]
adj nøgtern

downwards ['daunwədz] *adv*
nedefter, nedad

dozen ['dʌzən] *n* (pl ~, ~s)
dusin *c*

draft [dra:ft] *n* veksel *c*

drag [dræg] *v* slæbe

dragon ['drægən] *n* drage *c*

drain [drein] *v* dræne;
afvande; *n* afløb *nt*

drama ['dra:mə] *n* drama *nt*;
sørgespil *c*

dramatic [drə'mætik] *adj*
dramatisk

drank [dræŋk] *v* (p drink)

drapery ['dreipəri] *n*
manufakturvarer *pl*

draught [dra:ft] *n* træk *c*; **~**
beer *n* fadøl *nt*; **draughts**
dam *nt*

draw [drɔ:] *n* lodtrækning *c*

***draw** [drɔ:] *v* tegne; *draw* træk
hæve; **~ up** affatte

drawbridge ['drɔ:bridʒ] *n*
vindebro *c*

drawer ['drɔ:ə] *n* skuffe *c*;
drawers underbukser *pl*

drawing ['drɔ:iŋ] *n* tegning *c*

drawing pin ['drɔ:iŋpin] *n*
tegnestift *c*

drawing room ['drɔ:iŋru:m]
n salon *c*

dread [dred] v frygte; n gru c

dreadful ['dredfəl] adj frygtelig, forfærdelig

dream [dri:m] n drøm c

*dream [dri:m] v drømme

dress [dres] v klæde på; klæde sig på, klæde sig; *forbinde; n kjole c

dressing gown ['dresiŋgaun] n morgenkåbe c

dressing room ['dresiŋru:m] n påklædningsværelse nt

dressing table ['dresiŋ,teibəl] n toiletbord nt

dressmaker ['dres,meikə] n dameskrædderinde c

drill [dril] v bore; træne; n bor nt

drink [driŋk] n drink c, drik c

*drink [driŋk] v *drikke

drinking water ['driŋkiŋ,wɔ:tə] n drikkevand nt

drip-dry [,drip'drai] adj strygefri

drive [draiv] n vej c; køretur c

*drive [draiv] v køre; føre

driver ['draivə] n chauffør c

driver's licence, driving licence n kørekort nt

drive-thru ['draiv,θru:] v (restaurant) drive-in c

drizzle ['drizəl] n støvregn c

drop [drɔp] v tabe; n dråbe c

drought [draut] n tørke c

drown [draun] v drukne; *be drowned drukne

drug [drʌg] n narkotikum nt;

medicin c

drugstore ['drʌgstɔ:] nAm apotek nt, nAm materialhandel c; nAm varehus nt

drum [drʌm] n tromme c

drunk [drʌŋk] adj (pp drink) fuld

dry [drai] adj tør; v tørre

dry-clean [,drai'kli:n] v kemisk rense

dry cleaner's [,drai'kli:nəz] n renseri c

dryer ['draiə] n tørretumbler c

duchess [dʌtʃis] n hertuginde c

duck [dʌk] n and c

due [dju:] adj forventet; skyldig; forfalden; ~ to på grund af

dues [dju:z] pl afgifter pl

dug [dʌg] v (p, pp dig)

duke [dju:k] n hertug c

dull [dʌl] adj kedelig; trist, mat; sløv

dumb [dʌm] adj stum; dum, stupid

dune [dju:n] n klit c

dung [dʌŋ] n gødning c

duration [dju'reiʃən] n varighed c

during ['djuəriŋ] prep under

dusk [dʌsk] n skumring c

dust [dʌst] n støv nt

dustbin ['dʌstbin] n affaldsspand c

dusty ['dʌsti] adj støvet

Dutch [dʌtʃ] adj hollandsk, nederlandsk

Dutchman ['dʌtʃmən] *n* (pl -men) hollænder *c*

duty ['djuːti] *n* pligt *c*; opgave *c*; importafgift *c*; Customs ~ toldafgift *c*

duty-free [,djuːti'friː] *adj* toldfri

DVD ['diːviːˈdiː] *n* DVD *c*

DVD-ROM ['diːviːdiːˈrɔm] *n* DVD-ROM *c*

dwarf [dwɔːf] *n* dværg *c*

dye [dai] *v* farve; *n* farve *c*

dynamo ['dainəmou] *n* (pl ~s) dynamo *c*

E

each [iːtʃ] *adj* hver; ~ other hinanden

eager ['iːgə] *adj* ivrig, spændt, utålmodig

eagle ['iːgəl] *n* ørn *c*

ear [iə] *n* øre *nt*

earache ['iəreik] *n* ørepine *c*

eardrum ['iədrʌm] *n* trommehinde *c*

earl [əːl] *n* greve *c*

early ['əːli] *adj* tidlig

earn [əːn] *v* tjene

earnest ['əːnist] *n* alvor *c*

earnings ['əːniŋz] *pl* indtægt *c*

earring ['iəriŋ] *n* ørenring *c*

earth [əːθ] *n* jord *c*

earthquake ['əːθkweik] *n* jordskælv *nt*

ease [iːz] *n* lethed *c*, utvungenhed *c*; velbefindende *nt*

east [iːst] *n* øst

Easter ['iːstə] påske

eastern ['iːstən] *adj* østlig, østre

easy ['iːzi] *adj* let; behagelig; ~ chair lænestol *c*

easy-going ['iːzi,gouiŋ] *adj* afslappet

*eat [iːt] *v* spise

eavesdrop ['iːvzdrɔp] *v* aflytte

ebony ['ebəni] *n* ibenholt *nt*

eccentric [ik'sentrik] *adj* excentrisk

echo ['ekou] *n* (pl ~es) genlyd *c*, ekko *nt*

eclipse [i'klips] *n* formørkelse *c*

economic [,iːkə'nɔmik] *adj* økonomisk

economical [,iːkə'nɔmikəl] *adj* økonomisk, sparsommelig

economist [i'kɔnəmist] *n* økonom *c*

economize [i'kɔnəmaiz] *v* spare

economy [i'kɔnəmi] *n* økonomi *c*

eco-tourist ['iːkou,tuːrist] *n* økoturist *c*

ecstasy ['ekstəzi] *n* ekstase *c*

Ecuador ['ekwədɔː] Ecuador

Ecuadorian [,ekwə'dɔːriən] *n* ecuadorianer *c*

eczema ['eksimə] *n* eksem *c*

edge [edʒ] *n* æg *c*, kant *c*
edible ['edibəl] *adj* spiselig
edit ['edit] *v* redigere
edition [i'diʃən] *n* udgave *c*; **morning ~** morgenudgave *c*
editor ['editə] *n* redaktør *c*
educate ['edʒukeit] *v* opdrage, uddanne
education [,edʒu'keiʃən] *n* uddannelse *c*; opdragelse *c*
eel [i:l] *n* ål *c*
effect [i'fekt] *n* virkning *c*; *v* *iværksætte; **in ~** faktisk
effective [i'fektiv] *adj* effektiv, virksom
efficient [i'fiʃənt] *adj* virkningsfuld, effektiv
effort ['efət] *n* anstrengelse *c*
egg [eg] *n* æg *nt*
eggplant ['egplɑ:nt] *n* aubergine *c*
egg yolk ['egjouk] *n* æggeblomme *c*
Egypt ['i:dʒipt] Egypten
Egyptian [i'dʒipʃən] *adj* egyptisk; *n* egypter *c*
eiderdown ['aidədaun] *n* dyne *c*
eight [eit] *num* otte
eighteen [,ei'ti:n] *num* atten
eighteenth [,ei'ti:nθ] *num* attende
eighth [eitθ] *num* ottende
eighty ['eiti] *num* firs
either ['aiðə] *pron* den ene eller den anden; **either ... or** enten ... eller
elaborate [i'læbəreit] *v* uddybe
elastic [i'læstik] *adj* elastisk; **~ band** elastik *c*
elasticity [,elæ'stisəti] *n* elasticitet *c*
elbow ['elbou] *n* albue *c*
elder ['eldə] *adj* ældre
elderly ['eldəli] *adj* ældre
eldest ['eldist] *adj* ældst
elect [i'lekt] *v* *vælge
election [i'lekʃən] *n* valg *nt*
electric [i'lektrik] *adj* elektrisk; **~ razor** elektrisk barbermaskine *c*
electrician [,ilek'triʃən] *n* elektriker *c*
electricity [,ilek'trisəti] *n* elektricitet *c*
electronic [ilek'trɔnik] *adj* elektronisk; **~ game** elektronisk spil *nt*
elegance ['eligəns] *n* elegance *c*
elegant ['eligənt] *adj* elegant
element ['elimənt] *n* element *nt*, bestanddel *c*
elephant ['elifənt] *n* elefant *c*
elevator ['eliveitə] *nAm* elevator *c*
eleven [i'levən] *num* elleve
eleventh [i'levənθ] *num* ellevte
elf [elf] *n* (pl elves) alf *c*
eliminate [i'limineit] *v* eliminere
elm [elm] *n* elm *c*
else [els] *adv* ellers
elsewhere [,el'sweə] *adv* andetsteds
e-mail ['i:meil] *n* email *c*; *v* emaile
emancipation

[i,mænsi'peiʃən] n frigørelse
c

embankment
[im'bæŋkmənt] n vold c

embargo [em'bɑ:gou] n (pl
~es) embargo c

embark [im'bɑ:k] v *gå om
bord

embarkation
[,embɑ:'keiʃən] n
indskibning c

embarrass [im'bærəs] v
forvirre, *gøre forlegen;
*gøre perpleks; hæmme;
embarrassed forlegen;
embarrassing pinlig;
embarrassment n
forlegenhed c

embassy ['embəsi] n
ambassade c

emblem ['embləm] n emblem
nt

embrace [im'breis] v
omfavne; n omfavnelse c

embroider [im'brɔidə] v
brodere

embroidery [im'brɔidəri] n
broderi nt

emerald ['emərəld] n
smaragd c

emergency [i'mə:dʒənsi] n
nødstilfælde nt;
nødsituation c; ~ **exit**
nødudgang c

emigrant ['emigrənt] n
emigrant c

emigrate ['emigreit] v
emigrere

emigration [,emi'greiʃən] n
emigration c

emotion [i'mouʃən] n
sindsbevægelse c, bevægelse
c

emperor ['empərə] n kejser c

emphasize ['emfəsaiz] v
fremhæve

empire ['empaiə] n imperium
nt, kejserdømme nt

employ [im'plɔi] v
beskæftige; anvende, bruge

employee [,emplɔi'i:] n
lønmodtager c, ansat c

employer [im'plɔiə] n
arbejdsgiver c

employment [im'plɔimənt] n
beskæftigelse c, arbejde nt; ~
exchange
arbejdsformidling c

empress ['empris] n
kejserinde c

empty ['empti] adj tom; v
tømme

enable [i'neibəl] v *sætte i
stand

enamel [i'næməl] n emalje c

enamelled [i'næməld] adj
emaljeret

enchanting [in'tʃɑ:ntiŋ] adj
bedårende, fortryllende

encircle [in'sə:kəl] v
omringe, omslutte;
indeslutte

enclose [iŋ'klouz] v
*vedlægge

enclosure [iŋ'klouʒə] n bilag
nt

encounter [iŋ'kauntə] v
*træffe, møde; n møde nt

encourage [iŋ'kʌridʒ] v
opmuntre

encyclopaedia
[en,saiklə'pi:diə] n leksikon
nt

end [end] n ende c; slutning c;
v slutte; ende, ophøre

ending ['endiŋ] n slutning c

endless ['endləs] adj
uendelig

endorse [in'dɔ:s] v
endossere, *skrive bag på

endure [in'djuə] v *udholde

enemy ['enəmi] n fjende c

energetic [,enə'dʒetik] adj
energisk

energy ['enədʒi] n energi c;
kraft c

engage [iŋ'geidʒ] v *ansætte;
bestille; forpligte sig;
engaged forlovet; optaget

engagement [iŋ'geidʒmənt]
n forlovelse c; forpligtelse c;
aftale c; ~ ring
forlovelsesring c

engine ['endʒin] n maskine c,
motor c; lokomotiv nt

engineer [,endʒi'niə] n
ingeniør c; maskinarbejder c

England ['iŋglənd] England

English ['iŋgliʃ] adj engelsk

Englishman ['iŋgliʃmən] n
(pl -men) englænder c

engrave [iŋ'greiv] v gravere

engraver [iŋ'greivə] n gravør
c

engraving [iŋ'greiviŋ] n
radering c; stik nt

enigma [i'nigmə] n gåde c

enjoy [in'dʒɔi] v *nyde, glæde
sig over

enjoyable [in'dʒɔiəbəl] adj
behagelig, hyggelig,
morsom; lækker

enjoyment [in'dʒɔimənt] n
nydelse c

enlarge [in'lɑ:dʒ] v forstørre;
udvide

enlargement [in'lɑ:dʒmənt]
n forstørrelse c

enormous [i'nɔ:məs] adj
enorm, kæmpemæssig

enough [i'nʌf] adv nok; adj
tilstrækkelig

enquire [iŋ'kwaiə] v
*forespørge; undersøge

enquiry [iŋ'kwaiəri] n
forespørgsel c; undersøgelse
c; enquete c

enter ['entə] v *gå ind,
*betræde; indføre

enterprise ['entəpraiz] n
foretagende nt

entertain [,entə'tein] v
*underholde, forlyste;
bevæte

entertainer [,entə'teinə] n
entertainer c

entertaining [,entə'teiniŋ]
adj morsom, underholdende

entertainment
[,entə'teinmənt] n
underholdning c, forlystelse
c

enthusiasm [in'θju:ziæzəm]
n begejstring c

enthusiastic
[in,θju:zi'æstik] adj
begejstret

entire [in'taiə] adj hel

entirely [in'taiəli] adv helt

entrance ['entrəns] n

indgang c; adgang c;
indtræden c

entrance fee ['entrənsfiː] n
entré c

entry ['entri] n indgang c;
adgang c; postering c; no ~
ingen adgang

envelop [in'veləp] v omslutte

envelope ['envəloup] n
konvolut c

envious ['enviəs] adj skinsyg,
misundelig

environment
[in'vaiərənmənt] n miljø nt;
omgivelser pl

envoy ['envɔi] n udsending c

envy ['envi] n misundelse c; v
misunde

epic ['epik] n epos nt; adj
episk

epidemic [,epi'demik] n
epidemi c

epilepsy ['epilepsi] n epilepsi
c

epilogue ['epilɔg] n epilog c

episode ['episoud] n episode
c

equal ['iːkwəl] adj samme; v
*være på højde med

equality [i'kwɔləti] n
jævnbyrdighed c

equalize ['iːkwəlaiz] v
udligne

equally ['iːkwəli] adv lige

equator [i'kweitə] n ækvator
c

equip [i'kwip] v udruste,
udstyre

equipment [i'kwipmənt] n
udrustning c

equivalent [i'kwivələnt] adj
tilsvarende

eraser [i'reizə] n viskelæder
nt

erect [i'rekt] v opføre, rejse;
adj opret, stående

err [əː] v *tage fejl; flakke om

errand ['erənd] n ærinde nt

error ['erə] n vildfarelse c

escalator ['eskəleitə] n
rulletrappe c

escape [i'skeip] v
*undslippe; *undgå, flygte;
n flugt c

escort¹ ['eskɔːt] n eskorte c

escort² [i'skɔːt] v eskortere

especially [i'speʃəli] adv
især, først og fremmest

essay ['esei] n essay nt; stil c,
afhandling c

essence ['esəns] n essens c;
væsen nt, kerne c

essential [i'senʃəl] adj
uundværlig; væsentlig

essentially [i'senʃəli] adv
først og fremmest

establish [i'stæbliʃ] v
etablere; *fastslå

estate [i'steit] n gods nt

esteem [i'stiːm] n agtelse c,
respekt c; v agte

estimate¹ ['estimeit] v
vurdere, taksere, skatte

estimate² ['estimət] n
overslag nt

estuary ['estʃuəri] n
flodmunding c

etcetera [et'setərə] og så
videre

eternal [i'təːnəl] adj evig

eternity [i'tə:nəti] *n* evighed *c*
ether ['i:θə] *n* æter *c*
Ethiopia [iθi'oupiə] Etiopien
Ethiopian [iθi'oupiən] *adj*
etiopisk; *n* etiopier *c*
e-ticket ['i:,tikət] *n*
elektronisk billet *c*
EU ['i:'ju] EU
Euro ['ju:rou] *n* Euro *c*
Europe ['juərəp] Europa
European [,juərə'pi:ən] *adj*
europæisk; *n* europæer *c*
European Union
[juərə'pi:ən 'ju:njən]
Europæisk Union
evacuate [i'vækjueit] *v*
evakuere
evaluate [i'væljueit] *v*
vurdere
evaporate [i'væpəreit] *v*
fordampe
even ['i:vən] *adj* glat, lige,
plan; konstant; *adv* selv
evening ['i:vniŋ] *n* aften *c*; ~
dress selskabstøj *pl*
event [i'vent] *n* begivenhed *c*;
hændelse *c*
eventual [i'ventʃuəl] *adj*
mulig; endelig; eventually
[i'ventʃuəli] *adv* til sidst
ever ['evə] *adv* nogen sinde;
altid
every ['evri] *adj* hver, enhver,
alle
everybody ['evri,bɔdi] *pron*
enhver
everyday ['evridei] *adj* daglig
everyone ['evriwʌn] *pron*
enhver
everything ['evriθiŋ] *pron*
alting
everywhere ['evriweə] *adv*
overalt
evidence ['evidəns] *n* bevis *nt*
evident ['evidənt] *adj* klar
evil ['i:vəl] *n* onde *nt*; *adj* slet
evolution [,i:və'lu:ʃən] *n*
evolution *c*
exact [ig'zækt] *adj* nøjagtig
exactly [ig'zæktli] *adv* rigtigt
exaggerate [ig'zædʒəreit] *v*
*overdrive
examination
[ig,zæmi'neiʃən] *n* eksamen
c; undersøgelse *c*; forhør *nt*
examine [ig'zæmin] *v*
undersøge
example [ig'zɑ:mpəl] *n*
eksempel *nt*; for ~ for
eksempel
excavation [,ekskə'veiʃən] *n*
udgravning *c*
exceed [ik'si:d] *v*
*overskride; *overgå
excel [ik'sel] *v* udmærke sig
excellent ['eksələnt] *adj*
fremragende, udmærket
except [ik'sept] *prep*
undtagen, med undtagelse
af
exception [ik'sepʃən] *n*
undtagelse *c*
exceptional [ik'sepʃənəl] *adj*
usædvanlig, enestående
excerpt ['eksə:pt] *n* uddrag *nt*
excess [ik'ses] *n* udskejelse *c*
excessive [ik'sesiv] *adj*
overdreven
exchange [iks'tʃeindʒ] *v*
bytte, veksle, udveksle; *n*

bytning c; børs c; ~ **office**
vekselkontor nt; ~ **rate**
vekselkurs c

excite [ik'sait] v ophidse

excited [ik'saitəd] adj
begejstret

excitement [ik'saitmənt] n
opstemthed c, ophidselse c

exciting [ik'saitiŋ] adj
spændende

exclaim [ik'skleim] v
*udbryde

exclamation
[,eksklə'meiʃən] n udbrud
nt

exclude [ik'sklu:d] v
udelukke

exclusive [ik'sklu:siv] adj
eksklusiv

exclusively [ik'sklu:sivli]
adv udelukkende

excursion [ik'skə:ʃən] n
udflugt c

excuse[1] [ik'skju:s] n
undskyldning c

excuse[2] [ik'skju:z] v
undskylde

execute ['eksikju:t] v udføre

execution [,eksi'kju:ʃən] n
henrettelse c

executioner [,eksi'kju:ʃənə]
n bøddel c

executive [ig'zekjutiv] adj
administrerende; n
udøvende magt; direktør c

executive assistant
[ig'zekjutiv ə'sistənt] n
direktionsassistent c

exempt [ig'zempt] v *fritage;
adj fritaget

exemption [ig'zempʃən] n
fritagelse c

exercise ['eksəsaiz] n øvelse
c; opgave c; v øve; udøve

exhale [eks'heil] v udånde

exhaust [ig'zɔ:st] n
udblæsning c,
udblæsningsrør nt; v
udmatte; ~ **gases**
udstødningsgas c

exhibit [ig'zibit] v udstille;
fremføre, forevise

exhibition [,eksi'biʃən] n
udstilling c, forevisning c

exile ['eksail] n eksil nt;
landflygtig c

exist [ig'zist] v eksistere

existence [ig'zistəns] n
eksistens c

exit ['eksit] n udgang c;
udkørsel c

exotic [ig'zɔtik] adj eksotisk

expand [ik'spænd] v udvide,
udbrede; udfolde

expansion [ik'spænʃən] n
udvidelse c

expect [ik'spekt] v vente,
forvente

expectation [,ekspek'teiʃən]
n forventning c

expedition [,ekspə'diʃən] n
forsendelse c; ekspedition c

expel [ik'spel] v udvise

expenditure [ik'spenditʃə] n
udgift c

expense [ik'spens] n udgift c;
expenses pl omkostninger

expensive [ik'spensiv] adj
bekostelig, dyr; kostbar

experience [ik'spiəriəns] n

erfaring c; v erfare, opleve;
experienced erfaren
experiment [ik'speriment] n
eksperiment nt, forsøg nt; v
eksperimentere
expert ['ekspə:t] n fagmand
c, ekspert c; adj sagkyndig
expire [ik'spaiə] v *udløbe,
høre op, *forfalde; udånde;
expired udløbet
explain [ik'splein] v forklare,
*klarlægge
explanation [,eksplə'neiʃən]
n forklaring c, redegørelse c
explicit [ik'splisit] adj
tydelig, udtrykkelig
explode [ik'sploud] v
eksplodere
exploit [ik'sploit] v udbytte,
udnytte
explore [ik'splo:] v udforske
explosion [ik'splouʒən] n
eksplosion c
explosive [ik'splousiv] adj
eksplosiv; n sprængstof nt
export[1] [ik'spo:t] v
eksportere, udføre
export[2] ['ekspo:t] n udførsel
c
expose [ik'spous] v udsætte
for
exposition [,ekspə'ziʃən] n
udstilling c
exposure [ik'spouʒə] n udsat
position; eksponering c; ~
meter belysningsmåler c
express [ik'spres] v
udtrykke; *give udtryk for,
ytre; adj ekspres-; udtalt; ~
train eksprestog nt

expression [ik'spreʃən] n
udtryk nt
exquisite [ik'skwizit] adj
udsøgt
extend [ik'stend] v forlænge;
udvide; yde
extension [ik'stenʃən] n
forlængelse c; udvidelse c;
lokaltelefon c; ~ cord
forlængerledning c
extensive [ik'stensiv] adj
omfangsrig; omfattende
extent [ik'stent] n omfang nt
exterior [ek'stiəriə] adj ydre;
n yderside c
external [ek'stə:nəl] adj
udvendig
extinguish [ik'stiŋwiʃ] v
slukke
extort [ik'sto:t] v afpresse
extortion [ik'sto:ʃən] n
afpresning c
extra ['ekstrə] adj ekstra
extract[1] [ik'strækt] v *trække
ud, *udtrage, *trække
extract[2] ['ekstrækt] n uddrag
nt
extradite ['ekstrədait] v
udlevere
extraordinary [ik'stro:dənri]
adj overordentlig
extravagant [ik'strævəgənt]
adj ekstravagant,
overdreven
extreme [ik'stri:m] adj
ekstrem; yderst, højest; n
yderlighed c
exuberant [ig'zju:bərənt] adj
overstrømmende
eye [ai] n øje nt

eyebrow ['aibrau] n øjenbryn nt

eyelash ['ailæʃ] n øjenvippe c

eyelid ['ailid] n øjenlåg nt

eyebrow pencil ['ai,pensəl] n

eye shadow ['ai,ʃædou] n øjenskygge c

eyewitness ['ai,witnəs] n øjenvidne nt

øjenbrynsstift c

F

fable ['feibəl] n fabel c

fabric ['fæbrik] n stof nt; struktur c

façade [fə'sɑːd] n facade c

face [feis] n ansigt nt; v *gøre front mod; ~ massage ansigtsmassage c; **facing** over for

face cream ['feiskriːm] n ansigtscreme c

face pack ['feispæk] n ansigtsmaske c

face-powder ['feis,paudə] n ansigtspudder nt

facilities [fə'silətis] pl faciliteter; **cooking ~** n køkkenfaciliteter

fact [fækt] n kendsgerning c; **in ~** faktisk

factor ['fæktə] n faktor c

factory ['fæktəri] n fabrik c

factual ['fæktʃuəl] adj faktisk

faculty ['fækəlti] n evne c; talent nt, anlæg nt; fakultet nt

fade [feid] v falme

fail [feil] v glippe, mislykkes; fejle; mangle; *undlade; dumpe; **without ~** aldeles bestemt

failure ['feiljə] n uheldigt

udfald; fiasko c

faint [feint] v besvime; adj mat, svag, vag

fair [feə] n marked nt; messe c; adj retfærdig, reel; lyshåret, blond; smuk

fairly ['feəli] adv ganske, ret

fairy ['feəri] n fe c

fairytale ['feəriteil] n eventyr nt

faith [feiθ] n tro c; tiltro c

faithful ['feiθful] adj trofast

fake [feik] n forfalskning c

fall [fɔːl] n fald nt; nAm efterår nt

***fall** [fɔːl] v *falde

false [fɔːls] adj falsk; usand, forkert, uægte; **~ teeth** gebis nt

falter ['fɔːltə] v vakle; fremstamme

fame [feim] n berømmelse c; rygte nt

familiar [fə'miljə] adj velkendt; familiær

family ['fæməli] n familie c; slægt c; **~ name** efternavn nt

famous ['feiməs] adj berømt

fan [fæn] n ventilator c; vifte c; fan c; **~ belt** ventilatorrem c fanatical [fə'nætikəl] *adj* fanatisk

fancy ['fænsi] *v* *have lyst til, *holde af; tænke sig, forestille sig; *n* nykke *c*; fantasi *c*

fantastic [fæn'tæstik] *adj* fantastisk

fantasy ['fæntəzi] *n* fantasi *c*

far [fɑː] *adj* fjern; *adv* meget; ~ away langt væk; by ~ langt; so ~ indtil nu

fare [fɛə] *n* takst *c*, billetpris *c*; kost *c*, mad *c*

farm [fɑːm] *n* bondegård *c*

farmer ['fɑːmə] *n* landmand *c*; farmer's wife gårdmandskone *c*

farmhouse ['fɑːmhaus] *n* stuehus *nt*

far-off ['fɑːrɔf] *adj* fjern

farther ['fɑːðə] *adj* længere væk

fascinate ['fæsineit] *v* fascinere

fascism ['fæʃizəm] *n* fascisme *c*

fascist ['fæʃist] *adj* fascistisk; *n* fascist *c*

fashion ['fæʃən] *n* mode *c*; måde *c*

fashionable ['fæʃənəbəl] *adj* moderne

fast [fɑːst] *adj* rask, hurtig; fast

fasten ['fɑːsən] *v* spænde fast, fæste; lukke

fastener ['fɑːsənə] *n* lukketøj *nt*

fat [fæt] *adj* tyk, fed; *n* fedt *nt*

fatal ['feitəl] *adj* dødelig, skæbnesvanger, fatal

fate [feit] *n* skæbne *c*

fat free ['fæt_'friː] *adj* fedtfri

father ['fɑːðə] *n* far *c*; pater *c*

father-in-law ['fɑːðərinlɔː] *n* (pl fathers-) svigerfar *c*

fatty ['fæti] *adj* fedtholdig

faucet ['fɔːsit] *nAm* vandhane *c*

fault [fɔːlt] *n* skyld *c*; brist *c*, defekt *c*, fejl *c*

faultless ['fɔːltləs] *adj* fejlfri; ulastelig

faulty ['fɔːlti] *adj* defekt, mangelfuld

favour ['feivə] *n* tjeneste *c*; *v* privilegere, favorisere

favourable ['feivərəbəl] *adj* gunstig

favourite ['feivərit] *n* favorit *c*, yndling *c*; *adj* yndlings-

fax [fæks] *n* fax *nt*; send a ~ sende en fax

fear [fiə] *n* angst *c*, frygt *c*; *v* frygte

feasible ['fiːzəbəl] *adj* gennemførlig

feast [fiːst] *n* fest *c*

feat [fiːt] *n* bedrift *c*

feather ['feðə] *n* fjer *c*

feature ['fiːtʃə] *n* træk *nt*; ansigtstræk *nt*

February ['februəri] februar

federal ['fedərəl] *adj* forbunds-

federation [,fedə'reiʃən] *n* føderation *c*; forbund *nt*

fee [fiː] *n* honorar *c*

feeble ['fiːbəl] *adj* svag

*feed [fi:d] v made; fed up
with led og ked af
*feel [fi:l] v føle; føle på; ~ like
*have lyst til
feeling ['fi:liŋ] n følelse c
feet [fi:t] pl fod
fell [fel] v (p fall)
fellow ['felou] n fyr c
felt¹ [felt] n filt c
felt² [felt] v (p, pp feel)
female ['fi:meil] adj hun-
feminine ['feminin] adj
feminin
fence [fens] n gærde nt; stakit
nt; v fægte
ferment [fə:'ment] v gære
ferry-boat ['feribout] n færge
c
fertile ['fə:tail] adj frugtbar
festival ['festivəl] n festival c
festive ['festiv] adj festlig
fetch [fetʃ] v hente; afhente
feudal ['fju:dəl] adj feudal
fever ['fi:və] n feber c
feverish ['fi:vəriʃ] adj febril
few [fju:] adj få
fiancé [fi'ã:sei] n forlovede c
fiancée [fi'ã:sei] n forlovede
c
fibre ['faibə] n fiber c
fiction [fik∫ən] n fiktion c
field [fi:ld] n mark c; felt nt; ~
glasses feltkikkert c
fierce [fiəs] adj vild; heftig,
bister
fifteen [,fif'ti:n] num femten
fifteenth [,fif'ti:nθ] num
femtende
fifth [fifθ] num femte
fifty ['fifti] num halvtreds

fig [fig] n figen c
*fight [fait] n strid c, kamp c
*fight [fait] v kæmpe, *slås
figure ['figə] n figur c,
skikkelse c; ciffer nt
file [fail] n fil c;
dokumentsamling c; række c
fill [fil] v fylde; ~ in udfylde; ~
out Am udfylde; ~ up fylde
op
filling ['filiŋ] n plombe c; fyld
nt
filling station ['filiŋ stei∫ən]
Am benzintank c;
servicestation c
film [film] n film c; v filme
filter ['filtə] n filter nt
filthy ['filθi] adj beskidt,
smudsig
final ['fainəl] adj endelig
finally ['fainəli] adv endelig
finance [fai'næns] v
finansiere
finances [fai'nænsiz] pl
finanser pl
financial [fai'næn∫əl] adj
finansiel
finch [fint∫] n finke c
*find [faind] v *finde
fine [fain] n bøde c; adj fin;
smuk; udsøgt, udmærket; ~
arts de skønne kunster
finger ['fiŋgə] n finger c; little
~ lillefinger c
fingerprint ['fiŋgəprint] n
fingeraftryk nt
finish ['finiʃ] v *gøre færdig,
*tilendebringe, slutte;
ophøre, afslutte; n slutning
c; målstreg c; finished

færdig; slut
Finland ['finlənd] Finland
Finn [fin] n finne c
Finnish ['finiʃ] adj finsk
fire [faiə] n ild c; brand c; v
*skyde; afskedige
fire alarm ['faiərə,lɑːm] n
brandalarm c
fire brigade ['faiəbri,geid] n
brandvæsen nt
fire escape ['faiəri,skeip] n
brandtrappe c
fire extinguisher
['faiərik,stingwiʃə] n
ildslukker c
firefighter ['faiə,faitə] n
brandmand c
fireplace ['faiəpleis] n kamin
c
fireproof ['faiəpruːf] adj
brandsikker; ildfast
firewall ['faiə,wɔːl] n
firewall c
firm [fəːm] adj fast; solid; n
firma nt
first [fəːst] num første; **at ~**
først; i begyndelsen; **~ name**
fornavn nt
first aid [,fəːst'eid] n
førstehjælp c; **~ kit**
forbindskasse c; **~ post**
førstehjælpsstation c
first-class [,fəːst'klɑːs] adj
førsteklasses
first-rate [,fəːst'reit] adj
fortræffelig, førsterangs
fir tree ['fəːtriː] n nåletræ nt,
gran c
fish¹ [fiʃ] n (pl ~, ~es) fisk c; **~
shop** fiskeforretning c

fish² [fiʃ] v fiske; **fishing gear**
fiskeredskaber pl; **fishing
hook** fiskekrog c; **fishing
industry** fiskeri c; **fishing
licence** fisketegn nt; **fishing
line** fiskesnøre c; **fishing net**
fiskenet nt; **fishing rod**
fiskestang c; **fishing tackle**
fiskegrej nt
fishbone ['fiʃboun] n
fiskeben nt
fisherman ['fiʃəmən] n (pl
-men) fisker c
fist [fist] n knytnæve c
fit [fit] adj brugbar; n anfald
nt; v passe; **fitting room**
prøveværelse nt
five [faiv] num fem
fix [fiks] v lave
fixed [fikst] adj fast
fizz [fiz] n brus c
flag [flæg] n flag nt
flame [fleim] n flamme c
flamingo [flə'mingou] n (pl
~s, ~es) flamingo c
flannel ['flænəl] n flonel c
flash [flæʃ] n glimt nt
flash bulb ['flæʃbʌlb] n
blitzpære c
flashlight ['flæʃlait] n
lommelygte c
flask [flɑːsk] n flakon c;
thermos ~ termoflaske c
flat [flæt] adj flad, jævn; n
lejlighed c; **~ tyre**
punktering c
flavour ['fleivə] n smag c; v
smage til
flee [fliː] v flygte
fleet [fliːt] n flåde c

flesh [fleʃ] n kød nt

flew [flu:] v (p fly)

flex [fleks] n ledning c

flexible ['fleksibəl] adj fleksibel; bøjelig

flight [flait] n flyvning c; charter ~ charterflyvning c

flint [flint] n flint c

float [flout] v *flyde; n svømmer c

flock [flɔk] n flok c

flood [flʌd] n oversvømmelse c; flod c

floor [flɔ:] n gulv nt; etage c, sal c; ~ show floor show

florist ['flɔrist] n blomsterhandler c

flour [flauə] n hvedemel nt, mel nt

flow [flou] v strømme, *flyde

flower [flauə] n blomst c

flowerbed ['flauəbed] n blomsterbed nt

flower shop [flauəʃɔp] n blomsterforretning c

flown [floun] v (pp fly)

flu [flu:] n influenza c

fluent ['flu:ənt] adj flydende

fluid ['flu:id] adj flydende; n væske c

flunk [flʌŋk] vAm dumpe

flute [flu:t] n fløjte c

fly [flai] n flue c; gylp c

*fly [flai] v *flyve

foam [foum] n skum nt; v skumme

foam rubber ['foum,rʌbə] n skumgummi nt

focus ['foukəs] n brændpunkt nt

fog [fɔg] n tåge c

foggy ['fɔgi] adj tåget

foglamp ['fɔglæmp] n tågelygte c

fold [fould] v folde; folde sammen; n fold c

folk [fouk] n folk nt; ~ song folkevise c

folk dance ['foukdɑ:ns] n folkedans c

folklore ['fouklɔ:] n folklore c

follow ['fɔlou] v *følge; following adj kommende, følgende

*be fond of [bi: fɔnd ɔv] *holde af

food [fu:d] n næring c; kost c, føde c; ~ poisoning madforgiftning c

foodstuffs ['fu:dstʌfs] pl næringsmidler pl

fool [fu:l] n fjols nt, nar c; v narre

foolish ['fu:liʃ] adj fjollet, tåbelig; tosset

foot [fut] n (pl feet) fod c; ~ powder fodpudder nt; on ~ til fods

football ['futbɔ:l] n fodbold c; ~ match fodboldkamp c

foot brake ['futbreik] n fodbremse c

footpath ['futpɑ:θ] n gangsti c

footwear ['futweə] n skotøj pl

for [fɔ:] prep til; i; på grund af, af, for; conj for

*forbid [fə'bid] v *forbyde

force [fɔ:s] v *tvinge; forcere;

n kraft c, styrke c; vold c; by
~ nødtvungent; driving ~
drivkraft c

forecast ['fɔ:kɑ:st] n
forudsigelse c; v *forudsige

foreground ['fɔ:graund] n
forgrund c

forehead ['fɔred] n pande c

foreign ['fɔrin] adj
udenlandsk; fremmed

foreigner ['fɔrinə] n
udlænding c

foreman ['fɔ:mən] n (pl
-men) værkfører c

foremost ['fɔ:moust] adj
først

forest ['fɔrist] n skov c

forester ['fɔristə] n
skovfoged c

forever [fə'revə] adv for evigt

forge [fɔ:dʒ] v forfalske

*forget [fə'get] v glemme

forgetful [fə'getfəl] adj
glemsom

*forgive [fə'giv] v *tilgive

fork [fɔ:k] n gaffel c; vejgaffel
c; v dele sig

form [fɔ:m] n form c; blanket
c; klasse c; v forme

formal ['fɔ:məl] adj
ceremoniel

formality [fɔ:'mæləti] n
formalitet c

former ['fɔ:mə] adj
forhenværende; tidligere;
formerly tidligere, forhen

formula ['fɔ:mjulə] n (pl ~e,
~s) formel c

fortnight ['fɔ:tnait] n fjorten
dage

fortress ['fɔ:tris] n fæstning c

fortunate ['fɔ:tʃənət] adj
heldig; **fortunately** adv
heldigvis

fortune ['fɔ:tʃu:n] n formue
c; skæbne c, lykke c

forty ['fɔ:ti] num fyrre

forward ['fɔ:wəd] adv
fremefter, frem; v
eftersende

foster parents
['fɔstə,peərənts] pl
plejeforældre pl

fought [fɔ:t] v (p, pp fight)

foul [faul] adj snusket;
nederdrægtig

found¹ [faund] v (p, pp find)

found² [faund] v
*grundlægge, oprette, stifte

foundation [faun'deiʃən] n
stiftelse c; ~ cream
pudderunderlag nt

fountain ['fauntin] n
springvand nt; kilde c

fountain pen ['fauntinpen] n
fyldepen c

four [fɔ:] num fire

fourteen [,fɔ:'ti:n] num
fjorten

fourteenth [,fɔ:'ti:nθ] num
fjortende

fourth [fɔ:θ] num fjerde

fowl [faul] n (pl ~s, ~) fjerkræ
nt

fox [fɔks] n ræv c

foyer ['fɔiei] n foyer c

fraction ['frækʃən] n brøkdel
c

fracture ['fræktʃə] v brække;
n brud nt

fragile ['frædʒail] adj skør; skrøbelig

fragment ['frægmənt] n brudstykke nt

frame [freim] n ramme c; brillestel nt

France [frɑːns] Frankrig

franchise ['fræntʃaiz] n stemmeret c

fraternity [frə'təːnəti] n broderskab nt

fraud [frɔːd] n bedrageri nt

fray [frei] v trævle

free [friː] adj fri; gratis; ~ of charge gratis; ~ ticket fribillet c

freedom ['friːdəm] n frihed c

*freeze [friːz] v *fryse

freezer ['friːzə] n fryser c

freezing ['friːziŋ] adj iskold

freezing point ['friːziŋpɔint] n frysepunkt nt

freight [freit] n fragt c

freight train ['freittrein] nAm godstog nt

French [frentʃ] adj fransk; the ~ pl franskmændene; ~ fries pl pommes frites

Frenchman ['frentʃmən] n (pl -men) franskmand c

frequency ['friːkwənsi] n frekvens c; hyppighed c

frequent ['friːkwənt] adj almindelig, hyppig; frequently hyppigt

fresh [freʃ] adj frisk; forfriskende; ~ water ferskvand nt

friction ['frikʃən] n friktion c

Friday ['fraidi] fredag c

fridge [fridʒ] n køleskab nt

friend [frend] n ven c; veninde c

friendly ['frendli] adj venlig, venskabelig

friendship ['frendʃip] n venskab nt

fright [frait] n skræk c, angst c

frighten ['fraitən] v forskrække

frightened ['fraitənd] adj skræmt; *be ~ *blive forskrækket

frightful ['fraitfəl] adj skrækkelig, forfærdelig

fringe [frindʒ] n frynse c; udkant c

frock [frɔk] n kjole c

frog [frɔg] n frø c

from [frɔm] prep fra; af; fra og med

front [frʌnt] n forside c; in ~ of foran

frontier ['frʌntiə] n grænse c

frost [frɔst] n frost c

frozen ['frouzən] adj frossen; ~ food dybfrost

fruit [fruːt] n frugt c

fry [frai] v brase; stege

frying pan ['fraiiŋpæn] n stegepande c

fuck [fʌk] v vulgar fandens

fuel ['fjuːəl] n brændsel nt; ~ benzin c; ~ pump Am benzinpumpe c

full [ful] adj fuld; ~ board helpension c; ~ stop punktum nt; ~ up fuldt belagt

fun [fʌn] n morskab c; sjov nt

function ['fʌŋkʃən] *n* funktion *c*

fund [fʌnd] *n* fond *nt*

fundamental [,fʌndə'mentəl] *adj* fundamental

funeral ['fju:nərəl] *n* begravelse *c*

funnel ['fʌnəl] *n* tragt *c*

funny ['fʌni] *adj* pudsig, sjov; besynderlig

fur [fə:] *n* pels *c*; ~ **coat** pels *c*

furious ['fjuəriəs] *adj* rasende

furnace ['fə:nis] *n* ovn *c*

furnish ['fə:niʃ] *v* levere, fremskaffe; møblere, indrette; ~ **with** forsyne med

furniture ['fə:nitʃə] *n* møbler *pl*

furrier ['fʌriə] *n* buntmager *c*

further ['fə:ðə] *adj* fjernere; yderligere

furthermore ['fə:ðəmɔ:] *adv* endvidere

furthest ['fə:ðist] *adj* fjernest

fuse [fju:z] *n* sikring *c*; lunte *c*

fuss [fʌs] *n* ståhej *c*; dikkedarer *pl*, postyr *nt*

future ['fju:tʃə] *n* fremtid *c*; *adj* fremtidig

G

gable ['geibəl] *n* gavl *c*

gadget ['gædʒit] *n* tingest *c*

gain [gein] *v* opnå; *n* fortjeneste *c*

gale [geil] *n* storm *c*

gall [gɔ:l] *n* galde *c*; ~ **bladder** galdeblære *c*

gallery ['gæləri] *n* galleri *nt*; kunstgalleri *nt*

gallon ['gælən] *n* gallon *c* (Brit 4.55 l; Am 3.79 l)

gallop ['gæləp] *n* galop *c*

gallows ['gælouz] *pl* galge *c*

gallstone ['gɔ:lstoun] *n* galdesten *c*

game [geim] *n* spil *nt*; vildt *nt*; ~ **reserve** vildtreservat *nt*

gang [gæŋ] *n* bande *c*; sjak *nt*

gangway ['gæŋwei] *n* landgangsbro *c*

gap [gæp] *n* åbning *c*

garage ['gærɑ:ʒ] *n* garage *c*; *v* *sætte i garage

garbage ['gɑ:bidʒ] *n* affald *nt*, skrald *nt*

garden ['gɑ:dən] *n* have *c*; **public** ~ parkanlæg *nt*; **zoological gardens** zoologisk have

gardener ['gɑ:dənə] *n* gartner *c*

gargle ['gɑ:gəl] *v* gurgle

garlic ['gɑ:lik] *n* hvidløg *c*

gas [gæs] *n* gas *c*; *nAm* benzin *c*; ~ **cooker** gaskomfur *nt*; ~ **pump** *Am* benzinpumpe *c*; ~ **station** *Am* benzinstation *c*; ~ **stove** gasovn *c*

gasoline ['gæsəli:n] *nAm*

benzin c

gastric ['gæstrik] *adj* mave-; ~ **ulcer** mavesår *nt*

gasworks ['gæswɔːks] *n* gasværk *nt*

gate [geit] *n* port c; låge c

gather ['gæðə] *v* samle; samles, forsamle sig; høste; opfatte

gauge [geidʒ] *n* måler c

gave [geiv] *v* (p give)

gay [gei] *adj* munter; farvestrålende

gaze [geiz] *v* stirre

gazetteer [,gæzə'tiə] *n* geografisk leksikon

gear [giə] *n* gear *nt*; udstyr *nt*; **change** ~ skifte gear; ~ **lever** gearstang c

gearbox ['giəbɔks] *n* gearkasse c

geese [giːs] *pl* gæs

gem [dʒem] *n* ædelsten c, juvel c; klenodie *nt*

gender ['dʒendə] *n* køn *nt*

general ['dʒenərəl] *adj* generel; *n* general c; ~ **practitioner** praktiserende læge; **in** ~ i almindelighed

generate ['dʒenəreit] *v* avle

generation [,dʒenə'reiʃən] *n* generation c

generator ['dʒenəreitər] *n* generator c

generosity [,dʒenə'rɔsəti] *n* gavmildhed c

generous ['dʒenərəs] *adj* gavmild, generøs

genital ['dʒenitəl] *adj* køns-

genius ['dʒiːniəs] *n* geni *nt*

gentle ['dʒentəl] *adj* mild; let, blid; nænsom

gentleman ['dʒentəlmən] *n* (pl -men) herre c

genuine ['dʒenjuin] *adj* ægte

geography [dʒi'ɔgrəfi] *n* geografi c

geology [dʒi'ɔlədʒi] *n* geologi c

geometry [dʒi'ɔmətri] *n* geometri c

germ [dʒəːm] *n* bacille c; kim c

German ['dʒəːmən] *adj* tysk; *n* tysker c

Germany ['dʒəːməni] Tyskland

gesticulate [dʒi'stikjuleit] *v* gestikulere

***get** [get] *v* *få; hente; *blive; ~ **back** *gå tilbage; ~ **off** *stå af; ~ **on** *stige på; *gøre fremskridt; ~ **up** *stå op

ghost [goust] *n* spøgelse *nt*; ånd c

giant ['dʒaiənt] *n* kæmpe c

giddiness ['gidinəs] *n* svimmelhed c

giddy ['gidi] *adj* svimmel

gift [gift] *n* foræring c, gave c; evne c

gift card ['gift‿kaːd] *n* gavekort *nt*

gifted ['giftid] *adj* begavet

gigantic [dʒai'gæntik] *adj* gigantisk

giggle ['gigəl] *v* fnise

gill [gil] *n* gælle c

gilt [gilt] *adj* forgyldt

ginger ['dʒindʒə] *n* ingefær c

gipsy ['dʒipsi] n sigøjner c

girdle ['gə:dəl] n hofteholder c

girl [gə:l] n pige c; ~ guide pigespejder c

girlfriend ['gə:lfrend] n kæreste c

*give [giv] v *give; *overrække; ~ away røbe; ~ in *give efter; ~ up *opgive

glacier ['glæsiə] n gletscher c

glad [glæd] adj fornøjet, glad; gladly med glæde, gerne

gladness ['glædnəs] n glæde c

glamorous ['glæmərəs] adj betagende, fortryllende

glamour ['glæmə] n fortryllelse c

glance [glɑ:ns] n blik nt; v kaste et blik

gland [glænd] n kirtel c

glare [glɛə] n skarpt lys; skin nt

glaring ['glɛəriŋ] adj blændende

glass [glɑ:s] n glas nt; glas-; glasses briller pl; magnifying ~ forstørrelsesglas nt

glaze [gleiz] v glasere

glide [glaid] v *glide

glider ['glaidə] n svævefly nt

glimpse [glimps] n glimt nt; v skimte

global ['gloubəl] adj global; ~ positioning system n GPS; globalt positionerings-system nt; ~ warming n global opvarming c

globalization [,gloubəlai'zeiʃən] n globalisering c

globalize ['gloubə,laiz] v globalisere

globe [gloub] n globus c, klode c

gloom [glu:m] n mørke nt

gloomy ['glu:mi] adj dyster

glorious ['glɔ:riəs] adj skøn, pragtfuld

glory ['glɔ:ri] n hæder c, ry nt; lovprisning c, ære c

gloss [glɔs] n glans c

glossy ['glɔsi] adj skinnende

glove [glʌv] n handske c

glow [glou] v gløde; n glød c

glue [glu:] n lim c

*go [gou] v *gå; *blive; ~ ahead *gå videre; ~ away *tage bort; ~ back vende tilbage; ~ home *tage hjem; ~ in *gå ind; ~ on *fortsætte; ~ out *gå ud; ~ through *gå igennem, *gennemgå

goal [goul] n mål nt

goalkeeper ['goul,ki:pə] n målmand c

goat [gout] n gedebuk c, ged c

god [gɔd] n gud c

goddess ['gɔdis] n gudinde c

godfather ['gɔd,fɑ:ðə] n gudfar c

godmother ['gɔd,mʌ] n gudmoder c

goggles ['gɔgəlz] pl dykkerbriller pl

gold [gould] n guld nt; ~ leaf bladguld nt

golden ['gouldən] adj gylden

goldsmith ['gouldsmiθ] *n*
guldsmed *c*

golf [gɔlf] *n* golf

golf course ['gɔlfkɔːs] *n*
golfbane *c*

golf links ['gɔlfliŋks] *n*
golfbane *c*

gondola ['gɔndələ] *n* gondol
c

gone [gɔn] *adv* (pp go) borte

good [gud] *adj* god; dejlig;
artig, sød

goodbye! [,gud'bai] farvel!

good-humoured
[,gud'hjuːməd] *adj* glad

good-looking [,gud'lukiŋ]
adj køn

good-natured [,gud'neitʃəd]
adj godmodig

goods [gudz] *pl* varer *pl*, gods
nt; ~ train godstog *nt*

good-tempered
[,gud'tempəd] *adj* i godt
humør

goodwill [,gud'wil] *n* velvilje
c

goose [guːs] *n* (pl geese) gås *c*

gooseberry ['guzbəri] *n*
stikkelsbær *c*

goose flesh ['guːsfleʃ] *n*
gåsehud *c*

gore [gɔː] *v* bore igennem

gorge [gɔːdʒ] *n* slugt *c*

gorgeous ['gɔːdʒəs] *adj*
prægtig

gospel ['gɔspəl] *n*
evangelium *c*

gossip ['gɔsip] *n* sladder *c*; *v*
sladre

got [gɔt] *v* (p, pp get)

gourmet ['guəmei] *n*
feinschmecker *c*

gout [gaut] *n* gigt *c*

govern ['gʌvən] *v* regere

governess ['gʌvənis] *n*
guvernante *c*

government ['gʌvənmənt] *n*
regering *c*

governor ['gʌvənə] *n*
guvernør *c*

gown [gaun] *n* aftenkjole *c*;
kappe *c*

GPS ['dʒiːpiː'es] *n* GPS;
globalt positionerings-
-system *nt*

grace [greis] *n* ynde *c*; nåde *c*

graceful ['greisfəl] *adj*
yndefuld, graciøs

grade [greid] *n* rang *c*; *v*
rangordne

gradient ['greidiənt] *n*
hældning *c*

gradual ['grædʒuəl] *adj*
gradvis

graduate ['grædʒueit] *v*
*tage eksamen

grain [grein] *n* korn *nt*

gram [græm] *n* gram *nt*

grammar ['græmə] *n*
grammatik *c*

grammatical [grə'mætikəl]
adj grammatisk

grand [grænd] *adj* storslået

grandchild ['græn,tʃaild] *n*
(pl -children) barnebarn *nt*

granddad ['grændæd] *n*
bedstefar *c*

granddaughter
['græn,dɔːtə] *n* datterdatter
c, sønnedatter *c*

grandfather ['græn,fɑ:ðə] n
bedstefar c; farfar c, morfar
c

grandmother ['græn,mʌðə]
n bedstemor c; mormor c,
farmor c

grandparents
['græn,pɛərənts] pl
bedsteforældre pl

grandson ['grænsʌn] n
sønnesøn c, dattersøn c

granite ['grænit] n granit c

grant [grɑ:nt] v bevilge; yde;
n stipendium nt, tilskud nt

grapefruit ['greipfru:t] n
grapefrugt c

grapes [greips] pl vindruer pl

graph [græf] n graf c

graphic ['græfik] adj grafisk

grasp [grɑ:sp] v *gribe; fatte;
n greb nt

grass [grɑ:s] n græs nt

grasshopper ['grɑ:s,hɔpə] n
græshoppe c

grate [greit] n rist c; v *rive

grateful ['greitfəl] adj
taknemmelig

grater ['greitə] n rivejern nt

gratis ['grætis] adj gratis

gratitude ['grætitju:d] n
taknemmelighed c

gratuity [grə'tju:əti] n
drikkepenge pl

grave [greiv] n grav c; adj
alvorlig

gravel ['grævəl] n grus nt

gravestone ['greivstoun] n
gravsten c

graveyard ['greivjɑ:d] n
kirkegård c

gravity ['grævəti] n
tyngdekraft c; alvor c

gravy ['greivi] n sovs c

graze [greiz] v græsse; n
hudafskrabning c

grease [gri:s] n smørelse c; v
*smøre

greasy ['gri:si] adj fedtet,
smattet

great [greit] adj stor; Great
Britain Storbritannien

Greece [gri:s] Grækenland

greed [gri:d] n begærlighed c

greedy ['gri:di] adj begærlig;
grådig

Greek [gri:k] adj græsk; n
græker c

green [gri:n] adj grøn; ~ card
grønt kort

greengrocer ['gri:n,grousə]
n grønthandler c

greenhouse ['gri:nhaus] n
væksthus nt, drivhus nt

greens [gri:nz] pl grøntsager
pl

greet [gri:t] v hilse

greeting ['gri:tiŋ] n hilsen c

grey [grei] adj grå

greyhound ['greihaund] n
mynde c

grief [gri:f] n sorg c; smerte c

grieve [gri:v] v sørge

grill [gril] n grill c; v grillere

grillroom ['grilru:m] n grill-
-restaurant c

grim [grim] adj barsk

grin [grin] v grine; n grin nt

grind [graind] v male;
pulverisere

grip [grip] v *gribe; n greb nt,
tag nt; nAm rejsetaske c

grit [grit] *n* grus *nt*

groan [groun] *v* stønne

grocer ['grousə] *n* købmand *c*; **grocer's** *n* købmandsforretning *c*

groceries ['grousəriz] *pl* kolonialvarer *c*

groin [grɔin] *n* lyske *c*

groom [gru:m] *n* brudgom *c*; *v* kæmme

groove [gru:v] *n* rille *c*

gross[1] [grous] *n* (pl ∼) gros *nt*

gross[2] [grous] *adj* grov; brutto-

grotto ['grɔtou] *n* (pl ∼es, ∼s) grotte *c*

ground[1] [graund] *n* jord *c*, grund *c*; ∼ **floor** stueetage *c*; **grounds** grund *c*

ground[2] [graund] *v* (p, pp grind)

group [gru:p] *n* gruppe *c*

grouse [graus] *n* (pl ∼) tjurhane *c*

grove [grouv] *n* lund *c*

***grow** [grou] *v* vokse; avle; *grow**

growl [graul] *v* brumme

grown-up ['grounʌp] *adj* voksen; *n* voksen *c*

growth [grouθ] *n* vækst *c*, svulst *c*

grudge [grʌdʒ] *v* misunde; *n* uvilje *c*

grumble ['grʌmbəl] *v* knurre

guarantee [.gærən'ti:] *n* garanti *c*; sikkerhed *c*; *v* garantere

guard [gɑ:d] *n* vagt *c*; *v* bevogte

guardian ['gɑ:diən] *n* værge *c*

guess [ges] *v* gætte; gisne, tænke; *n* formodning *c*

guest [gest] *n* gæst *c*

guesthouse ['gesthaus] *n* pensionat *nt*

guest room ['gestru:m] *n* gæsteværelse *nt*

guide [gaid] *n* guide *c*; *v* vise vej

guideline ['gaidlain] *n* retningslinje *c*

guidebook ['gaidbuk] *n* guide *c*

guide dog ['gaiddɔg] *n* førerhund *c*

guilt [gilt] *n* skyld *c*

guilty ['gilti] *adj* skyldig

guinea pig ['ginipig] *n* marsvin *c*

guitar [gi'tɑ:] *n* guitar *c*

gulf [gʌlf] *n* bugt *c*

gull [gʌl] *n* måge *c*

gum [gʌm] *n* tandkød *nt*; gummi *c*; lim *c*

gun [gʌn] *n* revolver *c*, gevær *nt*; kanon *c*

gunpowder ['gʌn.paudə] *n* krudt *nt*

gust [gʌst] *n* vindstød *nt*

gusty ['gʌsti] *adj* blæsende

gut [gʌt] *n* tarm *c*; **guts** karakterstyrke *c*

gutter ['gʌtə] *n* rendesten *c*

guy [gai] *n* fyr *c*

gymnasium [dʒim'neiziəm] *n* (pl ∼s, -sia) gymnastiksal *c*

gymnast ['dʒimnæst] *n* gymnast *c*

gymnastics [dʒim'næstiks]

pl gymnastik *c*
gynaecologist

[ˌgainəˈkɔlədʒist] *n*
kvindelæge *c*, gynækolog *c*

H

habit [ˈhæbit] *n* vane *c*
habitable [ˈhæbitəbəl] *adj*
beboelig
habitual [həˈbitʃuəl] *adj*
vanemæssig
had [hæd] *v* (p, pp have)
haddock [ˈhædək] *n* (pl ~)
kuller *c*
haemorrhage [ˈheməridʒ] *n*
blødning *c*
haemorrhoids [ˈhemərɔidz]
pl hæmorroider *pl*
hail [heil] *n* hagl *nt*
hair [heə] *n* hår *nt*; ~ cream
hårcreme *c*; ~ gel hårgelé *c*;
~ piece toupet *c*; ~ rollers
curlere *pl*; ~ tonic hårvand
nt
hairbrush [ˈheəbrʌʃ] *n*
hårbørste *c*
haircut [ˈheəkʌt] *n* klipning *c*
hairdo [ˈheəduː] *n* frisure *c*
hairdresser [ˈheəˌdresə] *n*
frisør *c*
hairdrier, hairdryer
[ˈheədraiə] *n* hårtørrer *c*
hairgrip [ˈheəgrip] *n*
hårklemme *c*
hair net [ˈheənet] *n* hårnet *nt*
hairpin [ˈheəpin] *n* hårnål *c*
hair spray [ˈheəsprei] *n*
hårlak *c*
hairy [ˈheəri] *adj* håret
half¹ [hɑːf] *adj* halv

half² [hɑːf] *n* (pl halves)
halvdel *c*
half time [ˌhɑːfˈtaim] *n*
halvleg *c*
halfway [ˌhɑːfˈwei] *adv*
halvvejs
halibut [ˈhælibət] *n* (pl ~)
helleflynder *c*
hall [hɔːl] *n* vestibule *c*; sal *c*
halt [hɔːlt] *v* standse
halve [hɑːv] *v* halvere
ham [hæm] *n* skinke *c*
hamlet [ˈhæmlət] *n* lille
landsby
hammer [ˈhæmə] *n* hammer *c*
hammock [ˈhæmək] *n*
hængekøje *c*
hamper [ˈhæmpə] *n* kurv *c*
hand [hænd] *n* hånd *c*; *v*
*overrække; ~ cream
håndcreme *c*
handbag [ˈhændbæg] *n*
håndtaske *c*
handbook [ˈhændbuk] *n*
håndbog *c*
handbrake [ˈhændbreik] *n*
håndbremse *c*
handcuffs [ˈhændkʌfs] *pl*
håndjern *pl*
handful [ˈhændful] *n*
håndfuld *c*
handheld [hand,held] *adj*
bærbar
handicap [ˈhændikæp] *n*

handikap *nt*; *v* handikappe
handicapped *adj*
handikappet
handicraft ['hændikrɑ:ft] *n*
håndarbejde *nt*;
kunsthåndværk *nt*
handkerchief ['hæŋkətʃif] *n*
lommetørklæde *nt*
handle ['hændəl] *n* skaft *nt*,
håndtag *nt*; *v* håndtere;
behandle
hand-made [,hænd'meid] *adj*
håndlavet
handshake ['hændʃeik] *n*
håndtryk *nt*
handsome ['hænsəm] *adj*
smuk flot
handwork ['hændwə:k] *n*
håndarbejde *nt*
handwriting ['hænd,raitiŋ] *n*
håndskrift *c*
handy ['hændi] *adj* handy
*hang [hæŋ] *v* hænge op;
*hænge
hanger ['hæŋə] *n* bøjle *c*
hangover ['hæŋ,ouvə] *n*
tømmermænd *pl*
happen ['hæpən] *v* ske,
*indtræffe
happening ['hæpəniŋ] *n*
hændelse *c*, begivenhed *c*
happiness ['hæpinəs] *n*
lykke *c*
happy ['hæpi] *adj* lykkelig,
tilfreds
harbour ['hɑ:bə] *n* havn *c*
hard [hɑ:d] *adj* hård;
vanskelig; hardly næppe
hardware ['hɑ:dwɛə] *n*
isenkram *nt*; ~ store

isenkramforretning *c*
hare [hɛə] *n* hare *c*
harm [hɑ:m] *n* skade *c*;
fortræd *c*; *v* skade, *gøre
fortræd
harmful ['hɑ:mfəl] *adj*
skadelig
harmless ['hɑ:mləs] *adj*
uskadelig
harmony ['hɑ:məni] *n*
harmoni *c*
harp [hɑ:p] *n* harpe *c*
harpsichord ['hɑ:psikɔ:d] *n*
cembalo *nt*
harsh [hɑ:ʃ] *adj* ru; streng;
grusom
harvest ['hɑ:vist] *n* høst *c*
has [hæz] *v* (pr have)
haste [heist] *n* hast *c*
hasten ['heisən] *v* ile, skynde
sig
hasty ['heisti] *adj* forjaget
hat [hæt] *n* hat *c*; ~ rack
knagerække *c*
hatch [hætʃ] *n* luge *c*
hate [heit] *v* hade; *n* had *nt*
hatred ['heitrid] *n* had *nt*
haughty ['hɔ:ti] *adj*
hovmodig
haul [hɔ:l] *v* hale
*have [hæv] *v* *have; *få; ~ to
*være nødt til
hawk [hɔ:k] *n* høg *c*; falk *c*
hay [hei] *n* hø *nt*; ~ fever
høfeber *c*
hazard ['hæzəd] *n* vovestykke
nt
haze [heiz] *n* dis *c*
hazelnut ['heizəlnʌt] *n*
hasselnød *c*

hazy ['heizi] *adj* diset

he [hi:] *pron* han

head [hed] *n* hoved *nt*; *v* lede;
~ of state statsoverhoved *nt*;
~ teacher skoleinspektør *c*

headache ['hedeik] *n*
hovedpine *c*

heading ['hediŋ] *n* overskrift
c

headlamp ['hedlæmp] *n*
forlygte *c*

headlight ['hedlait] *n* forlygte
c

headline ['hedlain] *n*
overskrift *c*

headmaster [,hed'ma:stə] *n*
skoleinspektør *c*; rektor *c*

headquarters [,hed'kwɔ:təz]
pl hovedkvarter *nt*

head-strong ['hedstrɔŋ] *adj*
selvrådig

head waiter [,hed'weitə] *n*
overtjener *c*

heal [hi:l] *v* helbrede, læge

health [helθ] *n* helbred *nt*; ~
centre konsultationscenter
nt; ~ certificate
lægeerklæring *c*

healthy ['helθi] *adj* rask

heap [hi:p] *n* stak *c*, dynge *c*

*hear [hiə] *v* høre

hearing ['hiəriŋ] *n* hørelse *c*

heart [ha:t] *n* hjerte *nt*; kerne
c; by ~ udenad; ~ attack
hjerteanfald *c*

heartburn ['ha:tbə:n] *n*
halsbrand *c*

hearth [ha:θ] *n* ildsted *nt*

heartless ['ha:tləs] *adj*
hjerteløs

hearty ['ha:ti] *adj* hjertelig

heat [hi:t] *n* hede, varme *c*; *v*
opvarme; heating pad
varmepude *c*

heater ['hi:tə] *n* varmeovn *c*;
immersion ~ dyppekoger *c*

heath [hi:θ] *n* hede *c*

heathen ['hi:ðən] *n* hedning
c; *adj* hedensk

heather ['heðə] *n* lyng *c*

heating ['hi:tiŋ] *n*
opvarmning *c*

heaven ['hevən] *n* himmel *c*

heavy ['hevi] *adj* tung

Hebrew ['hi:bru:] *n* hebraisk
nt

hedge [hedʒ] *n* hæk *c*

hedgehog ['hedʒhɔg] *n*
pindsvin *nt*

heel [hi:l] *n* hæl *c*

height [hait] *n* højde *c*;
højdepunkt *nt*, toppunkt *nt*

heir [eə] *n* arving *c*

heiress ['eəres] *n* (kvindelig)
arving *c*

helicopter ['helikʌptə] *n*
helikopter *c*

hell [hel] *n* helvede *nt*

Hello! [he'lou] Hej!; say hello
to sig hej til

helm [helm] *n* ror *nt*

helmet ['helmit] *n* hjelm *c*

helmsman ['helmzmən] *n*
rorgænger *c*

help [help] *v* *hjælpe; *n* hjælp
c

helper ['helpə] *n* hjælper *c*

helpful ['helpfəl] *adj*
hjælpsom

helping ['helpiŋ] *n* portion *c*

hem [hem] *n* søm *c*
hemp [hemp] *n* hamp *c*
hen [hen] *n* høne *c*
her [hə:] *pron* hende; *adj* hendes
herb [hə:b] *n* urt *c*
herd [hə:d] *n* hjord *c*
here [hiə] *adv* her; ~ you are værsgo
hereditary [hi'reditəri] *adj* arvelig
hernia ['hə:niə] *n* brok *c*
hero ['hiərou] *n* (pl ~es) helt *c*
heron ['herən] *n* hejre *c*
herring ['heriŋ] *n* (pl ~, ~s) sild *c*
herself [hə:'self] *pron* sig; sig selv
hesitate ['heziteit] *v* tøve
heterosexual [,hetərə'sekʃuəl] *adj* heteroseksuel
hiccup ['hikʌp] *n* hikke *c*
hide [haid] *n* hud *c*
*hide [haid] *v* skjule; gemme
hideous ['hidiəs] *adj* hæslig
hierarchy ['haiərɑ:ki] *n* hierarki *nt*
high [hai] *adj* høj
highway ['haiwei] *n* landevej *c*; *nAm* motorvej *c*
hijack ['haidʒæk] *v* kapre
hijacker ['haidʒækə] *n* kaprer *c*
hike [haik] *v* vandre
hill [hil] *n* bakke *c*
hillock ['hilək] *n* høj *c*
hillside ['hilsaid] *n* skråning *c*
hilltop ['hiltɔp] *n* bakketop *c*
hilly ['hili] *adj* bakket

him [him] *pron* ham
himself [him'self] *pron* sig; selv
hinder ['hində] *v* hindre
hinge [hindʒ] *n* hængsel *nt*
hint [hint] *n* fingerpeg *nt*
hip [hip] *n* hofte *c*
hip-hop ['hip,hɔp] *n* hip-hop *c*
hire [haiə] *v* leje; **for** ~ til leje
hire purchase [,haiə'pə:tʃəs] *n*, installment plan *nAm* afbetalingskøb *nt*
his [hiz] *adj* hans
historian [hi'stɔ:riən] *n* historiker *c*
historic [hi'stɔrik] *adj* historisk
historical [hi'stɔrikəl] *adj* historisk
history ['histəri] *n* historie *c*
hit [hit] *n* slager *c*; stød *nt*, slag *nt*
*hit [hit] *v* *slå; ramme; *træffe
hitchhike ['hitʃhaik] *v* blaffe
hitchhiker ['hitʃ,haikə] *n* blaffer *c*
hoarse [hɔ:s] *adj* hæs, skurrende
hobby ['hɔbi] *n* hobby *c*
hobbyhorse ['hɔbihɔ:s] *n* kæphest *c*
hockey ['hɔki] *n* hockey *c*
hoist [hɔist] *v* hejse
hold [hould] *n* lastrum *nt*
*hold [hould] *v* *holde, *holde på; *beholde; ~ **on** *holde sig fast; ~ **up** *holde oppe

hold-up ['houldʌp] n overfald nt

hole [houl] n hul nt

holiday ['hɔlədi] n ferie c; helligdag c; ~ camp feriekoloni c; ~ resort feriested nt; on ~ på ferie

Holland ['hɔlənd] Holland

hollow ['hɔlou] adj hul

holy ['houli] adj hellig

homage ['hɔmidʒ] n hyldest c

home [houm] n hjem nt; plejehjem nt, hus nt; adv hjem, hjemme; at ~ hjemme

home-made [,houm'meid] adj hjemmelavet

homesickness ['houm,siknəs] n hjemve c

homosexual [,houmə'sekʃuəl] adj homoseksuel

homework ['houmwə:k] n lektier npl

honest ['ɔnist] adj ærlig; oprigtig

honesty ['ɔnisti] n ærlighed c

honey ['hʌni] n honning c

honeymoon ['hʌnimu:n] n hvedebrødsdage pl, bryllupsrejse c

honk [hʌŋk] vAm tude, dytte

honour ['ɔnə] n ære c; v hædre, ære

honourable ['ɔnərəbəl] adj ærefuld, agtværdig; retskaffen

hood [hud] n hætte c; nAm motorhjelm c

hoof [hu:f] n hov c

hook [huk] n krog c

hoot [hu:t] v tude, dytte

hooter ['hu:tə] n tudehorn nt

hoover ['hu:və] v støvsuge

hop[1] [hɔp] v hoppe; n hop nt

hop[2] [hɔp] n humle c

hope [houp] n håb nt; v håbe

hopeful ['houpfəl] adj forhåbningsfuld

hopeless ['houpləs] adj håbløs

horizon [hə'raizən] n horisont c

horizontal [,hɔri'zɔntəl] adj vandret

horn [hɔ:n] n horn nt

horrible ['hɔribəl] adj skrækkelig; grufuld, hårrejsende, skrækindjagende

horror ['hɔrə] n rædsel c, gru c

hors d'oeuvre [ɔ:'də:vr] n forret c, hors d'oeuvre c

horse [hɔ:s] n hest c

horseman ['hɔ:smən] n (pl -men) rytter c

horsepower ['hɔ:s,pauə] n hestekraft c

horserace ['hɔ:sreis] n hestevæddeløb nt

horseradish ['hɔ:s,rædiʃ] n peberrod c

horseshoe ['hɔ:sʃu:] n hestesko c

horticulture ['hɔ:tikʌltʃə] n havedyrkning c

hospitable ['hɔspitəbəl] adj gæstfri

hospital ['hɔspitəl] n sygehus nt, hospital nt

hospitality [,hɔspi'tæləti] n

gæstfrihed *c*

host [houst] *n* vært *c*

hostage ['hɔstidʒ] *n* gidsel *nt*

hostel ['hɔstəl] *n* herberg *nt*

hostess ['houstis] *n* værtinde *c*

hostile ['hɔstail] *adj* fjendtlig

hot [hɔt] *adj* hed, varm

hotel [hou'tel] *n* hotel *nt*

hotspot ['hɔt,spɔt] *n* (*internet*) hotspot

hot-tempered [,hɔt'tempəd] *adj* opfarende

hour [auə] *n* time *c*

hourly ['auəli] *adj* hver time

house [haus] *n* hus *nt*; bolig *c*; beboelseshus *nt*; ~ agent ejendomsmægler *c*; ~ block *Am* karré *c*; public ~ beværtning *c*

houseboat ['hausbout] *n* husbåd *c*

household ['haushould] *n* husholdning *c*

housekeeper ['haus,kiːpə] *n* husholderske *c*

housekeeping ['haus,kiːpiŋ] *n* husholdning *c*, husligt arbejde

housemaid ['hausmeid] *n* husassistent *c*

housewife ['hauswaif] *n* husmor *c*

housework ['hauswɔːk] *n* husholdning *c*

how [hau] *adv* hvordan; hvor; ~ many hvor mange; ~ much hvor meget

however [hau'evə] *conj* imidlertid, dog

hug [hʌg] *v* omfavne; knuse; *n* knus *nt*

huge [hjuːdʒ] *adj* kæmpestor, vældig, uhyre

hum [hʌm] *v* nynne

human ['hjuːmən] *adj* menneskelig; ~ being menneske *nt*

humanity [hjuˈmænəti] *n* menneskehed *c*

humble ['hʌmbəl] *adj* ydmyg

humid ['hjuːmid] *adj* fugtig

humidity [hjuˈmidəti] *n* fugtighed *c*

humorous ['hjuːmərəs] *adj* spøgefuld, lystig, humoristisk

humour ['hjuːmə] *n* humor *c*

hundred ['hʌndrəd] *n* hundrede

Hungarian [hʌŋˈgeəriən] *adj* ungarsk; *n* ungarer *c*

Hungary ['hʌŋgəri] Ungarn

hunger ['hʌŋgə] *n* sult *c*

hungry ['hʌŋgri] *adj* sulten

hunt [hʌnt] *v* jage; *n* jagt *c*; ~ for lede efter

hunter ['hʌntə] *n* jæger *c*

hurricane ['hʌrikən] *n* orkan *c*; ~ lamp stormlampe *c*

hurry ['hʌri] *v* skynde sig; *n* hastværk *nt*; in a ~ i hast

*hurt [həːt] *v* *gøre ondt, skade; støde

hurtful ['həːtfəl] *adj* skadelig

husband ['hʌzbənd] *n* mand *c*, ægtefælle *c*

hut [hʌt] *n* hytte *c*

hydrogen ['haidrədʒən] *n* brint *c*

hygiene ['haidʒi:n] n
hykiejne c
hygienic [hai'dʒi:nik] adj
hygiejnisk
hymn [him] n hymne c, salme
c
hyphen ['haifən] n bindestreg
c

hypocrisy [hi'pɔkrəsi] n
hykleri nt
hypocrite ['hipəkrit] n hykler
c
hypocritical [,hipə'kritikəl]
adj hyklerisk, skinhellig
hysterical [hi'sterikəl] adj
hysterisk

I

I [ai] pron jeg
ice [ais] n is c
ice bag ['aisbæg] n ispose c
ice cream ['aiskri:m] n is c
Iceland ['aislənd] Island
Icelander ['aisləndə] n
islænding c
Icelandic [ais'lændik] adj
islandsk
icon ['aikɔn] n ikon c
idea [ai'diə] n idé c; tanke c,
indfald nt; begreb nt,
forestilling c
ideal [ai'diəl] adj ideel; n
ideal nt
identical [ai'dentikəl] adj
identisk
identification
[ai,dentifi'keiʃən] n
identifikation c
identify [ai'dentifai] v
identificere
identity [ai'dentəti] n
identitet c; ~ card
legitimationskort c
idiom ['idiəm] n idiom nt
idiomatic [,idiə'mætik] adj
idiomatisk

idiot ['idiət] n idiot c
idiotic [,idi'ɔtik] adj idiotisk
idle ['aidəl] adj uvirksom;
doven; unyttig
idol ['aidəl] n afgud c; idol nt
if [if] conj hvis; såfremt
ignition [ig'niʃən] n tænding
c; ~ coil tændspole c
ignorant ['ignərənt] adj
uvidende
ignore [ig'nɔ:] v ignorere
ill [il] adj syg; dårlig; ond
illegal [i'li:gəl] adj illegal,
ulovlig
illegible [i'ledʒəbəl] adj
ulæselig
illiterate [i'litərət] n analfabet
c
illness ['ilnəs] n sygdom c
illuminate [i'lu:mineit] v
oplyse, illuminere
illumination [i,lu:mi'neiʃən]
n belysning c, illumination c
illusion [i'lu:ʒən] n illusion c
illustrate ['iləstreit] v
illustrere
illustration [,ilə'streiʃən] n
illustration c

image ['imidʒ] *n* billede *nt*

imaginary [i'mædʒinəri] *adj*
indbildt

imagination
[i,mædʒi'neiʃən] *n* fantasi *c*

imagine [i'mædʒin] *v*
forestille sig; bilde sig ind;
tænke sig

imitate ['imiteit] *v* imitere,
efterligne

imitation [,imi'teiʃən] *n*
imitation *c*, efterligning *c*

immediate [i'mi:djət] *adj*
umiddelbar

immediately [i'mi:djətli] *adv*
straks, øjeblikkeligt,
omgående

immense [i'mens] *adj* enorm,
endeløs, umådelig

immigrant ['imigrənt] *n*
indvandrer *c*

immigrate ['imigreit] *v*
indvandre

immigration [,imi'greiʃən] *n*
indvandring *c*

immodest [i'mɔdist] *adj*
ubeskeden

immunity [i'mju:nəti] *n*
immunitet *c*

immunize ['imjunaiz] *v*
immunisere

impartial [im'pɑ:ʃəl] *adj*
upartisk

impassable [im'pɑ:səbəl] *adj*
ufremkommelig

impatient [im'peiʃənt] *adj*
utålmodig

impede [im'pi:d] *v* hindre

impediment [im'pedimənt] *n*
hindring *c*

imperfect [im'pə:fikt] *adj*
ufuldkommen

imperial [im'piəriəl] *adj*
kejserlig; rigs-

impersonal [im'pə:sənəl] *adj*
upersonlig

impertinence [im'pə:tinəns]
n fræhhed *c*

impertinent [im'pə:tinənt]
adj uforskammet, næsvis,
fræk

implement¹ ['implimənt] *n*
redskab *nt*, værktøj *nt*

implement² ['implimənt] *v*
realisere

imply [im'plai] *v* *betyde;
*indebære

impolite [,impə'lait] *adj*
uhøflig

import¹ [im'pɔ:t] *v*
importere, indføre

import² ['impɔ:t] *n* indførsel
c, importvarer *pl*, import *c*; ~
duty importtold *c*

importance [im'pɔ:təns] *n*
vigtighed *c*, betydning *c*

important [im'pɔ:tənt] *adj*
værdifuld, vigtig

importer [im'pɔ:tə] *n*
importør *c*

imposing [im'pouziŋ] *adj*
imponerende

impossible [im'pɔsəbəl] *adj*
umulig

impotence ['impətəns] *n*
impotens *c*

impotent ['impətənt] *adj*
impotent

impress [im'pres] *v* *gøre
indtryk på, imponere

impression [im'preʃən] n
indtryk nt

impressive [im'presiv] adj
imponerende

imprison [im'prizən] v
fængsle

imprisonment
[im'prizənmənt] n
fangenskab nt

improbable [im'prɔbəbəl]
adj usandsynlig

improper [im'prɔpə] adj
upassende

improve [im'pru:v] v
forbedre

improvement
[im'pru:vmənt] n forbedring
c

improvise ['imprəvaiz] v
improvisere

impudent ['impjudənt] adj
uforskammet

impulse ['impʌls] n impuls c

impulsive [im'pʌlsiv] adj
impulsiv

in [in] prep i; om, på; adv ind

inaccessible [,inæk'sesəbəl]
adj utilgængelig

inaccurate [i'nækjurət] adj
unøjagtig

inadequate [i'nædikwət] adj
utilstrækkelig

incapable [in'keipəbəl] adj
uduelig

incense ['insens] n røgelse c

inch [intʃ] n tomme c (2,54
cm)

incident ['insidənt] n
tildragelse c

incidental [,insi'dentəl] adj

tilfældig

incite [in'sait] v anspore

inclination [,inkli'neiʃən] n
tilbøjelighed c; hældning c

incline [in'klain] n skråning c

inclined [in'klaind] adj
tilbøjelig, villig

include [in'klu:d] v
inkludere, omfatte

inclusive [in'klu:siv] adj
inklusive

income ['inkəm] n indkomst c

income tax ['inkəmtæks] n
indkomstskat c

incompetent [in'kɔmpətənt]
adj inkompetent

incomplete [,inkəm'pli:t] adj
ufuldstændig

inconceivable
[,inkən'si:vəbəl] adj
utænkelig

inconspicuous
[,inkən'spikjuəs] adj
uanselig

inconvenience
[,inkən'vi:njəns] n ulempe
c, besvær nt

inconvenient
[,inkən'vi:njənt] adj
ubelejlig; besværlig

incorrect [,inkə'rekt] adj
urigtig

increase¹ [in'kri:s] v forøge;
*tiltage

increase² ['inkri:s] n
forøgelse c; forhøjelse c

incredible [in'kredəbəl] adj
utrolig

incurable [in'kjuərəbəl] adj
uhelbredelig

indecent [in'di:sənt] adj
uanstændig

indeed [in'di:d] adv sandelig

indefinite [in'definit] adj
ubestemt

indemnity [in'demnəti] n
skadeserstatning c,
skadesløsholdelse c

independence
[,indi'pendəns] n
uafhængighed c

independent [,indi'pendənt]
adj uafhængig; selvstændig

index ['indeks] n indeks nt,
register nt; ~ finger
pegefinger c

India ['indiə] Indien

Indian ['indiən] adj indisk;
indiansk; n inder c; indianer
c

indicate ['indikeit] v anvise,
indicere, *angive

indication [,indi'keiʃən] n
tegn nt

indicator ['indikeitə] n
blinklys nt

indifferent [in'difərənt] adj
ligeglad

indigestion [,indi'dʒestʃən]
n fordøjelsesbesvær nt

indignation [,indig'neiʃən] n
forargelse c

indirect [,indi'rekt] adj
indirekte

individual [,indi'vidʒuəl] adj
individuel, enkelt; n
enkeltperson c, individ nt

Indonesia [,ində'ni:ziə]
Indonesien

Indonesian [,ində'ni:ziən]

adj indonesisk; n indoneser c

indoor ['indɔ:] adj indendørs

indoors [,in'dɔ:z] adv inde

indulge [in'dʌldʒ] v *give
efter; *hengive sig

industrial [in'dʌstriəl] adj
industriel; ~ area
industriområde nt

industrious [in'dʌstriəs] adj
flittig

industry ['indəstri] n industri
c

inedible [i'nedibəl] adj
uspiselig

inefficient [,ini'fiʃənt] adj
virkningsløs

inevitable [i'nevitəbəl] adj
uundgåelig

inexpensive [,inik'spensiv]
adj billig

inexperienced
[,inik'spiəriənst] adj
uerfaren

infant ['infənt] n spædbarn nt

infantry ['infəntri] n infanteri
nt

infect [in'fekt] v smitte

infection [in'fekʃən] n
infektion c

infectious [in'fekʃəs] adj
smitsom

infer [in'fə:] v *drage en
slutning

inferior [in'fiəriə] adj ringere,
underlegen; nedre

infinite ['infinət] adj uendelig

infinitive [in'finitiv] n
infinitiv c

inflammable [in'flæməbəl]
adj brandfarlig

inflammation [,inflə'meiʃən] n betændelse c

inflatable [in'fleitəbəl] adj oppustelig

inflate [in'fleit] v puste op

inflation [in'fleiʃən] n inflation c

inflict [in'flikt] v tilføje

influence ['influəns] n indflydelse c; v påvirke

influential [,influ'enʃəl] adj indflydelsesrig

influenza [,influ'enzə] n influenza c

inform [in'fɔ:m] v *give oplysning, informere; underrette, *give besked

informal [in'fɔ:məl] adj uformel

information [,infə'meiʃən] n information c; meddelelse c, oplysning c; ~ bureau informationskontor nt

infra-red [,infrə'red] adj infrarød

infrequent [in'fri:kwənt] adj sjælden

ingredient [iŋ'gri:diənt] n bestanddel c, ingrediens c

inhabit [in'hæbit] v bebo

inhabitable [in'hæbitəbəl] adj beboelig

inhabitant [in'hæbitənt] n indbygger c; beboer c

inhale [in'heil] v indånde

inherit [in'herit] v arve

inheritance [in'heritəns] n arv c

inhibit [in'hibit] v forhindre

initial [i'niʃəl] adj først,

begyndelses-; n forbogstav nt; v forsyne med initialer

initiate [i'niʃieit] v indlede

initiative [i'niʃətiv] n initiativ nt

inject [in'dʒekt] v indsprøjte

injection [in'dʒekʃən] n indsprøjtning c

injure ['indʒə] v kvæste, såre; krænke

injury ['indʒəri] n kvæstelse c, læsion c

injustice [in'dʒʌstis] n uret c

ink [iŋk] n blæk nt

inlet ['inlet] n vig c

inn [in] n kro c

inner ['inə] adj indvendig; ~ tube slange c

innocence ['inəsəns] n uskyld c

innocent ['inəsənt] adj uskyldig

inoculate [i'nɔkjuleit] v vaccinere

inoculation [i,nɔkju'leiʃən] n vaccination c

inquire [iŋ'kwaiə] v *forespørge, forhøre sig

inquiry [iŋ'kwaiəri] n forespørgsel c; undersøgelse c; ~ office oplysningskontor nt

inquisitive [iŋ'kwizətiv] adj nysgerrig

insane [in'sein] adj sindssyg

inscription [in'skripʃən] n inskription c

insect ['insekt] n insekt nt; ~ repellent insektmiddel nt

insecticide [in'sektisaid] n

insektdræbende middel
insensitive [in'sensətiv] adj
følelsesløs
insert [in'sə:t] v indføje,
*indskyde
inside [,in'said] n inderside c;
adj indre; adv inde; indeni;
prep inden i, ind i; ~ out med
vrangen ud; insides
indvolde pl
insight [insait] n indsigt c
insignificant [,insig'nifikənt]
adj ubetydelig; uvæsentlig,
uanselig; betydningsløs
insist [in'sist] v insistere;
*fastholde, *holde på
insolence ['insələns] n
uforskammethed c
insolent ['insələnt] adj
uforskammet, fræk
insomnia [in'sɔmniə] n
søvnløshed c
inspect [in'spekt] v inspicere
inspection [in'spekʃən] n
inspektion c; kontrol c
inspector [in'spektə] n
inspektør c
inspire [in'spaiə] v inspirere
install [in'stɔ:l] v installere
installation [,instə'leiʃən] n
installation c
instalment [in'stɔ:lmənt] n
afdrag nt
instance ['instəns] n
eksempel nt; tilfælde nt; for
~ for eksempel
instant ['instənt] n øjeblik nt
instant message
['instənt ˌ'mesədʒ] n instant
message

instantly ['instəntli] adv
øjeblikkeligt, straks
instead of [in'sted ɔv] i
stedet for
instinct ['instiŋkt] n instinkt
nt
institute ['institju:t] n
institut nt; anstalt c; v stifte
institution [,insti'tju:ʃən] n
institution c
instruct [in'strʌkt] v
undervise
instruction [in'strʌkʃən] n
undervisning c
instructive [in'strʌktiv] adj
lærerig
instructor [in'strʌktə] n
instruktør c
instrument ['instrumənt] n
instrument nt; musical ~
musikinstrument nt
insufficient [,insə'fiʃənt] adj
utilstrækkelig
insulate ['insjuleit] v isolere
insulation [,insju'leiʃən] n
isolering c
insulator ['insjuleitə] n
isolator c
insult¹ [in'sʌlt] v fornærme
insult² ['insʌlt] n
fornærmelse c
insurance [in'ʃuərəns] n
assurance c, forsikring c; ~
policy forsikringspolice c
insure [in'ʃuə] v forsikre
intact [in'tækt] adj intakt
integrate ['intəgreit] v
integrere
intellect ['intəlekt] n
opfattelsesevne c, intellekt c

intellectual [,intə'lektʃuəl]
adj intellektuel

intelligence [in'telidʒəns] n
intelligens c

intelligent [in'telidʒənt] adj
intelligent

intend [in'tend] v *have til
hensigt, *have i sinde

intense [in'tens] adj intensiv;
heftig

intention [in'tenʃən] n
hensigt c

intentional [in'tenʃənəl] adj
med vilje

intercourse ['intəkɔːs] n
samkvem nt; sexual ~
samleje nt

interest ['intrəst] n interesse
c; rente c; v interessere

interested ['intristid] adj
interesseret

interesting ['intristiŋ] adj
interessant

interfere [,intə'fiə] v *gribe
ind; ~ with blande sig i

interference [,intə'fiərəns] n
indblanding c

interim ['intərim] n
mellemtid c

interior [in'tiəriə] n indre nt

interlude ['intəluːd] n
mellemspil nt

intermediary [,intə'miːdjəri]
n mellemmand c

intermission [,intə'miʃən] n
pause c

internal [in'təːnəl] adj indre,
indvendig

international [,intə'næʃənəl]
adj international

Internet ['intənet] n Internet
nt

interpret [in'təːprit] v tolke

interpreter [in'təːpritə] n tolk
c

interrogate [in'terəgeit] v
forhøre

interrogation
[in,terə'geiʃən] n forhør nt

interrogative [,intə'rɔgətiv]
adj spørgende

interrupt [,intə'rʌpt] v
*afbryde

interruption [,intə'rʌpʃən] n
afbrydelse c

intersection [,intə'sekʃən] n
vejkryds nt

interval ['intəvəl] n pause c;
mellemrum nt

intervene [,intə'viːn] v *gribe
ind

interview ['intəvjuː] n
interview nt

intestine [in'testin] n tarm c;
intestines indvolde pl

intimate ['intimət] adj intim

into ['intu] prep *forelægge

intolerable [in'tɔlərəbəl] adj
uudholdelig

intoxicated [in'tɔksikeitid]
adj beruset

intrigue [in'triːg] n intrige c

introduce [,intrə'djuːs] v
*forelægge, præsentere;
introducere; indføre

introduction [,intrə'dʌkʃən]
n præsentation c; indledning
c

invade [in'veid] v invadere

invalid¹ ['invəliːd] n invalid c;

adj vanfør
invalid² [in'vælid] adj ugyldig
invasion [in'veiʒən] n indfald
nt, invasion c
invent [in'vent] v *opfinde;
opdigte
invention [in'venʃən] n
opfindelse c
inventive [in'ventiv] adj
opfindsom
inventor [in'ventə] n
opfinder c
inventory [in'vəntri] n
lageropgørelse c
invert [in'və:t] v vende om
invest [in'vest] v investere
investigate [in'vestigeit] v
efterforske
investigation
[in,vesti'geiʃən] n
undersøgelse c
investment [in'vestmənt] n
investering c;
kapitalanbringelse c,
pengeanbringelse c
investor [in'vestə] n
financier c
invisible [in'vizəbəl] adj
usynlig
invitation [,invi'teiʃən] n
invitation c
invite [in'vait] v opfordre,
invitere
invoice ['invɔis] n faktura c
involve [in'vɔlv] v involvere;
involved indblandet
inwards ['inwədz] adv indad
iodine ['aiədi:n] n jod c
Iran [i'ra:n] Iran
Iranian [i'reiniən] adj iransk;

n iraner c
Iraq [i'ra:k] Irak
Iraqi [i'ra:ki] adj irakisk; n
iraker c
Ireland ['aiələnd] Irland
Irish ['aiəriʃ] adj irsk
iron ['aiən] n jern nt;
strygejern nt; jern-; v *stryge
ironical [ai'rɔnikəl] adj
ironisk
irony ['aiərəni] n ironi c
irregular [i'regjulə] adj
uregelmæssig
irreparable [i'repərəbəl] adj
ubodelig
irrevocable [i'revəkəbəl] adj
uigenkaldelig
irritable ['iritəbəl] adj
irritabel
irritate ['iriteit] v irritere,
tirre
is [iz] v (pr be)
island ['ailənd] n ø c
isolate ['aisəleit] v isolere
isolation [,aisə'leiʃən] n
isolation c; isolering c
Israel ['izreil] Israel
Israeli [iz'reili] adj israelsk; n
israeler c
issue ['iʃu:] v uddele; n
udstedelse c, oplag nt;
spørgsmål nt, punkt nt;
udfald nt, resultat nt, følge c,
afslutning c; udvej c
it [it] pron det
Italian [i'tæljən] adj italiensk;
n italiener c
Italy ['itəli] Italien
itch [itʃ] n kløe c; v klø
item ['aitəm] n post c; punkt

nt

itinerary [ai'tinərəri] *n*
  rejserute *c*, rejseplan *c*
its *pron* dens *c*; dets *nt*

itself [it'self] *pron* sig selv;
  by ~ af sig selv
ivory ['aivəri] *n* elfenben *nt*
ivy ['aivi] *n* vedbend *c*

J

jack [dʒæk] *n* donkraft *c*
jacket ['dʒækit] *n* jakke *c*,
  trøje *c*; omslag *nt*
jade [dʒeid] *n* jade *c*
jail [dʒeil] *n* fængsel *nt*
jam [dʒæm] *n* syltetøj *nt*;
  trafikprop *c*
janitor ['dʒænitə] *n* vicevært *c*
January ['dʒænjuəri] januar
Japan [dʒə'pæn] Japan
Japanese [,dʒæpə'ni:z] *adj*
  japansk; *n* japaner *c*
jar [dʒɑ:] *n* krukke *c*
jaundice ['dʒɔ:ndis] *n* gulsot
  c
jaw [dʒɔ:] *n* kæbe *c*
jealous ['dʒeləs] *adj* jaloux
jealousy ['dʒeləsi] *n* jalousi *c*
jeans [dʒi:nz] *pl* jeans *pl*
jelly ['dʒeli] *n* gelé *c*
jellyfish ['dʒelifiʃ] *n*
  vandmand *c*
jersey ['dʒə:zi] *n* jersey *c*;
  jumper *c*
jet [dʒet] *n* stråle *c*; jetfly *nt*
jet lag ['jet‚læg] *n* jetlag *c*
jetty ['dʒeti] *n* mole *c*
Jew [dʒu:] *n* jøde *c*
jewel ['dʒu:əl] *n* smykke *nt*
jeweller ['dʒu:ələ] *n* juvelér *c*
jewellery ['dʒu:əlri] *n*
  smykker; juveler

Jewish ['dʒu:iʃ] *adj* jødisk
job [dʒɔb] *n* job *nt*; stilling *c*,
  arbejde *nt*
jobless ['dʒɔbles] *adj*
  arbejdsløs
jockey ['dʒɔki] *n* jockey *c*
join [dʒɔin] *v* *forbinde;
  slutte sig til, melde sig ind i;
  forene, sammenføje
joint [dʒɔint] *n* led *nt*;
  sammenføjning *c*; *adj* fælles,
  forenet
jointly ['dʒɔintli] *adv* i
  fællesskab
joke [dʒouk] *n* spøg *c*;
  vittighed *c*
jolly ['dʒɔli] *adj* gemytlig
Jordan ['dʒɔ:dən] Jordan
Jordanian [dʒɔ:'deiniən] *adj*
  jordansk; *n* jordaner *c*
journal ['dʒə:nəl] *n* tidsskrift
  nt
journalism ['dʒə:nəlizəm] *n*
  journalistik *c*
journalist ['dʒə:nəlist] *n*
  journalist *c*
journey ['dʒə:ni] *n* rejse *c*
joy [dʒɔi] *n* glæde *c*, fryd *c*
joyful ['dʒɔifəl] *adj* glædelig,
  fornøjet
jubilee ['dʒu:bili:] *n* jubilæum
  nt

judge [dʒʌdʒ] n dommer c; v dømme; bedømme

judgment ['dʒʌdʒmənt] n dom c; skøn nt

jug [dʒʌg] n kande c

juice [dʒu:s] n saft c

juicy ['dʒu:si] adj saftig

July [dʒu'lai] juli

jump [dʒʌmp] v *springe; n spring c

jumper ['dʒʌmpə] n jumper c

junction ['dʒʌŋkʃən] n vejkryds nt; knudepunkt nt

June [dʒu:n] juni

jungle ['dʒʌŋgəl] n urskov c, jungle c

junior ['dʒu:njə] adj junior; yngre

junk [dʒʌŋk] n skrammel nt

jurisdiction [,dʒuəris'dikʃən] n domsmyndighed c

jury ['dʒuəri] n jury c

just [dʒʌst] adj retfærdig, berettiget; rigtig; adv netop; præcist

justice ['dʒʌstis] n ret c; retfærdighed c

justify ['dʒʌstifai] v retfærdiggøre

juvenile ['dʒu:vənail] adj ungdoms-

K

kangaroo [,kæŋgə'ru:] n kænguru c

keel [ki:l] n køl c

keen [ki:n] adj begejstret; skarp

*keep [ki:p] v *holde; bevare; *blive ved med; ~ away from *holde sig fra; ~ off *holde sig på afstand af; ~ on *blive ved med; ~ quiet *tie stille; ~ up *holde ud; ~ up with *følge med

kennel ['kenəl] n hundehus nt; kennel c

Kenya ['kenjə] Kenya

kerosene ['kerəsi:n] n petroleum c

kettle ['ketəl] n kedel c

key [ki:] n nøgle c

keyhole ['ki:houl] n nøglehul nt

khaki ['ka:ki] n kaki c

kick [kik] v sparke; n spark nt

kickoff [,ki'kɔf] n afspark nt

kid [kid] n barn nt, unge c; gedekind nt; v drille

kidney ['kidni] n nyre c

kill [kil] v dræbe, *slå ihjel

kilogram ['kiləgræm] n kilo nt

kilometre ['kilə,mi:tə] n kilometer c

kind [kaind] adj flink, venlig; god; n slags c

kindergarten ['kində,ga:tən] n børnehave c

king [kiŋ] n konge c

kingdom ['kiŋdəm] n kongerige nt; rige nt

kiosk ['ki:ɔsk] n kiosk c

kiss [kis] n kys nt; v kysse
kit [kit] n udstyr nt
kitchen ['kitʃin] n køkken nt;
~ **garden** køkkenhave c; ~
towel n viskestykke nt
knapsack ['næpsæk] n ransel
c
knave [neiv] n knægt c
knee [ni:] n knæ nt
kneecap ['ni:kæp] n knæskal
c
*****kneel** [ni:l] v knæle
knew [nju:] v (p know)

knife [naif] n (pl knives) kniv
c
knight [nait] n ridder c
*****knit** [nit] v strikke
knob [nɔb] n håndtag nt
knock [nɔk] v banke; ~ **against** støde
imod; ~ **down** *slå ned
knot [nɔt] n knude c; v knytte
*****know** [nou] v kende, *vide
knowledge ['nɔlidʒ] n
kendskab c
knuckle ['nʌkəl] n kno c

L

label ['leibəl] n etiket c; v
etikettere
laboratory [lə'bɔrətəri] n
laboratorium nt
labour ['leibə] n arbejde nt;
fødselsveer pl; v pukle, v
*slide i det; **labor permit**
Am arbejdstilladelse c
labourer ['leibərə] n arbejder
c
labour-saving ['leibə,seiviŋ]
adj arbejdsbesparende
labyrinth ['læbərinθ] n
labyrint c
lace [leis] n knipling c;
snørebånd c
lack [læk] n savn nt, mangel c;
v mangle
lacquer ['lækə] n lak c
lactose ['læktous] n laktose c
lactose intolerant
['læktous in'tɔlərənt] adj
laktose-intolerant

lad [læd] n knægt c, dreng c
ladder ['lædə] n stige c
lady ['leidi] n dame c; **ladies'
room** dametoilet c
lagoon [lə'gu:n] n lagune c
lake [leik] n sø c
lamb [læm] n lam nt;
lammekød nt
lame [leim] adj lam, halt
lamentable ['læməntəbəl]
adj sørgelig
lamp [læmp] n lampe c
lampshade ['læmpʃeid] n
lampeskærm c
land [lænd] n land nt; v lande;
*gå i land
landlady ['lænd,leidi] n
værtinde c
landlord ['lændlɔ:d] n
husvært c, husejer c
landmark ['lændmɑ:k] n
landmærke nt; mærkepæl c
landscape ['lændskeip] n

landskab *nt*

lane [lein] *n* stræde *nt*; bane *c*

language ['læŋgwidʒ] *n*
sprog *nt*; ~ laboratory
sproglaboratorium *nt*

lantern ['læntən] *n* lygte *c*

lap [læp] *n* skød *nt*; *v* labbe

lapel [lə'pel] *n* revers *c*

laptop ['læp,tɔp] *n* laptop *c*

large [lɑːdʒ] *adj* stor;
rummelig

lark [lɑːk] *n* lærke *c*

laryngitis [,lærin'dʒaitis] *n*
strubehovedkatar *c*

last [lɑːst] *adj* sidst; forrige; *v*
vare; at ~ til sidst, endelig

lasting ['lɑːstiŋ] *adj* blivende,
varig

latchkey ['lætʃkiː] *n*
gadedørsnøgle *c*

late [leit] *adj* sen; forsinket

lately ['leitli] *adv* i den sidste
tid, for nylig, nylig

lather ['lɑːðə] *n* skum *nt*

Latin America ['lætin
ə'merikə] Latinamerika

Latin-American
[,lætinə'merikən] *adj*
latinamerikansk

latitude ['lætitjuːd] *n*
breddegrad *c*

laugh [lɑːf] *v* *le; *n* latter *c*

laughter ['lɑːftə] *n* latter *c*

launch [lɔːntʃ] *v* *sætte i
gang; *afskyde; søsætte; *n*
motorbåd *c*

launching ['lɔːntʃiŋ] *n*
søsætning *c*

launderette [,lɔːndə'ret] *n*
møntvaskeri *nt*

laundry ['lɔːndri] *n* vaskeri *nt*;
vasketøj *pl*

lavatory ['lævətəri] *n* toilet *nt*

lavish ['læviʃ] *adj* ødsel

law [lɔː] *n* lov *c*; ret *c*; ~ court
domstol *c*

lawful ['lɔːfəl] *adj* lovlig

lawn [lɔːn] *n* plæne *c*,
græsplæne *c*

lawsuit ['lɔːsuːt] *n* proces *c*,
retssag *c*

lawyer ['lɔːjə] *n* advokat *c*;
jurist *c*

laxative ['læksətiv] *n*
afføringsmiddel *nt*

*lay [lei] *v* placere, *lægge,
*sætte; ~ bricks mure

layer [leiə] *n* lag *nt*

layman ['leimən] *n* lægmand
c

lazy ['leizi] *adj* doven

*lead [liːd] *v* styre, føre

lead¹ [liːd] *n* forspring *nt*;
føring *c*; snor *c*

lead² [led] *n* bly *nt*

leader ['liːdə] *n* fører *c*,
anfører *c*

leadership ['liːdəʃip] *n*
ledelse *c*

leading ['liːdiŋ] *adj* ledende,
førende

leaf [liːf] *n* (pl leaves) blad *nt*

league [liːg] *n* forbund *nt*

leak [liːk] *v* lække; *n* læk *c*

leaky ['liːki] *adj* læk

lean [liːn] *adj* mager

*lean [liːn] *v* læne sig

*leap [liːp] *v* *springe

leap year ['liːpjiə] *n* skudår *nt*

*learn [lə:n] *v* lære

learner ['lə:nə] n nybegynder c, elev c

lease [li:s] n lejekontrakt c; forpagtning c; v bortforpagte, udleje; leje

leash [li:ʃ] n snor c

least [li:st] adj mindst, ringest; at ~ i det mindste; mindst

leather ['leðə] n læder nt; skind-, læder-

leave [li:v] n orlov c

*leave [li:v] v *forlade, *tage af sted; *lade ligge, *efterlade; ~ behind *efterlade; ~ out *udelade

Lebanese [,lebə'ni:z] adj libanesisk; n libaneser c

Lebanon ['lebənən] Libanon

lecture ['lektʃə] n foredrag nt, forelæsning c

left¹ [left] adj venstre

left² [left] v (p, pp leave)

left-hand ['lefthænd] adj venstre, på venstre hånd

left-handed [,left'hændid] adj kejthåndet

leg [leg] n ben nt

legacy ['legəsi] n legat nt

legal ['li:gəl] adj legal, lovmæssig; juridisk

legalization [,li:gəlai'zeiʃən] n legalisering c

legation [li'geiʃən] n legation c

legible ['ledʒibəl] adj læselig

legitimate [li'dʒitimət] adj retmæssig

leisure ['leʒə] n fritid c; ro og mag

lemon ['lemən] n citron c

*lend [lend] v låne ud

length [leŋθ] n længde c

lengthen ['leŋθən] v *lægge ned

lengthways ['leŋθweiz] adv på langs

lens [lenz] n linse c; telephoto ~ teleobjektiv nt; zoom ~ zoomlinse c

leprosy ['leprəsi] n spedalskhed c

less [les] adv mindre

lessen ['lesən] v formindske, mindske

lesson ['lesən] n lektie c, time c

*let [let] v *lade; udleje; ~ down svigte

letter ['letə] n brev nt; bogstav nt; ~ of credit akkreditiv c; ~ of recommendation anbefalingsskrivelse c

letterbox ['letəbɔks] n brevkasse c

lettuce ['letis] n grøn salat c

level ['levəl] adj egal; plan, flad, jævn, lige; n niveau c; vaterpas nt; v nivellere, udjævne; ~ crossing jernbaneoverskæring c

lever ['li:və] n løftestang c

liability [,laiə'biləti] n ansvar nt; tilbøjelighed c

liable ['laiəbəl] adj ansvarlig; tilbøjelig; ~ to modtagelig for

liar ['laiə] n løgner c

liberal ['libərəl] adj liberal; rundhåndet, large, gavmild

liberation [,libə'reiʃən] n befrielse c

Liberia [lai'biəriə] Liberia

Liberian [lai'biəriən] adj liberiansk; n liberianer c

liberty ['libəti] n frihed c

library ['laibrəri] n bibliotek nt

licence ['laisəns] n licens c; bevillring c; driving ~ førerbevis c; ~ number Am registreringsnummer nt; ~ plate Am nummerplade c

license ['laisəns] v *give tilladelse nAm (driving) tilladelse c; (liquor) bevillring c; ~ plate nAm nummerplade

lick [lik] v slikke

lid [lid] n låg nt

lie [lai] v *lyve; n løgn c

*lie [lai] v *ligge; ~ down *lægge sig ned

life [laif] n (pl lives) liv nt; ~ insurance livsforsikring c; ~ jacket redningsvest c

lifebelt ['laifbelt] n redningsbælte c

lifetime ['laiftaim] n levetid c

life support ['laif_sə,pɔːt] n respirator c

lift [lift] v løfte; n elevator c

light [lait] n lys nt; adj let; lys; ~ bulb elektrisk pære

*light [lait] v tænde

lighter ['laitə] n lighter c

lighthouse ['laithaus] n fyrtårn nt

lighting ['laitiŋ] n belysning c

lightning ['laitniŋ] n lyn nt

like [laik] v *holde af, *synes om; adj lig; conj sådan som; prep som

likely ['laikli] adj sandsynlig

like-minded [,laik'maindid] adj ligesindet

likewise ['laikwaiz] adv ligeledes, ligeså

lily ['lili] n lilje c

limb [lim] n lem nt

lime [laim] n kalk c; lind c; grøn citron

limetree ['laimtriː] n lindetræ nt

limit ['limit] n grænse c; v begrænse

limp [limp] v halte; adj slap

line [lain] n linje c; streg c; line c; række c; stand in ~ Am stå i kø

linen ['linin] n lærred nt; linned nt

liner ['lainə] n rutebåd c

lingerie ['lɔ̃ʒəriː] n dameundertøj pl

lining ['lainiŋ] n for nt

link [liŋk] v *forbinde; n link nt

lion ['laiən] n løve c

lip [lip] n læbe c

liposuction ['lipou,sʌkʃən] n fedtsugning c

lipstick ['lipstik] n læbestift c

liqueur [li'kjuə] n likør c

liquid ['likwid] adj flydende; n væske c

liquor ['likə] n spiritus c

liquorice ['likəris] n lakrids c

list [list] n liste c; v notere, *skrive op

listen ['lisən] v lytte

listener ['lisnə] n lytter c

literary ['litrəri] adj litterær, boglig

literature ['litrətʃə] n litteratur c

litre ['li:tə] n liter c

litter ['litə] n affald nt; kuld nt

little ['litəl] adj lille; liden

live[1] [liv] v leve; bo

live[2] [laiv] adj levende

livelihood ['laivlihud] n levebrød nt

lively ['laivli] adj livlig

liver ['livə] n lever c

living ['liviŋ] n (lifestyle) levevis c; adj levende; ~ room n dagligstue c

lizard ['lizəd] n firben nt

load [loud] n læs nt; byrde c; v læsse

loaf [louf] n (pl loaves) brød nt

loan [loun] n lån nt

lobby ['lɔbi] n vestibule c; foyer c

lobster ['lɔbstə] n hummer c

local ['loukəl] adj lokal, stedlig; ~ call lokalsamtale c; ~ train lokaltog nt

locality [lou'kæləti] n lokalitet c

locate [lou'keit] v lokalisere

location [lou'keiʃən] n beliggenhed c

lock [lɔk] v låse; n lås c; sluse c; ~ up indespærre, låse inde

locker ['lɔkə] n (aflåseligt) skab c

locomotive [,loukə'moutiv]

n lokomotiv nt

lodge [lɔdʒ] v huse; n jagthytte c

lodger ['lɔdʒə] n logerende c

lodgings ['lɔdʒiŋz] pl logi nt

log [lɔg] n stamme c; ~ in v logge ind; ~ off v logge af

logic ['lɔdʒik] n logik c

logical ['lɔdʒikəl] adj logisk

lonely ['lounli] adj ensom

long [lɔŋ] adj lang; langvarig; ~ for længes efter; no longer ikke længere

longing ['lɔŋiŋ] n længsel c

longitude ['lɔndʒitju:d] n længdegrad c

look [luk] v *se; *se ud; n blik nt; udseende nt; ~ after *se efter, passe; ~ at *se på; ~ for lede efter; ~ out passe på, *se sig for; ~ up *slå efter, *slå op

looking-glass ['lukiŋglɑ:s] n spejl nt

loop [lu:p] n løkke c

loose [lu:s] adj løs

loosen ['lu:sən] v løsne

lord [lɔ:d] n lord c

lorry ['lɔri] n lastbil c

*lose [lu:z] v tabe, miste

loser ['lu:sə] n taber c

loss [lɔs] n tab nt

lost [lɔst] adj faret vild; forsvundet; ~ and found hittegods nt; ~ property office hittegodskontor nt

lot [lɔt] n lod nt, lod c; mængde c, bunke c

lotion ['louʃən] n lotion c; aftershave ~ aftershave

lotion
lottery ['lɔtəri] n lotteri nt
loud [laud] adj højlydt, høj
loudspeaker [,laud'spi:kə] n
  højttaler c
lounge [laundʒ] n salon c
louse [laus] n (pl lice) lus c
love [lʌv] v elske, *holde af; n
  kærlighed c; in ~ forelsket
lovely ['lʌvli] adj yndig,
  pragtfuld, skøn
lover ['lʌvə] n elsker c
love story ['lʌv,stɔːri] n
  kærlighedshistorie c
low [lou] adj lav; dyb; langt
  nede; ~ tide ebbe c
lower ['louə] v sænke;
  *nedsætte; adj lavere, nedre
lowlands ['loulændz] pl
  lavland nt
loyal ['lɔiəl] adj loyal
lubricate ['lu:brikeit] v
  *smøre
lubrication [,lu:bri'keiʃən] n
  smøring c; ~ oil smøreolie c;
  ~ system smøringssystem nt
luck [lʌk] n held nt; bad ~
  uheld nt; Good ~! Held og
  lykke!
lucky ['lʌki] adj heldig; ~
  charm amulet c

ludicrous ['lu:dikrəs] adj
  latterlig
luggage ['lʌgidʒ] n bagage c;
  hand ~ håndbagage c; left ~
  office bagageopbevaring c;
  ~ rack bagagenet nt; ~ van
  rejsegodsvogn c
lukewarm ['lu:kwɔːm] adj
  lunken
lumbago [lʌm'beigou] n
  lumbago c
luminous ['lu:minəs] adj
  lysende
lump [lʌmp] n klump c,
  stykke nt; bule c; ~ of sugar
  stykke sukker; ~ sum rundt
  beløb
lumpy ['lʌmpi] adj klumpet
lunacy ['lu:nəsi] n sindssyge c
lunatic ['lu:nətik] adj
  sindssyg; n sindssyg c
lunch [lʌntʃ] n frokost c,
  mellemmåltid nt
luncheon ['lʌntʃən] n frokost
  c
lung [lʌŋ] n lunge c
lust [lʌst] n begær nt
luxurious [lʌg'ʒuəriəs] adj
  luksuriøs
luxury ['lʌkʃəri] n luksus c

M

machine [mə'ʃiːn] n maskine
  c, apparat nt
machinery [mə'ʃiːnəri] n
  maskineri nt
mackerel ['mækrəl] n (pl ~)

makrel c
mackintosh ['mækintɔʃ] n
  regnfrakke c
mad [mæd] adj vanvittig,
  tosset, gal

madam

madam ['mædəm] n frue c

madness ['mædnəs] n vanvid nt

magazine [,mægə'zi:n] n tidsskrift nt

magic ['mædʒik] n magi c; trolddomskunst c; adj magisk

magician [mə'dʒiʃən] n tryllekunstner c

magnetic [mæg'netik] adj magnetisk

magneto [mæg'ni:tou] n (pl ~s) magnet c

magnificent [mæg'nifisənt] adj pragtfuld, storslået

magnify ['mægnifai] v forstørre

maid [meid] n tjenestepige c

maiden name ['meidən neim] n pigenavn nt

mail [meil] n post c; v poste; ~ order Am postanvisning c

mailbox ['meilbɔks] nAm brevkasse c

main [mein] adj hoved-; størst; ~ deck hoveddæk nt; ~ line hovedlinje c; ~ road hovedvej c; ~ street hovedgade c

mainland ['meinlənd] n fastland nt

mainly ['meinli] adv hovedsagelig

mains [meinz] pl hovedledning c

maintain [mein'tein] v *opretholde

maintenance ['meintənəns] n vedligeholdelse c

maize [meiz] n majs c

major ['meidʒə] adj større; n major c

majority [mə'dʒɔrəti] n flertal c

*make [meik] v lave; tjene; klare; ~ do with klare sig med; ~ good *godtgøre; ~ up opstille

make-up ['meikʌp] n make-up c

malaria [mə'lɛəriə] n malaria c

Malay [mə'lei] n malaysisk nt

Malaysia [mə'leiziə] Malaysia

Malaysian [mə'leiziən] adj malaysisk

male [meil] adj han-

malicious [mə'liʃəs] adj ondskabsfuld

malignant [mə'lignənt] adj ondartet

mall [mɔːl] nAm stort indkøbscenter nt

mallet ['mælit] n træhammer c

malnutrition [,mælnju'triʃən] n underernæring c

mammal ['mæməl] n pattedyr nt

man [mæn] n (pl men) mand c; menneske nt; men's room herretoilet nt

manage ['mænidʒ] v bestyre; lykkes

manageable ['mænidʒəbəl] adj håndterlig

management

['mænidʒmənt] n ledelse c; administration c

manager ['mænidʒə] n chef c, direktør c

mandarin ['mændərin] n mandarin c

mandate ['mændeit] n mandat nt

manger ['meindʒə] n krybbe c

manicure ['mænikjuə] n manicure c; v manicurere

mankind [mæn'kaind] n menneskehed c

mannequin ['mænəkin] n voksmannequin c

manner ['mænə] n måde c; manners pl manerer pl

man-of-war [mænəv'wɔ:] n krigsskib nt

manor house ['mænəhaus] n herregård c

mansion ['mænʃən] n palæ nt

manual ['mænjuəl] adj hånd-; n betjeningsvejledning c, håndbog c

manufacture [,mænju'fæktʃə] v fremstille, fabrikere

manufacturer [,mænju'fæktʃərə] n fabrikant c

manure [mə'njuə] n gødning c

manuscript ['mænjuskript] n manuskript nt

many ['meni] adj mange

map [mæp] n kort nt; plan c

maple ['meipl] n ahorn c

marble ['mɑ:bəl] n marmor

nt; marmorkugle c

March [mɑ:tʃ] marts

march [mɑ:tʃ] v marchere; n march c

mare [meə] n hoppe c

margarine [,mɑ:dʒə'ri:n] n margarine c

margin ['mɑ:dʒin] n rand c, margen c

maritime ['mæritaim] adj maritim

mark [mɑ:k] v *sætte mærke ved; mærke; kendetegne; n mærke nt; karakter c; skydeskive c

market ['mɑ:kit] n marked nt

marketplace ['mɑ:kitpleis] n torv nt

marmalade ['mɑ:məleid] n marmelade c

marriage ['mæridʒ] n ægteskab nt

marrow ['mærou] n marv c

marry ['mæri] v gifte sig, ægte; married couple ægtepar c

marsh [mɑ:ʃ] n sump c

martyr ['mɑ:tə] n martyr c

marvel ['mɑ:vəl] n vidunder nt; v undre sig

marvellous ['mɑ:vələs] adj vidunderlig

mascara [mæ'skɑ:rə] n mascara c

masculine ['mæskjulin] adj maskulin

mash [mæʃ] v mose; mashed potatoes pl mosede kartofler

mask [mɑ:sk] n maske c

Mass [mæs] n messe c

mass [mæs] n masse c; ~ production masseproduktion c

massage ['mæsɑ:ʒ] n massage c; v massere

masseur [mæ'sə:] n massør c

massive ['mæsiv] adj massiv

mast [mɑ:st] n mast c

master ['mɑ:stə] n mester c; herre c; lektor c, lærer c; v mestre

masterpiece ['mɑ:stəpi:s] n mesterværk nt

mat [mæt] n måtte c; adj glansløs, mat

match [mætʃ] n tændstik c; kamp c; v passe til

matchbox ['mætʃbɔks] n tændstikæske c

material [mə'tiəriəl] n materiale nt; stof nt; adj materiel

mathematical [,mæθə'mætikəl] adj matematisk

mathematics [,mæθə'mætiks] n matematik c

matrimony ['mætriməni] n ægteskab nt

matter ['mætə] n stof nt; anliggende nt, sag c, spørgsmål nt; v *være af betydning; as a ~ of fact faktisk

matter-of-fact [,mætərəv'fækt] adj nøgtern

mattress ['mætrəs] n madras c

mature [mə'tjuə] adj moden

maturity [mə'tjuərəti] n modenhed c

mausoleum [,mɔːsə'liːəm] n mausoleum nt

May [mei] maj

*may [mei] v *kunne; *måtte

maybe ['meibi:] adv måske

mayor [mɛə] n borgmester c

maze [meiz] n labyrint c

me [mi:] pron mig

meadow ['medou] n eng c

meal [mi:l] n måltid nt

mean [mi:n] adj gemen; dårlig; nærig; n gennemsnit nt

*mean [mi:n] v *betyde; mene

meaning ['mi:niŋ] n mening c

meaningless ['mi:niŋləs] adj meningsløs

means [mi:nz] n middel nt; by no ~ på ingen måde, slet ikke

in the meantime [in ðə 'mi:ntaim] i mellemtiden, ind imellem

meanwhile ['mi:nwail] adv i mellemtiden, imens

measles ['mi:zəlz] n mæslinger pl

measure ['meʒə] v måle; n mål nt; foranstaltning c

meat [mi:t] n kød nt

mechanic [mi'kænik] n mekaniker c, montør c

mechanical [mi'kænikəl] adj mekanisk

mechanism ['mekənizəm] n mekanisme c

medal ['medəl] n medalje c

media ['miːdiə] pl medier

mediaeval [,medi'iːvəl] adj middelalderlig

mediate ['miːdieit] v mægle

mediator ['miːdieitə] n mægler c

medical ['medikəl] adj medicinsk, læge-

medicine ['medsin] n medicin c; lægevidenskab c

meditate ['mediteit] v meditere

Mediterranean [,meditə'reiniən] Middelhavet

medium ['miːdiəm] adj gennemsnitlig, middel-

*meet [miːt] v *træffe, møde

meeting ['miːtiŋ] n møde nt, sammenkomst c

meeting place ['miːtiŋpleis] n mødested nt

melancholy ['melənkəli] n tungsind nt

mellow ['melou] adj silkeblød

melodrama ['melə,drɑːmə] n melodrama nt

melody ['melədi] n melodi c

melon ['melən] n melon c

melt [melt] v smelte

member ['membə] n medlem nt; Member of Parliament folketingsmedlem nt

membership ['membəʃip] n medlemskab nt

memo ['memou] n (pl ~s) memo nt

memorable ['memərəbəl] adj mindeværdig

memorial [mə'mɔːriəl] n mindesmærke nt

memorize ['meməraiz] v lære udenad

memory ['meməri] n hukommelse c; minde nt

mend [mend] v reparere

menstruation [,menstru'eiʃən] n menstruation c

mental ['mentəl] adj mental

mention ['menʃən] v nævne, omtale; n omtale c

menu ['menjuː] n spisekort nt, menukort nt

merchandise ['məːtʃəndaiz] n varer pl, handelsvare c

merchant ['məːtʃənt] n købmand c, grosserer c

merciful ['məːsifəl] adj barmhjertig

mercury ['məːkjuri] n kviksølv nt

mercy ['məːsi] n nåde c, barmhjertighed c

mere [miə] adj ren og skær

merely ['miəli] adv blot

merge [məːdʒ] v (companies) sammenlægge; (roads) flette sammen

merger ['məːdʒə] n fusion c

merit ['merit] v fortjene; n fortjeneste c

merry ['meri] adj munter

merry-go-round ['merigou,raund] n karrusel c

mesh [meʃ] n maske c

mess [mes] n rod nt, roderi nt; ~ up spolere

message ['mesidʒ] n besked c, budskab nt; ~ board n opslagstavle c

messenger ['mesindʒə] n budbringer c

metal ['metəl] n metal nt; metal-

meter ['mi:tə] n tæller c

method ['meθəd] n metode c, fremgangsmåde c; orden c

methodical [mə'θɔdikəl] adj metodisk

metre ['mi:tə] n meter c

metric ['metrik] adj metrisk

Mexican ['meksikən] adj mexicansk; n mexicaner c

Mexico ['meksikou] Mexico

mice [mais] pl mus

microphone ['maikrəfoun] n mikrofon c

midday ['middei] n middag c

middle ['midəl] n midte c; adj mellemste; Middle Ages middelalder c; ~ class middelklasse c; middleclass adj borgerlig

midnight ['midnait] n midnat c

midst [midst] n midte c

midsummer ['mid,sʌmə] n midsommer c

midwife ['midwaif] n (pl -wives) jordemoder c

might [mait] n magt c

*might [mait] v *kunne

mighty ['maiti] adj mægtig

migraine ['migrein] n migræne c

mild [maild] adj mild

mildew ['mildju] n skimmel c

milepost ['mailpoust] n

milepæl c

milestone ['mailstoun] n kilometersten c

milieu ['mi:ljə:] n miljø nt

military ['militəri] adj militær; ~ force krigsmagt c

milk [milk] n mælk c

milkman ['milkmən] n (pl -men) mælkemand c

milkshake ['milkʃeik] n milkshake c

milky ['milki] adj mælket

mill [mil] n mølle c; fabrik c

miller ['milə] n møller c

million ['miljən] n million c

millionaire [,miljə'nɛə] n millionær c

mince [mins] v hakke

mind [maind] n sind nt; v *have noget imod; passe på, *tage sig af

mine [main] n mine c

miner ['mainə] n minearbejder c

mineral ['minərəl] n mineral nt; ~ water mineralvand c

mingle ['miŋgl] v blande

miniature ['minjətʃə] n miniature c

minimum ['miniməm] n minimum nt

mining ['mainiŋ] n minedrift c

minister ['ministə] n minister c; præst c; Prime Minister statsminister c

ministry ['ministri] n ministerium nt

mink [miŋk] n mink c

minor ['mainə] adj ringe,

model

mindre, lille; underordnet; n
mindreårig c

minority [mai'nɔrəti] n
mindretal n

mint [mint] n mynte c

minus ['mainəs] n minustegn
nt; prep minus

minute¹ ['minit] n minut nt;
minutes referat nt

minute² [mai'njuːt] adj lille
bitte

miracle ['mirəkəl] n mirakel
nt

miraculous [mi'rækjuləs] adj
mirakuløs

mirror ['mirə] n spejl nt

misbehave [,misbi'heiv] v
opføre sig dårligt

miscarriage [mis'kæridʒ] n
abort c

miscellaneous
[,misə'leiniəs] adj diverse

mischief ['mistʃif] n
spilopper pl; fortræd c,
skade c

mischievous ['mistʃivəs] adj
drilagtig

miserable ['mizərəbəl] adj
elendig, ulykkelig

misery ['mizəri] n elendighed
c, jammer c; nød c

misfortune [mis'fɔːtʃen] n
ulykke c, uheld nt

mishap ['mishæp] n uheld nt

*mislay [mis'lei] v *forlægge

misplaced [mis'pleist] adj
malplaceret

mispronounce
[,misprə'nauns] v udtale
forkert

miss¹ [mis] frøken c

miss² [mis] v savne; forfejle,
*komme for sent til

missing ['misiŋ] adj
manglende; ~ person savnet
person

mist [mist] n tågedis c, dis c

mistake [mi'steik] n
fejltagelse c, fejl c

*mistake [mi'steik] v
forveksle

mistaken [mi'steikən] adj
fejlagtig; *be ~ *tage fejl

mistress ['mistrəs] n frue c;
elskerinde c

mistrust [mis'trʌst] v nære
mistro til

misty ['misti] adj diset

*misunderstand
[,misʌndə'stænd] v
*misforstå

misunderstanding
[,misʌndə'stændiŋ] n
misforståelse c

misuse [mis'juːs] n misbrug
nt

mittens ['mitənz] pl vanter pl

mix [miks] v blande; ~ with
*omgås

mixed [mikst] adj blandet

mixer ['miksə] n mixer c

mixture ['mikstʃə] n blanding
c

moan [moun] v jamre

moat [mout] n voldgrav c

mobile ['moubail] adj mobil;
~ phone n mobiltelefon c

mock [mɔk] v håne

mockery ['mɔkəri] n spot c

model ['mɔdəl] n model c;

mannequin *c; v* modellere, forme

modem ['moudem] *n* modem *nt*

moderate ['mɔdərət] *adj* moderat, mådeholdende; middelmådig

modern ['mɔdən] *adj* moderne

modest ['mɔdist] *adj* beskeden

modesty ['mɔdisti] *n* beskedenhed *c*

modify ['mɔdifai] *v* modificere

mohair ['mouheə] *n* mohair *c*

moist [mɔist] *adj* fugtig

moisten ['mɔisən] *v* fugte

moisture ['mɔistʃə] *n* fugtighed *c*; moisturizing cream fugtighedscreme *c*

molar ['moulə] *n* kindtand *c*

moment ['moumənt] *n* øjeblik *nt*

momentary ['mouməntəri] *adj* øjeblikkelig; momentan

monarch ['mɔnək] *n* monark *c*

monarchy ['mɔnəki] *n* monarki *nt*

monastery ['mɔnəstri] *n* kloster *nt*

Monday ['mʌndi] mandag *c*

monetary ['mʌnitəri] *adj* monetær; ~ unit møntenhed *c*

money ['mʌni] *n* penge *pl*; ~ exchange vekselkontor *nt*; ~ order postanvisning *c*

monk [mʌŋk] *n* munk *c*

monkey ['mʌŋki] *n* abe *c*

monologue ['mɔnɔlɔg] *n* monolog *c*

monopoly [mə'nɔpəli] *n* monopol *nt*

monotonous [mə'nɔtənəs] *adj* monoton

month [mʌnθ] *n* måned *c*

monthly ['mʌnθli] *adj* månedlig; ~ magazine månedsblad *nt*

monument ['mɔnjumənt] *n* monument *nt*, mindesmærke *nt*

mood [mu:d] *n* humør *nt*

moon [mu:n] *n* måne *c*

moonlight ['mu:nlait] *n* måneskin *nt*

moose [mu:s] *n* (pl ~, ~s) elsdyr *nt*

moped ['mouped] *n* knallert *c*

moral ['mɔrəl] *n* moral *c; adj* moralsk, sædelig

morality [mə'ræləti] *n* moralitet *c*

more [mɔ:] *adj* flere; once ~ en gang til

moreover [mɔ:'rouvə] *adv* tilmed, for øvrigt

morning ['mɔ:niŋ] *n* morgen *c*, formiddag *c*; ~ paper morgenavis *c*; this ~ i morges

Moroccan [mə'rɔkən] *adj* marokkansk; *n* marokkaner *c*

Morocco [mə'rɔkou] Marokko

morphine ['mɔ:fi:n] *n* morfin *c*

morsel ['mɔːsəl] n bid c

mortal ['mɔːtəl] adj
dødbringende, dødelig

mortgage ['mɔːgidʒ] n
prioritet c, prioritetslån c

mosaic [məˈzeiik] n mosaik c

mosque [mɔsk] n moské c

mosquito [məˈskiːtou] n (pl
~es) myg c; moskito c

mosquito net
[məˈskiːtounet] n
moskitonet nt

moss [mɔs] n mos nt

most [moust] adj flest; at ~
højst; ~ of all allermest

mostly ['moustli] adv for det
meste

motel [mou'tel] n motel nt

moth [mɔθ] n møl nt

mother ['mʌðə] n mor c; ~
tongue modersmål nt

mother-in-law ['mʌðərinlɔː]
n (pl mothers-) svigermor c

mother of pearl
[,mʌðərəv'pəːl] n perlemor
nt

motion ['mouʃən] n
bevægelse c; forslag nt

motivate ['moutiveit] v
motivere

motive ['moutiv] n motiv nt

motor ['moutə] n motor c;
køre i bil; ~ coach turistbus
c; ~ home selvkørende
campingvogn

motorbike ['moutəbaik]
nAm knallert c

motorboat ['moutəbout] n
motorbåd c

motorcar ['moutəkaː] n

automobil c

motorcycle ['moutə,saikəl] n
motorcykel c

motoring ['moutəriŋ] n
bilkørsel c

motorist ['moutərist] n bilist
c

motorway ['moutəwei] n
motorvej c

motto ['mɔtou] n (pl ~es, ~s)
motto nt

mouldy ['mouldi] adj skimlet

mound [maund] n tue c

mount [maunt] v *stige op,
*bestige, *gå op ad; n bjerg
nt

mountain ['mauntin] n bjerg
nt; ~ pass pas nt; ~ range
bjergkæde c

mountaineering
[,maunti'niəriŋ] n
bjergbestigning c

mountainous ['mauntinəs]
adj bjergrig

mourning ['mɔːniŋ] n
sørgetid c

mouse [maus] n (pl mice)
mus c

moustache [məˈstaːʃ] n
overskæg nt

mouth [mauθ] n mund c; gab
nt; munding c

mouthwash ['mauθwɔʃ] n
mundvand nt

movable ['muːvəbəl] adj
flytbar

move [muːv] v bevæge; flytte;
bevæge sig; n træk nt, skridt
nt; flytning c

movement ['muːvmənt] n

bevægelse c

movie ['muːvi] n film c;
  movies Am biograf c; ~
  theater Am biograf c

much [mʌtʃ] adj mange,
  megen; adv meget; **as ~ lige**
  så meget

mud [mʌd] n mudder nt

muddle ['mʌdəl] n forvirring
  c, rod nt, virvar nt; v
  forkludre

muddy ['mʌdi] adj mudret

muffler ['mʌflə] nAm
  lydpotte c

mug [mʌg] n krus nt

mule [mjuːl] n muldyr nt

multicultural
  [ˌmʌltiˈkʌltʃərəl] adj
  multikulturel

multiplex ['mʌltiˌpleks] n
  multipleks

multiplication
  [ˌmʌltipliˈkeiʃən] n
  multiplikation c

multiply ['mʌltiplai] v gange,
  multiplicere

mumps [mʌmps] n fåresyge c

municipal [mjuːˈnisipəl] adj
  kommunal

municipality
  [mjuːˌnisiˈpæləti] n
  kommunalbestyrelse c

murder ['məːdə] n mord nt; v
  myrde

murderer ['məːdərə] n
  morder c

muscle ['mʌsəl] n muskel c

muscular ['mʌskjulə] adj
  muskuløs

museum [mjuːˈziːəm] n
  museum nt

mushroom ['mʌfruːm] n
  champignon c; svamp c

music ['mjuːzik] n musik c; ~
  academy konservatorium nt

musical ['mjuːzikəl] adj
  musikalsk; n musical c

music hall ['mjuːzikhɔːl] n
  revyteater nt

musician [mjuːˈziʃən] n
  musiker c

muslin ['mʌzlin] n musselin
  nt

mussel ['mʌsəl] n musling c

***must** [mʌst] v *skulle

mustard ['mʌstəd] n sennep
  c

mute [mjuːt] adj stum

mutiny ['mjuːtini] n mytteri
  nt

mutton ['mʌtən] n fårekød nt

mutual ['mjuːtʃuəl] adj
  indbyrdes, gensidig

my [mai] adj min

myself [maiˈself] pron mig;
  selv

mysterious [miˈstiəriəs] adj
  gådefuld, mystisk

mystery ['mistəri] n
  mysterium nt

myth [miθ] n myte c

N

nail [neil] n negl c; søm nt
nail file ['neilfail] n neglefil c
nail polish ['neil,poliʃ] n
neglelak c
nail scissors ['neil,sizəz] pl
neglesaks c
naïve [nɑːˈiːv] adj naiv
naked ['neikid] adj nøgen;
blottet
name [neim] n navn nt; v
*navngive, opkalde; in the ~
of i ... navn
namely ['neimli] adv nemlig
nap [næp] n lur c
napkin ['næpkin] n serviet c
nappy ['næpi] n ble c
narcosis [nɑːˈkousis] n (pl
-ses) narkose c
narcotic [nɑːˈkɔtik] n
narkotisk middel
narrow ['nærou] adj trang,
smal, stram
narrow-minded
[,nærouˈmaindid] adj
snæversynet
nasty ['nɑːsti] adj
usympatisk, væmmelig;
ubehagelig
nation ['neiʃən] n nation c;
folk nt
national ['næʃənəl] adj
national; folke-; stats-; ~
anthem nationalsang c; ~
dress nationaldragt c; ~
park nationalpark c
nationality [,næʃəˈnæləti] n

nationalitet c
nationalize ['næʃənəlaiz] v
nationalisere
native ['neitiv] n indfødt c;
adj indfødt; ~ country
fædreland nt; ~ language
modersmål nt
natural ['nætʃərəl] adj
naturlig; medfødt
naturally ['nætʃərəli] adv
naturligvis
nature ['neitʃə] n natur c
naughty ['nɔːti] adj uartig
nausea ['nɔːsiə] n kvalme c
naval ['neivəl] adj flåde-
navel ['neivəl] n navle c
navigable ['nævigəbəl] adj
sejlbar
navigate ['nævigeit] v
navigere
navigation [,næviˈgeiʃən] n
navigation c; søfart c,
skibsfart c
navy ['neivi] n flåde c
near [niə] prep nær ved; adj
nær
nearby ['niəbai] adj
nærliggende
nearly ['niəli] adv næsten
neat [niːt] adj net, ordentlig;
tør
necessary ['nesəsəri] adj
nødvendig
necessity [nəˈsesəti] n
nødvendighed c
neck [nek] n hals c; nape of

necklace

the ~ nakke c
necklace ['nekləs] n
halssmykke nt
necktie ['nektai] n slips nt
need [ni:d] v behøve, trænge
til; n fornødenhed c, behov
nt; nødvendighed c; ~ to
*være nødt til
needle ['ni:dəl] n nål c
needlework ['ni:dəlwə:k] n
håndarbejde nt
negative ['negətiv] adj
negativ, benægtende; n
negativ nt
neglect [ni'glekt] v
forsømme; n forsømmelse c
neglectful [ni'glektfəl] adj
forsømmelig
negligee ['negliʒei] n negligé
nt
negotiate [ni'goufieit] v
forhandle
negotiation [ni,goufi'eifən]
n forhandling c
Negro ['ni:grou] n (pl ~es)
neger c
neighbour ['neibə] n
sidemand c, nabo c
neighbourhood ['neibəhud]
n nabolag nt
neighbouring ['neibəriŋ] adj
tilstødende, nærliggende
neither ['naiðə] pron ingen af
dem; neither ... nor hverken
... eller
nephew ['nefju:] n nevø c
nerve [nə:v] n nerve c;
dristighed c
nervous ['nə:vəs] adj nervøs
nest [nest] n rede c

net [net] n net nt; adj netto-
the Netherlands
['neðələndz] Nederland
network ['netwə:k] n netværk
nt
networking ['net,wə:kiŋ] n
netværk nt; v netværke
neuralgia [njuə'rældʒə] n
neuralgi c
neurosis [njuə'rousis] n
neurose c
neuter ['nju:tə] adj
intetkøns-
neutral ['nju:trəl] adj neutral
never ['nevə] adv aldrig
nevertheless [,nevəðə'les]
adv ikke desto mindre
new [nju:] adj ny; New Year
nytår
news [nju:z] n nyheder,
nyhed c
newsagent ['nju:,zeidʒənt]
n bladhandler c
newspaper ['nju:z,peipə] n
avis c
newsreel ['nju:zri:l] n
ugerevy c
newsstand ['nju:zstænd] n
aviskiosk c
New Zealand [nju: 'zi:lənd]
New Zealand
next [nekst] adj følgende,
næste; ~ to ved siden af
next-door [,nekst'dɔ:] adv
ved siden af
nice [nais] adj pæn, rar;
dejlig; sympatisk
nickel ['nikəl] n nikkel nt
nickname ['nikneim] n
tilnavn nt

nicotine ['nikəti:n] n nikotin c

niece [ni:s] n niece c

Nigeria [nai'dʒiəriə] Nigeria

Nigerian [nai'dʒiəriən] adj nigeriansk; n nigerianer c

night [nait] n nat c; aften c; by ~ om natten; ~ flight natfly nt; ~ rate nattakst c; ~ train nattog nt

nightclub ['naitklʌb] n natklub c

night cream ['naitkri:m] n natcreme c

nightingale ['naitiŋgeil] n nattergal c

nightly ['naitli] adj natlig

nil [nil] nul

nine [nain] num ni

nineteen [,nain'ti:n] num nitten

nineteenth [,nain'ti:nθ] num nittende

ninety ['nainti] num halvfems

ninth [nainθ] num niende

nitrogen ['naitrədʒən] n kvælstof nt

no [nou] næh, nej; adj ingen; ~ one ingen

nobility [nou'biləti] n adel c

noble ['noubəl] adj adelig; ædel

nobody ['noubədi] pron ingen

nod [nɔd] n nik nt; v nikke

noise [nɔiz] n lyd c; spektakel nt, brag nt, støj c

noisy ['nɔizi] adj støjende; lydt

nominal ['nɔminəl] adj

nominel

nominate ['nɔmineit] v nominere

nomination [,nɔmi'neiʃən] n nominering c; udnævnelse c

none [nʌn] pron ingen

nonsense ['nɔnsəns] n vrøvl nt

non-smoker [,nɔn'smoukə] n ikke-ryger c

noon [nu:n] n middag c

nor [nɔ:] adv eller

normal ['nɔ:məl] adj normal

north [nɔ:θ] n nord; adj nordlig; North Pole nordpol c

north-east [,nɔ:θ'i:st] n nordøst

northern ['nɔ:ðən] adj nordlig

north-west [,nɔ:θ'west] n nordvest

Norway ['nɔ:wei] Norge

Norwegian [nɔ:'wi:dʒən] adj norsk; n nordmand c

nose [nouz] n næse c

nosebleed ['nouzbli:d] n næseblod nt

nostril ['nɔstril] n næsebor nt

nosy ['nɔuzi] adj colloquial nysgerrig

not [nɔt] adv ikke

notary ['noutəri] n notar c

note [nout] n node c, note c; tone c; v notere; bemærke, konstatere

notebook ['noutbuk] n notesbog c

noted ['noutid] adj berømt

notepaper ['nout,peipə] n

brevpapir *nt*

nothing ['nʌθiŋ] *n* intet

notice ['noutis] *v* *lægge mærke til, bemærke, opdage; *se; *n* underretning *c*, notits *c*; agt *c*, opmærksomhed *c*

noticeable ['noutisəbəl] *adj* mærkbar; bemærkelsesværdig

notify ['noutifai] *v* meddele; underrette

notion ['nouʃən] *n* anelse *c*, begreb *c*

notorious [nou'tɔːriəs] *adj* berygtet

nought [nɔːt] *n* nul *nt*

noun [naun] *n* substantiv *nt*, navneord *nt*

nourishing ['nʌriʃiŋ] *adj* nærende

novel ['nɔvəl] *n* roman *c*

novelist ['nɔvəlist] *n* romanforfatter *c*

November [nou'vembə] november

now [nau] *adv* nu; for øjeblikket; ~ and then nu og da

nowadays ['nauədeiz] *adv* nutildags

nowhere ['nouweə] *adv* intetsteds

nozzle ['nɔzəl] *n* tud *c*

nuance [nju'ɑːs] *n* nuance *c*

nuclear ['njuːkliə] *adj* kerne-; ~ energy atomenergi *c*

nucleus ['njuːkliəs] *n* kerne *c*

nude [njuːd] *adj* nøgen; *n* nøgenstudie *c*

nuisance ['njuːsəns] *n* besvær *nt*

numb [nʌm] *adj* følelsesløs; valen

number ['nʌmbə] *n* nummer *nt*; tal *nt*, antal *nt*

numeral ['njuːmərəl] *n* talord *nt*

numerous ['njuːmərəs] *adj* talrig

nun [nʌn] *n* nonne *c*

nurse [nɔːs] *n* sygeplejerske *c*; barnepige *c*; *v* pleje; amme

nursery ['nɔːsəri] *n* børneværelse *nt*; vuggestue *c*; planteskole *c*

nut [nʌt] *n* nød *c*; møtrik *c*

nutcrackers ['nʌt,krækəz] *pl* nøddeknækker *c*

nutmeg ['nʌtmeg] *n* muskat *c*

nutritious [njuː'triʃəs] *adj* nærende

nutshell ['nʌtʃel] *n* nøddeskal *c*

nylon ['nailɔn] *n* nylon *nt*

O

oak [ouk] n eg c

oar [ɔː] n åre c

oasis [ou'eisis] n (pl oases) oase c

oath [ouθ] n ed c

oats [outs] pl havre c

obedience [ə'biːdiəns] n lydighed c

obedient [ə'biːdiənt] adj lydig

obey [ə'bei] v *adlyde

object¹ ['ɔbdʒikt] n objekt nt; genstand c; formål nt

object² [əb'dʒekt] v indvende; ~ to protestere imod

objection [əb'dʒekʃən] n indvending c

objective [əb'dʒektiv] adj objektiv; n formål nt

obligatory [ə'bligətəri] adj obligatorisk

oblige [ə'blaidʒ] v forpligte; *be obliged to *være forpligtet til; *skulle

obliging [ə'blaidʒiŋ] adj imødekommende

oblong ['ɔblɔŋ] adj aflang; n rektangel nt

obscene [əb'siːn] adj sjofel, uanstændig

obscure [əb'skjuə] adj dunkel, mørk, uklar

observation [ˌɔbzə'veiʃən] n iagttagelse c, observation c

observatory [əb'zəːvətri] n

observatorium nt

observe [əb'zəːv] v bemærke, observere

obsession [əb'seʃən] n tvangstanke c

obstacle ['ɔbstəkəl] n forhindring c

obstinate ['ɔbstinət] adj genstridig; hårdnakket

obtain [əb'tein] v opnå, *få

obtainable [əb'teinəbəl] adj kan fås

obvious ['ɔbviəs] adj indlysende

occasion [ə'keiʒən] n lejlighed c; anledning c

occasionally [ə'keiʒənəli] adv af og til, nu og da

occupant ['ɔkjupənt] n beboer c

occupation [ˌɔkju'peiʃən] n beskæftigelse c; besættelse c

occupy ['ɔkjupai] v *besætte; occupied adj besat

occur [ə'kəː] v hænde, *forekomme, ske

occurrence [ə'kʌrəns] n hændelse c

ocean ['ouʃən] n ocean nt

October [ɔk'toubə] oktober

octopus ['ɔktəpəs] n blæksprutte c

oculist ['ɔkjulist] n øjenlæge c

odd [ɔd] adj sær, mærkelig; ulige

odour ['oudə] n duft c, lugt c
of [ɔv, əv] prep af
off [ɔf] adv af; væk; prep af
offence [ə'fens] n forseelse c; anstød nt, fornærmelse c
offend [ə'fend] v såre, fornærme; *forse sig
offensive [ə'fensiv] adj offensiv; anstødelig, fornærmende; n offensiv c
offer ['ɔfə] v *tilbyde; yde; n tilbud nt
office ['ɔfis] n kontor nt; embede nt; ~ hours kontortid c
officer ['ɔfisə] n officer c
official [ə'fiʃəl] adj officiel
off-licence ['ɔf,laisəns] n, liquor store nAm spiritusforretning c
often ['ɔfən] adv tit, ofte
oil [ɔil] n olie c; fuel ~ brændselsolie c; ~ filter oliefilter nt; ~ pressure olietryk nt
oil painting [,ɔil'peintiŋ] n oliemaleri c
oil refinery ['ɔilri,fainəri] n olieraffinaderi nt
oil well ['ɔilwel] n oliekilde c
oily ['ɔili] adj olieagtig
ointment ['ɔintmənt] n salve c
okay! [,ou'kei] fint!
old [ould] adj gammel; ~ age alderdom c
old-fashioned [,ould'fæʃənd] adj gammeldags
olive ['ɔliv] n oliven c; ~ oil

olivenolie c
omelette ['ɔmlət] n omelet c
ominous ['ɔminəs] adj ildevarslende
omit [ə'mit] v *udelade
omnipotent [ɔm'nipətənt] adj almægtig
on [ɔn] prep på; ved
once [wʌns] adv engang; at ~ med det samme; for ~ for en gangs skyld; ~ more endnu engang
oncoming ['ɔn,kʌmiŋ] adj kommende, modgående
one [wʌn] num en; pron man
oneself [wʌn'self] pron selv
onion ['ʌnjən] n løg nt
only ['ounli] adj eneste; adv kun, alene; conj men
onwards ['ɔnwədz] adv fremad
onyx ['ɔniks] n onyks c
opal ['oupəl] n opal c
open ['oupən] v åbne; adj åben
opener n åbner c
opening ['oupəniŋ] n åbning c
opera ['ɔpərə] n opera c; ~ house operahus nt
operate ['ɔpəreit] v virke; operere
operation [,ɔpə'reiʃən] n funktion c; operation c
operator ['ɔpəreitə] n telefondame c
opinion [ə'pinjən] n opfattelse c, mening c
opponent [ə'pounənt] n modstander c

opportunity [,ɔpə'tju:nəti] n
lejlighed c, chance c

oppose [ə'pouz] v *modsætte
sig

opposite ['ɔpəzit] prep over
for; adj modstående, modsat

opposition [,ɔpə'ziʃən] n
opposition c

oppress [ə'pres] v
undertrykke, tynge

optician [ɔp'tiʃən] n optiker c

optimism ['ɔptimizəm] n
optimisme c

optimist ['ɔptimist] n
optimist c

optimistic [,ɔpti'mistik] adj
optimistisk

optional ['ɔpʃənəl] adj valgfri

or [ɔ:] conj eller

oral ['ɔ:rəl] adj mundtlig

orange ['ɔrindʒ] n appelsin c;
adj orange

orbit ['ɔ:bit] n omløbsbane c

orchard ['ɔ:tʃəd] n frugthave
c

orchestra ['ɔ:kistrə] n
orkester nt; ~ seat Am
orkesterplads c

order ['ɔ:də] v beordre;
bestille; n rækkefølge c,
orden c; ordre c, befaling c;
bestilling c; in ~ i orden; in ~
to for at; made to ~ lavet på
bestilling; out of ~ i uorden;
postal ~ postanvisning c

order form ['ɔ:dəfɔ:m] n
ordreseddel c

ordinary ['ɔ:dənri] adj
sædvanlig, dagligdags

ore [ɔ:] n malm c

organ ['ɔ:gən] n organ nt;
orgel nt

organic [ɔ:'gænik] adj
organisk

organization
[,ɔ:gənai'zeiʃən] n
organisation c

organize ['ɔ:gənaiz] v
organisere

Orient ['ɔ:riənt] n Orienten

oriental [,ɔ:ri'entəl] adj
orientalsk

orientate ['ɔ:riənteit] v
orientere sig

origin ['ɔridʒin] n afstamning
c, oprindelse c; nedstamning
c, herkomst c

original [ə'ridʒinəl] adj
original, oprindelig

originally [ə'ridʒinəli] adv
oprindeligt

ornament ['ɔ:nəmənt] n
ornament nt

ornamental [,ɔ:nə'mentəl]
adj ornamental

orphan ['ɔ:fən] n forældreløst
barn

orthodox ['ɔ:θədɔks] adj
ortodoks

ostrich ['ɔstritʃ] n struds c

other ['ʌðə] adj anden

otherwise ['ʌðəwaiz] conj
ellers; adv anderledes

*ought to [ɔ:t] *burde

ounce [auns] n unse c (28,35
g)

our [auə] adj vor

ours [auəz] pron vores

ourselves [auə'selvz] pron
os; selv

out [aut] *adv* ude, ud; ~ of
uden for, fra

outbreak ['autbreik] *n*
udbrud *nt*

outcome ['autkʌm] *n* resultat
nt

*outdo [,aut'du:] *v* *overgå

outdoors [,aut'dɔ:z] *adv*
udendørs

outer ['autə] *adj* ydre

outfit ['autfit] *n* udstyr *nt*

outing ['autiŋ] *n* udflugt *c*

outline ['autlain] *n* omrids *nt*;
v tegne i omrids

outlook ['autluk] *n* udsigt *c*;
syn *nt*

output ['autput] *n*
produktion *c*

outrage ['autreidʒ] *n*
voldshandling *c*

outside [,aut'said] *adv*
udenfor; *prep* uden for; *n*
ydre *nt*, yderside *c*

outsize ['autsaiz] *n* stor
størrelse

outskirts ['autskə:ts] *pl*
udkant *c*

outstanding [,aut'stændiŋ]
adj fremstående, eminent

outward ['autwəd] *adj*
udvendig

outwards ['autwədz] *adv*
udad

oval ['ouvəl] *adj* oval

oven ['ʌvən] *n* stegeovn *c*;
microwave ~
mikrobølgeovn

over ['ouvə] *prep* over, oven
for; *adv* over; omkuld; *adj*
forbi

overall ['ouvərɔ:l] *adj* samlet

overalls ['ouvərɔ:lz] *pl*
overall *c*

overcast ['ouvəka:st] *adj*
overskyet

overcoat ['ouvəkout] *n*
overfrakke *c*

*overcome [,ouvə'kʌm] *v*
*overvinde

overdo [,ouvə'du:] *v* gøre for
meget ud af

overdraft ['ouvədra:ft] *n*
overtræk *nt*

overdraw [,ouvə'drɔ:] *v*
overtrække

overdue [,ouvə'dju:] *adj*
forsinket; tilbagestående

overgrown [,ouvə'groun] *adj*
overgroet

overhaul [,ouvə'hɔ:l] *v*
*efterse

overhead [,ouvə'hed] *adv*
ovenover

overlook [,ouvə'luk] *v*
*overse

overnight [,ouvə'nait] *adv*
natten over

overseas [,ouvə'si:z] *adj*
oversøisk

oversight ['ouvəsait] *n*
forglemmelse *c*, fejltagelse *c*

*oversleep [,ouvə'sli:p] *v*
*sove over sig

overstrung [,ouvə'strʌŋ] *adj*
overspændt

*overtake [,ouvə'teik] *v*
overhale; no overtaking
overhaling forbudt

over-tired [,ouvə'taiəd] *adj*
overtræt

overture ['ouvətʃə] n
  ouverture c
overweight ['ouvəweit] n
  overvægt c
overwhelm [,ouvə'welm] v
  besejre, overvælde
overwork [,ouvə'wə:k] v
  overanstrenge sig
owe [ou] v skylde; *have at
  takke for; owing to som

følge af, på grund af
owl [aul] n ugle c
own [oun] v eje; adj egen
owner ['ounə] n ejer c,
  indehaver c
ox [ɔks] n (pl oxen) okse c
oxygen ['ɔksidʒən] n ilt c
oyster ['ɔistə] n østers c
ozone ['ouzoun] n ozon c

P

pace [peis] n gangart c; skridt
  nt; tempo nt
Pacific Ocean [pə'sifik
  'ouʃən] Stillehavet
pacifism ['pæsifizəm] n
  pacifisme c
pacifist ['pæsifist] n pacifist
  c; adj pacifistisk
pack [pæk] v pakke; ~ up
  pakke sammen
package ['pækidʒ] n pakke c
packet ['pækit] n pakke c
packing ['pækiŋ] n
  indpakning c
pact [pækt] n pagt c
pad [pæd] n pude c; notesblok
  c
paddle ['pædəl] n padleåre c
padlock ['pædlɔk] n hængelås
  c
pagan ['peigən] adj hedensk;
  n hedning c
page [peidʒ] n pagina c, side c
pail [peil] n spand c
pain [pein] n smerte c; pains
  umage c

painful ['peinfəl] adj
  smertefuld
painkiller ['peinkilə] n
  smertestillende middel nt
painless ['peinləs] adj
  smertefri
paint [peint] n maling c; v
  male
paintbox ['peintbɔks] n
  malerkasse c
paintbrush ['peintbrʌʃ] n
  pensel c
painter ['peintə] n maler c
painting ['peintiŋ] n maleri nt
pair [pɛə] n par nt
Pakistan [,pɑ:ki'stɑ:n]
  Pakistan
Pakistani [,pɑ:ki'stɑ:ni] adj
  pakistansk; n pakistaner c
palace ['pæləs] n palads nt
pale [peil] adj bleg; lys
palm [pɑ:m] n palme c;
  håndflade c
palpable ['pælpəbəl] adj
  håndgribelig
palpitation [,pælpi'teiʃən] n

hjertebanken c

pan [pæn] n pande c

pane [pein] n rude c

panel [ˈpænəl] n panel nt

panelling [ˈpænəliŋ] n
panelering c

panic [ˈpænik] n panik c

pant [pænt] v gispe

panties [ˈpæntiz] pl trusser pl

pants [pænts] pl underbukser
pl; plAm bukser pl

pant suit [ˈpæntsuːt] n
buksedragt c

panty hose [ˈpæntihouz] n
strømpebukser pl

paper [ˈpeipə] n papir nt; avis
c; papir-; carbon ~
karbonpapir nt; ~ bag
papirspose c; ~ napkin
papirsserviet c; typing ~
skrivemaskinepapir nt;
wrapping ~
indpakningspapir nt

paperback [ˈpeipəbæk] n
billigbog c

paper knife [ˈpeipənaif] n
papirkniv c

parade [pəˈreid] n parade c

paradise [ˈpærədais] n
paradis nt

paraffin [ˈpærəfin] n
petroleum c

paragraph [ˈpærəgrɑːf] n
paragraf c, afsnit nt

parakeet [ˈpærəkiːt] n
papegøje c

parallel [ˈpærəlel] adj
sideløbende, parallel; n
parallel c

paralyse [ˈpærəlaiz] v lamme

parcel [ˈpɑːsəl] n pakke c

pardon [ˈpɑːdən] n tilgivelse
c; benådning c

parent [ˈpɛərənt] n forælder c

parents [ˈpɛərənts] pl
forældre pl

parents-in-law
[ˈpɛərəntsinlɔː] pl
svigerforældre pl

parish [ˈpæriʃ] n sogn nt

park [pɑːk] n park c; v parkere

parking [ˈpɑːkiŋ] n parkering
c; no ~ parkering forbudt; ~
fee parkeringsafgift c; ~
light positionslys nt; ~ lot
Am parkeringsplads c; ~
meter parkometer nt; ~ zone
parkeringszone c

parliament [ˈpɑːləmənt] n
parlament nt

parliamentary
[ˌpɑːləˈmentəri] adj
parlamentarisk

parrot [ˈpærət] n papegøje c

parsley [ˈpɑːsli] n persille c

parson [ˈpɑːsən] n præst c

parsonage [ˈpɑːsənidʒ] n
præstegård c

part [pɑːt] n del c, part c;
stykke nt; v skille; spare ~
reservedel c

partial [ˈpɑːʃəl] adj delvis;
partisk

participant [pɑːˈtisipənt] n
deltager c

participate [pɑːˈtisipeit] v
*deltage

particular [pəˈtikjulə] adj
speciel, særlig; kræsen; in ~
især

parting ['pɑ:tiŋ] n afsked c;
skilning c

partition [pɑ:'tiʃən] n
skillevæg c

partly ['pɑ:tli] adv dels, delvis

partner ['pɑ:tnə] n partner c;
kompagnon c

partridge ['pɑ:tridʒ] n
agerhøne c

party ['pɑ:ti] n parti nt; fest c,
party nt; gruppe c

pass [pɑ:s] v *forløbe,
passere; *række; *bestå;
vAm overhale; no passing
Am overhaling forbudt; ~ by
*forbigå *gå forbi; ~
through passere igennem

passage ['pæsidʒ] n passage
c; overfart c; gennemrejse c

passenger ['pæsəndʒə] n
passager c; ~ car Am
personvogn c; ~ train
persontog nt

passer-by [,pɑ:sə'bai] n
forbipasserende c

passion ['pæʃən] n lidenskab
c; affekt c

passionate ['pæʃənət] adj
lidenskabelig

passive ['pæsiv] adj passiv

passport ['pɑ:spɔ:t] n pas nt;
~ control paskontrol c; ~
photograph pasfoto nt

password ['pɑ:swə:d] n
feltråb nt

past [pɑ:st] n fortid c; adj
sidst, forløben, forløbet;
prep forbi, langs

paste [peist] n pasta c; v
klistre

pastime ['pɑ:staim] n
tidsfordriv nt

pastry ['peistri] n bagværk nt;
~ shop konditori nt

pasture ['pɑ:stʃə] n græsgang
c

patch [pætʃ] v lappe

patent ['peitənt] n patent nt

path [pɑ:θ] n sti c

patience ['peiʃəns] n
tålmodighed c

patient ['peiʃənt] adj
tålmodig; n patient c

patriot ['peitriət] n patriot c

patrol [pə'troul] n patrulje c;
v patruljere; overvåge

pattern ['pætən] n mønster
nt, motiv nt

pause [pɔ:z] n pause c; v
pausere

pave [peiv] v *belægge,
*brolægge

pavement ['peivmənt] n
fortov c; brolægning c

pavilion [pə'viljən] n pavillon
c

paw [pɔ:] n pote c

pawn [pɔ:n] v *pantsætte; n
skakbonde c

pawnbroker ['pɔ:n,broukə] n
pantelåner c

pay [pei] n gage c, løn c

*pay [pei] v betale; betale sig;
~ attention to *lægge mærke
til; paying rentabel; ~ off
indfri; ~ on account
afbetale

pay desk ['peidesk] n kasse c

payee [pei'i:] n
betalingsmodtager c

payment ['peimənt] n
betaling c

pea [pi:] n ært c

peace [pi:s] n fred c

peaceful ['pi:sfəl] adj
fredelig

peach [pi:tʃ] n fersken c

peacock ['pi:kɔk] n påfugl c

peak [pi:k] n tinde c; top c; ~
hour myldretid c; ~ season
højsæson c

peanut ['pi:nʌt] n jordnød c

pear [peə] n pære c

pearl [pə:l] n perle c

peasant ['pezənt] n bonde c

pebble ['pebəl] n rullesten c

peculiar [pi'kju:ljə] adj
ejendommelig; speciel,
underlig

peculiarity [pi,kju:li'ærəti] n
særegenhed c

pedal ['pedəl] n pedal c

pedestrian [pi'destriən] n
fodgænger c; no
pedestrians forbudt for
fodgængere; ~ crossing
fodgængerovergang c

peel [pi:l] v skrælle; n skræl c

peep [pi:p] v kigge

peg [peg] n knage c

pelican ['pelikən] n pelikan c

pelvis ['pelvis] n bækken nt

pen [pen] n pen c

penalty ['penəlti] n bøde c;
straf c; ~ kick straffespark c

pencil ['pensəl] n blyant c

pencil sharpener
['pensəl,ʃɑ:pnə] n
blyantspidser c

pendant ['pendənt] n

hængesmykke nt

penetrate ['penitreit] v
gennemtrænge

penguin ['peŋgwin] n
pingvin c

penicillin [,peni'silin] n
penicillin c

peninsula [pə'ninsjulə] n
halvø c

penknife ['pennaif] n (pl
-knives) lommekniv c

penny ['peni] n (pl pennies)
penny c

pension¹ ['pɑ̃:siɔ̃:] n
pensionat nt

pension² ['penʃən] n pension
c

Pentecost ['pentikɔst] n
pinse c

people ['pi:pəl] pl folk nt; n
folkeslag nt

pepper ['pepə] n peber nt

peppermint ['pepəmint] n
pebermynte c

perceive [pə'si:v] v opfatte,
fornemme

percent [pə'sent] n procent c

percentage [pə'sentidʒ] n
procentdel c

perceptible [pə'septibəl] adj
mærkbar

perception [pə'sepʃən] n
fornemmelse c

perch [pə:tʃ] (pl ~) aborre c

percolator ['pə:kəleitə] n
kaffekolbe c

perfect ['pə:fikt] adj
fuldkommen, perfekt

perfection [pə'fekʃən] n
fuldkommenhed c,

fuldendthed c

perform [pə'fɔ:m] v udrette, udføre

performance [pə'fɔ:məns] n forestilling c; præstation c

perfume ['pə:fju:m] n parfume c

perhaps [pə'hæps] adv måske; muligvis

peril ['peril] n fare c

perilous ['periləs] adj farlig

period ['piəriəd] n periode c; punktum nt

periodical [,piəri'ɔdikəl] n tidsskrift nt; adj periodisk

perish ['periʃ] v *omkomme

perishable ['periʃəbəl] adj letfordærvelig

perjury ['pə:dʒəri] n mened c

permanent ['pə:mənənt] adj varig, permanent, vedvarende; blivende; fast; ~ wave permanent c

permission [pə'miʃən] n tilladelse c; lov c, bevilling c

permit[1] [pə'mit] v *tillade, *give lov til

permit[2] ['pə:mit] n tilladelse c, autorisation c

peroxide [pə'rɔksaid] n brintoverilte c

perpendicular [,pə:pən'dikjulə] adj lodret

Persia ['pə:ʃə] Persien

Persian ['pə:ʃən] adj persisk; n perser c

person ['pə:sən] n person c; per ~ pro persona

personal ['pə:sənəl] adj personlig; **personal**

identification number n personligt ID-nummer nt

personality [,pə:sə'næləti] n personlighed c

personnel [,pə:sə'nel] n personale nt

perspective [pə'spektiv] n perspektiv nt

perspiration [,pə:spə'reiʃən] n sved c, transpiration c

perspire [pə'spaiə] v transpirere, svede

persuade [pə'sweid] v overtale; overbevise

persuasion [pə'sweiʒən] n overbevisning c

pessimism ['pesimizəm] n pessimisme c

pessimist ['pesimist] n pessimist c

pessimistic [,pesi'mistik] adj pessimistisk

pet [pet] n kæledyr nt; kæledægge c; yndlings-

petal ['petəl] n kronblad nt

petition [pi'tiʃən] n andragende nt

petrol ['petrəl] n benzin c; ~ pump n benzinpumpe c; ~ station n benzinstation c; ~ tank n benzintank c; unleaded ~ n blyfri benzin c

petroleum [pi'trouliəm] n råolie c

petty ['peti] adj ubetydelig, intetsigende, lille; ~ cash småbeløb pl

pewter ['pju:tə] n tin nt

phantom ['fæntəm] n gespenst nt

pharmacology
[,fɑːməˈkɔlədʒi] n
farmakologi c

pharmacy [ˈfɑːməsi] nAm
apotek nt; materialhandel c

phase [feiz] n fase c

pheasant [ˈfezənt] n fasan c

Philippine [ˈfilipain] adj
filippinsk

Philippines [ˈfilipiːnz] pl
Filippinerne

philosopher [fiˈlɔsəfə] n
filosof c

philosophy [fiˈlɔsəfi] n
filosofi c

phone [foun] n telefon c; v
telefonere

phone card [ˈfounkɑːd] n
telefonkort nt

phonetic [fəˈnetik] adj
fonetisk

photo [ˈfoutou] n (pl ~s)
fotografi nt

photocopy [ˈfoutəkɔpi] n
fotokopi c

photograph [ˈfoutəgrɑːf] n
fotografi nt; v fotografere

photographer [fəˈtɔgrəfə] n
fotograf c

photography [fəˈtɔgrəfi] n
fotografering c

photo message
[ˈfoutou‿mesɑdʒ] n
billedbesked c

phrase [freiz] n vending c

phrase book [ˈfreizbuk] n
parlør c

physical [ˈfizikəl] adj fysisk

physician [fiˈziʃən] n læge c

physicist [ˈfizisist] n fysiker c

physics [ˈfiziks] n
naturvidenskab c, fysik c

physiology [,fiziˈɔlədʒi] n
fysiologi c

pianist [ˈpiːənist] n pianist c

piano [piˈænou] n klaver nt;
grand ~ flygel nt

pick [pik] v plukke; *vælge; n
valg nt; ~ up samle op;
hente; pick-up van varevogn
c

pickles [ˈpikəlz] pl pickles pl

picnic [ˈpiknik] n skovtur c; v
*tage på skovtur

picture [ˈpiktʃə] n maleri nt;
illustration c, stik nt; billede
nt; ~ postcard prospektkort
nt, postkort nt; pictures
biograf c

picturesque [,piktʃəˈresk]
adj pittoresk, malerisk

piece [piːs] n stykke nt

pier [piə] n mole c

pierce [piəs] v gennembore

pig [pig] n gris c; svin nt

pigeon [ˈpidʒən] n due c

piggy bank [ˈpigibæŋk] n
sparegris c

pig-headed [,pigˈhedid] adj
stivsindet

pigskin [ˈpigskin] n
svinelæder nt

pike [paik] (pl ~) gedde c

pile [pail] n stabel c; v stable;
piles pl hæmorroider pl

pilgrim [ˈpilgrim] n pilgrim c

pilgrimage [ˈpilgrimidʒ] n
pilgrimsrejse c

pill [pil] n pille c

pillar [ˈpilə] n pille c, søjle c

pillarbox ['piləbɔks] n postkasse c

pillow ['pilou] n pude c, hovedpude c

pillowcase ['piloukeis] n pudebetræk nt

pilot ['pailət] n pilot c; lods c

pimple ['pimpəl] n filipens c

pin [pin] n knappenål c; v fæste med nål; bobby ~ Am hårklemme c

PIN [pin] n personligt ID-nummer nt

pincers ['pinsəz] pl knibtang c

pinch [pintʃ] v *knibe

pineapple ['pai,næpəl] n ananas c

pink [piŋk] adj lyserød

pioneer [,paiə'niə] n nybygger c

pious [paiəs] adj from

pip [pip] n kerne c

pipe [paip] n pibe c; rør nt; ~ cleaner piberenser c; pipe-line n rørledning c; ~ tobacco pibetobak c

pirate ['paiərət] n sørøver c

pistol ['pistəl] n pistol c

piston ['pistən] n stempel nt; ~ ring stempelring c

pit [pit] n grav c; grube c

pitcher ['pitʃə] n kande c

pity ['piti] n medlidenhed c; v ynke; *have medlidenhed med; what a pity! det var synd!

placard ['plækɑːd] n opslag nt

place [pleis] n sted nt; v

*sætte, *anbringe, stille; ~ of birth fødested nt; *take ~ *finde sted

plague [pleig] n plage c

plaice [pleis] (pl ~) rødspætte c

plain [plein] adj tydelig; almindelig, enkel; n slette c

plan [plæn] n plan c; v *planlægge

plane [plein] adj plan; n flyvemaskine c; ~ crash flystyrt nt

planet ['plænit] n planet c

planetarium [,plæni'teəriəm] n planetarium nt

plank [plæŋk] n planke c

plant [plɑːnt] n plante c; industrivirksomhed c; v plante

plantation [plæn'teiʃən] n plantage c

plaster ['plɑːstə] n puds c, gips c; hæfteplaster nt, plaster nt

plastic ['plæstik] adj plastic-; n plastic nt

plate [pleit] n tallerken c; plade c

plateau ['plætou] n (pl ~x, ~s) højslette c

platform ['plætfɔːm] n perron c; ~ ticket perronbillet c

platinum ['plætinəm] n platin nt

play [plei] v lege; spille; n leg c; skuespil nt; one-act ~ enakter c; ~ truant skulke

player [pleiə] n spiller c

playground ['pleigraund] n

legeplads c

playing card ['pleiiŋkɑːd] *n* spillekort *nt*

playwright ['pleirait] *n* skuespilforfatter *c*

plea [pliː] *n* forsvar *nt*

plead [pliːd] *v* plædere; trygle

pleasant ['plezənt] *adj* behagelig, dejlig, tiltalende

please [pliːz] venligst; *v* behage; **pleased** tilfreds; **pleasing** behagelig

pleasure ['pleʒə] *n* fornøjelse *c*, glæde *c*

plentiful ['plentifəl] *adj* rigelig

plenty ['plenti] *n* overflod *c*

pliers [plaiəz] *pl* tang *c*

plimsolls ['plimsəlz] *pl* gummisko *pl*

plot [plɔt] *n* komplot *nt*, sammensværgelse *c*; handling *c*; parcel *c*; *v* smede rænker

plough [plau] *n* plov *c*; *v* pløje

plucky ['plʌki] *adj* kæk

plug [plʌg] *n* stikkontakt *c*; ~ **in** tilslutte

plum [plʌm] *n* blomme *c*

plumber ['plʌmə] *n* blikkenslager *c*

plump [plʌmp] *adj* buttet

plural ['pluərəl] *n* flertal *nt*

plus [plʌs] *prep* plus

pneumatic [njuˈmætik] *adj* pneumatisk

pneumonia [njuˈmouniə] *n* lungebetændelse *c*

poach [poutʃ] *v* drive krybskytteri

pocket ['pɔkit] *n* lomme *c*

pocketbook ['pɔkitbuk] *n* tegnebog *c*

pocketknife ['pɔkitnaif] *n* (pl -knives) lommekniv *c*

poem ['pouim] *n* digt *nt*

poet ['pouit] *n* digter *c*

poetry ['pouitri] *n* poesi *c*

point [pɔint] *n* punkt *nt*; spids *c*; *v* pege; ~ **of view** standpunkt *nt*; ~ **out** vise

pointed ['pɔintid] *adj* spids

poison ['pɔizən] *n* gift *c*; *v* forgifte

poisonous ['pɔizənəs] *adj* giftig

Poland ['poulənd] Polen

pole [poul] *n* pæl *c*

police [pəˈliːs] *pl* politi *nt*

policeman [pəˈliːsmən] *n* (pl -men) politibetjent *c*, politimand *c*

police station [pəˈliːs, steiʃən] *n* politistation *c*

policy ['pɔlisi] *n* politik *c*; police *c*

polio ['pouliou] *n* børnelammelse *c*, polio *c*

Polish ['pouliʃ] *adj* polsk

polish ['pɔliʃ] *v* polere

polite [pəˈlait] *adj* høflig

political [pəˈlitikəl] *adj* politisk

politician [,pɔliˈtiʃən] *n* politiker *c*

politics ['pɔlitiks] *n* politik *c*

poll [poul] *n* valgsted *c*; **go to the polls** *v* gå til valgstederne

pollute [pə'lu:t] v forurene
pollution [pə'lu:ʃən] n
forurening c
pond [pɔnd] n dam c
pony ['pouni] n pony c
pool [pu:l] n bassin nt; ~
attendant livredder c
poor [puə] adj fattig; sølle
pope [poup] n pave c
pop music [pɔp 'mju:zik]
popmusik c
poppy ['pɔpi] n valmue c
popular ['pɔpjulə] adj
populær; folke-
population [,pɔpju'leiʃən] n
befolkning c
populous ['pɔpjuləs] adj
folkerig
porcelain ['pɔ:səlin] n
porcelæn nt
porcupine ['pɔ:kjupain] n
hulepindsvin nt
pork [pɔ:k] n svinekød nt
port [pɔ:t] n havn c; bagbord
nt; portvin c
portable ['pɔ:təbəl] adj
transportabel
porter ['pɔ:tə] n drager c;
portier c
porthole ['pɔ:thoul] n koøje
nt
portion ['pɔ:ʃən] n portion c
portrait ['pɔ:trit] n portræt nt
Portugal ['pɔ:tjugəl] n
Portugal
Portuguese [,pɔ:tju'gi:z] adj
portugisisk; n portugiser c
posh [pɔʃ] adj colloquial
smart
position [pə'ziʃən] n position

c; situation c; holdning c;
stilling c
positive ['pɔzətiv] adj
positiv; n positiv nt
possess [pə'zes] v *besidde;
possessed adj besat
possession [pə'zeʃən] n
besiddelse c; possessions
eje pl
possibility [,pɔsə'biləti] n
mulighed c
possible ['pɔsəbəl] adj
mulig; eventuel; possibly
adv muligvis
post [poust] n stolpe c; post c;
v poste; post-office
postkontor nt
postage ['poustidʒ] n porto
c; ~ paid portofri; ~ stamp
frimærke nt
postcard ['poustka:d] n
postkort nt
poster ['poustə] n plakat c
poste restante [poust
re'stã:t] poste restante
postman ['poustmən] n (pl
-men) postbud nt
post-paid [,poust'peid] adj
franko
postpone [pə'spoun] v
*udskyde, *udsætte
pot [pɔt] n gryde c
potato [pə'teitou] n (pl ~es)
kartoffel c
pottery ['pɔtəri] n keramik c;
pottemagervarer pl
pouch [pautʃ] n pung c
poulterer ['poultərə] n
vildthandler c
poultry ['poultri] n fjerkræ nt

pound [paund] *n* pund *nt*

pour [pɔ:] *v* hælde, skænke

poverty ['pɔvəti] *n* fattigdom *c*

powder ['paudə] *n* pudder *nt*; ~ compact pudderdåse *c*; talc ~ talkum *nt*

powder room ['paudəru:m] *n* dametoilet *nt*

power [pauə] *n* kraft *c*, styrke *c*; energi *c*; magt *c*

powerful ['pauəfəl] *adj* mægtig, indflydelsesrig; stærk

powerless ['pauələs] *adj* magtesløs

power station ['pauə‚steiʃən] *n* kraftværk *nt*

practical ['præktikəl] *adj* praktisk

practically ['præktikli] *adv* omtrent

practice ['præktis] *n* praksis *c*

practise ['præktis] *v* praktisere; øve sig

praise [preiz] *v* rose; *n* ros *c*

pram [præm] *n* barnevogn *c*

prawn [prɔ:n] *n* reje *c*

pray [prei] *v* *bede

prayer [prɛə] *n* bøn *c*

preach [pri:tʃ] *v* prædike

precarious [pri'kɛəriəs] *adj* prekær

precaution [pri'kɔ:ʃən] *n* forsigtighed *c*; sikkerhedsforanstaltning *c*

precede [pri'si:d] *v* *gå forud for

preceding [pri'si:diŋ] *adj*

foregående

precious ['preʃəs] *adj* kostbar; dyrebar

precipice ['presipis] *n* afgrund *c*

precipitation [pri‚sipi'teiʃən] *n* nedbør *c*

precise [pri'sais] *adj* præcis, eksakt, nøjagtig; pertentlig

predecessor ['pri:disesə] *n* forgænger *c*

predict [pri'dikt] *v* *forudsige

prefer [pri'fə:] *v* *foretrække

preferable ['prefərəbəl] *adj* at *foretrække

preference ['prefərəns] *n* forkærlighed *c*

prefix ['pri:fiks] *n* forstavelse *c*

pregnant ['pregnənt] *adj* gravid, svanger

prejudice ['predʒədis] *n* fordom *c*

preliminary [pri'liminəri] *adj* indledende; forberedende

premature ['premətʃuə] *adj* forhastet

premier ['premiə] *n* statsminister *c*

premises ['premisiz] *pl* ejendom *c*

premium ['pri:miəm] *n* forsikringspræmie *c*

prepaid [‚pri:'peid] *adj* forudbetalt

preparation [‚prepə'reiʃən] *n* forberedelse *c*

prepare [pri'pɛə] *v* forberede; berede

prepared [pri'pɛəd] *adj*

beredt

preposition [ˌprepə'ziʃən] n
præposition c

prescribe [pri'skraib] v
*foreskrive, ordinere

prescription [pri'skripʃən] n
recept c

presence ['prezəns] n
nærværelse c;
tilstedeværelse c

present¹ ['prezənt] n
foræring c, gave c; nutid c;
adj nuværende;
tilstedeværende

present² [pri'zent] v
præsentere; *forelægge

presently ['prezəntli] adv om
lidt, snart

preservation [ˌprezə'veiʃən]
n konservering c

preserve [pri'zə:v] v
konservere

president ['prezidənt] n
præsident c; formand c

press [pres] n presse c; v
trykke på, trykke; presse; ~
conference
pressekonference c

pressing ['presiŋ] adj
presserende

pressure ['preʃə] n tryk nt;
pres nt; atmospheric ~
lufttryk nt

pressure cooker
['preʃə,kukə] n trykkoger c

prestige [pre'sti:ʒ] n prestige
c

presumable [pri'zju:məbəl]
adj antagelig

presumptuous

[pri'zʌmpʃəs] adj
overmodig; anmassende

pretence [pri'tens] n påskud
nt

pretend [pri'tend] v
*foregive, *lade som om

pretext ['pri:tekst] n påskud
nt

pretty ['priti] adj køn; adv
temmelig

prevent [pri'vent] v afværge,
forhindre; forebygge

preventive [pri'ventiv] adj
forebyggende

preview ['pri:vju:] n
(exhibition) fernisering c;
(movie) forpremiere c

previous ['pri:viəs] adj
forudgående, tidligere,
forrige

price [prais] n pris c; v
*prissætte

priceless ['praisləs] adj
uvurderlig

price list ['prais,list] n
prisliste c

prick [prik] v prikke

pride [praid] n stolthed c

priest [pri:st] n katolsk præst

primary ['praiməri] adj
primær; hoved-; elementær

prince [prins] n prins c

princess [prin'ses] n
prinsesse c

principal ['prinsəpəl] adj
hoved-; n rektor c

principle ['prinsəpəl] n
princip nt, grundsætning c

print [print] v trykke; n aftryk
nt; tryk nt; printed matter

tryksag *c*

prior ['praiə] *adj* forudgående

priority [prai'ɔrəti] *n*
fortrinsret *c*, prioritet *c*

prison ['prizən] *n* fængsel *nt*

prisoner ['prizənə] *n* fange *c*,
indsat *c*; ~ of war krigsfange
c

privacy ['praivəsi] *n* privatliv

private ['praivit] *adj* privat;
personlig

privilege ['privilidʒ] *n*
privilegium *nt*

prize [praiz] *n* præmie *c*;
belønning *c*

probable ['prɔbəbəl] *adj*
sandsynlig, mulig

probably ['prɔbəbli] *adv*
sandsynligvis

problem ['prɔbləm] *n*
problem *nt*; spørgsmål *nt*

procedure [prə'si:dʒə] *n*
fremgangsmåde *c*

proceed [prə'si:d] *v*
*fortsætte; *bære sig ad

process ['prouses] *n* proces
c, fremgangsmåde *c*

procession [prə'seʃən] *n*
optog *nt*, procession *c*

pro-choice ['prou-'tʃɔis] *adj*
fri abort

proclaim [prə'kleim] *v*
proklamere, *kundgøre

produce¹ [prə'dju:s] *v*
fremstille

produce² ['prɔdju:s] *n*
produkt *nt*

producer [prə'dju:sə] *n*
producent *c*

product ['prɔdʌkt] *n* produkt

nt

production [prə'dʌkʃən] *n*
produktion *c*

profession [prə'feʃən] *n*
profession *c*

professional [prə'feʃənəl]
adj professionel

professor [prə'fesə] *n*
professor *c*

profit ['prɔfit] *n* profit *c*,
fordel *c*; gavn *c*; *v* *nyde godt

profitable ['prɔfitəbəl] *adj*
indbringende

profound [prə'faund] *adj*
dybsindig

programme ['prougræm] *n*
program *nt*

progress¹ ['prougres] *n*
fremskridt *nt*

progress² [prə'gres] *v* *gøre
fremskridt

progressive [prə'gresiv] *adj*
progressiv,
fremskridtsvenlig;
tiltagende

prohibit [prə'hibit] *v*
*forbyde

prohibition [,proui'biʃən] *n*
forbud *nt*

prohibitive [prə'hibitiv] *adj*
uoverkommelig

project ['prɔdʒekt] *n* plan *c*,
projekt *nt*

pro-life ['prou-'laif] *adj* mod
abort

promenade [,prɔmə'nɑ:d] *n*
promenade *c*

promise ['prɔmis] *n* løfte *nt*;
v love

promote [prə'mout] *v*

forfremme, fremme
promotion [prə'mouʃən] n
forfremmelse c

prompt [prɔmpt] adj
omgående, øjeblikkelig

pronoun ['prounaun] n
stedord nt

pronounce [prə'nauns] v
udtale

pronunciation
[,prənʌnsi'eiʃən] n udtale c

proof [pru:f] n bevis n

propaganda [,prɔpə'gændə]
n propaganda c

propel [prə'pel] v *drive frem

propeller [prə'pelə] n propel
c, skrue c

proper ['prɔpə] adj ret;
sømmelig, passende, rigtig

property ['prɔpəti] n
ejendele pl, ejendom c;
egenskab c

prophet ['prɔfit] n profet c

proportion [prə'pɔːʃən] n
proportion c

proportional [prə'pɔːʃənəl]
adj proportional

proposal [prə'pouzəl] n
forslag n

propose [prə'pouz] v *foreslå

proposition [,prɔpə'ziʃən] n
forslag n

proprietor [prə'praiətə] n
ejer c

prospect ['prɔspekt] n udsigt
c

prospectus [prə'spektəs] n
prospekt nt

prosperity [prɔ'sperəti] n
medgang c, velstand c;

velfærd c

prosperous ['prɔspərəs] adj
velstående, blomstrende

prostitute ['prɔstitjuːt] n
prostitueret c

protect [prə'tekt] v beskytte

protection [prə'tekʃən] n
beskyttelse c

protein ['proutiːn] n protein
nt

protest[1] ['proutest] n protest
c

protest[2] [prə'test] v
protestere

Protestant ['prɔtistənt] adj
protestantisk

proud [praud] adj stolt; vigtig

prove [pruːv] v bevise, påvise;
vise sig

proverb ['prɔvəːb] n
ordsprog nt

provide [prə'vaid] v levere,
skaffe; provided that
forudsat at

province ['prɔvins] n amt nt;
provins c

provincial [prə'vinʃəl] adj
provinsiel

provisional [prə'viʒənəl] adj
foreløbig

provisions [prə'viʒənz] pl
proviant c

prune [pruːn] n sveske c

psychiatrist [sai'kaiətrist] n
psykiater c

psychic ['saikik] adj psykisk

psychoanalyst
[,saikou'ænəlist] n
psykoanalytiker c

psychological

[,saikɔ'lɔdʒikəl] adj
psykologisk
psychologist [sai'kɔlədʒist]
n psykolog c
psychology [sai'kɔlədʒi] n
psykologi c
pub [pʌb] n værtshus nt;
knejpe c
public ['pʌblik] adj almen,
offentlig; n publikum nt; ~
garden offentligt anlæg; ~
house værtshus nt
publication [,pʌbli'keiʃən] n
publikation c
publicity [pʌ'blisəti] n
publicity c
publish ['pʌbliʃ] v
*offentliggøre, *udgive
publisher ['pʌbliʃə] n
forlægger c
puddle ['pʌdəl] n pyt c
pull [pul] v *trække; ~ out
*afgå; ~ up *holde
pulley ['puli] n (pl ~s) trisse c
Pullman ['pulmən] n
sovevogn c
pullover ['pu,louvə] n
pullover c
pulpit ['pulpit] n prædikestol
c, talerstol c
pulse [pʌls] n puls c
pump [pʌmp] n pumpe c; v
pumpe
pun [pʌn] n ordspil nt
punch [pʌntʃ] v støde; n
næveslag nt
punctual ['pʌŋktʃuəl] adj
punktlig, præcis
puncture ['pʌŋktʃə] n
punktering c

punctured ['pʌŋktʃəd] adj
punkteret
punish ['pʌniʃ] v straffe
punishment ['pʌniʃmənt] n
straf c
pupil ['pju:pəl] n elev c
puppet-show ['pʌpitʃou] n
dukketeater nt
purchase ['pə:tʃəs] v købe; n
køb nt, anskaffelse c; ~ price
købesum c
purchaser ['pə:tʃəsə] n
køber c
pure [pjuə] adj ren
purple ['pə:pəl] adj
purpurfarvet
purpose ['pə:pəs] n hensigt c,
formål nt; on ~ med vilje
purse [pə:s] n pung c
pursue [pə'sju:] v *forfølge;
stræbe efter
pus [pʌs] n pus nt
push [puʃ] n skub nt, put nt; v
skubbe; puffe; mase sig frem
push button ['puʃ,bʌtən] n
trykknap c
*put [put] v stille, *lægge,
placere; stoppe; ~ away
stille på plads; ~ off
*udskyde; ~ on *tage på; ~
out slukke
puzzle ['pʌzəl] n hovedbrud
nt; gåde c; v volde
hovedbrud; jigsaw ~
puslespil nt
puzzling ['pʌzliŋ] adj
ubegribelig
pyjamas [pə'dʒɑ:məz] pl
pyjamas c

Q

quack [kwæk] *n* charlatan *c*, kvaksalver *c*

quail [kweil] *n* (pl ~, ~s) vagtel *c*

quaint [kweint] *adj* ejendommelig; gammeldags

qualification [,kwɔlifi'keiʃən] *n* kvalifikation *c*; forbehold *nt*, restriktion *c*

qualified ['kwɔlifaid] *adj* kvalificeret; kompetent

qualify ['kwɔlifai] *v* egne sig, kvalificere

quality ['kwɔləti] *n* kvalitet *c*; egenskab *c*

quantity ['kwɔntəti] *n* kvantitet *c*; antal *nt*

quarantine ['kwɔrəntiːn] *n* karantæne *c*

quarrel ['kwɔrəl] *v* skændes; *n* skærmydsel *c*, skænderi *nt*

quarry ['kwɔri] *n* stenbrud *nt*

quarter ['kwɔːtə] *n* kvart *c*; kvartal *nt*; kvarter *nt*; ~ of an hour kvarter *nt*

quarterly ['kwɔːtəli] *adj* kvartårlig

quay [kiː] *n* kaj *c*

queen [kwiːn] *n* dronning *c*

queer [kwiə] *adj* underlig, sælsom; løjerlig

query ['kwiəri] *n* forespørgsel *c*; *v* *forespørge; tvivle på

question ['kwestʃən] *n* spørgsmål *nt*, problem *nt*; *v* *udspørge; *drage i tvivl; ~ mark spørgsmålstegn *nt*

queue [kjuː] *n* kø *c*; *v* stå i kø

quick [kwik] *adj* hurtig

quick-tempered [,kwik'tempəd] *adj* hidsig

quiet ['kwaiət] *adj* stille, rolig, stilfærdig; *n* stilhed *c*, ro *c*

quilt [kwilt] *n* vattæppe *nt*

quit [kwit] *v* *holde op, ophøre

quite [kwait] *adv* fuldstændig, helt igennem; ganske, temmelig; helt; særdeles

quiz [kwiz] *n* (pl ~zes) quiz *c*

quota ['kwoutə] *n* kvota *c*

quotation [kwou'teiʃən] *n* citat *nt*; ~ marks anførelsestegn *pl*

quote [kwout] *v* citere

R

rabbit ['ræbit] *n* kanin *c*

rabies ['reibiz] *n* hundegalskab *c*

race [reis] *n* væddeløb *nt*, kapløb *nt*; race *c*

racecourse ['reiskɔːs] *n*

væddeløbsbane c

racehorse ['reɪshɔːs] n
væddeløbshest c

racetrack ['reɪstræk] n
væddeløbsbane c

racial ['reɪʃəl] adj racial

racket ['rækɪt] n rabalder nt;
fidus c

radiator ['reɪdɪeɪtə] n radiator
c

radical ['rædɪkəl] adj radikal

radio ['reɪdɪəu] n radio c

radish ['rædɪʃ] n radise c

radius ['reɪdɪəs] n (pl radii)
radius c

raft [rɑːft] n tømmerflåde c

rag [ræg] n klud c

rage [reɪdʒ] n raseri nt; v rase

raid [reɪd] n angreb nt

rail [reɪl] n gelænder nt,
balustrade c

railing ['reɪlɪŋ] n rækværk nt

railroad ['reɪlrəud] nAm
jernbane c

railway ['reɪlweɪ] n jernbane c

rain [reɪn] n regn c; v regne

rainbow ['reɪnbəu] n regnbue
c

raincoat ['reɪnkəut] n
regnfrakke c

rainy ['reɪnɪ] adj regnfuld

raise [reɪz] v hæve; forhøje;
dyrke, opfostre, opdrætte; v
opkræve; nAm lønstigning
c, nAm lønforhøjelse c

raisin ['reɪzən] n rosin c

rake [reɪk] n rive c

rally ['rælɪ] n stævne nt

ramp [ræmp] n rampe c

ramshackle ['ræm,ʃækəl] adj

faldefærdig

rancid ['rænsɪd] adj harsk

rang [ræŋ] v (p ring)

range [reɪndʒ] n rækkevidde c

range finder ['reɪndʒ,faɪndə]
n afstandsmåler c

rank [ræŋk] n rang c; række c

ransom ['rænsəm] n løsesum
c

rap [ræp] n rap nt

rape [reɪp] v *voldtage

rapid ['ræpɪd] adj hurtig,
hastig

rapids ['ræpɪdz] pl strømfald
nt

rare [rɛə] adj sjælden

rarely ['rɛəlɪ] adv sjældent

rascal ['rɑːskəl] n skælm c,
slyngel c

rash [ræʃ] n udslæt nt; adj
overilet, ubesindig

raspberry ['rɑːzbərɪ] n
hindbær nt

rat [ræt] n rotte c

rate [reɪt] n tarif c, pris c; fart
c; **at any ~** i hvert fald; **~ of
exchange** valutakurs c

rather ['rɑːðə] adv temmelig,
ganske, rigtigt; hellere

ration ['ræʃən] n ration c

rattan [ræ'tæn] n peddigrør nt

raven ['reɪvən] n ravn c

raw [rɔː] adj rå; **~ material**
råstof nt

ray [reɪ] n stråle c

rayon ['reɪɒn] n rayon c

razor ['reɪzə] n
barbermaskine c

razor blade ['reɪzəbleɪd] n
barberblad nt

reach [riːtʃ] v nå; n
rækkevidde c

react [riˈækt] v reagere

reaction [riˈækʃən] n
reaktion c

*read [riːd] v læse

reading [ˈriːdiŋ] n læsning c

reading lamp [ˈriːdiŋlæmp] n
læselampe c

reading room [ˈriːdiŋruːm] n
læsesal c

ready [ˈredi] adj klar, parat

ready-made [ˌrediˈmeid] adj
konfektionssyet

real [riəl] adj virkelig

reality [riˈæləti] n virkelighed
c

realizable [ˈriəlaizəbəl] adj
realisabel

realize [ˈriəlaiz] v *indse;
*virkeliggøre, realisere

really [ˈriəli] adv virkeligt;
egentlig

rear [riə] n bagside c; v
opfostre

rear light [riəˈlait] n baglygte
c

reason [ˈriːzən] n grund c,
årsag c; fornuft c, forstand c;
v ræsonnere

reasonable [ˈriːzənəbəl] adj
fornuftig; rimelig

reassure [ˌriːəˈʃuə] v
berolige

rebate [ˈriːbeit] n fradrag nt,
rabat c

rebellion [riˈbeljən] n
opstand c, oprør nt

recall [riˈkɔːl] v erindre,
mindes; tilbagekalde;

annullere

receipt [riˈsiːt] n kvittering c,
modtagelsesbevis nt;
modtagelse c

receive [riˈsiːv] v *få,
*modtage

receiver [riˈsiːvə] n
telefonrør nt

recent [ˈriːsənt] adj nylig

recently [ˈriːsəntli] adv for
nylig, forleden

reception [riˈsepʃən] n
modtagelse c; ~ office
reception c

receptionist [riˈsepʃənist] n
receptionsdame c

recession [riˈseʃən] n
afmatning c

recipe [ˈresipi] n opskrift c

recital [riˈsaitəl] n
solistkoncert c

reckon [ˈrekən] v regne;
regne for; regne med

recognition [ˌrekəgˈniʃən] n
anerkendelse c

recognize [ˈrekəgnaiz] v
genkende; anerkende

recollect [ˌrekəˈlekt] v
mindes

recommence [ˌriːkəˈmens] v
begynde forfra

recommend [ˌrekəˈmend] v
anbefale; tilråde

recommendation
[ˌrekəmenˈdeiʃən] n
anbefaling c

reconciliation
[ˌrekənsiliˈeiʃən] n
forsoning c

reconstructive surgery

[ˌriːkənˈstrʌktivˌˈsɔːdʒəri]
n plastisk kirurgi c

record¹ [ˈrekɔːd] n
grammofonplade c; rekord
c; protokol c

record² [riˈkɔːd] v optegne

recorder [riˈkɔːdə] n
båndoptager c

recording [riˈkɔːdiŋ] n
optagelse c

record player [ˈrekɔːdˌpleiə]
n grammofon c, pladespiller
c

recover [riˈkʌvə] v
*genfinde; *blive rask,
*komme sig

recovery [riˈkʌvəri] n
helbredelse c, bedring c

recreation [ˌrekriˈeiʃən] n
afslapning c, rekreation c; ~
centre fritidscenter nt; ~
ground legeplads c

recruit [riˈkruːt] n rekrut c

rectangle [ˈrektæŋgəl] n
rektangel nt

rectangular [rekˈtæŋgjulə]
adj rektangulær

rectum [ˈrektəm] n endetarm
c

recyclable [ˌriˈsaiklbəl] adj
genbrugelig

recycle [ˌriˈsaikəl] v genbrug

red [red] adj rød

redeem [riˈdiːm] v frelse

reduce [riˈdjuːs] v *nedsætte,
formindske, reducere

reduction [riˈdʌkʃən] n
nedsættelse c; reduktion c

redundant [riˈdʌndənt] adj
overflødig

reef [riːf] n rev nt

referee [ˌrefəˈriː] n dommer c

reference [ˈrefrəns] n
reference c, henvisning c;
forbindelse c; with ~ to i
henhold til

refer to [riˈfəː] henvise til

refill [ˈriːfil] n refill c

refinery [riˈfainəri] n
raffinaderi nt

reflect [riˈflekt] v reflektere

reflection [riˈflekʃən] n
refleks c; spejlbillede nt

reflector [riˈflektə] n
reflektor c

reformation [ˌrefəˈmeiʃən] n
reformationen

refresh [riˈfreʃ] v forfriske

refreshment [riˈfreʃmənt] n
forfriskning c

refrigerator [riˈfridʒəreitə] n
køleskab nt, isskab nt

refugee [ˌrefjuˈdʒiː] n
flygtning c

refund¹ [riˈfʌnd] v refundere

refund² [ˈriːfʌnd] n
refundering c

refusal [riˈfjuːzəl] n afslag c

refuse¹ [riˈfjuːz] v *afslå

refuse² [ˈrefjuːs] n affald nt

regard [riˈgɑːd] v *anse;
betragte; n agtelse c; as
regards hvad angår,
angående

regarding [riˈgɑːdiŋ] prep
med hensyn til; angående

regatta [riˈgætə] n regatta c

régime [reiˈʒiːm] n regime nt

region [ˈriːdʒən] n region c;
område nt

regional ['ri:dʒənəl] *adj*
regional

register ['redʒistə] *v*
*indskrive sig; anbefale;
registered letter anbefalet
brev

registration [,redʒi'streiʃən]
n indmeldelse *c*; ~ **form**
indmeldelsesblanket *c*; ~
number
registreringsnummer *nt*; ~
plate nummerplade *c*

regret [ri'gret] *v* beklage; *n*
beklagelse *c*

regular ['regjulə] *adj*
regelmæssig; normal

regulate ['regjuleit] *v*
regulere

regulation [,regju'leiʃən] *n*
regel *c*, reglement *nt*;
regulering *c*

rehabilitation
[,ri:hə,bili'teiʃən] *n*
revalidering *c*

rehearsal [ri'hə:səl] *n* prøve *c*

rehearse [ri'hə:s] *v* *holde
prøve på

reign [rein] *n* regeringstid *c*; *v*
regere

reimburse [,ri:im'bə:s] *v*
betale tilbage, *godtgøre

reindeer ['reindiə] *n* (pl ~)
rensdyr *nt*

reject [ri'dʒekt] *v* afvise,
kassere; forkaste

relate [ri'leit] *v* *fortælle

related [ri'leitid] *adj*
beslægtet

relation [ri'leiʃən] *n* forhold
nt, relation *c*; slægtning *c*

relative ['relətiv] *n* slægtning
c; *adj* relativ

relax [ri'læks] *v* slappe af

relaxation [,rilæk'seiʃən] *n*
afslapning *c*

reliable [ri'laiəbəl] *adj*
pålidelig

relic ['relik] *n* relikvie *c*

relief [ri'li:f] *n* lindring *c*,
lettelse *c*; hjælp *c*; relief *nt*

relieve [ri'li:v] *v* lindre; afløse

religion [ri'lidʒən] *n* religion
c

religious [ri'lidʒəs] *adj*
religiøs

rely on [ri'lai] stole på

remain [ri'mein] *v* *forblive;
restere

remainder [ri'meində] *n*
restparti *nt*, rest *c*

remaining [ri'meiniŋ] *adj*
resterende

remark [ri'mɑ:k] *n*
bemærkning *c*; *v* bemærke

remarkable [ri'mɑ:kəbəl] *adj*
bemærkelsesværdig

remedy ['remədi] *n*
lægemiddel *nt*; middel *nt*

remember [ri'membə] *v*
huske

remembrance [ri'membrəns]
n erindring *c*, minde *nt*

remind [ri'maind] *v* minde
om

remnant ['remnənt] *n* levning
c, rest *c*

remote [ri'mout] *adj* fjern,
afsides

remote control
[ri'mout‿kən'troul] *n*

fjernbetjening c

removal [ri'mu:vəl] n
fjernelse c

remove [ri'mu:v] v fjerne

remunerate [ri'mju:nəreit] v
honorere

remuneration
[ri,mju:nə'reiʃən] n
vederlag nt

renew [ri'nju:] v forny;
forlænge

renewable [ri'nju:əbəl] adj
fornyelig

rent [rent] v leje; n leje c

repair [ri'pεə] v reparere; n
reparation c

reparation [,repə'reiʃən] n
reparation c

***repay** [ri'pei] v tilbagebetale

repayment [ri'peimənt] n
tilbagebetaling c

repeat [ri'pi:t] v *gentage

repellent [ri'pelənt] adj
modbydelig, frastødende

repentance [ri'pentəns] n
anger c

repertory ['repətəri] n
repertoire nt

repetition [,repə'tiʃən] n
gentagelse c

replace [ri'pleis] v erstatte

reply [ri'plai] v svare; n svar
nt; in ~ som svar

report [ri'pɔ:t] v berette,
rapportere; melde; melde
sig; n fremstilling c, rapport
c, referat c

reporter [ri'pɔ:tə] n
journalist c

represent [,repri'zent] v

repræsentere; forestille

representation
[,reprizen'teiʃən] n
repræsentation c

representative
[,repri'zentətiv] adj
repræsentativ

reprimand ['reprimɑ:nd] v
*irettesætte, tilrettevise

reproach [ri'prəutʃ] n
bebrejdelse c; v bebrejde

reproduce [,ri:prə'dju:s] v
reproducere

reproduction
[,ri:prə'dʌkʃən] n
reproduktion c

reptile ['reptail] n krybdyr nt

republic [ri'pʌblik] n
republik c

republican [ri'pʌblikən] adj
republikansk

repulsive [ri'pʌlsiv] adj
frastødende

reputation [,repju'teiʃən] n
rygte nt, renommé nt;
anseelse c

request [ri'kwest] n
anmodning c; v anmode

require [ri'kwaiə] v kræve

requirement [ri'kwaiəmənt]
n krav nt

requisite ['rekwizit] adj
påkrævet

rescue ['reskju:] v redde; n
redning c

research [ri'sə:tʃ] n
forskning c

resemblance [ri'zembləns] n
lighed c

resemble [ri'zembəl] v ligne

resent [ri'zent] v *tage ilde
op

reservation [,rezə'veiʃən] n
reservation c

reserve [ri'zə:v] v reservere;
bestille; n reserve c

reserved [ri'zə:vd] adj
reserveret

reservoir ['rezəvwɑ:] n
reservoir nt

reside [ri'zaid] v bo

residence ['rezidəns] n
bopæl c; ~ permit
opholdstilladelse c

resident ['rezidənt] n
fastboende c; adj
bosiddende; intern

resign [ri'zain] v *fratræde

resignation [,rezig'neiʃən] n
fratrædelse c, afgang c

resist [ri'zist] v *gøre
modstand mod

resistance [ri'zistəns] n
modstand c

resolute ['rezəlu:t] adj
resolut, beslutsom

respect [ri'spekt] n respekt c;
ærbødighed c, ærefrygt c,
agtelse c; v respektere

respectable [ri'spektəbəl]
adj agtværdig, respektabel

respectful [ri'spektfəl] adj
ærbødig

respective [ri'spektiv] adj
respektiv

respiration [,respə'reiʃən] n
vejrtrækning c

respite ['respait] n henstand
c

responsibility

[ri,spɔnsə'biləti] n ansvar nt

responsible [ri'spɔnsəbəl]
adj ansvarlig

rest [rest] n hvile c; rest c; v
hvile ud, hvile, hvile sig

restaurant ['restərɔ̃:] n
restaurant c

restful ['restfəl] adj fredelig

rest home ['resthoum] n
hvilehjem nt

restless ['restləs] adj rastløs;
urolig

restrain [ri'strein] v styre,
tøjle, *holde tilbage

restriction [ri'strikʃən] n
indskrænkning c

rest room ['restru:m] nAm
toilet nt

result [ri'zʌlt] n resultat nt;
følge c; udfald nt; v resultere

resume [ri'zju:m] v
*genoptage

résumé ['rezjumei] n
sammendrag nt

retail ['ri:teil] v *sælge en
detail; ~ trade detailhandel c

retailer ['ri:teilə] n
detailhandler c, detaillist c;
videreforhandler c

retina ['retinə] n nethinde c

retire [ri'taiə] v *gå på
pension

retired [ri'taiəd] adj
pensioneret

retirement [ri'taiəmənt] n
pensionering c

return [ri'tə:n] v vende
tilbage, *komme tilbage; n
tilbagekomst c; ~ flight
tilbageflyvning c; ~ journey

hjemrejse c, tilbagerejse c

reunite [,ri:ju:'nait] v genforene

reveal [ri'vi:l] v åbenbare, afsløre

revelation [,revə'leiʃən] n afsløring c

revenge [ri'vendʒ] n hævn c

revenue [revənju:] n indtægt c, indkomst c

reverse [ri'və:s] n modsætning c; bagside c; bakgear nt; modgang c, omvisning nt; adj omvendt; v bakke

review [ri'vju:] n anmeldelse c; tidsskrift nt

revise [ri'vaiz] v revidere

revision [ri'viʒən] n revision c

revival [ri'vaivəl] n genopblomstring c

revolt [ri'voult] v *gøre oprør; n opstand c, oprør nt

revolting [ri'voultiŋ] adj modbydelig, ækel, oprørende

revolution [,revə'lu:ʃən] n revolution c; omdrejning c

revolutionary [,revə'lu:ʃənəri] adj revolutionær

revolver [ri'volvə] n revolver c

revue [ri'vju:] n revy c

reward [ri'wo:d] n dusør c, belønning c; v belønne

rheumatism ['ru:mətizəm] n reumatisme c

rhinoceros [rai'nosərəs] n (pl

~, ~es) næsehorn nt

rhubarb ['ru:ba:b] n rabarber c

rhyme [raim] n rim c

rhythm ['riðəm] n rytme c

rib [rib] n ribben nt

ribbon ['ribən] n bånd nt

rice [rais] n ris c

rich [ritʃ] adj rig

riches ['ritʃiz] pl rigdom c

rid [rid] v befri for; get ~ of skille sig af med

riddle ['ridəl] n gåde c

ride [raid] n tur c

*ride [raid] v køre; *ride

rider ['raidə] n rytter c

ridge [ridʒ] n højderyg c

ridicule ['ridikju:l] v *latterliggøre, *gøre til grin

ridiculous [ri'dikjuləs] adj latterlig

riding ['raidiŋ] n ridning c

riding school ['raidiŋsku:l] n rideskole c

rifle ['raifəl] n gevær nt

right [rait] n ret c, rettighed c; adj korrekt, rigtig; ret; højre; retfærdig; all right! godt!; *be ~ *have ret; ~ of way forkørselsret c

righteous ['raitʃəs] adj retskaffen

right-hand ['raithænd] adj på højre hånd, højre

rightly ['raitli] adv med rette

rim [rim] n fælg c; kant c

ring [riŋ] n ring c; kreds c; manege c

*ring [riŋ] v ringe; ~ up ringe op

rinse [rins] v skylle; n
skylning c

riot ['raiət] n tumult c

rip [rip] v flænge

ripe [raip] adj moden

rise [raiz] n forhøjelse c,
lønstigning c; forhøjning c;
stigning c; opsving nt

*rise [raiz] v rejse sig; *stå op;
*stige

rising ['raiziŋ] n rejsning c

risk [risk] n risiko c; fare c; v
risikere

risky ['riski] adj risikabel,
vovet

rival ['raivəl] n rival c;
konkurrent c; v rivalisere

rivalry ['raivəlri] n
rivalisering c; konkurrence c

river ['rivə] n flod c; ~ bank
flodbred c

riverside ['rivəsaid] n
flodbred c

roach [routʃ] n (pl ~) skalle c

road [roud] n gade c, vej c; ~
fork korsvej c; ~ map vejkort
nt; ~ system vejnet nt; ~ up
vejarbejde nt

roadhouse ['roudhaus] n
landevejskro c

roadrage ['roud,reidʒ] n
trafikvold c

roadside ['roudsaid] n
vejkant c; ~ restaurant
landevejskro c

roadway ['roudwei] nAm
kørebane c

roam [roum] v strejfe om

roar [rɔː] v brøle, hyle; n drøn
nt, brøl nt

roast [roust] v stege, riste

rob [rɔb] v røve

robber ['rɔbə] n røver c

robbery ['rɔbəri] n røveri nt,
tyveri nt

robe [roub] n selskabskjole c;
kappe c

robin ['rɔbin] n rødkælk c

robust [rou'bʌst] adj robust

rock [rɔk] n klippe c; v gynge

rocket ['rɔkit] n raket c

rocky ['rɔki] adj klipperig

rod [rɔd] n stang c

roe [rou] n rogn c

roll [roul] v rulle; n rulle c;
rundstykke nt

Rollerblades® ['roulə,bleid]
npl rollerblades; rollerblade
v løbe på rollerblades

roller-skating
['roulə,skeitiŋ] n
rulleskøjteløb nt

Roman Catholic ['roumən
'kæθəlik] romersk-katolsk

romance [rə'mæns] n
romance c

romantic [rə'mæntik] adj
romantisk

roof [ruːf] n tag nt; thatched ~
stråtag nt

room [ruːm] n rum nt, værelse
nt; plads c; ~ and board kost
og logi; ~ service
værelsebetjening c; ~
temperature
stuetemperatur c

roomy ['ruːmi] adj rummelig

root [ruːt] n rod c

rope [roup] n reb nt

rosary ['rouzəri] n

rosenkrans c

rose [rouz] n rose c; adj rosa

rotten ['rɔtən] adj rådden

rouge [ru:ʒ] n rouge c

rough [rʌf] adj ujævn

roulette [ru:'let] n roulet c

round [raund] adj rund; prep om, omkring; n runde c; ~ trip Am tur-retur

roundabout ['raundəbaut] n rundkørsel c

rounded ['raundid] adj afrundet

route [ru:t] n rute c

routine [ru:'ti:n] n rutine c

row¹ [rou] n række c; v ro

row² [rau] n skænderi nt

rowdy ['raudi] adj bølleagtig

rowing boat ['rouiŋbout] n robåd c

royal ['rɔiəl] adj kongelig

rub [rʌb] v *gnide

rubber ['rʌbə] n gummi c; viskelæder nt; ~ band elastik c

rubbish ['rʌbiʃ] n affald nt; vrøvl nt, sludder nt; talk ~ vrøvle

rubbish bin ['rʌbiʃbin] n skraldespand c

ruby ['ru:bi] n rubin c

rucksack ['rʌksæk] n rygsæk c

rudder ['rʌdə] n ror nt

rude [ru:d] adj uforskammet

rug [rʌg] n tæppe nt

ruin ['ru:in] v ruinere; n undergang c; ruin c

rule [ru:l] n regel c; styre nt, herredømme nt; v herske, regere; as a ~ som regel, sædvanligvis

ruler ['ru:lə] n hersker c, fyrste c; lineal c

Rumania [ru:'meiniə] n Rumænien

Rumanian [ru:'meiniən] adj rumænsk; n rumæner c

rumour ['ru:mə] n rygte nt

*run [rʌn] v *løbe; ~ into møde tilfældigt

runaway ['rʌnəwei] n flygtning c

rung [rʌŋ] v (pp ring)

runner ['rʌnə] n løber c

runway ['rʌnwei] n startbane c

rural ['ruərəl] adj landlig

ruse [ru:z] n list c

rush [rʌʃ] v styrte, *fare; n siv nt

rush hour ['rʌʃauə] n myldretid c

Russia ['rʌʃə] Rusland

Russian ['rʌʃən] adj russisk; n russer c

rust [rʌst] n rust c

rustic ['rʌstik] adj landlig

rusty ['rʌsti] adj rusten

S

sack [sæk] n sæk c

sacred ['seikrid] adj hellig

sacrifice ['sækrifais] n offer nt; v ofre

sacrilege ['sækrilidʒ] n helligbrøde c

sad [sæd] adj trist; vemodig, bedrøvet

saddle ['sædəl] n sadel c

sadness ['sædnəs] n bedrøvelse c

safe [seif] adj sikker; uskadt; n boks c, pengeskab nt

safety ['seifti] n sikkerhed c

safety belt ['seiftibelt] n sikkerhedssele c

safety pin ['seiftipin] n sikkerhedsnål c

safety razor ['seifti,reizə] n barbermaskine c

sail [seil] v besejle, sejle; n sejl nt

sailing boat ['seiliŋbout] n sejlbåd c

sailor ['seilə] n sømand c

saint [seint] n helgen c

salad ['sæləd] n salat c

salad-oil ['sælədɔil] n madolie c

salary ['sæləri] n løn c

sale [seil] n salg nt; clearance ~ udsalg nt; for ~ til salg; sales udsalg nt; sales tax omsætningsafgift

saleable ['seiləbəl] adj salgbar

salesgirl ['seilzgə:l] n ekspeditrice c

salesman ['seilzmən] n (pl -men) ekspedient c

salmon ['sæmən] n (pl ~) laks c

salon ['sælɔ:] n salon c

saloon [sə'lu:n] n bar c

salt [sɔ:lt] n salt nt

salt cellar ['sɔ:lt,selə] n, salt shaker nAm saltkar nt

salty ['sɔ:lti] adj salt

salute [sə'lu:t] v hilse

same [seim] adj samme

sample ['sɑ:mpəl] n vareprøve c

sanatorium [,sænə'tɔ:riəm] n (pl ~s, -ria) sanatorium nt

sand [sænd] n sand nt

sandal ['sændəl] n sandal c

sandpaper ['sænd,peipə] n sandpapir c

sandwich ['sænwidʒ] n sandwich c; et stykke smørrebrød

sandy ['sændi] adj sandet

sanitary ['sænitəri] adj sanitær; ~ towel hygiejnebind nt

sapphire ['sæfaiə] n safir c

sardine [sɑ:'di:n] n sardin c

satchel ['sætʃəl] n skoletaske c

satellite ['sætəlait] n satellit c; ~ dish n satellitparabol c; ~ radio n satellitradio c satin ['sætin] n atlask nt

satisfaction [,sætis'fækʃən] n tilfredsstillelse c, tilfredshed c

satisfactory [,sætis'fæktəri] adj tilfredsstillende

satisfy ['sætisfai] v tilfredsstille; satisfied tilfreds

Saturday ['sætədi] lørdag c

sauce [sɔːs] n sovs c

saucepan ['sɔːspən] n kasserolle c

saucer ['sɔːsə] n underkop c

Saudi Arabia [,saudiə'reibiə] Saudi-Arabien

Saudi Arabian [,saudiə'reibiən] adj saudiarabisk

sauna ['sɔːnə] n sauna c

sausage ['sɔsidʒ] n pølse c

savage ['sævidʒ] adj vild

save [seiv] v redde; spare

savings ['seiviŋz] pl sparepenge pl; ~ bank sparekasse c

saviour ['seivjə] n redningsmand c

savoury ['seivəri] adj velsmagende; pikant

saw¹ [sɔː] v (p see)

saw² [sɔː] n sav c

sawdust ['sɔːdʌst] n savsmuld nt

sawmill ['sɔːmil] n savværk nt

*say [sei] v *sige

scaffolding ['skæfəldiŋ] n stillads nt

scale [skeil] n målestok c; skala c; skæl nt; scales pl

vægt c

scan [skæn] v scanne; n scanning

scanner ['skænə] n scanner c

scandal ['skændəl] n skandale c

Scandinavia [,skændi'neiviə] Skandinavien

Scandinavian [,skændi'neiviən] adj skandinavisk; n skandinav c

scapegoat ['skeipgout] n syndebuk c

scar [skɑː] n ar nt

scarce [skeəs] adj knap

scarcely ['skeəsli] adv næppe

scarcity ['skeəsəti] n knaphed c

scare [skeə] v skræmme; n skræk c

scarf [skɑːf] n (pl ~s, scarves) halstørklæde nt

scarlet ['skɑːlət] adj skarlagen

scary ['skeəri] adj foruroligende

scatter ['skætə] v sprede

scene [siːn] n scene c

scenery ['siːnəri] n landskab nt

scenic ['siːnik] adj naturskøn

scent [sent] n duft c

schedule ['ʃedjuːl] n køreplan c, timeplan c

scheme [skiːm] n skema nt; plan c

scholar ['skɔlə] n lærd c; elev c

scholarship ['skɔləʃip] n

stipendium *nt*

school [sku:l] *n* skole *c*

schoolboy ['sku:lbɔi] *n* skoledreng *c*

schoolgirl ['sku:lgə:l] *n* skolepige *c*

schoolmaster ['sku:l,mɑ:stə] *n* skolelærer *c*

schoolteacher ['sku:l,ti:tʃə] *n* lærer *c*

science ['saiəns] *n* videnskab *c*

scientific [,saiən'tifik] *adj* videnskabelig

scientist ['saiəntist] *n* videnskabsmand *c*

scissors ['sizəz] *pl* saks *c*

scold [skould] *v* skælde ud

scooter ['sku:tə] *n* scooter *c*; løbehjul *c*

score [skɔ:] *n* pointantal *nt*; *v* score

scorn [skɔ:n] *n* hån *c*, foragt *c*; *v* foragte

Scotland ['skɔtlənd] Skotland

Scottish ['skɔtiʃ] *adj* skotsk

scout [skaut] *n* spejder *c*

scrap [skræp] *n* stump *c*

scrapbook ['skræpbuk] *n* scrapbog *c*

scrape [skreip] *v* skrabe

scratch [skrætʃ] *v* kradse, skramme; *n* skramme *c*, rift *c*

scream [skri:m] *v* *skrige; *n* skrig *nt*

screen [skri:n] *n* skærm *c*, filmlærred *nt*

screw [skru:] *n* skrue *c*; *v* skrue

screwdriver ['skru:,draivə] *n* skruetrækker *c*

scrub [skrʌb] *v* skrubbe; *n* krat *nt*

sculptor ['skʌlptə] *n* billedhugger *c*

sculpture ['skʌlptʃə] *n* skulptur *c*

sea [si:] *n* hav *nt*

seabird ['si:bə:d] *n* havfugl *c*

seashore ['si:koust] *n* kyst *c*

seagull ['si:gʌl] *n* stormmåge *c*, havmåge *c*

seal [si:l] *n* segl *nt*; sæl *c*

seam [si:m] *n* søm *c*

seaman ['si:mən] *n* (pl -men) sømand *c*

seamless ['si:mləs] *adj* sømløs

seaport ['si:pɔ:t] *n* havn *c*

search [sə:tʃ] *v* søge; visitere, gennemsøge, endevende; *n* eftersøgning *c*

searchlight ['sə:tʃlait] *n* projektør *c*

seascape ['si:skeip] *n* marinebillede *nt*

seashell ['si:ʃel] *n* muslingeskal *c*

seashore ['si:,ʃɔ:] *n* strand *c*

seasick ['si:sik] *adj* søsyg

seasickness ['si:,siknəs] *n* søsyge *c*

seaside ['si:said] *n* kyst *c*; ~ resort badested *nt*

season ['si:zən] *n* sæson *c*, årstid *c*; high ~ højsæson *c*; low ~ lavsæson *c*; off ~ uden for sæsonen

season ticket ['si:zən,tikit] *n* sæsonkort *nt*

seat [si:t] *n* sæde *nt*; plads *c*, siddeplads *c*

seat belt ['si:tbelt] *n* sikkerhedsbælte *nt*

sea urchin ['si:,ə:tʃin] *n* søpindsvin *nt*

sea water ['si:,wɔ:tə] *n* havvand *nt*

second ['sekənd] *num* anden; *n* sekund *nt*; øjeblik *nt*

secondary ['sekəndəri] *adj* sekundær, underordnet

second-hand [,sekənd'hænd] *adj* brugt

secret ['si:krət] *n* hemmelighed *c*; *adj* hemmelig

secretary ['sekrətri] *n* sekretær *c*

section ['sekʃən] *n* sektion *c*, afdeling *c*

secure [si'kjuə] *adj* sikker; *v* sikre sig

security [si'kjuərəti] *n* sikkerhed *c*; kaution *c*

sedative ['sedətiv] *n* beroligende middel

seduce [si'dju:s] *v* forføre

***see** [si:] *v* *se; *indse, *begribe, *forstå; ~ to sørge for

seed [si:d] *n* frø *nt*

***seek** [si:k] *v* søge

seem [si:m] *v* *forekomme, *se ud til, *lade til

seen [si:n] *v* (pp see)

seesaw ['si:sɔ:] *n* vippe *c*

seize [si:z] *v* *gribe

seldom ['seldəm] *adv* sjældent

select [si'lekt] *v* *udvælge; *adj* udsøgt, udvalgt

selection [si'lekʃən] *n* udvælgelse *c*, udvalg *nt*

self [self] *n* (pl selves) selv *nt*

self-centred [,self'sentəd] *adj* selvoptaget

self-employed [,selfim'plɔid] *adj* selvstændig

self-evident [,sel'fevidənt] *adj* selvindlysende

self-government [,self'gʌvəmənt] *n* selvstyre *nt*

selfish ['selfiʃ] *adj* selvisk

selfishness ['selfiʃnəs] *n* egoisme *c*

self-service [,self'sə:vis] *n* selvbetjening *c*; ~ restaurant cafeteria *nt*

***sell** [sel] *v* *sælge

semblance ['sembləns] *n* udseende *nt*, skin *nt*

semi- ['semi] halv-

semicircle ['semi,sə:kəl] *n* halvcirkel *c*

semicolon [,semi'koulən] *n* semikolon *nt*

senate ['senət] *n* senat *nt*

senator ['senətə] *n* senator *c*

***send** [send] *v* sende; ~ back returnere, sende tilbage; ~ for sende bud efter; ~ off afsende

sender ['sendə] *n* afsender *c*

senile ['si:nail] *adj* senil

sensation [sen'seiʃən] *n*
sensation *c*; fornemmelse *c*,
følelse *c*

sensational [sen'seiʃənəl]
adj sensationel,
opsigtsvækkende

sense [sens] *n* sans *c*; fornuft
c; mening *c*, betydning *c*; *v*
mærke; ~ of honour
æresfølelse *c*

senseless ['sensləs] *adj*
meningsløs, følelsesløs

sensible ['sensəbəl] *adj*
fornuftig

sensitive ['sensitiv] *adj*
følsom

sentence ['sentəns] *n*
sætning *c*; dom *c*; *v* dømme

sentimental [,senti'mentəl]
adj sentimental

separate¹ ['sepəreit] *v* skille

separate² ['sepərət] *adj*
særskilt, adskilt

separately ['sepərətli] *adv*
separat, hver for sig

September [sep'tembə]
september

septic ['septik] *adj* betændt;
septisk; *become ~ *blive
betændt

sequel ['si:kwəl] *n*
fortsættelse *c*

sequence ['si:kwəns] *n* følge
c; serie *c*

serene [sə'ri:n] *adj* rolig; klar

serial ['siəriəl] *n* føljeton *c*

series ['siəri:z] *n* (pl ~) serie
c, række *c*

serious ['siəriəs] *adj* seriøs,
alvorlig

seriousness ['siəriəsnəs] *n*
alvor *c*

sermon ['sə:mən] *n* prædiken
c

servant ['sə:vənt] *n* tjener *c*

serve [sə:v] *v* servere

service ['sə:vis] *n* service *c*;
betjening *c*; ~ charge
betjeningsafgift *c*; ~ station
servicestation *c*

serviette [,sə:vi'et] *n* serviet
c

session ['seʃən] *n* samling *c*

set [set] *n* gruppe *c*, sæt *nt*

*set [set] *v* *sætte; ~ menu
fast menu; ~ out *drage af
sted

setting ['setiŋ] *n* ramme *c*; ~
lotion setting lotion

settle ['setəl] *v* *afgøre,
afslutte, ordne; ~ down *slå
sig ned

settlement ['setəlmənt] *n*
ordning *c*, overenskomst *c*,
forlig *nt*

seven ['sevən] *num* syv

seventeen [,sevən'ti:n] *num*
sytten

seventeenth [,sevən'ti:nθ]
num syttende

seventh ['sevənθ] *num*
syvende

seventy ['sevənti] *num*
halvfjerds

several ['sevərəl] *adj*
adskillige, flere

severe [si'viə] *adj* stærk,
streng

*sew [sou] *v* sy; ~ up sy

sammen

sewer ['su:ə] *n* kloak *c*

sewing machine
['souiŋmə,ʃi:n] *n* symaskine
c

sex [seks] *n* køn *nt*; sex

sexual ['sekʃuəl] *adj* seksuel

sexuality [,sekʃu'æləti] *n*
seksualitet *c*

shade [ʃeid] *n* skygge *c*;
nuance *c*

shadow ['ʃædou] *n* skygge *c*

shady ['ʃeidi] *adj* skyggefuld

***shake** [ʃeik] *v* ryste

shaky ['ʃeiki] *adj* vaklende

***shall** [ʃæl] *v* *skulle

shallow ['ʃælou] *adj* flad;
lavvandet

shame [ʃeim] *n* skam *c*;
shame! fy!

shampoo ['ʃæm'pu:] *n*
shampoo *c*

shape [ʃeip] *n* form *c*; *v* forme

share [ʃeə] *v* dele; *n* andel *c*;
aktie *c*

shark [ʃɑ:k] *n* haj *c*

sharp [ʃɑ:p] *adj* skarp

sharpen ['ʃɑ:pən] *v* spidse,
*slibe

shave [ʃeiv] *v* barbere sig

shaver ['ʃeivə] *n* elshaver *c*

shaving brush ['ʃeiviŋbrʌʃ]
n barberkost *c*

shaving cream
['ʃeiviŋkri:m] *n*
barbercreme *c*

shaving soap ['ʃeiviŋsoup] *n*
barbersæbe *c*

shawl [ʃɔ:l] *n* sjal *nt*

she [ʃi:] *pron* hun

shed [ʃed] *n* skur *nt*

***shed** [ʃed] *v* *udgyde;
udsprede

sheep [ʃi:p] *n* (pl ~) får *nt*

sheer [ʃiə] *adj* pure, absolut;
tynd, gennemsigtig

sheet [ʃi:t] *n* lagen *nt*; ark *nt*;
plade *c*

shelf [ʃelf] *n* (pl shelves)
hylde *c*

shell [ʃel] *n* skal *c*

shellfish ['ʃelfiʃ] *n* skaldyr *c*

shelter ['ʃeltə] *n* ly *nt*,
tilflugtssted *nt*; *v* skærme

shepherd ['ʃepəd] *n* hyrde *c*

shift [ʃift] *n* skift *nt*; *v* skifte

***shine** [ʃain] *v* skinne, stråle

ship [ʃip] *n* skib *nt*; *v* afskibe;
shipping line skibsrute *c*

shipowner ['ʃi,pounə] *n*
skibsreder *c*

shipyard ['ʃipjɑ:d] *n*
skibsværft *nt*

shirt [ʃə:t] *n* skjorte *c*

shiver ['ʃivə] *v* ryste, skælve;
n kuldegysning *c*

shock [ʃɔk] *n* chok *nt*; *v*
chokere; ~ **absorber**
støddæmper *c*

shocking ['ʃɔkiŋ] *adj*
chokerende

shoe [ʃu:] *n* sko *c*; **gym shoes**
gymnastiksko *pl*; ~ **polish**
skorceme *c*

shoelace ['ʃu:leis] *n*
snørebånd *nt*

shoemaker ['ʃu:,meikə] *n*
skomager *c*

shoe shop ['ʃu:ʃɔp] *n*
skoforretning *c*

shook [ʃuk] v (p shake)

*shoot [ʃuːt] v *skyde

shop [ʃɔp] n butik c; v
handle; ~ assistant
ekspedient c; shopping bag
indkøbstaske c; shopping
centre forretningscenter nt

shopkeeper ['ʃɔp,kiːpə] n
butiksindehaver c

shopwindow [,ʃɔp'windou]
n udstillingsvindue nt

shore [ʃɔː] n bred c, strand c

short [ʃɔːt] adj kort; lille; ~
circuit kortslutning c

shortage ['ʃɔːtidʒ] n
knaphed c, mangel c

shorten ['ʃɔːtən] v forkorte

shorthand ['ʃɔːthænd] n
stenografi c

shortly ['ʃɔːtli] adv snart,
inden længe

shorts [ʃɔːts] pl shorts pl;
plAm underbukser pl

short-sighted [,ʃɔːt'saitid]
adj nærsynet

shot [ʃɔt] n skud nt;
indsprøjtning c;
filmoptagelse c

*should [ʃud] v *skulle

shoulder ['ʃouldə] n skulder
c

shout [ʃaut] v skråle, råbe; n
skrål nt

shovel ['ʃʌvəl] n skovl c

show [ʃou] n opførelse c,
forestilling c; udstilling c

*show [ʃou] v vise; udstille,
forevise, fremvise; bevise

showcase ['ʃoukeis] n
montre c

shower [ʃauə] n styrtebad nt;
regnbyge c, byge c

showroom ['ʃouruːm] n
udstillingslokale nt

shriek [ʃriːk] v hvine; n hvin
nt

shrimp [ʃrimp] n reje c

shrine [ʃrain] n helgenskrin
nt, helligdom c

*shrink [ʃriŋk] v *krybe

shrinkproof ['ʃriŋkpruːf] adj
krympefri

shrub [ʃrʌb] n buskvækst c

shudder ['ʃʌdə] n gysen c

shuffle ['ʃʌfəl] v blande

*shut [ʃʌt] v lukke; ~ in lukke
inde

shutter ['ʃʌtə] n skodde c,
jalousi nt

shy [ʃai] adj genert, sky

shyness ['ʃainəs] n
generthed c

Siamese [,saiə'miːz] adj
siamesisk; n siameser c

sick [sik] adj syg; dårlig

sickness ['siknəs] n sygdom
c; kvalme c

side [said] n side c; parti nt;
onesided adj ensidig

sideburns ['saidbəːnz] pl
bakkenbarter pl

sidelight ['saidlait] n sidelys
nt

side street ['saidstriːt] n
sidegade c

sidewalk ['saidwɔːk] nAm
fortov nt

sideways ['saidweiz] adv
sidelæns

siege [siːdʒ] n belejring c.

sieve

sieve [siv] *n* si *c*; *v* sigte

sift [sift] *v* si

sight [sait] *n* syn *nt*; seværdighed *c*; *v* *få øje på

sign [sain] *n* tegn *nt*; vink *c*, gestus *c*; *v* *underskrive, *skrive under, undertegne

signal ['signəl] *n* signal *nt*; tegn *nt*; *v* signalere

signature ['signətʃə] *n* underskrift *c*

significant [sig'nifikənt] *adj* betydningsfuld

signpost ['sainpoust] *n* vejviser *c*

silence ['sailəns] *n* stilhed *c*; *v* *bringe til tavshed

silencer ['sailənsə] *n* lydpotte *c*

silent ['sailənt] *adj* tavs, stille; *be ~ *tie

silk [silk] *n* silke *c*

silly ['sili] *adj* dum, fjollet

silver ['silvə] *n* sølv *nt*; sølv-

silversmith ['silvəsmiθ] *n* sølvsmed *c*

silverware ['silvəwεə] *n* sølvtøj *pl*

similar ['similə] *adj* lignende

similarity [,simi'lærəti] *n* lighed *c*

simple ['simpəl] *adj* ligetil, enkel; almindelig

simply ['simpli] *adv* enkelt, simpelt hen

simulate ['simjuleit] *v* simulere

simultaneous [,siməl'teiniəs] *adj* samtidig

sin [sin] *n* synd *c*

since [sins] *prep* siden; *adv* siden; *conj* siden; da

sincere [sin'siə] *adj* oprigtig; **sincerely** med venlig hilsen

sinew ['sinju:] *n* sene *c*

***sing** [siŋ] *v* *synge

singer ['siŋə] *n* sanger *c*; sangerinde *c*

single ['siŋgəl] *adj* enkelt; ugift; ~ **room** enkeltværelse *nt*

singular ['siŋgjulə] *n* ental *nt*; *adj* mærkværdig

sinister ['sinistə] *adj* uheldsvanger

sink [siŋk] *n* vask *c*

***sink** [siŋk] *v* *synke

sip [sip] *n* nip *nt*

siren ['saiərən] *n* sirene *c*

sister ['sistə] *n* søster *c*

sister-in-law ['sistərinlɔ:] *n* (pl sisters-) svigerinde *c*

***sit** [sit] *v* *sidde; ~ **down** *sætte sig

site [sait] *n* sted *nt*; beliggenhed *c*

sitting room ['sitiŋru:m] *n* dagligstue *c*

situated ['sitʃueitid] *adj* beliggende

situation [,sitʃu'eiʃən] *n* situation *c*; beliggenhed *c*, stilling *c*

six [siks] *num* seks

sixteen [,siks'ti:n] *num* seksten

sixteenth [,siks'ti:nθ] *num* sekstende

sixth [siksθ] *num* sjette

sixty ['siksti] *num* tres

size [saiz] n størrelse c,
dimension c; format nt

skate [skeit] v *løbe på
skøjter; n skøjte c

skating ['skeitiŋ] n skøjteløb
nt

skating rink ['skeitiŋriŋk] n
skøjtebane c

skeleton ['skelitən] n skelet
nt

sketch [sketʃ] n skitse c,
tegning c; v tegne, skitsere

ski¹ [ski:] v *stå på ski

ski² [ski:] n (pl ~, ~s) ski c; ~
boots skistøvler pl; ~ pants
skibukser pl; ~ poles Am
skistave pl; ~ sticks skistave
pl

skid [skid] v *glide

skier ['ski:ə] n skiløber c

skiing ['ski:iŋ] n skiløb nt

ski jump ['ski:dʒʌmp] n
skihop nt

skilful ['skilfəl] adj ferm,
behændig, dygtig

ski lift ['ski:lift] n skilift c

skill [skil] n færdighed c,
dygtighed c

skilled [skild] adj øvet,
dreven; faglært

skin [skin] n hud c, skind nt;
skal c; ~ cream hudcreme c

skip [skip] v hoppe; *springe
over

skirt [skə:t] n nederdel c

skull [skʌl] n kranium nt

sky [skai] n himmel c

skyscraper ['skai,skreipə] n
skyskraber c

slack [slæk] adj træg

slacks [slæks] pl slacks pl

slam [slæm] v smække

slander ['sla:ndə] n
bagvaskelse c

slang [slæŋ] n slang c

slant [slɑ:nt] v skråne

slanting ['slɑ:ntiŋ] adj skrå,
skrånende

slap [slæp] v *slå; n slag nt

slate [sleit] n skifer c

slave [sleiv] n slave c

sledge [sledʒ] n slæde c, kælk
c

sleep [sli:p] n søvn c

*sleep [sli:p] v *sove

sleeping bag ['sli:piŋbæg] n
sovepose c

sleeping car ['sli:piŋka:] n
sovevogn c

sleeping pill ['sli:piŋpil] n
sovepille c

sleepless ['sli:pləs] adj
søvnløs

sleepy ['sli:pi] adj søvnig

sleeve [sli:v] n ærme nt;
omslag c

sleigh [slei] n slæde c, kane c

slender ['slendə] adj slank

slice [slais] n skive c

slide [slaid] n rutschebane c;
lysbillede nt

*slide [slaid] v *glide

slight [slait] adj ubetydelig;
svag

slim [slim] adj slank; v slanke
sig

slip [slip] v *glide, *skride;
smutte fra; n fejltrin nt;
underkjole c

slipper ['slipə] n tøffel c,

morgensko c

slippery ['slipəri] adj glat, smattet

slogan ['slougən] n slogan nt, slagord nt

slope [sloup] n skrænt c; v skråne

sloping ['sloupiŋ] adj skrånende

sloppy ['slɔpi] adj sjusket

slot [slɔt] n møntindkast nt

slot machine ['slɔt,məʃi:n] n automat c

slovenly ['slʌvənli] adj sjusket; usoigneret

slow [slou] adj tungnem, langsom; ~ down *sætte tempoet ned, sagtne farten, *sætte farten ned; bremse

sluice [slu:s] n sluse c

slum [slʌm] n slum c

slump [slʌmp] n prisfald nt

slush [slʌʃ] n sjap nt

sly [slai] adj snu

smack [smæk] v smække; n dask nt

small [smɔ:l] adj lille; ringe

smallpox ['smɔ:lpɔks] n kopper pl

smart [smɑ:t] adj smart, vaks

smell [smel] n lugt c

smash [smæʃ] n sammenstød nt; v smadre

*smell [smel] v lugte; *stinke

smelly ['smeli] adj ildelugtende

smile [smail] v smile; n smil nt

smith [smiθ] n smed c

smoke [smouk] v *ryge; n røg

c; no smoking rygning forbudt

smoker ['smoukə] n ryger c; rygekupé c

smoking compartment ['smoukiŋkəm,pɑ:tmənt] n rygekupé c

smoke-free ['smouk'fri:] adj røgfri

smooth [smu:ð] adj glat, smul; blød

smuggle ['smʌgəl] v smugle

snack [snæk] n bid mad

snack bar ['snækbɑ:] n snackbar c

snail [sneil] n snegl c

snake [sneik] n slange c

snapshot ['snæpʃɔt] n snapshot nt, øjebliksbillede nt

sneakers ['sni:kəz] plAm gymnastiksko pl

sneeze [sni:z] v *nyse

sniper ['snaipə] n snigskytte c

snooty ['snu:ti] adj storsnudet

snore [snɔ:] v snorke

snorkel ['snɔ:kəl] n snorkel c

snout [snaut] n snude c

snow [snou] n sne c; v sne

snowstorm ['snousto:m] n snestorm c

snowy ['snoui] adj snedækket

so [sou] conj altså; adv sådan; så, i den grad; and ~ on og så videre; ~ far hidtil; ~ that så at, så

soak [souk] v gennemvæde, gennembløde, udbløde, *lægge i blød soap [soup] n sæbe c; ~ powder sæbepulver nt

sober ['soubə] adj ædru; besindig

so-called [,sou'kɔːld] adj såkaldt

soccer ['sɔkə] n fodbold c; ~ team fodboldhold nt

social ['souʃəl] adj samfunds-, social

socialism ['souʃəlizəm] n socialisme c

socialist ['souʃəlist] adj socialistisk; n socialist c

society [sə'saiəti] n samfund nt; selskab nt, forening c

sock [sɔk] n sok c

socket ['sɔkit] n fatning c

soda ['soudə] nAm sodavand nt; ~ water n danskvand nt

sofa ['soufə] n sofa c

soft [sɔft] adj blød; ~ drink alkoholfri drik

software ['sɔftweə] n software c

soften ['sɔfən] v *blødgøre

soil [sɔil] n jord c; jordbund c

soiled [sɔild] adj tilsølet

solar ['soulə] adj sol-; ~ system n solsystem c

sold [sould] v (p, pp sell); ~ out udsolgt

soldier ['souldʒə] n soldat c

sole[1] [soul] adj eneste

sole[2] [soul] n sål c; søtunge c

solely ['soulli] adv udelukkende

solemn ['sɔləm] adj højtidelig

solicitor [sə'lisitə] n advokat

c

solid ['sɔlid] adj solid; massiv; n fast stof

soluble ['sɔljubəl] adj opløselig

solution [sə'luːʃən] n løsning c; opløsning c

solve [sɔlv] v løse

sombre ['sɔmbə] adj skummel

some [sʌm] adj nogle; pron visse, nogle; noget; ~ day engang; ~ more lidt mere; ~ time engang

somebody ['sʌmbədi] pron nogen

somehow ['sʌmhau] adv på en eller anden måde

someone ['sʌmwʌn] pron nogen

something ['sʌmθiŋ] pron noget

sometimes ['sʌmtaimz] adv somme tider

somewhat ['sʌmwɔt] adv noget

somewhere ['sʌmweə] adv et eller andet sted

son [sʌn] n søn c

song [sɔŋ] n sang c

son-in-law ['sʌninlɔː] n (pl sons-) svigersøn c

soon [suːn] adv inden længe, hurtigt, snart, snarligt; as ~ as så snart som

sooner ['suːnə] adv snarere

sore [sɔː] adj øm; n ømt sted; byld c; ~ throat ondt i halsen

sorrow ['sɔrou] n græmmelse c, bedrøvelse c, smerte c

sorry ['sɔri] *adj* ked af det;
sorry! undskyld!
sort [sɔ:t] *v* ordne, sortere; *n*
slags *c*; all sorts of flere
slags
soul [soul] *n* sjæl *c*; gejst *c*
sound [saund] *n* klang *c*, lyd
c; *v* *lyde; *adj* tilforladelig;
sund
soundproof ['saundpru:f]
adj lydtæt
soup [su:p] *n* suppe *c*
soup plate ['su:ppleit] *n*
suppetallerken *c*
soup spoon ['su:pspu:n] *n*
suppeske *c*
sour [sauə] *adj* sur
source [sɔ:s] *n* udspring *nt*
south [sauθ] *n* syd; South
Pole sydpol *c*
South Africa [sauθ 'æfrikə]
Sydafrika
southeast [,sauθ'i:st] *n*
sydøst
southerly ['sʌðəli] *adj* sydlig
southern ['sʌðən] *adj* sydlig
southwest [,sauθ'west] *n*
sydvest
souvenir ['su:vəniə] *n*
souvenir *c*; ~ shop
souvenirbutik *c*
Soviet ['souviət] *adj* sovjetisk
*sow [sou] *v* så
spa [spa:] *n* kursted *nt*
space [speis] *n* plads *c*; rum
nt; afstand *c*, mellemrum *nt*;
v *anbringe med
mellemrum; ~ shuttle *n*
rumskib *nt*
spacious ['speiʃəs] *adj*

rummelig
spade [speid] *n* spade *c*
Spain [spein] Spanien
Spaniard ['spænjəd] *n*
spanier *c*
Spanish ['spæniʃ] *adj* spansk
spanking ['spæŋkiŋ] *n*
endefuld *c*
spare [speə] *adj* reserve-,
ekstra; *v* undvære; ~ part
reservedel *c*; ~ room
gæsteværelse *nt*; ~ time fritid
c; ~ tyre reservedæk *nt*; ~
wheel reservehjul *nt*
spark [spa:k] *n* gnist *c*
sparking plug ['spa:kiŋplʌg]
n tændrør *nt*
sparkling ['spa:kliŋ] *adj*
funklende; mousserende
sparrow ['spærou] *n* spurv *c*
*speak [spi:k] *v* tale
speaker phone
['spi:kə„foun] *n* speaker-
-telefon *c*
spear [spiə] *n* spyd *nt*
special ['speʃəl] *adj* speciel,
særlig; ~ delivery ekspres
specialist ['speʃəlist] *n*
specialist *c*
speciality [,speʃi'æləti] *n*
specialitet *c*
specialize ['speʃəlaiz] *v*
specialisere sig
specially ['speʃəli] *adv* i
særdeleshed
species ['spi:ʃi:z] *n* (pl ~) art
c
specific [spə'sifik] *adj*
specifik
specimen ['spesimən] *n*

sport

eksemplar *nt*

speck [spek] *n* plet *c*

spectacle ['spektəkəl] *n* skue *nt*, skuespil *nt*; spectacles briller *pl*

spectator [spek'teitə] *n* seer *c*, tilskuer *c*

speculate ['spekjuleit] *v* spekulere

speech [spi:tʃ] *n* talens brug; tale *c*

speechless ['spi:tʃləs] *adj* målløs

speed [spi:d] *n* hastighed *c*; fart *c*, hurtighed *c*; cruising ~ marchhastighed *c*; ~ limit hastighedsgrænse *c*

*speed [spi:d] *v* køre hurtigt; køre for hurtigt

speed dial(ing) ['spi:d͵dail(iŋ)] *n* speed-dial (facilitet) *c*

speeding ['spi:diŋ] *n* overtrædelse af hastighedsgrænse

speedometer [spi:'dɔmitə] *n* speedometer *nt*

spell [spel] *n* fortryllelse *c*

*spell [spel] *v* stave

spelling ['speliŋ] *n* stavemåde *c*

*spend [spend] *v* *give ud, bruge, spendere; *tilbringe

sphere [sfiə] *n* kugle *c*; område *nt*

spice [spais] *n* krydderi *nt*; spices krydderier

spiced [spaist] *adj* krydret

spicy ['spaisi] *adj* krydret

spider ['spaidə] *n* edderkop *c*;

spider's web spindelvæv *nt*

*spill [spil] *v* spilde

*spin [spin] *v* *spinde; snurre

spinach ['spinidʒ] *n* spinat *c*

spine [spain] *n* rygsøjle *c*

spire [spaiə] *n* spir *nt*

spirit ['spirit] *n* ånd *c*; spøgelse *nt*; humør *nt*; spirits spirituosa *pl*, stærke drikke; humør *nt*; ~ stove spritapparat *nt*

spiritual ['spiritʃuəl] *adj* åndelig

spit [spit] *n* spyt *nt*; spid *nt*;

*spit [spit] *v* spytte

spite [spait] *n* ondskabsfuldhed *c*; in ~ of til trods for

spiteful ['spaitfəl] *adj* ondskabsfuld.

splash [splæʃ] *v* sprøjte

splendid ['splendid] *adj* pragtfuld, fremragende

splendour ['splendə] *n* pragt *c*

splint [splint] *n* benskinne *c*

splinter ['splintə] *n* splint *c*

*split [split] *v* spalte

*spoil [spɔil] *v* *ødelægge; forkæle

spoke¹ [spouk] *v* (p speak)

spoke² [spouk] *n* ege *c*

sponge [spʌndʒ] *n* svamp *c*

spool [spu:l] *n* spole *c*

spoon [spu:n] *n* ske *c*

spoonful ['spu:nful] *n* skefuld *c*

sport [spɔ:t] *n* sport *c*; ~ utility vehicle *n* SUV; firehjulstrækker *nt*

sports car ['spo:tska:] n
sportsvogn c

sports jacket
['spo:ts,dʒækit] n
sportsjakke c

sportsman ['spo:tsmən] n (pl
-men) sportsmand c

sportswear ['spo:tsweə] n
sportstøj pl

sportswoman
['spo:tswumən] n (pl
-women) sportskvinde c

spot [spɔt] n plet c; sted nt

spotless ['spɔtləs] adj pletfri

spotlight ['spɔtlait] n
projektør c

spotted ['spɔtid] adj plettet

spout [spaut] n sprøjt nt

sprain [sprein] v forstuve; n
forstuvning c

spray [sprei] n spray c; v
sprøjte

*spread [spred] v brede,
brede ud

spring [spriŋ] n forår nt;
fjeder c; kilde c

springtime ['spriŋtaim] n
forår nt

sprouts [sprauts] pl rosenkål
c

spy [spai] n spion c, agent c; ~
on udspionere

square [skweə] adj
kvadratisk; n kvadrat nt;
plads c, torv nt

squeeze [skwi:z] v presse
igennem

squirrel ['skwirəl] n egern nt

squirt [skwə:t] n sprøjt nt

stable ['steibəl] adj stabil; n

stald c

stack [stæk] n stabel c

stadium ['steidiəm] n stadion
nt

staff [sta:f] n personale nt

stage [steidʒ] n scene c;
stadium nt, fase c; etape c

stain [stein] v plette; n plet c;
stained glass kulørt glas; ~
remover pletfjerner c

stainless ['steinləs] adj
pletfri; ~ steel rustfrit stål

staircase ['steəkeis] n trappe
c

stairs [steəz] pl trappe c

stale [steil] adj gammel

stall [stɔ:l] n bod c;
parketplads c

stamp [stæmp] n frimærke nt;
stempel nt; v frankere;
stampe; ~ machine
frimærkeautomat c

stand [stænd] n stade nt;
tribune c

*stand [stænd] v *stå;
*udholde

standard ['stændəd] n
måleenhed c, norm c;
standard-; ~ of living
levestandard c

stanza ['stænzə] n strofe c

staple ['steipəl] n
hæfteklamme c

star [sta:] n stjerne c

starboard ['sta:bəd] n
styrbord nt

stare [steə] v stirre

starling ['sta:liŋ] n stær c

start [sta:t] v starte; n start c

starting point ['sta:tiŋpɔint]

n udgangspunkt *nt*

state [steit] *n* stat *c*; tilstand *c*;
v erklære

the States [ðə steits]
Forenede Stater

statement ['steitmənt] *n*
erklæring *c*

statesman ['steitsmən] *n* (pl
-men) statsmand *c*

station [ˈsteiʃən] *n* station *c*;
position *c*

stationary [ˈsteiʃənəri] *adj*
stationær

stationer's [ˈsteiʃənəz] *n*
papirhandel *c*

stationery [ˈsteiʃənəri] *n*
papirvarer *pl*

statistics [stəˈtistiks] *pl*
statistik *c*

statue ['stætʃu:] *n* statue *c*

stay [stei] *v* *forblive, *blive;
*opholde sig, bo; *n* ophold *nt*

steadfast ['stedfɑ:st] *adj*
standhaftig

steady ['stedi] *adj* støt

steak [steik] *n* bøf *c*

*steal [sti:l] *v* *stjæle; liste

steam [sti:m] *n* damp *c*

steamer ['sti:mə] *n* dampskib
nt

steel [sti:l] *n* stål *nt*

steep [sti:p] *adj* brat, stejl

steeple [ˈsti:pəl] *n* kirketårn
nt

steer [stiə] *v* styre

steering column
[ˈstiəriŋˌkɔləm] *n*
ratstamme *c*

steering wheel [ˈstiəriŋwi:l]
n rat *nt*

steersman [ˈstiəzmən] *n* (pl
-men) rorgænger *c*

stem [stem] *n* stilk *c*

stem cell [ˈstemˌsel] *n*
stamcelle *c*

step [step] *n* skridt *nt*, trin *nt*;
v *træde

stepchild [ˈsteptʃaild] *n* (pl
-children) stedbarn *nt*

stepfather [ˈstepˌfɑ:ðə] *n*
stedfar *c*

stepmother [ˈstepˌmʌðə] *n*
stedmor *c*

stereo [steriou] *n* stereo *c*

sterile [ˈsterail] *adj* steril

sterilize [ˈsterilaiz] *v*
sterilisere

steward [ˈstju:əd] *n*
hovmester *c*

stewardess [ˈstju:ədes] *n*
stewardesse *c*

stick [stik] *n* kæp *c*

*stick [stik] *v* klistre, klæbe

sticker [ˈstikə] *n*
selvklæbende mærkat *c*

sticky [ˈstiki] *adj* klæbrig

stiff [stif] *adj* stiv

still [stil] *adv* endnu; dog; *adj*
stille

stimulant [ˈstimjulənt] *n*
stimulans *c*

stimulate [ˈstimjuleit] *v*
stimulere

sting [stiŋ] *n* stik *nr*

*sting [stiŋ] *v* *stikke

stingy [ˈstindʒi] *adj* smålig

*stink [stiŋk] *v* *stinke

stipulate [ˈstipjuleit] *v*
*fastsætte, stipulere

stipulation [ˌstipjuˈleiʃən] *n*

bestemmelse *c*

stir [stəː] *v* røre sig; røre

stitch [stitʃ] *n* sting *nt*

stock [stɔk] *n* lager *nt*; *v*
*have på lager; ~ **exchange**
fondsbørs *c*, børs *c*; ~ **market**
aktiemarked *nt*; **stocks and
shares** værdipapirer *pl*

stocking ['stɔkiŋ] *n* strømpe
c

stole¹ [stoul] *v* (p steal)

stole² [stoul] *n* stola *c*

stomach ['stʌmək] *n* mave *c*

stomach ache ['stʌməkeik]
n mavesmerter *pl*, mavepine
c

stone [stoun] *n* sten *c*;
ædelsten *c*; sten-; **pumice ~**
pimpsten *c*

stood [stud] *v* (p, pp stand)

stop [stɔp] *v* stoppe; indstille,
ophøre med; *n* stoppested
nt; **stop!** stop!

stopper ['stɔpə] *n* prop *c*

storage ['stɔːridʒ] *n*
oplagring *c*

store [stɔː] *n* lager *nt*;
forretning *c*; *v* oplagre

store house ['stɔːhaus] *n*
pakhus *nt*

storey ['stɔːri] *n* etage *c*, sal *c*

stork [stɔːk] *n* stork *c*

storm [stɔːm] *n* uvejr *nt*

stormy ['stɔːmi] *adj*
stormfuld; urolig

story ['stɔːri] *n* historie *c*

stout [staut] *adj* svær,
korpulent, kraftig

stove [stouv] *n* ovn *c*; komfur
nt

straight [streit] *adj* lige;
ærlig; *adv* direkte; ~ **ahead**
ligeud; ~ **away** straks, med
det samme; ~ **on** ligeud

strain [strein] *n* anstrengelse
c; anspændelse *c*; *v* forcere;
si

strainer ['streinə] *n* dørslag
nt

strange [streindʒ] *adj*
fremmed; mærkværdig

stranger ['streindʒə] *n*
fremmed *c*; ukendt person

strangle ['stræŋgəl] *v* *kvæle

strap [stræp] *n* rem *c*

straw [strɔː] *n* strå *nt*; sugerør
nt

strawberry ['strɔːbəri] *n*
jordbær *nt*

stream [striːm] *n* strøm *c*,
bæk *c*; vandløb *nt*; *v*
strømme

street [striːt] *n* gade *c*

streetcar ['striːtkaː] *nAm*
sporvogn *c*

strength [streŋθ] *n* styrke *c*

stress [stres] *n* stress *nt*;
betoning *c*; *v* markere,
betone

stretch [stretʃ] *v* *strække;
n strækning *c*

strict [strikt] *adj* striks; streng

strike [straik] *n* strejke *c*

***strike** [straik] *v* *slå; ramme;
strejke; *stryge

striking ['straikiŋ] *adj*
slående, påfaldende

string [striŋ] *n* snor *c*; streng *c*

strip [strip] *n* strimmel *c*

stripe [straip] *n* stribe *c*

striped [straipt] *adj* stribet

stroke [strouk] *n* slagtilfælde *nt*

stroll [stroul] *v* slentre; *n* slentretur *c*

strong [strɔŋ] *adj* stærk; kraftig

stronghold ['strɔŋhould] *n* borg *c*

structure ['strʌktʃə] *n* struktur *c*

struggle ['strʌgəl] *n* strid *c*, kamp *c*; *v* *slås, kæmpe

stub [stʌb] *n* talon *c*

stubborn ['stʌbən] *adj* stædig

student ['stju:dənt] *n* student *c*

studies ['stʌdiz] *pl* studium *nt*

study ['stʌdi] *v* studere; *n* studium *nt*; arbejdsværelse *nt*

stuff [stʌf] *n* materiale *nt*; sager *pl*

stuffed [stʌft] *adj* farseret; udstoppet

stuffing ['stʌfiŋ] *n* fyld *nt*

stuffy ['stʌfi] *adj* trykkende

stumble ['stʌmbəl] *v* snuble

stung [stʌŋ] *v* (p, pp sting)

stupid ['stju:pid] *adj* dum

style [stail] *n* stil *c*

subject¹ ['sʌbdʒikt] *n* subjekt *nt*, emne *nt*; statsborger *c*; ~ **to** disponeret for

subject² [səb'dʒekt] *v* underkaste

submarine ['sʌbməri:n] *n* u--båd *c*

submit [səb'mit] *v* underkaste sig

subordinate [sə'bɔ:dinət] *adj* underordnet; sekundær

subscriber [səb'skraibə] *n* abonnent *c*

subscription [səb'skripʃən] *n* abonnement *nt*

subsequent ['sʌbsikwənt] *adj* følgende

subsidy ['sʌbsidi] *n* tilskud *nt*

substance ['sʌbstəns] *n* substans *c*

substantial [səb'stænʃəl] *adj* faktisk; virkelig; anselig

substitute ['sʌbstitju:t] *v* erstatte; *n* erstatning *c*; stedfortræder *c*

subtitle ['sʌb,taitəl] *n* undertitel *c*

subtle ['sʌtəl] *adj* subtil

subtract [səb'trækt] *v* *fratrække, *trække fra

suburb ['sʌbə:b] *n* forstad *c*

suburban [sə'bə:bən] *adj* forstads-

subway ['sʌbwei] *nAm* undergrundsbane *c*

succeed [sək'si:d] *v* lykkes; *efterfølge

success [sək'ses] *n* succes *c*

successful [sək'sesfəl] *adj* vellykket

succumb [sə'kʌm] *v* bukke under

such [sʌtʃ] *adj* sådan; *adv* sådan; ~ **as** sådan som

suck [sʌk] *v* suge, sutte

sudden ['sʌdən] *adj* pludselig

suddenly ['sʌdənli] *adv*

pludseligt

suede [sweid] n ruskind nt

suffer ['sʌfə] v *lide, *gennemgå

suffering ['sʌfəriŋ] n lidelse c

suffice [sə'fais] v *være tilstrækkelig

sufficient [sə'fiʃənt] adj fyldestgørende, tilstrækkelig

suffrage ['sʌfridʒ] n stemmeret c, valgret c

sugar ['ʃugə] n sukker nt

suggest [sə'dʒest] v *foreslå

suggestion [sə'dʒestʃən] n forslag nt

suicide ['su:isaid] n selvmord nt

suicide attack ['sju:əsaid‿ə‚tæk] n selvmordsangreb nt

suicide bomber ['sju:əsaid‿‚bɔmə] n selvmordsbomber c

suit [su:t] v passe; tilpasse; klæde; n jakkesæt nt

suitable ['su:təbəl] adj passende

suitcase ['su:tkeis] n kuffert c

suite [swi:t] n suite c

sum [sʌm] n sum c

summary ['sʌməri] n sammenfatning c, resumé c

summer ['sʌmə] n sommer c; ~ time sommertid c

summit ['sʌmit] n top c

sun [sʌn] n sol c

sunbathe ['sʌnbeið] v solbade

sunburn ['sʌnbə:n] n

solskoldning c

Sunday ['sʌndi] søndag c

sunglasses ['sʌn‚glɑːsiz] pl solbriller pl

sunlight ['sʌnlait] n sollys nt

sunny ['sʌni] adj solrig

sunrise ['sʌnraiz] n solopgang c

sunset ['sʌnset] n solnedgang c

sunshade ['sʌnʃeid] n solskærm c

sunshine ['sʌnʃain] n solskin nt

sunstroke ['sʌnstrouk] n solstik nt

suntan oil ['sʌntænɔil] sololie c

super ['sju:pə] adj colloquial super

superb [su'pə:b] adj storslået, prægtig

superficial [‚su:pə'fiʃəl] adj overfladisk

superfluous [su'pə:fluəs] adj overflødig

superior [su'piəriə] adj højere, overlegen, bedre, større

superlative [su'pə:lətiv] adj superlativ; n superlativ c

supermarket ['su:pə‚ma:kit] n supermarked nt

superstition [‚su:pə'stiʃən] n overtro c

supervise ['su:pəvaiz] v føre kontrol med, *have opsyn med

supervision [‚su:pə'viʒən] n kontrol c, opsyn c

supervisor ['su:pəvaizə] *n* tilsynsførende *c*

supper ['sʌpə] *n* aftensmad *c*

supple ['sʌpəl] *adj* smidig, bøjelig

supplement ['sʌplimənt] *n* tillæg *nt*; supplement *nt*; *v* supplere

supply [sə'plai] *n* tilførsel *c*, forsyning *c*; forråd *nt*; udbud *nt*; *v* forsyne, skaffe

support [sə'pɔ:t] *v* *bære, støtte; *n* støtte *c*; ~ hose støttestrømpe *c*

supporter [sə'pɔ:tə] *n* tilhænger *c*

suppose [sə'pouz] *v* formode, *antage, *gå ud fra; supposing that forudsat at

suppository [sə'pɔzitəri] *n* stikpille *c*

suppress [sə'pres] *v* undertrykke

surcharge ['sə:tʃɑ:dʒ] *n* tillæg *nt*

sure [ʃuə] *adj* sikker

surely ['ʃuəli] *adv* sikkert

surface ['sə:fis] *n* overflade *c*

surf [sə:f] *v* surfe

surfboard ['sə:fbɔ:d] *n* surfboard *nt*

surgeon ['sə:dʒən] *n* kirurg *c*; veterinary ~ veterinær *c*

surgery ['sə:dʒəri] *n* operation *c*; konsultationsværelse *nt*

surname ['sə:neim] *n* efternavn *nt*

surplus ['sə:pləs] *n* overskud

nt

surprise [sə'praiz] *n* overraskelse *c*; *v* overraske

surrender [sə'rendə] *v* *overgive sig; *n* overgivelse *c*

surround [sə'raund] *v* *omgive, omringe

surrounding [sə'raundiŋ] *adj* omliggende

surroundings [sə'raundiŋz] *pl* omegn *c*

survey ['sə:vei] *n* oversigt *c*

survival [sə'vaivəl] *n* overlevelse *c*

survive [sə'vaiv] *v* overleve

suspect[1] [sə'spekt] *v* mistænke; ane

suspect[2] ['sʌspekt] *n* mistænkt *c*

suspend [sə'spend] *v* suspendere

suspenders [sə'spendəz] *plAm* seler *pl*; ~ bridge hængebro *c*

suspension [sə'spenʃən] *n* affjedring *c*

suspicion [sə'spiʃən] *n* mistanke *c*; mistro *c*

suspicious [sə'spiʃəs] *adj* mistænkelig; mistroisk, mistænksom

sustain [sə'stein] *v* tåle

SUV ['esju:'vi:]; sport utility vehicle *n* SUV; firehjulstrækker *nt*

Swahili [swə'hi:li] *n* swahili *nt*

swallow ['swɔlou] *v* *synke, sluge; *n* svale *c*

swam [swæm] *v* (p swim)

swamp [swɒmp] n mose c

swan [swɒn] n svane c

swap [swɒp] v bytte

*swear [sweə] v *sværge; bande

sweat [swet] n sved c; v svede

sweater ['swetə] n sweater c

Swede [swi:d] n svensker c

Sweden ['swi:dən] Sverige

Swedish ['swi:diʃ] adj svensk

*sweep [swi:p] v feje

sweet [swi:t] adj sød; n bolsje nt; dessert c; sweets godter pl, slik c

sweeten ['swi:tn] v søde

sweetheart ['swi:tha:t] n kæreste c, skat c

sweetshop ['swi:tʃɔp] n chokoladeforretning c

swell [swel] adj prægtig

*swell [swel] v svulme

swelling ['sweliŋ] n opsvulmning c

swift [swift] adj hurtig

*swim [swim] v svømme

swimmer ['swimə] n svømmer c

swimming ['swimiŋ] n svømning c; ~ pool svømmebassin nt

swimmingtrunks ['swimiŋtrʌŋks] pl badebukser pl

swimsuit ['swimsu:t] n, swimming suit nAm badedragt c

swindle ['swindəl] v svindle; n svindel c

swindler ['swindlə] n svindler c

swing [swiŋ] n gynge c

*swing [swiŋ] v *svinge; gynge

Swiss [swis] adj schweizisk; n schweizer c

switch [switʃ] n afbryder c; v skifte; ~ off slukke for; ~ on tænde for

switchboard ['switʃbɔ:d] n omstillingsbord nt

Switzerland ['switsələnd] Schweiz

sword [sɔ:d] n sværd nt

swum [swʌm] v (pp swim)

syllable ['siləbəl] n stavelse c

symbol ['simbəl] n symbol nt

sympathetic [,simpə'θetik] adj deltagende, medfølende

sympathy ['simpəθi] n sympati c; medfølelse c

symphony ['simfəni] n symfoni c

symptom ['simtəm] n symptom nt

synagogue ['sinəgɔg] n synagoge c

synonym ['sinənim] n synonym c

synthetic [sin'θetik] adj syntetisk

Syria ['siriə] Syrien

Syrian ['siriən] adj syrisk; n syrer c

syringe [si'rindʒ] n sprøjte c

syrup ['sirəp] n sukkerlage c, saft c; sirup c

system ['sistəm] n system nt; decimal ~ decimalsystem nt

systematic [,sistə'mætik] adj systematisk

T

table ['teibəl] n bord nt; tabel c; ~ of contents indholdsfortegnelse c; ~ tennis bordtennis

tablecloth ['teibəlklɔθ] n dug c

tablespoon ['teibəlspu:n] n spiseske c

tablet ['tæblit] n tablet c

taboo [tə'bu:] n tabu nt

tactics ['tæktiks] pl taktik c

tag [tæg] n mærkeseddel c

tail [teil] n hale c

taillight ['teillait] n baglygte c

tailor ['teilə] n skrædder c

tailor-made ['teiləmeid] adj skræddersyet

*take [teik] v *tage; *gribe; *bringe; *forstå, opfatte; *begribe, fatte; ~ away fjerne, *tage væk; ~ off starte; ~ out fjerne; ~ over *overtage; ~ place *finde sted; ~ up *optage

take-off ['teikɔf] n start c

tale [teil] n fortælling c, eventyr nt

talent ['tælənt] n anlæg nt, talent nt

talented ['tæləntid] adj begavet

talk [tɔ:k] v tale, snakke; n samtale c

talkative ['tɔ:kətiv] adj snakkesalig

tall [tɔ:l] adj høj

tame [teim] adj tam; v tæmme

tampon ['tæmpən] n tampon c

tangerine [,tændʒə'ri:n] n mandarin c

tangible ['tændʒibəl] adj håndgribelig

tank [tæŋk] n tank c

tanker ['tæŋkə] n tankskib nt

tanned [tænd] adj brun

tap [tæp] n vandhane c; bank nt; v banke

tape [teip] n lydbånd nt; bændel nt; adhesive ~ tape c, klæbestrimmel c; hæfteplaster nt

tape measure ['teip,meʒə] n målebånd nt

tape recorder ['teipri,kɔ:də] n båndoptager c

tar [ta:] n tjære c

target ['ta:git] n skydeskive c, mål nt

tariff ['tærif] n tarif c

task [ta:sk] n opgave c

taste [teist] n smag c; v smage

tasteless ['teistləs] adj fad, smagløs

tasty ['teisti] adj velsmagende

taught [tɔ:t] v (p, pp teach)

tavern ['tævən] n kro c

tax [tæks] n skat c; v beskatte

taxation [tæk'seiʃən] n beskatning c

tax-free ['tæksfri:] adj
skattefri

taxi ['tæksi] n taxi c, hyrevogn
c; ~ rank taxiholdeplads c; ~
stand Am taxiholdeplads c

taxi driver ['tæksi,draivə] n
taxichauffør c

taximeter ['tæksi,mi:tə] n
taxameter nt

tea [ti:] n te c; eftermiddagste
c

*teach [ti:tʃ] v lære,
undervise

teacher ['ti:tʃə] n lærer c;
lærerinde c

teachings ['ti:tʃiŋz] pl lære c

tea cloth ['ti:klɒθ] n
viskestykke nt

teacup ['ti:kʌp] n tekop c

team [ti:m] n hold nt

teapot ['ti:pɒt] n tepotte c

*tear [tɛə] v *rive itu

tear¹ [tiə] n tåre c

tear² [tɛə] n rift c

tearjerker ['tiə,dʒə:kə] n
tåreperser c

tease [ti:z] v drille

tea set ['ti:set] n testel nt

tea-shop ['ti:ʃɒp] n tesalon c

teaspoon ['ti:spu:n] n teske c

teaspoonful ['ti:spu:n,ful] n
teskefuld c

technical ['teknikəl] adj
teknisk; ~ support n teknisk
support c

technician [tek'niʃən] n
tekniker c

technique [tek'ni:k] n teknik
c

technological
[,teknə'lɒdʒikəl] adj
teknologisk

technology [tek'nɒlədʒi] n
teknologi c

teenager ['ti:,neidʒə] n
teenager c

telecommunications
[,telikəmju:ni'keiʃənz] pl
telekommunikation c

telegram ['teligræm] n
telegram nt

telegraph ['teligra:f] v
telegrafere

telepathy [ti'lepəθi] n
telepati c

telephone ['telifoun] n
telefon c; v telefonere; ~
book Am telefonbog c; ~
booth telefonboks c; ~ call
telefonopringning c,
telefonsamtale c; ~
directory telefonbog c; ~
operator telefondame c

telephonist [ti'lefənist] n
telefondame c

television ['teliviʒən] n
fjernsyn nt; ~ set
fjernsynsapparat nt; cable ~
kabel-tv nt; satellite ~
satellit-tv nt

telex ['teleks] n fjernskriver c

*tell [tel] v *sige; *fortælle

telly ['teli] n colloquial
fjernsyn nt

temper ['tempə] n vrede c;
sind nt

temperature ['temprətʃə] n
temperatur c

tempest ['tempist] n uvejr nt

temple ['tempəl] n tempel nt;

tinding *c*

temporary ['tempərəri] *adj*
midlertidig, foreløbig

tempt [tempt] *v* friste

temptation [temp'teiʃən] *n*
fristelse *c*

ten [ten] *num* ti

tenant ['tenənt] *n* lejer *c*

tend [tend] *v* *have
tilbøjelighed til; passe; ~ to
hælde til

tendency ['tendənsi] *n*
tendens *c*, tilbøjelighed *c*

tender ['tendə] *adj* øm, sart;
mør

tendon ['tendən] *n* sene *c*

tennis ['tenis] *n* tennis; ~
shoes tennissko *pl*

tennis court ['teniskɔːt] *n*
tennisbane *c*

tense [tens] *adj* anspændt

tension ['tenʃən] *n* spænding
c

tent [tent] *n* telt *nt*

tenth [tenθ] *num* tiende

tepid ['tepid] *adj* lunken

term [təːm] *n* udtryk *nt*;
semester *nt*, frist *c*, periode
c; vilkår *nt*

terminal ['təːminəl] *n*
endestation *c*

terrace ['terəs] *n* terrasse *c*

terrain [te'rein] *n* terræn *nt*

terrible ['teribəl] *adj*
frygtelig, forfærdelig,
rædsom

terrific [tə'rifik] *adj* storartet

terrify ['terifai] *v* forfærde;
terrifying frygtindgydende

territory ['teritəri] *n*

territorium *nt*

terror ['terə] *n* rædsel *c*

terrorism ['terərizəm] *n*
terror *c*, terrorisme *c*

terrorist ['terərist] *n* terrorist
c

test [test] *n* test *c*; *v* teste,
afprøve

testify [testifai] *v* vidne

text [tekst] *n* tekst *c*; *v* tekste

textbook ['teksbuk] *n*
lærebog *c*

textile ['tekstail] *n* tekstil *nt*

texture ['tekstʃə] *n* struktur *c*

Thai [tai] *adj* thailandsk; *n*
thailænder *c*

Thailand ['tailænd] Thailand

than [ðæn] *conj* end

thank [θæŋk] *v* takke; ~ you
tak

thankful ['θæŋkfəl] *adj*
taknemmelig

that [ðæt] *adj* den; *pron* den,
det; som; *conj* at

thaw [θɔː] *v* tø, tø op; *n* tøvejr
nt

the [ðə, ði] *art* -en; the ... the
des ... des

theatre ['θiətə] *n* teater *nt*

theft [θeft] *n* tyveri *nt*

their [ðeə] *adj* deres

them [ðem] *pron* dem

theme [θiːm] *n* tema *nt*, emne
nt

themselves [ðəm'selvz] *pron*
sig; selv

then [ðen] *adv* da; derefter, så

theology [θi'ɔlədʒi] *n* teologi
c

theoretical [θiə'retikəl] *adj*

teoretisk

theory ['θiəri] n teori c

therapy ['θerəpi] n terapi c

there [ðɛə] adv der; derhen

therefore ['ðɛəfɔ:] conj derfor

thermometer [θə'mɔmitə] n termometer nt

thermostat ['θə:məstæt] n termostat c

these [ði:z] adj disse

thesis ['θi:sis] n (pl theses) læresætning c

they [ðei] pron de

thick [θik] adj tyk; tæt

thicken ['θikən] v jævne, *gøre tyk

thickness ['θiknəs] n tykkelse c

thief [θi:f] n (pl thieves) tyv c

thigh [θai] n lår nt

thimble ['θimbəl] n fingerbøl nt

thin [θin] adj tynd

thing [θiŋ] n ting c

***think** [θiŋk] v *synes; tænke; ~ of tænke på; ~ over tænke over

thinker ['θiŋkə] n tænker c

third [θə:d] num tredje

thirst [θə:st] n tørst c

thirsty ['θə:sti] adj tørstig

thirteen [,θə:'ti:n] num tretten

thirteenth [,θə:'ti:nθ] num trettende

thirtieth ['θə:tiəθ] num tredivte

thirty ['θə:ti] num tredive

this [ðis] adj denne; pron denne

thistle ['θisəl] n tidsel c

thorn [θɔ:n] n torn c

thorough ['θΛrə] adj omhyggelig, grundig

thoroughfare ['θΛrəfɛə] n færdselsåre c, hovedvej c

those [ðouz] adj de art; pron de

though [ðou] conj om end, skønt, selv om; prep skønt

thought[1] [θɔ:t] v (p, pp think)

thought[2] [θɔ:t] n tanke c

thoughtful ['θɔ:tfəl] adj tænksom; hensynsfuld

thousand ['θauzənd] num tusind

thread [θred] n tråd c; sytråd c; v *træde

threadbare ['θredbɛə] adj luvslidt

threat [θret] n trussel c

threaten ['θretən] v true

three [θri:] num tre

three-quarter [,θri:'kwɔ:tə] adj trefjerdedels

threshold ['θreʃould] n tærskel c

threw [θru:] v (p throw)

thrifty ['θrifti] adj sparsommelig

throat [θrout] n strube c; hals c

throne [θroun] n trone c

through [θru:] prep gennem

throughout [θru:'aut] adv overalt

throw [θrou] n kast nt

***throw** [θrou] v slynge, kaste

thumb [θʌm] n tommelfinger c

thumbtack ['θʌmtæk] nAm tegnestift c

thump [θʌmp] v dunke

thunder ['θʌndə] n torden c; v tordne

thunderstorm ['θʌndəstɔːm] n tordenvejr nt

Thursday ['θəːzdi] torsdag c

thus [ðʌs] adv således

thyme [taim] n timian c

tick [tik] n mærke nt; ~ off krydse af

ticket ['tikit] n billet c; bøde c; ~ collector billetkontrollør c; ~ machine billetautomat c

tickle ['tikəl] v kilde

tide [taid] n tidevand nt; high ~ højvande nt; low ~ lavvande nt

tidy ['taidi] adj ordentlig; v ordne; ~ up rydde op

tie [tai] v *binde, knytte; n slips nt

tiger ['taigə] n tiger c

tight [tait] adj stram; snæver; adv fast

tighten ['taitən] v stramme, spænde; strammes

tights [taits] pl strømpebukser pl

tile [tail] n kakkel c; tagsten c

till [til] prep indtil; conj indtil

timber ['timbə] n tømmer nt

time [taim] n tid c; gang c; all the ~ hele tiden; in ~ i tide; ~ of arrival ankomsttid c; ~ of departure afgangstid c

time-saving ['taim,seiviŋ] adj tidsbesparende

timetable ['taim,teibəl] n fartplan c

timid ['timid] adj sky

timidity [ti'midəti] n generthed c

tin [tin] n tin nt; dåse c; tinned food konserves pl

tinfoil ['tinfɔil] n stanniol nt

tin opener ['ti,noupənə] n dåseåbner c

tiny ['taini] adj lille bitte

tip [tip] n spids c; drikkepenge pl

tire¹ [taiə] n dæk nt

tire² [taiə] v trætte

tired [taiəd] adj udmattet, træt

tiring ['taiəriŋ] adj trættende

tissue ['tiʃuː] n væv nt; papirlommetørklæde nt

title ['taitəl] n titel c

to [tuː] prep til, hen til, i; for at

toad [toud] n tudse c

toadstool ['toudstuːl] n svamp c

toast [toust] n ristet brød; skål c

tobacco [tə'bækou] n (pl ~s) tobak c; ~ pouch tobakspung c

tobacconist [tə'bækənist] n tobakshandler c; tobacconist's tobakshandel c

today [tə'dei] adv i dag

toddler ['tɔdlə] n rolling c

toe [tou] n tå c

toffee ['tɔfi] n karamel c

together [tə'geðə] *adv*
sammen

toilet ['tɔilət] *n* toilet *nt*; ~
case toilettaske *c*

toilet paper ['tɔilət,peipə] *n*
toiletpapir *nt*

toiletry ['tɔilətri] *n* toiletsager
pl

token ['toukən] *n* tegn *nt*;
bevis *nt*; polet *c*

told [tould] *v* (p, pp tell)

tolerable ['tɔlərəbəl] *adj*
udholdelig

toll [toul] *n* vejafgift *c*

tomato [tə'mɑ:tou] *n* (pl ~es)
tomat *c*

tomb [tu:m] *n* grav *c*

tombstone ['tu:mstoun] *n*
gravsten *c*

tomorrow [tə'mɔrou] *adv* i
morgen

ton [tʌn] *n* ton *c*

tone [toun] *n* tone *c*; klang *c*

tongs [tɔŋz] *pl* tang *c*

tongue [tʌŋ] *n* tunge *c*

tonic ['tɔnik] *n* styrkende
middel

tonight [tə'nait] *adv* i aften, i
nat

tonsilitis [,tɔnsə'laitis] *n*
betændelse i mandlerne

tonsils ['tɔnsəlz] *pl*
(hals)mandler

too [tu:] *adv* for; også

took [tuk] *v* (p take)

tool [tu:l] *n* værktøj *nt*; ~ kit
værktøjssæt *nt*

toot [tu:t] *v* Am tude

tooth [tu:θ] *n* (pl teeth) tand *c*

toothache ['tu:θeik] *n*

tandpine *c*

toothbrush ['tu:θbrʌʃ] *n*
tandbørste *c*

toothpaste ['tu:θpeist] *n*
tandpasta *c*

toothpick ['tu:θpik] *n*
tandstikker *c*

toothpowder ['tu:θ,paudə] *n*
tandpulver *nt*

top [tɔp] *n* top *c*; overside *c*;
låg *nt*; on ~ of oven på; ~
side overside *c*

topic ['tɔpik] *n* emne *nt*

topical ['tɔpikəl] *adj* aktuel

torch [tɔ:tʃ] *n* fakkel *c*;
lommelygte *c*

torment¹ [tɔ:'ment] *v* pine

torment² ['tɔ:ment] *n* pine *c*

torture ['tɔ:tʃə] *n* tortur *c*; *v*
tortere

toss [tɔs] *v* kaste

tot [tɔt] *n* pus *nt*

total ['toutəl] *adj* total,
fuldstændig; *n* total *c*

totalitarian [,toutæli'tɛəriən]
adj totalitær

touch [tʌtʃ] *v* berøre, røre
ved; *n* berøring *c*; følesans *c*

touching ['tʌtʃiŋ] *adj*
rørende

tough [tʌf] *adj* sej

tour [tuə] *n* rundrejse *c*

tourism ['tuərizəm] *n*
turisme *c*

tourist ['tuərist] *n* turist *c*; ~
class turistklasse *c*; ~ office
turistbureau *nt*

tournament ['tuənəmənt] *n*
turnering *c*

tow [tou] *v* slæbe

towards [təˈwɔːdz] *prep*
imod

towel [tauəl] *n* håndklæde *nt*

towelling [ˈtauəliŋ] *n* frotté *c*

tower [tauə] *n* tårn *nt*

town [taun] *n* by *c*; ~ centre
bymidte *c*; ~ hall rådhus *nt*

townspeople [ˈtaunzˌpiːpəl]
pl byboere *pl*

toxic [ˈtɔksik] *adj* giftig

toy [tɔi] *n* legetøj *pl*

toyshop [ˈtɔiʃɔp] *n*
legetøjsforretning *c*

trace [treis] *n* spor *nt*; *v*
opspore, efterspore

track [træk] *n* spor *nt*; bane *c*;
sti *c*; *v* efterspore

tractor [ˈtræktə] *n* traktor *c*

trade [treid] *n* handel *c*;
erhverv *nt*, fag *nt*; *v* handle

trademark [ˈtreidmɑːk] *n*
varemærke *nt*

tradesman [ˈtreidzmən] *n* (pl
-men) købmand *c*;
handlende *c*

tradeswoman
[ˈtreidzwumən] *n* (pl
-women) ekspeditrice *c*

trade union [ˌtreidˈjuːnjən] *n*
fagforening *c*

tradition [trəˈdiʃən] *n*
tradition *c*

traditional [trəˈdiʃənəl] *adj*
traditionel

traffic [ˈtræfik] *n* færdsel *c*; ~
jam trafikprop *c*; ~ light
trafiklys *nt*

trafficator [ˈtræfikeitə] *n*
blinklys *nt*

tragedy [ˈtrædʒədi] *n*

tragedie *c*

tragic [ˈtrædʒik] *adj* tragisk

trail [treil] *n* sti *c*, spor *nt*

trailer [ˈtreilə] *n* anhænger *c*;
nAm campingvogn *c*

train [trein] *n* tog *nt*; *v*
dressere, træne; stopping ~
bumletog *nt*; through ~
gennemgående tog; ~ ferry
togfærge *c*

trainee [treiˈniː] *n*
(*apprentice*) elev *c*; (*intern*)
praktikant *c*

trainer [ˈtreinə] *n* træner *c*

training [ˈtreiniŋ] *n* træning *c*

trait [treit] *n* træk *nt*

traitor [ˈtreitə] *n* forræder *c*

tram [træm] *n* sporvogn *c*

tramp [træmp] *n* landstryger
c, vagabond *c*; *v*
vagabondere

tranquil [ˈtræŋkwil] *adj* rolig

tranquillizer [ˈtræŋkwilaizə]
n beroligende middel

transaction [trænˈzækʃən] *n*
transaktion *c*

transatlantic
[ˌtrænzətˈlæntik] *adj*
transatlantisk

transfer [trænsˈfəː] *v*
overføre

transform [trænsˈfɔːm] *v*
omdanne

transformer [trænsˈfɔːmə] *n*
transformator *c*

transition [trænˈsiʃən] *n*
overgang *c*

translate [trænsˈleit] *v*
*oversætte

translation [trænsˈleiʃən] *n*

oversættelse c

translator [træns'leitə] n
translatør c

transmission [trænz'miʃən]
n transmission c

transmit [trænz'mit] v sende,
udsende

transmitter [trænz'mitə] n
sender c

transparent [træn'spɛərənt]
adj gennemsigtig

transport¹ ['trænspɔ:t] n
transport c

transport² [træn'spɔ:t] v
transportere

transportation
[,trænspɔ:'teiʃən] n
transport c

trap [træp] n fælde c

trash [træʃ] n affald nt; ~
can Am affaldsspand c

travel ['trævəl] v rejse; ~
agency rejsebureau nt; ~
agent rejsearrangør c; ~
insurance rejseforsikring c;
travelling expenses
rejseudgifter pl

traveller ['trævələ] n rejsende
c; traveller's cheque
rejsecheck c

tray [trei] n bakke c

treason ['tri:zən] n forræderi
nt

treasure ['treʒə] n skat c

treasurer ['treʒərə] n
kasserer c

treasury ['treʒəri] n
finansministerium nt

treat [tri:t] v behandle

treatment ['tri:tmənt] n kur

c, behandling c

treaty ['tri:ti] n traktat c

tree [tri:] n træ nt

tremble ['trembəl] v skælve,
ryste

tremendous [tri'mendəs] adj
kolossal

trendy ['trendi] adj colloquial
moderigtig

trespass ['trespəs] v trænge
ind

trespasser ['trespəsə] n
uvedkommende c

trial [traiəl] n retssag c; prøve
c

triangle ['traiæŋgəl] n
trekant c

triangular [trai'æŋgjulə] adj
trekantet

tribe [traib] n stamme c

tributary ['tribjutəri] n biflod
c

tribute ['tribjut] n hyldest c

trick [trik] n trick nt, fidus c

trigger ['trigə] n aftrækker c

trim [trim] v studse

trip [trip] n rejse c, udflugt c,
tur c

triumph ['traiəmf] n triumf c;
v triumfere

triumphant [trai'ʌmfənt] adj
triumferende

troops [tru:ps] pl tropper pl

tropical ['trɔpikəl] adj tropisk

tropics ['trɔpiks] pl troperne
pl

trouble ['trʌbəl] n bekymring
c, ulejlighed c, umage c; v
ulejlige

troublesome ['trʌbəlsəm]

adj besværlig

trousers ['trauzəz] *pl* bukser *pl*

trout [traut] *n* (pl ~) ørred *c*

truck [trʌk] *nAm* lastbil *c*

true [tru:] *adj* sand; ægte, virkelig; trofast, tro

trumpet ['trʌmpit] *n* trompet *c*

trunk [trʌŋk] *n* kuffert *c*; træstamme *c*; *nAm* bagagerum *nt*; **trunks** *pl* gymnastikbukser *pl*

long-distance call ['trʌŋkkɔːl] *n* rigstelefonsamtale *c*

trust [trʌst] *v* stole på; *n* tillid *c*

trustworthy ['trʌst,wəːði] *adj* pålidelig

truth [truːθ] *n* sandhed *c*

truthful ['truːθfəl] *adj* sandfærdig

try [trai] *v* forsøge; prøve; *n* forsøg *nt*; ~ **on** prøve

tube [tjuːb] *n* rør *nt*; tube *c*

tuberculosis [tjuː,bəːkju'lousis] *n* tuberkulose *c*

Tuesday ['tjuːzdi] tirsdag *c*

tug [tʌg] *v* slæbe; *n* bugserbåd *c*; ryk *nt*

tuition [tjuː'iʃən] *n* undervisning *c*

tulip ['tjuːlip] *n* tulipan *c*

tumour ['tjuːmə] *n* svulst *c*

tuna ['tjuːnə] *n* (pl ~, ~s) tunfisk *c*

tune [tjuːn] *n* vise *c*, melodi *c*; ~ **in** stille ind

tuneful ['tjuːnfəl] *adj* melodisk

tunic ['tjuːnik] *n* tunika *c*

Tunisia [tjuː'niziə] Tunesien

Tunisian [tjuː'niziən] *adj* tunesisk; *n* tuneser *c*

tunnel ['tʌnəl] *n* tunnel *c*

turbine ['təːbain] *n* turbine *c*

turbojet [,təːbou'dʒet] *n* turbojet *c*

Turkey ['təːki] Tyrkiet

turkey ['təːki] *n* kalkun *c*

Turkish ['təːkiʃ] *adj* tyrkisk; ~ **bath** tyrkisk bad

turn [təːn] *v* dreje; vende, dreje om; *n* drejning *c*, vending *c*; sving *nt*; tur *c*; ~ **back** vende om; ~ **down** forkaste; ~ **into** forvandle til; ~ **off** dreje af for; ~ **on** lukke op for, tænde for; dreje op for; ~ **over** vende om; ~ **round** vende; vende sig om

turning ['təːniŋ] *n* sving *nt*

turning point ['təːniŋpɔint] *n* vendepunkt *nt*

turnover ['təː,nouvə] *n* omsætning *c*; ~ **tax** omsætningsskat *c*

turnpike ['təːnpaik] *nAm* afgiftsbelagt motorvej

turpentine ['təːpəntain] *n* terpentin *c*

turtle ['təːtəl] *n* skildpadde *c*

tutor ['tjuːtə] *n* huslærer *c*; formynder *c*

tuxedo [tʌk'siːdou] *nAm* (pl ~s, ~es) smoking *c*

TV [,tiː'viː] *n colloquial* TV *nt*; **on** ~ på TV

tweed [twi:d] n tweed c

tweezers ['twi:zəz] pl pincet c

twelfth [twelfθ] num tolvte

twelve [twelv] num tolv

twentieth ['twentiəθ] num tyvende

twenty ['twenti] num tyve

twice [twais] adv to gange

twig [twig] n kvist c

twilight ['twailait] n tusmørke nt

twine [twain] n sejlgarn nt

twins [twinz] pl tvillinger pl; twin beds dobbeltsenge pl

twist [twist] v sno; *vride; n vridning c

two [tu:] num to

two-piece [,tu:'pi:s] adj todelt

type [taip] v *maskinskrive; n type c

typewriter ['taipraitə] n skrivemaskine c

typhoid ['taifɔid] n tyfus c

typical ['tipikəl] adj typisk, karakteristisk

typist ['taipist] n maskinskriverske c

tyrant ['taiərənt] n tyran c

tyre [taiə] n dæk nt; ~ pressure dæktryk nt

U

ugly ['ʌgli] adj grim

ulcer ['ʌlsə] n sår nt

ultimate ['ʌltimət] adj sidst

ultraviolet [,ʌltrə'vaiələt] adj ultraviolet

umbrella [ʌm'brelə] n paraply c

umpire ['ʌmpaiə] n dommer c

unable [ʌ'neibəl] adj ude af stand til

unacceptable [,ʌnək'septəbəl] adj uantagelig

unaccountable [,ʌnə'kauntəbəl] adj uforklarlig

unaccustomed [,ʌnə'kʌstəmd] adj uvant

unanimous [ju:'næniməs] adj enstemmig

unanswered [,ʌ'nɑ:nsəd] adj ubesvaret

unauthorized [,ʌ'nɔ:θəraizd] adj uautoriseret

unavoidable [,ʌnə'vɔidəbəl] adj uundgåelig

unaware [,ʌnə'wɛə] adj uvidende

unbearable [ʌn'bɛərəbəl] adj utålelig

unbreakable [ʌn'breikəbəl] adj brudsikker

unbroken [,ʌn'broukən] adj intakt

unbutton [,ʌn'bʌtən] v knappe op

uncertain [ʌn'sə:tən] adj ubestemt, uvis

uncle ['ʌŋkəl] n onkel c

unclean [,ʌn'kli:n] adj uren

uncomfortable
[ʌn'kʌmfətəbəl] *adj*
ubekvem

uncommon [ʌn'kɔmən] *adj*
usædvanlig, ualmindelig

unconditional
[ˌʌnkən'diʃənəl] *adj*
betingelsesløs

unconscious [ʌn'kɔnʃəs] *adj*
bevidstløs

uncork [ˌʌn'kɔːk] *v* *trække
op

uncover [ʌn'kʌvə] *v* afdække

uncultivated
[ˌʌn'kʌltiveitid] *adj*
uopdyrket

under ['ʌndə] *prep* under,
neden for, ned under

undercurrent ['ʌndəˌkʌrənt]
n understrøm *c*

underestimate
[ˌʌndə'restimeit] *v*
undervurdere

underground ['ʌndəgraund]
adj underjordisk; *n*
undergrundsbane *c*

underline [ˌʌndə'lain] *v*
understrege *c*

underneath [ˌʌndə'niːθ] *adv*
underneden

underpants ['ʌndəpænts]
plAm underbenklæder *pl*

undershirt ['ʌndəʃəːt] *n*
undertrøje *c*

*understand [ˌʌndə'stænd] *v*
*forstå

understanding
[ˌʌndə'stændiŋ] *n* forståelse
c

understate [ˌʌndə'steit] *v*

underdrive

understatement
[ˌʌndə'steitmənt] *n*
underdrivelse *c*

*undertake [ˌʌndə'teik] *v*
*foretage

undertaking [ˌʌndə'teikiŋ] *n*
foretagende *nt*

underwater ['ʌndəˌwɔːtə]
adj undersøisk

underwear ['ʌndəweə] *n*
undertøj *pl*

undesirable
[ˌʌndi'zaiərəbəl] *adj*
uønsket

*undo [ˌʌn'duː] *v* løse op

undoubtedly [ʌn'dautidli]
adv utvivlsomt

undress [ˌʌn'dres] *v* klæde
sig af

unearned [ˌʌ'nəːnd] *adj*
ufortjent

uneasy [ˌʌ'niːzi] *adj* usikker

uneducated [ˌʌ'nedjukeitid]
adj uskolet

unemployed [ˌʌnim'plɔid]
adj arbejdsløs

unemployment
[ˌʌnim'plɔimənt] *n*
arbejdsløshed *c*

unequal [ˌʌ'niːkwəl] *adj* ulige

uneven [ˌʌ'niːvən] *adj* ulige,
ujævn

unexpected [ˌʌnik'spektid]
adj uventet

unfair [ˌʌn'fɛə] *adj* uretfærdig

unfaithful [ˌʌn'feiθfəl] *adj*
utro

unfamiliar [ˌʌnfə'miljə] *adj*
ukendt

unfasten [ˌʌn'fɑːsən] *v* løsne

unfavourable
[ˌʌn'feivərəbəl] *adj* ugunstig

unfit [ˌʌn'fit] *adj* uegnet

unfold [ʌn'fould] *v* folde ud

unfortunate [ʌn'fɔːtʃənət]
adj uheldig

unfortunately
[ʌn'fɔːtʃənətli] *adv*
beklageligvis, desværre

unfriendly [ˌʌn'frendli] *adj*
uvenlig

ungrateful [ʌn'greitfəl] *adj*
utaknemmelig

unhappy [ʌn'hæpi] *adj*
ulykkelig

unhealthy [ʌn'helθi] *adj*
usund

unhurt [ˌʌn'həːt] *adj* uskadt

uniform ['juːnifɔːm] *n*
uniform *c*; *adj* ensartet

unimportant [ˌʌnim'pɔːtənt]
adj uvigtig

uninhabitable
[ˌʌnin'hæbitəbəl] *adj*
ubeboelig

uninhabited [ˌʌnin'hæbitid]
adj ubeboet

unintentional
[ˌʌnin'tenʃənəl] *adj*
uforsætlig

union ['juːnjən] *n* forening *c*;
union *c*, forbund *nt*

unique [juː'niːk] *adj*
enestående; unik

unit [juː'nit] *n* enhed *c*

unite [juː'nait] *v* forene

united [juː'naitid] *adj*
forenede

United States [juː'naitid

steits] De Forenede Stater

unity ['juːnəti] *n* enhed *c*

universal [ˌjuːni'vəːsəl] *adj*
universel, altomfattende

universe ['juːnivəːs] *n*
univers *nt*

university [ˌjuːni'vəːsəti] *n*
universitet *nt*

unjust [ˌʌn'dʒʌst] *adj*
uretfærdig

unkind [ˌʌn'kaind] *adj* uvenlig

unknown [ˌʌn'noun] *adj*
ukendt

unlawful [ˌʌn'lɔːfəl] *adj*
ulovlig

unlearn [ˌʌn'ləːn] *v* lære sig af
med

unless [ən'les] *conj*
medmindre

unlike [ˌʌn'laik] *adj* forskellig

unlikely [ʌn'laikli] *adj*
usandsynlig

unlimited [ʌn'limitid] *adj*
grænseløs, ubegrænset

unload [ˌʌn'loud] *v* udlosse,
læsse af

unlock [ˌʌn'lɔk] *v* låse op,
lukke op

unlucky [ʌn'lʌki] *adj* uheldig

unnecessary [ʌn'nesəsəri]
adj unødvendig

unoccupied [ˌʌ'nɔkjupaid]
adj ledig

unofficial [ˌʌnə'fiʃəl] *adj*
uofficiel

unpack [ˌʌn'pæk] *v* pakke ud

unpleasant [ʌn'plezənt] *adj*
kedelig, ubehagelig;
usympatisk, utiltalende

unpopular [ˌʌn'pɔpjulə] *adj*

ildeset, upopulær

unprotected [ˌʌnprəˈtektid] adj ubeskyttet

unqualified [ˌʌnˈkwɔlifaid] adj ukvalificeret

unreal [ˌʌnˈriəl] adj uvirkelig

unreasonable [ʌnˈriːzənəbəl] adj urimelig

unreliable [ˌʌnriˈlaiəbəl] adj upålidelig

unrest [ʌnˈrest] n uro c

unsafe [ˌʌnˈseif] adj usikker

unsatisfactory [ˌʌnsætisˈfæktəri] adj utilfredsstillende

unscrew [ˌʌnˈskruː] v skrue af

unselfish [ʌnˈselfiʃ] adj uselvisk

unskilled [ˌʌnˈskild] adj ufaglært

unsound [ˌʌnˈsaund] adj usund

unstable [ˌʌnˈsteibəl] adj ustabil

unsteady [ˌʌnˈstedi] adj ustabil, vaklevorn; vankelmodig

unsuccessful [ˌʌnsəkˈsesfəl] adj mislykket

unsuitable [ˌʌnˈsuːtəbəl] adj upassende

unsurpassed [ˌʌnsəˈpɑːst] adj uovertruffen

untidy [ʌnˈtaidi] adj uordentlig

untie [ˌʌnˈtai] v løse op

until [ənˈtil] prep indtil, til

untrue [ˌʌnˈtruː] adj usand

untrustworthy [ˌʌnˈtrʌstˌwəːði] adj upålidelig

unusual [ʌnˈjuːʒuəl] adj usædvanlig, ualmindelig

unwell [ʌnˈwel] adj utilpas

unwilling [ʌnˈwiliŋ] adj uvillig

unwise [ʌnˈwaiz] adj uklog

unwrap [ʌnˈræp] v pakke op

up [ʌp] adv op, opefter

upholster [ʌpˈhoulstə] v *betrække, polstre

upkeep [ˈʌpkiːp] n vedligeholdelse c

uplands [ˈʌpləndz] pl højland nt

upload [ˈʌpˌloud] v upload

upon [əˈpɔn] prep på

upper [ˈʌpə] adj øvre, højere

upright [ˈʌprait] adj rank; adv opretstående

upscale [ˈʌpˌskeil] adj (neighborhood) højklasse; (restaurant) klasse

*upset [ʌpˈset] v forpurre; adj bestyrtet, rystet, chokeret

upside down [ˌʌpsaidˈdaun] adv på hovedet

upstairs [ˌʌpˈsteəz] adv ovenpå

upstream [ˌʌpˈstriːm] adv mod strømmen

upwards [ˈʌpwədz] adv opad

urban [ˈəːbən] adj bymæssig

urge [əːdʒ] v tilskynde; n trang c

urgency [ˈəːdʒənsi] n yderste vigtighed

urgent ['ə:dʒənt] *adj* haste-
urine ['juərin] *n* urin *c*
Uruguay ['juərəgwai]
  Uruguay
Uruguayan [,juərə'gwaiən]
  adj uruguayansk; *n*
  uruguayaner *c*
us [ʌs] *pron* os
usable ['ju:zəbəl] *adj*
  anvendelig
usage ['ju:zidʒ] *n* sædvane *c*
use[1] [ju:z] *v* bruge; ***be used
  to** *være vant til; ~ **up**
  forbruge
use[2] [ju:s] *n* brug *c*; nytte *c*;
  *be of ~ nytte
useful ['ju:sfəl] *adj* nyttig,

brugbar
useless ['ju:sləs] *adj* unyttig
user ['ju:zə] *n* bruger *c*
usher [ʌʃə] *n* kontrollør *c*
usherette [,ʌʃə'ret] *n* placøse
  c
usual ['ju:ʒuəl] *adj*
  sædvanlig, almindelig
usually ['ju:ʒuəli] *adv*
  sædvanligvis
utensil [ju:'tensəl] *n* redskab
  nt; brugsgenstand *c*
utility [ju:'tiləti] *n* nytte *c*
utilize ['ju:tilaiz] *v* benytte
utmost ['ʌtmoust] *adj* yderst
utter ['ʌtə] *adj* fuldkommen,
  komplet; *v* ytre

V

vacancy ['veikənsi] *n*
  vakance *c*; ledig stilling
vacant ['veikənt] *adj* ledig
vacate [və'keit] *v* fraflytte
vacation [və'keiʃən] *n* ferie *c*
vaccinate ['væksineit] *v*
  vaccinere
vaccination [,væksi'neiʃən]
  n vaccination *c*
vacuum ['vækjuəm] *n*
  vakuum *nt*; *vAm* støvsuge; ~
  cleaner støvsuger *c*; ~ **flask**
  termoflaske *c*
vague [veig] *adj* vag, uklar
vain [vein] *adj* forfængelig;
  forgæves; **in** ~ forgæves
valet ['vælit] *n* tjener *c*,
  kammertjener *c*
valid ['vælid] *adj* gyldig

valley ['væli] *n* dal *c*
valuable ['væljubəl] *adj*
  værdifuld; **valuables** *pl*
  værdigenstande *pl*
value ['vælju:] *n* værdi *c*; *v*
  vurdere
valve [vælv] *n* ventil *c*
van [væn] *n* varevogn *c*
vanilla [və'nilə] *n* vanille *c*
vanish ['væniʃ] *v* *forsvinde
vapour ['veipə] *n* damp *c*
variable ['vɛəriəbəl] *adj*
  variabel
variation [,vɛəri'eiʃən] *n*
  afveksling *c*; forandring *c*
varied ['vɛərid] *adj* varieret
variety [və'raiəti] *n* udvalg *nt*;
  ~ **show** varietéforestilling *c*;
  ~ **theatre** varietéteater *nt*

vicious

various ['vɛəriəs] *adj* forskellige

varnish ['vɑːniʃ] *n* fernis *c*, lak *c*; *v* fernisere

vary ['vɛəri] *v* variere; *være forskellig

vase [vɑːz] *n* vase *c*

vast [vɑːst] *adj* vidtstrakt, umådelig

vault [vɔːlt] *n* hvælving *c*; boksanlæg *nt*

veal [viːl] *n* kalvekød *nt*

vegetable ['vedʒətəbəl] *n* grøntsag *c*; ~ merchant grønthandler *c*

vegetarian [,vedʒi'tɛəriən] *n* vegetarianer *c*

vegetation [,vedʒi'teiʃən] *n* vegetation *c*

vehicle ['viːəkəl] *n* køretøj *nt*

veil [veil] *n* slør *nt*

vein [vein] *n* åre *c*; varicose ~ åreknude *c*

velvet ['velvit] *n* fløjl *nt*

velveteen [,velvi'tiːn] *n* bomuldsfløjl *nt*

venerable ['venərəbəl] *adj* ærværdig

venereal disease [vi'niəriəl di'ziːz] kønssygdom *c*

Venezuela [,veni'zweilə] Venezuela

Venezuelan [,veni'zweilən] *adj* venezuelansk; *n* venezuelaner *c*

ventilate ['ventileit] *v* ventilere; lufte ud, udlufte

ventilation [,venti'leiʃən] *n* ventilation *c*; udluftning *c*

ventilator ['ventileitə] *n* ventilator *c*

venture ['ventʃə] *v* vove

veranda [və'rændə] *n* veranda *c*

verb [vəːb] *n* verbum *c*

verbal ['vəːbəl] *adj* mundtlig

verdict ['vəːdikt] *n* kendelse *c*, dom *c*

verge [vəːdʒ] *n* kant *c*

verify ['verifai] *v* verificere, bekræfte

verse [vəːs] *n* vers *nt*

version ['vəːʃən] *n* version *c*; oversættelse *c*

versus ['vəːsəs] *prep* mod, kontra

vertical ['vəːtikəl] *adj* lodret

very ['veri] *adv* meget; *adj* præcis, sand, virkelig; absolut

vessel ['vesəl] *n* fartøj *nt*; kar *nt*

vest [vest] *n* undertrøje *c*; *nAm* vest *c*

veterinary surgeon ['vetrinəri 'səːdʒən] dyrlæge *c*

via [vaiə] *prep* via

viaduct ['vaiədʌkt] *n* viadukt *c*

vibrate [vai'breit] *v* vibrere

vibration [vai'breiʃən] *n* vibration *c*

vicar ['vikə] *n* præst *c*

vicarage ['vikəridʒ] *n* præstebolig *c*

vicinity [vi'sinəti] *n* nabolag *nt*, nærhed *c*

vicious ['viʃəs] *adj* ondskabsfuld

victim ['viktim] n offer nt

victory ['viktəri] n sejr c

video ['vidiəu] n video c; ~
camera n videokamera nt; ~
cassette n videokasette c; ~
game n videospil nt; ~
recorder n
videobåndoptager c; ~
recording n videooptagelse
c

view [vju:] n udsigt c;
opfattelse c; synspunkt nt; v
betragte

viewfinder ['vju:,faində] n
søger c

vigilant ['vidʒilənt] adj
årvågen, vagtsom

villa ['vilə] n villa c

village ['vilidʒ] n landsby c

villain ['vilən] n skurk c

vine [vain] n vinplante c

vinegar ['vinigə] n eddike c

vineyard ['vinjəd] n vinmark
c

vintage ['vintidʒ] n vinhøst c

violation [vaiə'leiʃən] n
krænkelse c

violence ['vaiələns] n vold c

violent ['vaiələnt] adj
voldsom, heftig

violet ['vaiələt] n viol c; adj
violet

violin [vaiə'lin] n violin c

VIP [,vi: ai'pi:] n vigtig person
c

virgin ['və:dʒin] n jomfru c

virtue ['və:tʃu:] n dyd c

virus ['vairəs] n virus c

visa ['vi:zə] n visum nt

visibility [,vizə'biləti] n

sigtbarhed c

visible ['vizəbəl] adj synlig

vision ['viʒən] n fremsyn nt

visit ['vizit] v besøge; n besøg
nt, visit c; visiting hours
besøgstid c

visitor ['vizitə] n besøgende c

vital ['vaitəl] adj livsvigtig,
afgørende

vitamin ['vitəmin] n vitamin
nt

vivid ['vivid] adj livlig

vocabulary [və'kæbjuləri] n
ordforråd nt; ordliste c

vocal ['voukəl] adj vokal;
sang-; stemme-

vocalist ['voukəlist] n sanger
c

voice [vois] n stemme c

voice mail ['vois‿,meil] n
talemeddelelse nt

void [void] adj ugyldig; tom

volcano [vol'keinou] n (pl
~es, ~s) vulkan c

volt [voult] n volt c

voltage ['voultidʒ] n
spænding c

volume ['voljum] n volumen
nt; bind nt

voluntary ['voləntəri] adj
frivillig

volunteer [,volən'tiə] n
frivillig c

vomit ['vomit] v kaste op,
brække sig

vote [vout] v stemme; n
stemme c, afstemning c

voter ['voutə] n vælger c

voucher ['vautʃə] n bon c

vow [vau] n løfte nt, ed c; v

*sværge

vowel ['vauəl] n vokal c
voyage ['vɔiidʒ] n rejse c
vulgar ['vʌlgə] adj vulgær;

ordinær, folkelig
vulnerable ['vʌlnərəbəl] adj
sårbar
vulture ['vʌltʃə] n grib c

W

wade [weid] v vade
wafer ['weifə] n vaffel c; oblat c
waffle ['wɔfəl] n vaffel c
wages ['weidʒiz] pl løn c
waggon ['wægən] n vogn c, jernbanevogn c
waist [weist] n talje c, bæltested nt
waistcoat ['weiskout] n vest c
wait [weit] v vente; ~ for vente på; ~ on betjene
waiter ['weitə] n tjener c
waiting ['weitiŋ] n venten c
waiting list ['weitiŋlist] n venteliste c
waiting room ['weitiŋruːm] n venteværelse c
waitress ['weitris] n servitrice c
*wake [weik] v vække; ~ up vågne, vågne op
walk [wɔːk] v *gå; spadsere; n spadseretur c; gang c; walking til fods
walker ['wɔːkə] n vandrer c
walking stick ['wɔːkiŋstik] n spadserestok c
wall [wɔːl] n mur c; væg c
wallet ['wɔlit] n tegnebog c
wallpaper ['wɔːl,peipə] n

tapet nt
walnut ['wɔːlnʌt] n valnød c
waltz [wɔːls] n vals c
wander ['wɔndə] v strejfe om, vandre om
want [wɔnt] v *ville; ønske; n behov nt; savn nt, mangel c
war [wɔː] n krig c
warden ['wɔːdən] n vagthavende c, opsynsmand c
wardrobe ['wɔːdroub] n klædeskab nt, garderobe c
warehouse ['weəhaus] n pakhus nt, lagerbygning c
wares [weəz] pl varer pl
warm [wɔːm] adj varm, hed; v varme
warmth [wɔːmθ] n varme c
warn [wɔːn] v advare
warning ['wɔːniŋ] n advarsel c
wary ['weəri] adj forsigtig
was [wɔz] v (p be)
wash [wɔʃ] v vaske; ~ and wear strygefri; ~ up vaske op
washable ['wɔʃəbəl] adj vaskbar
washbasin ['wɔʃ,beisən] n håndvask c
washing ['wɔʃiŋ] n vask c
washing machine

['wɔʃiŋmə‚ʃiːn] n
vaskemaskine c
washing powder
['wɔʃiŋ‚paudə] n
vaskepulver nt
washroom ['wɔʃruːm] nAm
toilet nt
wasp [wɔsp] n hveps c
waste [weist] v spilde; n spild
nt; adj udyrket
wasteful ['weistfəl] adj ødsel
wastepaper basket
[weist'peipə‚baːskit] n
papirkurv c
watch [wɔtʃ] v *iagttage;
overvåge; n ur nt; ~ for
spejde efter; ~ out passe på
watchmaker ['wɔtʃ‚meikə] n
urmager c
watchstrap ['wɔtʃstræp] n
urrem c
water ['wɔːtə] n vand nt; iced
~ isvand nt; running ~
rindende vand; ~ pump
vandpumpe c; ~ ski vandski
c
watercolo(u)r ['wɔːtə‚kʌlə] n
vandfarve c; akvarel c
watercress ['wɔːtəkres] n
brøndkarse c
waterfall ['wɔːtəfɔːl] n
vandfald nt
watermelon ['wɔːtə‚melən] n
vandmelon c
waterproof ['wɔːtəpruːf] adj
vandtæt
water softener
[‚wɔːtə‚sɔfnə] n
blødgøringsmiddel nt
waterway ['wɔːtəwei] n

vandvej c
watt [wɔt] n watt c
wave [weiv] n bølge c; v vinke
wavelength ['weivleŋθ] n
bølgelængde c
wavy ['weivi] adj bølget
wax [wæks] n voks nt
waxworks ['wækswɔːks] pl
vokskabinet nt
way [wei] n måde c, facon c;
vej c; retning c; afstand c;
any ~ ligegyldigt hvordan;
by the ~ for resten; one-way
traffic ensrettet færdsel; out
of the ~ af vejen; the other ~
round modsat; ~ back
tilbagevej c; ~ in indgang c; ~
out udgang c
wayside ['weisaid] n vejkant
c
we [wiː] pron vi
weak [wiːk] adj svag; tynd
weakness ['wiːknəs] n
svaghed c
wealth [welθ] n rigdom c
wealthy ['welθi] adj rig
weapon ['wepən] n våben nt;
weapons of mass
destruction masseøde-
-læggelsesvåben
*__wear__ [weə] v *bære, *have
på; ~ out *slide
weary ['wiəri] adj træt
weather ['weðə] n vejr nt; ~
forecast vejrudsigt c
*__weave__ [wiːv] v væve
weaver ['wiːvə] n væver c
website ['web‚sait] n
hjemmeside c
wedding ['wediŋ] n bryllup nt

wedding ring ['wediŋriŋ] n
vielsesring c
wedge [wedʒ] n kile c
Wednesday ['wenzdi]
onsdag c
weed [wi:d] n ukrudt nt
week [wi:k] n uge c
weekday ['wi:kdei] n hverdag
c
weekly ['wi:kli] adj ugentlig
*weep [wi:p] v *græde
weigh [wei] v veje
weighing machine
['weiiŋmə,ʃi:n] n vægt c
weight [weit] n vægt c
welcome ['welkəm] adj
velkommen; n velkomst c; v
*byde velkommen
weld [weld] v svejse
welfare ['welfeə] n velvære nt
well¹ [wel] adv godt; adj rask;
as ~ tillige, også; as ~ as
såvel som; well! ak ja!
well² [wel] n kilde c, brønd c
well-founded [,wel'faundid]
adj velbegrundet
well-known ['welnoun] adj
kendt
well-to-do [,weltə'du:] adj
velhavende
went [went] v (p go)
were [wə:] v (p be)
west [west] n vest
westerly ['westəli] adj vestlig
western ['westən] adj vestlig
wet [wet] adj våd; fugtig
whale [weil] n hval c
wharf [wɔ:f] n (pl ~s,
wharves) kaj c
what [wɔt] pron hvad; ~ for

hvorfor
whatever [wɔ'tevə] pron
hvad end
wheat [wi:t] n hvede c
wheel [wi:l] n hjul nt
wheelbarrow ['wi:l,bærou] n
trillebør c
wheelchair ['wi:ltʃeə] n
kørestol c
when [wen] adv hvornår; conj
når, da
whenever [we'nevə] conj når
som helst
where [weə] adv hvor; conj
hvor
wherever [weə'revə] conj
hvor end
whether ['weðə] conj om;
whether ... or om ... eller
which [witʃ] pron hvilken;
som
whichever [wi'tʃevə] adj
hvilken som helst
while [wail] conj mens; n
stund c
whilst [wailst] conj medens
whim [wim] n grille c; lune nt
whip [wip] n pisk c; v piske
whiskers ['wiskəz] pl
bakkenbarter pl
whisper ['wispə] v hviske; n
hvisken c
whistle ['wisəl] v fløjte; n
fløjte c
white [wait] adj hvid
whiting ['waitiŋ] n (pl ~)
hvilling c
who [hu:] pron hvem; som
whoever [hu:'evə] pron hvem
der end

whole [houl] *adj* fuldstændig, hel; ubeskadiget; *n* hele *nt*

wholesale ['houlseil] *n* engroshandel *c*; ~ dealer grossist *c*

wholesome ['houlsəm] *adj* sund

wholly ['houlli] *adv* aldeles

whom [hu:m] *pron* hvem

whore [hɔ:] *n* luder *c*

whose [hu:z] *pron* hvis

why [wai] *adv* hvorfor

wicked ['wikid] *adj* ond

wide [waid] *adj* bred, vid

widen ['waidən] *v* udvide

widow ['widou] *n* enke *c*

widower ['widouə] *n* enkemand *c*

width [widθ] *n* bredde *c*

wife [waif] *n* (pl wives) kone *c*, hustru *c*

wig [wig] *n* paryk *c*

wild [waild] *adj* vild

will [wil] *n* vilje *c*; testamente *nt*

*will [wil] *v* *ville

willing ['wiliŋ] *adj* villig

willpower ['wilpauə] *n* viljestyrke *c*

*win [win] *v* *vinde

wind [wind] *n* vind *c*

*wind [waind] *v* sno sig; *trække op, vikle

winding ['waindiŋ] *adj* snoet

windmill ['windmil] *n* vejrmølle *c*, vindmølle *c*

window ['windou] *n* vindue *nt*

windowsill ['windousil] *n* vindueskarm *c*

windscreen ['windskri:n] *n* vindspejl *nt*; ~ wiper vinduesvisker *c*

windshield ['windʃi:ld] *nAm* vindspejl *nt*; ~ wiper *Am* vinduesvisker *c*

windy ['windi] *adj* forblæst

wine [wain] *n* vin *c*

wine cellar ['wain,selə] *n* vinkælder *c*

wine list ['wainlist] *n* vinkort *nt*

wine merchant ['wain,mə:tʃənt] *n* vinhandler *c*

wing [wiŋ] *n* vinge *c*

winkle ['wiŋkəl] *n* strandsnegl *c*

winner ['winə] *n* vinder *c*

winning ['winiŋ] *adj* vindende; winnings *pl* gevinst *c*

winter ['wintə] *n* vinter *c*; ~ sports vintersport *c*

wipe [waip] *v* tørre af

wire [waiə] *n* tråd *c*; ståltråd *c*

wireless ['waiələs] *adj* trådløs

wisdom ['wizdəm] *n* visdom *c*

wise [waiz] *adj* viis

wish [wiʃ] *v* hige efter, ønske; *n* ønske *nt*, begæring *c*

wit [wit] *n* kløgt *c*

witch [witʃ] *n* heks *c*

with [wið] *prep* med; af

*withdraw [wið'drɔ:] *v* *trække tilbage

within [wi'ðin] *prep* inden for; *adv* indvendigt

without ['wi'ðaut] *prep* uden

witness ['witnəs] *n* vidne *nt*

wits [wits] *pl* forstand *c*

witty ['witi] *adj* vittig

WMD ['dΛbΛljuː'em'diː] *n*; weapons of mass destruction *pl* masseøde-læggelsesvåben

wolf [wulf] *n* (pl wolves) ulv *c*

woman ['wumən] *n* (pl women) kvinde *c*

womb [wuːm] *n* livmoder *c*

won [wΛn] *v* (p, pp win)

wonder ['wΛndə] *n* under *nt*; forundring *c*; *v* *spørge sig selv

wonderful ['wΛndəfəl] *adj* herlig, vidunderlig

wood [wud] *n* træ *nt*; skov *c*

wood carving ['wud,kaːviŋ] *n* træskærerarbejde *nt*

wooded ['wudid] *adj* skovklædt

wooden ['wudən] *adj* træ-; ~ shoe træsko *c*

woodland ['wudlənd] *n* skovstrækning *c*

wool [wul] *n* uld *c*; darning ~ stoppegarn *c*

woollen ['wulən] *adj* ulden

word [wəːd] *n* ord *nt*

wore [wɔː] *v* (p wear)

work [wəːk] *n* arbejde *nt*; *v* arbejde; virke, fungere; working; working day arbejdsdag *c*; ~ of art kunstværk *nt*; ~ permit arbejdstilladelse *c*

workaholic [,wəːkə'həlik] *n* arbejds-narkoman *c*

worker ['wəːkə] *n* arbejder *c*

working ['wəːkiŋ] *n* virkemåde *c*

workman ['wəːkmən] *n* (pl -men) arbejder *c*

works [wəːks] *pl* fabrik *c*

workshop ['wəːkʃɔp] *n* værksted *nt*

world [wəːld] *n* verden *c*; ~ war verdenskrig *c*

world-famous [,wəːld'feiməs] *adj* verdensberømt

world-wide ['wəːldwaid] *adj* verdensomspændende

worm [wəːm] *n* orm *c*

worn [wɔːn] *adj* (pp wear) slidt

worn-out [,wɔːn'aut] *adj* udslidt

worried ['wΛrid] *adj* bekymret

worry ['wΛri] *v* bekymre sig; *n* bekymring *c*

worse [wəːs] *adj* værre; *adv* værre

worship ['wəːʃip] *v* *tilbede; *n* gudstjeneste *c*

worst [wəːst] *adj* værst; *adv* værst

worth [wəːθ] *n* værdi *c*; *be ~ *være værd; *be worth-while *være umagen værd

worthless ['wəːθləs] *adj* værdiløs

worthy of ['wəːði əv] værdig

would [wud] *v* (p will)

wound¹ [wuːnd] *n* sår *nt*; *v* såre

wound² [waund] *v* (p, pp wind)

wrap [ræp] v pakke ind, vikle ind

wreck [rek] n vrag nt; v *ødelægge

wrench [rentʃ] n skruenøgle c; ryk nt; v *forvride

wrinkle [ˈriŋkəl] n rynke c

wrist [rist] n håndled nt

wristwatch [ˈristwɔtʃ] n armbåndsur nt

*write [rait] v *skrive; in writing skriftligt; ~ down

*skrive ned

writer [ˈraitə] n forfatter c

writing pad [ˈraitiŋpæd] n skriveblok c

writing paper [ˈraitiŋ.peipə] n skrivepapir nt

written [ˈritən] adj (pp write) skriftlig

wrong [rɔŋ] adj forkert, uret; n uret c; v *gøre uret; *be ~ *have uret

wrote [rout] v (p write)

X

Xmas [ˈkrisməs] jul

X-ray [ˈeksrei] n

røntgenbillede nt; v røntgenfotografere

Y

yacht [jɔt] n yacht c

yacht club [ˈjɔtklʌb] n sejlklub c

yachting [ˈjɔtiŋ] n sejlsport c

yard [jɑːd] n gård c

yarn [jɑːn] n garn nt

yawn [jɔːn] v gabe

year [jiə] n år nt

yearly [ˈjiəli] adj årlig

yeast [jiːst] n gær c

yell [jel] v hyle; n hyl nt

yellow [ˈjelou] adj gul

yes [jes] ja

yesterday [ˈjestədi] adv i går

yet [jet] adv endnu; conj dog, imidlertid, alligevel

yield [jiːld] v *give; *give

efter

yoke [jouk] n åg nt

yolk [jouk] n æggeblomme c

you [juː] pron du; dig; De; Dem; I; jer

young [jʌŋ] adj ung

your [jɔː] adj Deres; din; jeres

yours [jɔːz] pron (informal) din; (formal) Deres

yourself [jɔːˈself] pron dig; selv

yourselves [jɔːˈselvz] pron jer; selv

youth [juːθ] n ungdom c; ~ hostel vandrerhjem nt

yuppie [ˈjʌpi] n yuppie c

Z

zany ['zeini] *adj* tosset, forrykt

zap [zæp] *v* (*TV*) zappe

zeal [zi:l] *n* iver *c*

zealous ['zeləs] *adj* ivrig

zebra ['zi:brə] *n* zebra *c*; ~ crossing *n*, crosswalk *nAm* fodgængerovergang *c*

zenith ['zeniθ] *n* zenit *nt*; højdepunkt *nt*

zero ['ziərou] *n* (pl ~s) nul *nt*

zest [zest] *n* oplagthed *c*

zinc [ziŋk] *n* zink *c*

zip [zip] *n* lynlås *c*; ~ code *Am* postnummer *nt*

zipper ['zipə] *n* lynlås *c*

zodiac ['zoudiæk] *n* dyrekreds *c*

zone [zoun] *n* zone *c*; område *nt*

zoo [zu:] *n* (pl ~s) zoo *c*

zoology [zou'ɔlədʒi] *n* zoologi *c*

zoom [zu:m] *v* suse

Some Basic Phrases

Nogle nyttige sætninger

Please.	Vær så venlig.
Thank you very much.	Mange tak.
Don't mention it.	Åh, jeg be'r.
Good morning.	Godmorgen.
Good afternoon.	Goddag (*eftermiddag*).
Good evening.	Godaften.
Good night.	Godnat.
Good-bye.	Farvel.
See you later.	På gensyn.
Where is/Where are…?	Hvor er…?
What do you call this?	Hvad hedder dette?
What does that mean?	Hvad betyder det?
Do you speak English?	Taler De engelsk?
Do you speak German?	Taler De tysk?
Do you speak French?	Taler De fransk?
Do you speak Spanish?	Taler De spansk?
Do you speak Italian?	Taler De italiensk?
Could you speak more slowly, please?	Vil De tale lidt langsommere?
I don't understand.	Jeg forstår ikke.
Can I have…?	Kan jeg få…?
Can you show me…?	Kan De vise mig…?
Can you tell me…?	Kan De sige mig…?
Can you help me, please?	Vil De være så venlig at hjælpe mig?
I'd like…	Jeg vil gerne have…
We'd like…	Vi vil gerne have…
Please give me…	Vær så venlig at give mig…
Please bring me…	Vær så venlig at hente…til mig.
I'm hungry.	Jeg er sulten.
I'm thirsty.	Jeg er tørstig.
I'm lost.	Jeg er faret vild.
Hurry up!	Skynd Dem!
There is/There are…	Der er…
There isn't/There aren't…	Der er ikke…

387

Arrival

Your passport, please.
Have you anything to
declare?
No, nothing at all.
Can you help me with my
luggage, please?
Where's the bus to the centre
of town, please?
This way, please.
Where can I get a taxi?
What's the fare to…?
Take me to this address,
please.
I'm in a hurry.

Hotel

My name is…
Have you a reservation?
I'd like a room with a bath.

What's the price per night?

May I see the room?
What's my room number,
please?
There's no hot water.
May I see the manager,
please?
Did anyone telephone me?
Is there any mail for me?
May I have my bill (check),
please?

Eating out

Do you have a fixed-price
menu?
May I see the menu?

Ankomst

Må jeg se Deres pas?
Har De noget at fortolde?

Nej, intet.
Vil De hjælpe mig med min
bagage?
Hvor holder bussen til
centrum?
Denne vej.
Hvor kan jeg få en taxi?
Hvad koster det til…?
Kør mig til denne adresse.

Jeg har travlt.

Hotel

Mit navn er…
Har De reserveret?
Jeg vil gerne have et værelse
med bad.
Hvor meget koster det per
nat?
Må jeg se værelset?
Hvilket nummer har mit
værelse?
Der er ikke noget varmt vand.
Jeg vil gerne tale med
direktøren.
Er der blevet ringet til mig?
Er der post til mig?
Må jeg bede om regningen?

På restaurant

Har De en „dagens middag"?

Må jeg se spisekortet?

May we have an ashtray, please?	Må vi få et askebæger?
Where's the toilet, please?	Undskyld, hvor er toilettet?
I'd like an hors d'œuvre (starter).	Jeg vil gerne have en forret.
Have you any soup?	Har De suppe?
I'd like some fish.	Jeg vil gerne have fisk.
What kind of fish do you have?	Hvilke slags fisk har De?
I'd like a steak.	Jeg vil gerne have en bøf.
What vegetables have you got?	Hvilke grønsager har De?
Nothing more, thanks.	Tak, ikke mere.
What would you like to drink?	Hvad ønsker De at drikke?
I'll have a beer, please.	Jeg vil gerne have en øl.
I'd like a bottle of wine.	Jeg vil gerne have en flaske vin.
May I have the bill (check), please?	Må jeg bede om regningen?
Is service included?	Er det med betjening?
Thank you, that was a very good meal.	Mange tak, det smagte dejligt.

Travelling — Ud at rejse

Where's the railway station, please?	Hvor er banegården?
Where's the ticket office, please?	Hvor er billetkontoret?
I'd like a ticket to…	Jeg vil gerne have en billet til…
First or second class?	Første eller anden klasse?
First class, please.	Første klasse, tak.
Single or return (one way or roundtrip)?	Enkelt eller retur?
Do I have to change trains?	Skal jeg skifte tog?
What platform does the train for… leave from?	Fra hvilken perron afgår toget til…?

Where's the nearest underground (subway) station?	Hvor er den nærmeste undergrundsstation?
Where's the bus station, please?	Hvor er rutebilstationen?
When's the first bus to...?	Hvornår kører den første bus til...?
Please let me off at the next stop.	Jeg vil gerne af ved næste stoppested.

Relaxing

Forlystelser

What's on at the cinema (movies)?	Hvad går der i biografen?
What time does the film begin?	Hvornår begynder filmen?
Are there any tickets for tonight?	Er der flere billetter til i aften?
Where can we go dancing?	Hvor kan vi gå ud og danse?

Meeting people

Gøre bekendtskaber

How do you do.	Goddag.
How are you?	Hvordan har De det?
Very well, thank you. And you?	Godt, tak. Og De?
May I introduce...?	Må jeg præsentere Dem for...?
My name is...	Mit navn er...
I'm very pleased to meet you.	Det glæder mig al træffe Dem.
How long have you been here?	Hvor længe har De været her?
It was nice meeting you.	Det glædede mig at træffe Dem.
Do you mind if I smoke?	Har De noget imod, at jeg ryger?
Do you have a light, please?	Undskyld, kan De give mig ild?
May I get you a drink?	Må jeg byde Dem en drink?

May I invite you for dinner tonight?
Where shall we meet?

Må jeg invitere Dem ud at spise i aften?
Hvor skal vi mødes?

Shops, stores and services

Forretninger, indkøb m.m.

Where's the nearest bank, please?
Hvor er den nærmeste bank?

Where can I cash some travellers' cheques?
Hvor kan jeg indløse rejsechecks?

Can you give me some small change, please?
Vil De give mig nogle småpenge?

Where's the nearest chemist's (pharmacy)?
Hvor er det nærmeste apotek?

How do I get there?
Hvordan kommer jeg derhen?

Is it within walking distance?
Kan man nemt gå derhen?

Can you help me, please?
Undskyld, vil De hjælpe mig?

How much is this? And that?
Hvor meget koster den her?
Og den der?

It's not quite what I want.
Det er ikke helt det, jeg gerne vil have.

I like it.
Den kan jeg lide.

Can you recommend something for sunburn?
Kan De anbefale noget mod solforbrænding?

I'd like a haircut, please.
Jeg vil gerne klippes.

I'd like a manicure, please.
Jeg vil gerne have en manicure.

Street directions

Når De spørger om vej

Can you show me on the map where I am?
Vil De vise mig på kortet, hvor jeg er?

You are on the wrong road.
De er ikke på den rigtige vej.

Go/Walk straight ahead.
Kør/Gå ligeud.

It's on the left/on the right.
Det er til venstre/til højre.

Emergencies

Ulykker

Call a doctor quickly.
Tilkald straks en læge.

Call an ambulance.
Tilkald en ambulance.

Please call the police.
Tilkald politiet.

Danish Abbreviations

adr.	*adresse*	address
afg.	*afgang*	departure
afs.	*afsender*	sender
alm.	*almindelig*	general, usual
ang.	*angående*	concerning
ank.	*ankomst*	arrival
A/S, A.S.	*aktieselskab*	Ltd., Inc.
bem.	*bemærk*	note
bibl.	*bibliotek*	library
bl.a.	*blandt andet*	among other things
ca.	*cirka*	approximately
dagl.	*daglig*	daily
DFDS	*Det Forenede*	United Steamship
	Dampskibs-Selskab	Company
DK	*Danmark*	Denmark
do	*ditto*	ditto
ds.	*dennes*	inst., of this month
DSB	*Danske Statsbaner*	Danish State Railways
dvs.	*det vil sige*	i.e.
EF	*Europæilske*	Common Market
	Fællesskaber	
eftf.	*efterfølger*	successors (of a firm)
e.Kr.	*efter Kristus*	A.D.
ekskl.	*eksklusive*	excluding
FDM	*Forenede Danske*	Danish Automobile
	Motorejere	Association
f.eks.	*for eksempel*	e.g.
fhv.	*forhenværende*	former, ex-
f.Kr.	*før Kristus*	B.C.
fmk	*finske mark*	Finnish marks
FN	*Forenede Nationer*	UN
frk.	*frøken*	Miss
f.t.	*for tiden*	at present
hk	*hestekræfter*	horsepower
hr.	*herre*	Mr.
HT	*Hovedstadsområdets*	Copenhagen transport
	Trafikselskab	authority
i alm.	*i almindelighed*	in general, generally

incl./inkl.	*inklusive*	including
i.st.f.	*i stedet for*	instead of
jf./jvf.	*jævnfør*	see, compare
kap.	*kapitel*	chapter
Kbh.	*København*	Copenhagen
K.F.U.K.	*Kristelig Forening for Unge Kvinder*	Young Women's Christian Association
K.F.U.M.	*Kristelig Forening for Unge Mænd*	Young Men's Christian Association
km/t.	*kilometer i timen*	kilometres per hour
kr.	*kroner*	crowns (currency)
maks.	*maksimum*	maximum
min.	*minimum; minut*	minimum; minute
m.m.	*med mere*	etc.
moms	*merværdiomsætningsafgift*	VAT, value added tax
N	*nord*	north
Ndr./Nr.	*Nordre/Nørre*	north (in place names)
nkr.	*norske kroner*	Norwegian crowns
o./omkr.	*omkring*	about
osv.	*og så videre*	etc., and so on
pga./p.g.a.	*på grund af*	because of
S	*syd*	south
s.	*side*	page
Sdr.	*Sønder/Søndre*	south (in place names)
skr.	*svenske kroner*	Swedish crowns
skt.	*sankt*	saint
sml.	*sammenlign*	compare
s.u.	*svar udbedes*	please reply
t.h./th.	*til højre*	on the right
tlf.	*telefon*	telephone
tr.	*træffes*	consultation hours, can be reached
t.v./tv.	*til venstre*	on the left
udg.	*udgave*	edition
V	*vest*	west
V.	*Vester*	west (in place names)
Ø	*øst*	east
Ø.	*Øster*	east (in place names)
årg.	*årgang*	vintage
årh.	*århundrede*	century

Engelske forkortelser

AA	*Automobile Association*	britisk automobilklub
AAA	*American Automobile Association*	amerikansk automobilklub
ABC	*American Broadcasting Company*	privat amerikansk radio- og tv-selskab
A.D.	*anno Domini*	e.Kr.
Am.	*America; American*	Amerika; amerikansk
a.m.	*ante meridiem* (*before noon*)	før middag (om tidspunkter mellem kl. 0.00 og 12.00)
Amtrak	*American railroad corporation*	privat amerikansk jernbaneselskab
AT & T	*American Telephone and Telegraph Company*	amerikansk telefon- og telegrafselskab
Ave.	*avenue*	avenu
BBC	*British Broadcasting Corporation*	britisk radio- og tv-selskab
B.C.	*before Christ*	f.Kr.
bldg.	*building*	bygning
Blvd.	*boulevard*	boulevard
B.R.	*British Rail*	de britiske statsbaner
Brit.	*Britain; British*	Storbritannien; britisk
Bros.	*brothers*	brdr., brødrene
¢	*cent*	1/100 dollar
Can.	*Canada; Canadian*	Canada; canadisk
CBS	*Columbia Broadcasting System*	privat amerikansk radio- og tv-selskab
CID	*Criminal Investigation Department*	kriminalpolitiet i Storbritannien
CNR	*Canadian National Railway*	de canadiske statsbaner
c/o	*(in) care of*	c/o
Co.	*company*	kompagni
Corp.	*corporation*	A/S, aktieselskab
CPR	*Canadian Pacific Railways*	privat canadisk jernbaneselskab

D.C.	*District of Columbia*	Columbia-distriktet (Washington, D.C.)
DDS	*Doctor of Dental Science*	tandlæge
dept.	*department*	afdeling
EEC	*European Economic Community*	EEC
e.g.	*for instance*	f.eks.
Eng.	*England; English*	England; engelsk
excl.	*excluding; exclusive*	eksklusive, ikke iberegnet
ft.	*foot/feet*	fod (30,5 cm)
GB	*Great Britain*	Storbritannien
H.E.	*His/Her Excellency; His Eminence*	Hans/Hendes Excellence; Hans Eminence
H.H.	*His Holiness*	Hans Hellighed (paven)
H.M.	*His/Her Majesty*	Hans/Hendes Majestæt
H.M.S.	*Her Majesty's ship*	britisk flådefartøj
hp	*horsepower*	hk., hestekræfter
Hwy	*highway*	hovedvej
i.e.	*that is to say*	dvs.
in.	*inch*	tomme (2,54 cm)
Inc.	*incorporated*	A/S, aktieselskab
incl.	*including, inclusive*	inklusive, iberegnet
£	*pound sterling*	pund sterling
L.A.	*Los Angeles*	Los Angeles
Ltd.	*limited*	A/S, aktieselskab
M.D.	*Doctor of Medicine*	læge, cand. med.
M.P.	*Member of Parliament*	parlamentsmedlem
mph	*miles per hour*	miles i timen
Mr.	*Mister*	hr.
Mrs.	*Missis*	fru
Ms.	*Missis/Miss*	fru/frøken
nat.	*national*	national, lands-
NBC	*National Broadcasting Company*	privat amerikansk radio- og tv-selskab
No.	*number*	nr.
N.Y.C.	*New York City*	byen New York
O.B.E.	*Officer (of the Order) of the British Empire*	Ridder af den britiske imperieorden

p.	*page; penny/pence*	side; 1/100 punk (engelsk møntenhed)
p.a.	*per annum*	pro anno, årlig
Ph.D.	*Doctor of Philosophy*	dr. phil.
p.m.	*post meridiem (after noon)*	efter middag (om tidspunkter mellem kl. 12.00 og 24.00)
PO	*Post Office*	postkontor
POO	*post office order*	postanvisning
pop.	*population*	befolkning, indbyggere
P.T.O.	*please turn over*	vend
RAC	*Royal Automobile Club*	kongelig britisk automobilklub
RCMP	*Royal Canadian Mounted Police*	det beredne politi i Canada
Rd.	*road*	vej
ref.	*reference*	henvisning
Rev.	*reverend*	pastor
RFD	*rural free delivery*	postomdeling på landet
RR	*railroad*	jernbane
RSVP	*please reply*	s. u., svar udbedes
$	*dollar*	dollar
Soc.	*society*	selskab
St.	*saint; street*	sankt; gade
STD	*Subscriber Trunk Dialling*	fuldautomatisk telefon
UN	*United Nations*	FN
UPS	*United Parcel Service*	pakkepost service
US	*United States*	USA
USS	*United States Ship*	amerikansk flådefartøj
VAT	*value added tax*	moms
VIP	*very important person*	meget betydningsfuld person
Xmas	*Christmas*	jul
yd.	*yard*	yard (91,44 cm)
YMCA	*Young Men's Christian Association*	KFUM
YWCA	*Young Women's Christian Association*	KFUK
ZIP	*ZIP code*	postnummer

Mini Grammar

Noun and articles

All nouns in Danish are either common or neuter in gender. (Most nouns are of common gender, but because many very frequent nouns are of neuter gender, it's best to learn each together with its article.)

1. Indefinite article (a/an)

A/an is expressed by **en** with common nouns and by **et** with neuter nouns.

Indefinite plurals are formed by adding **-e** or **-er** to the singular.

	singular		plural	
common gender	**en bil**	*a* car	**bil er**	cars
neuter gender	**et hus**	*a* house	**huse**	houses

Some nouns remain unchanged in the plural.

singular: **et rum**   a room   plural: **rum**   rooms

2. Definite article (the)

Where we in English say "the car", the Danes say the equivalent of "car-the", i.e. they tag the definite article onto the end of the noun.

In the singular, common nouns take an **-en** ending, neuter nouns an **-et** ending. In the plural, both take an **-(e)ne** or **-(er)ne** ending.

	singular		plural	
common gender	**bil en**	the car	**bil erne**	the cars
neuter gender	**tog et**	the train	**tog ene**	the trains

3. Possessives

The possessive form is shown by adding **-s**.

katten s hale	the cat's tail
Jørgen s bror	George's brother

Adjectives

1. Adjectives usually precede the noun.
2. In certain circumstances, the adjective takes an ending.

Indefinite form

singular common nouns: adjective remains unchanged

plural   with both common and neuter nouns, the adjective
takes an **-e** ending

	singular		plural	
common	**en stor bil**	a big car	**store bil er**	big cars
neuter	**et stort hus**	a big house	**store huse**	big houses

Definite form

The adjective takes an **-e** ending everywhere, with both common and neuter nouns, in both singular and plural. However, in this definite usage, **den** must be placed in front of the adjective in the case of common nouns in the singular, **det** in the case of singular neuter nouns and **de** with any plural.

	singular		plural	
common	**den store bil**	the big car	**de store bil er**	the big cars
neuter	**det store hus**	the big house	**de store huse**	the big houses

Demonstrative adjectives

	common	neuter	plural
this/these	**denne**	**dette**	**disse**
that/those	**den**	**det**	**de**
denne **bil**	this car	*dette* **hus**	this house

Possessive adjectives

	common	neuter	plural
my	**min**	**mit**	**mine**
your	**din**	**dit**	**dine**
(familiar; see page 399)			
our*	**vor**	**vort**	**vore**
his		**hans**	
hers		**hendes**	
its		**dens/dets****	
their		**deres**	
your (familiar; see page 399)		**jeres**	
your (formal; see page 399)		**Deres**	

Personal pronouns

	subject	object
I	**jeg**	**mig**
you	**du**	**dig**
(familiar; see page 399)		
he	**han**	**ham**
she	**hun**	**hende**
it	**den/det*****	****den/det**
we	**vi**	**os**
you	**I**	**jer**
(familiar; see page 399)		
you	**De**	**Dem**
(formal; see page 399)		
they	**de**	**dem**

---

*   You will also hear **vores** used in place of each of these more for-
    mally correct terms.
** Use **dens** if "it" is of common gender, and **dets** if "it" is neuter.
*** Use **den** if "it" is of common gender, and **det** if "it" is neuter.

Note: Like many other languages, Danish has two forms for "you" and "your". The personal pronoun **du** (plural **I**) and its corresponding possessive adjectives **din, dit, dine** (plural **jeres**) are used when talking to relatives, close friends and children and between young people. The personal pronoun **De** (plural **Dem**) and its corresponding possessive adjective **Deres** in used in all other cases.

Adverbs

Adverbs are generally formed by adding **-t** to the corresponding adjective.

Hun går hurtigt.	She walks quickly.

Negatives

Negatives are formed by inserting the word **ikke** after the verb:

Jeg taler dansk.	I speak Danish.
Jeg taler *ikke* dansk.	I do not speak Danish.

Questions

Questions are formed by reversing the order of the subject and verb:

Du ser bilen.	You see the car.
Ser du bilen?	Do you see the car?

There is/there are

Der er is employed for both "there is" and "there are".

***Der are* mange turister.**	There are many tourists.

It is

***Der er* varmt i dag.**	It is warm today.

Irregular Verbs

The following list contains the most common irregular verbs. Only one form of the verb is shown as it is conjugated in the same manner for all persons in any given tense. If a compound verb or a verb with a prefix (*af-, an-, be-, efter-, for-, fra-, frem-, ind-, med-, ned-, om-, op-, over-, på-, til-, ud-, und-, under-, ved-,* etc.) is not listed, its forms may be found by looking up the simple verb.

Infinitive	Present tense	Preterite	Past participle	
bede	beder	bad	bedt	*ask, pray*
betyde	betyder	betød	betydet	*mean*
bide	bider	bed	bidt	*bite*
binde	binder	bandt	bundet	*tie, bind*
blive	bliver	blev	blevet	*become; remain*
bringe	bringer	bragte	bragt	*bring*
bryde	bryder	brød	brudt	*break*
burde	bør	burde	burdet	*ought to*
byde	byder	bød	budt	*offer; command*
bære	bærer	bar	båret	*carry*
drage	drager	drog	draget	*pull, draw*
drikke	drikker	drak	drukket	*drink*
drive	driver	drev	drevet	*drive*
dø	dør	døde	død	*die*
dølge	dølger	dulgte	dulgt	*conceal*
falde	falder	faldt	faldet	*fall*
fare	farer	for	faret	*rush*
finde	finder	fandt	fundet	*find*
flyde	flyder	flød	flydt	*float, flow*
flyve	flyver	fløj	fløjet	*fly*
fnyse	fnyser	fnøs/fnyste	fnyst	*snort*
fortryde	fortryder	fortrød	fortrudt	*regret*
fryse	fryser	frøs	frosset	*freeze*
fyge	fyger	føg	føget	*drift*
følge	følger	fulgte	fulgt	*follow*
få	får	fik	fået	*get*
gide	gider	gad	gidet	*trouble to*
give	giver	gav	givet	*give*
glide	glider	gled	gledet	*glide; slip*
gnide	gnider	gned	gnedet	*rub*
gribe	griber	greb	grebet	*seize, catch*

græde	græder	græd	grædt	*cry, weep*
gyde	gyder	gød	gydt	*shed*
gyse	gyser	gøs/gyste	gyst	*shudder*
gælde	gælder	gjaldt	(gældt)	*be valid; apply*
gøre	gør	gjorde	gjort	*do*
gå	går	gik	gået	*go, walk*
have	har	havde	haft	*have*
hedde	hedder	hed	heddet	*be called*
hive	hiver	hev	hevet	*heave*
hjælpe	hjælper	hjalp	hjulpet	*help*
holde	holder	holdt	holdt	*hold, keep*
hænge	hænger	hang (intrans.)/ hængte (trans.)	hængt	*hang*
jage	jager	jog/jagede	jaget	*hunt*
klinge	klinger	klang/ klingede	klinget	*sound, ring*
knibe	kniber	kneb	knebet	*pinch*
komme	kommer	kom	kommet	*come*
krybe	kryber	krøb	krøbet	*creep*
kunne	kan	kunne	kunnet	*can, may*
kvæle	kvæler	kvalte	kvalt	*strangle*
lade	lader	lod	ladet/ladt	*let*
le	ler	lo	let	*laugh*
lide	lider	led	lidt	*suffer*
ligge	ligger	lå	ligget	*lie*
lyde	lyder	lød	lydt	*sound*
lyve	lyver	løj	løjet	*tell a lie*
lægge	lægger	lagde	lagt	*lay, put*
løbe	løber	løb	løbet	*run*
måtte	må	måtte	måttet	*may, must*
nyde	nyder	nød	nydt	*enjoy*
nyse	nyser	nøs/nyste	nyst	*sneeze*
pibe	piber	peb	pebet	*pipe, chirp*
ride	rider	red	redet	*ride*
rive	river	rev	revet	*tear; grate; rake*
ryge	ryger	røg	røget	*smoke*
række	rækker	rakte	rakt	*pass, hand*
se	ser	så	set	*see*
sidde	sidder	sad	siddet	*sit*
sige	siger	sagde	sagt	*say*

skride	skrider	skred	skredet	*slip; stalk*
skrige	skriger	skreg	skreget	*scream*
skrive	skriver	skrev	skrevet	*write*
skulle	skal	skulle	skullet	*shall*
skyde	skyder	skød	skudt	*shoot*
skære	skærer	skar	skåret	*cut*
slibe	sliber	sleb	slebet	*sharpen*
slide	slider	sled	slidt	*wear out*
slippe	slipper	slap	sluppet	*slip, escape*
slå	slår	slog	slået	*strike, beat*
smide	smider	smed	smidt	*cast, fling*
smøre	smører	smurte	smurt	*smear, grease*
snige	sniger	sneg	sneget	*sneak*
snyde	snyder	snød	snydt	*cheat*
sove	sover	sov	sovet	*sleep*
spinde	spinder	spandt	spundet	*spin*
springe	springer	sprang	sprunget	*jump*
sprække	sprækker	sprak/	sprukket/	*crack*
		sprækkede	sprækket	
spørge	spørger	spurgte	spurgt	*ask*
stige	stiger	steg	steget	*rise, climb*
stikke	stikker	stak	stukket	*sting*
stinke	stinker	stank	stinket	*stink*
stjæle	stjæler	stjal	stjålet	*steal*
stride	strider	stred	stridt	*fight*
stryge	stryger	strøg	strøget	*stroke; iron*
strække	strækker	strakte	strakt	*stretch*
stå	står	stod	stået	*stand*
svide	svider	sved	svedet	*singe*
svinde	svinder	svandt	svundet	*decrease, vanish*
svinge	svinger	svang/	svunget/	*swing*
		svingede	svinget	
sværge	sværger	svor	svoret	*swear*
synes	synes	syntes	syntes	*seem, appear*
synge	synger	sang	sunget	*sing*
synke	synker	sank	sunket	*sink; swallow*
sælge	sælger	solgte	solgt	*sell*
sætte	sætter	satte	sat	*set, place*
tage	tager	tog	taget	*take*
tie	tier	tav	tiet	*be silent*
træde	træder	trådte	trådt	*step; thread*
træffe	træffer	traf	truffet	*meet; hit*
trække	trækker	trak	trukket	*pull*

turde	tør	turde	turdet	*dare*
tvinge	tvinger	tvang	tvunget	*force*
tælle	tæller	talte	talt	*count*
vide	ved	vidste	vidst	*know*
vige	viger	veg	veget	*yield*
ville	vil	ville	villet	*will*
vinde	vinder	vandt	vundet	*win*
vride	vrider	vred	vredet	*wring, twist*
vælge	vælger	valgte	valgt	*choose, elect*
være	er	var	været	*be*
æde	æder	åd	ædt	*eat (of animals)*

Lille grammatik

Kendeord

Den ubestemte artikel (en, et) har to former:

a foran et ord, der begynder med en medlyd, og **an** foran en selvlyd eller stumt h.

a coat	en frakke
an umbrella	en paraply

Den bestemte artikel (-en/-et) har kun én form: **the**. Men dette ord udtales forskelligt: [ðø] foran en medlyd og [ði] foran en selvlyd eller stumt h.

the room, the chair	værelset, stolen
the rooms, the chairs	værelserne, stolene

Navneord / Flertal

Ved de fleste navneord dannes flertal ved, at man føjer **-(e)s** til entalsformen. Alt efter hvilken lyd, der afslutter entalsformen, udtales flertalsendelsen som **-s, -z** eller **-iz**.

cup – cups	kop – kopper
car – cars	bil – biler
dress – dresses	kjole – kjoler

Bemærk:

1. Hvis et navneord ender på *-y* efter en medlyd bliver flertalsendelsen **-ies**. Hvis **y**-et står efter en selvlyd, dannes flertal regelmæssigt.

lady – ladies	dame – damer
key – keys	nøgle – nøgler

2. Nogle af de vigtigste uregelmæssige flertalsdannelser:

man – men	mand – mænd
woman – women	kvinde – kvinder
child – children	barn – børn
foot – feet	fod – fødder
tooth – teeth	tand – tænder

Ejefald

Personer: Ved entalsord og ved de flertalsord, der ikke har til-
føjet et **-s**, dannes ejefald ved, at man tilføjer **'s**. Ved de ord,
som ender på **-s** (altså de fleste flertalsord) tilføjes kun en
apostrof (').

the boy's room	drengens værelse
the boys' rooms	drengenes værelser
Anna's dress	Annas kjole
the children's clothes	børnenes tøj

Ting: Man benytter forholdsordet **of:**

the key of the door	nøglen til døren
the end of the journey	rejsens afslutning

Tillægsord

Tillægsordene står som på dansk foran navneordet.

De ændrer ikke form i flertal.

large brown suitcases   store, brune kufferter

Gradbøjning

Der er to måder at gradbøje tillægsordene på:

1. Ved tillægsord på én eller to stavelser tilføjes som regel **-(e)r**
og **-(e)st**

small – smaller – smallest	lille – mindre – mindst
large – larger – largest	stor – større – størst
busy – busier – busiest*	flittig – flittigere – flittigst

2. Tillægsord på tre eller flere stavelser samt nogle enkelte på
to stavelser (for eksempel de, der ender på **-ful** eller **-less**) grad-
bøjes ved hjælp af **more** (mere) og **most** (mest).

expensive (dyr)	**more expensive**	**most expensive**
careful (forsigtig)	**more careful**	**most careful**

---

* y-et forandres til et i, når det står efter en medlyd.

Læg mærke til følgende uregelmæssige gradbøjninger:

good – better – best	god – bedre – bedst
bad – worse – worst	ond – værre – værst
little – less – least	lille – mindre – mindst
much – more – most	megen – mere – mest
many – more – most	mange – flere – flest

Personlige stedord og ejestedord

jeg: **I** – mig: **me** – min/mit/mine: **my** eller **mine**
du: **you** – dig: **you** – din/dit/dine: **your** eller **yours**
han: **he** – ham: **him** – hans: **his**
hun: **she** – hende: **her** – hendes: **her** eller **hers**
den/det: **it** – dens/dets: **its**
vi: **we** – os: **us** – vores: **our** eller **ours**
I: **you** – jer: **you** – jeres: **your** eller **yours**
de: **they** – dem: **them** – deres: **their** eller **theirs**

Hvor der er angivet to former af ejestedordet, benyttes den første form, når stedordet står sammen med et navneord, den anden form, når det står alene.

Where's my key?	Hvor er min nøgle?
That's not mine.	Det er ikke min.
It's yours.	Det er din.

Bemærk: Der bruges ingen særlig høflig tiltaleform på engelsk. Både **du, I** og **De** samt **dig, jer** og **Dem** hedder **you.**

Uregelmæssige verber

Nedenstående liste viser de mest almindelige engelske uregelmæssige verber. Sammensatte verber eller verber, der begynder med en forstavelse, bøjes som de usammensatte: f.eks. *withdraw* bøjes som *draw* og *mistake* som *take*.

Infinitiv/ navnemåde	Imperfektum/ datid	Perfektum/ participium/ datids tillægsmåde	
arise	arose	arisen	*opstå*
awake	awoke	awoken/ awaked	*vågne*
be	was	been	*være*
bear	bore	borne	*bære*
beat	beat	beaten	*slå*
become	became	become	*blive*
begin	began	begun	*begynde*
bend	bent	bent	*bøje*
bet	bet	bet	*vædde*
bid	bade/bid	bidden/bid	*byde*
bind	bound	bound	*binde*
bite	bit	bitten	*bide*
bleed	bled	bled	*bløde*
blow	blew	blown	*blæse*
break	broke	broken	*slå i stykker*
breed	bred	bred	*opdrætte*
bring	brought	brought	*bringe*
build	built	built	*bygge*
burn	burnt/burned	burnt/burned	*brænde*
burst	burst	burst	*briste*
buy	bought	bought	*købe*
can*	could	–	*kunne*
cast	cast	cast	*kaste; støbe*
catch	caught	caught	*fange, gribe*
choose	chose	chosen	*vælge*
cling	clung	clung	*klynge sig*
clothe	clothed/clad	clothed/clad	*klæde på*

* præsens (nutid)

come	came	come	*komme*
cost	cost	cost	*koste*
creep	crept	crept	*krybe*
cut	cut	cut	*skære*
deal	dealt	dealt	*handle*
dig	dug	dug	*grave*
do (he does*)	did	done	*gøre*
draw	drew	drawn	*trække; tegne*
dream	dreamt/	dreamt/	*drømme*
	dreamed	dreamed	
drink	drank	drunk	*drikke*
drive	drove	driven	*køre*
dwell	dwelt	dwelt	*bo*
eat	ate	eaten	*spise*
fall	fell	fallen	*falde*
feed	fed	fed	*fodre*
feel	felt	felt	*føle*
fight	fought	fought	*kæmpe*
find	found	found	*finde*
flee	fled	fled	*flygte*
fling	flung	flung	*kaste*
fly	flew	flown	*flyve*
forsake	forsook	forsaken	*svigte*
freeze	froze	frozen	*fryse*
get	got	got	*få*
give	gave	given	*give*
go (he goes*)	went	gone	*gå*
grind	ground	ground	*male*
grow	grew	grown	*vokse*
hang	hung	hung	*hænge*
have (he has*)	had	had	*have*
hear	heard	heard	*høre*
hew	hewed	hewed/hewn	*hugge*
hide	hid	hidden	*skjule*
hit	hit	hit	*ramme*
hold	held	held	*holde*
hurt	hurt	hurt	*såre*
keep	kept	kept	*beholde*

---

* præsens (nutid)

kneel	knelt	knelt	*knæle*
knit	knitted/knit	knitted/knit	*strikke*
know	knew	known	*vide; kende*
lay	laid	laid	*lægge*
lead	led	led	*føre*
lean	leant/leaned	leant/leaned	*læne*
leap	leapt/leaped	leapt/leaped	*springe*
learn	learnt/learned	learnt/learned	*lære*
leave	left	left	*forlade*
lend	lent	lent	*låne (ud)*
let	let	let	*lade; udleje*
lie	lay	lain	*ligge*
light	lit/lighted	lit/lighted	*tænde*
lose	lost	lost	*miste*
make	made	made	*lave*
may*	might	–	*måtte (gerne)*
mean	meant	meant	*betyde*
meet	met	met	*møde*
mow	mowed	mowed/mown	*meje*
must*	must	–	*måtte, skulle*
ought* (to)	ought	–	*burde*
pay	paid	paid	*betale*
put	put	put	*lægge, stille*
read	read	read	*læse*
rid	rid	rid	*befri*
ride	rode	ridden	*ride; køre*
ring	rang	rung	*ringe*
rise	rose	risen	*stå op*
run	ran	run	*løbe*
saw	sawed	sawn	*save*
say	said	said	*sige*
see	saw	seen	*se*
seek	sought	sought	*søge*
sell	sold	sold	*sælge*
send	sent	sent	*sende*
set	set	set	*sætte*
sew	sewed	sewed/sewn	*sy*
shake	shook	shaken	*ryste*

---

* præsens (nutid)

shall*	should	–	*skulle*
shed	shed	shed	*udgyde*
shine	shone	shone	*skinne*
shoot	shot	shot	*skyde*
show	showed	shown	*vise*
shrink	shrank	shrunk	*krybe*
shut	shut	shut	*lukke*
sing	sang	sung	*synge*
sink	sank	sunk	*synke*
sit	sat	sat	*sidde*
sleep	slept	slept	*sove*
slide	slid	slid	*glide*
sling	slung	slung	*slynge*
slink	slunk	slunk	*luske*
slit	slit	slit	*flække*
smell	smelled/smelt	smelled/smelt	*lugte*
sow	sowed	sown/sowed	*så*
speak	spoke	spoken	*tale*
speed	sped/speeded	sped/speeded	*ile*
spell	spelt/spelled	spelt/spelled	*stave*
spend	spent	spent	*tilbringe; give ud*
spill	spilt/spilled	spilt/spilled	*spilde*
spin	spun	spun	*spinde*
spit	spat	spat	*spytte*
split	split	split	*spalte*
spoil	spoilt/spoiled	spoilt/spoiled	*ødelægge; forkæle*
spread	spread	spread	*sprede*
spring	sprang	sprung	*springe (op)*
stand	stood	stood	*stå*
steal	stole	stolen	*stjæle*
stick	stuck	stuck	*klæbe*
sting	stung	stung	*stikke*
stink	stank/stunk	stunk	*stinke*
strew	strewed	strewed/strewn	*strø*
stride	strode	stridden	*skride ud*
strike	struck	struck/stricken	*slå*
string	strung	strung	*trække på snor*
strive	strove	striven	*stræbe*

* præsens (nutid)

swear	swore	sworn	*sværge*
sweep	swept	swept	*feje*
swell	swelled	swollen/ swelled	*svulme*
swim	swam	swum	*svømme*
swing	swung	swung	*svinge*
take	took	taken	*tage*
teach	taught	taught	*undervise*
tear	tore	torn	*rive itu*
tell	told	told	*fortælle*
think	thought	thought	*tænke*
throw	threw	thrown	*kaste*
thrust	thrust	thrust	*støde*
tread	trod	trodden	*træde*
wake	woke/waked	woken/waked	*vågne; vække*
wear	wore	worn	*have på*
weave	wove	woven	*væve*
weep	wept	wept	*græde*
will*	would	–	*ville*
win	won	won	*vinde*
wind	wound	wound	*sno*
wring	wrung	wrung	*vride*
write	wrote	written	*skrive*

---

* præsens (nutid)

Numerals

Cardinal numbers

0	nul
1	en
2	to
3	tre
4	fire
5	fem
6	seks
7	syv
8	otte
9	ni
10	ti
11	elleve
12	tolv
13	tretten
14	fjorten
15	femten
16	seksten
17	sytten
18	atten
19	nitten
20	tyve
21	enogtyve
30	tredive
31	enogtredive
40	fyrre
41	enogfyrre
50	halvtreds
51	enoghalvtreds
60	tres
61	enogtres
70	halvfjerds
75	femoghalvfjerds
80	firs
90	halvfems
100	hundrede
101	hundrede og et
200	to hundrede
1000	tusind
2000	to tusind
1.000.000	en million

Ordinal numbers

1. første
2. anden
3. tredje
4. fjerde
5. femte
6. sjette
7. syvende
8. ottende
9. niende
10. tiende
11. ellevte
12. tolvte
13. trettende
14. fjortende
15. femtende
16. sekstende
17. syttende
18. attende
19. nittende
20. tyvende
21. enogtyvende
22. toogtyvende
23. treogtyvende
24. fireogtyvende
25. femogtyvende
26. seksogtyvende
27. syvogtyvende
28. otteogtyvende
29. niogtyvende
30. tredivte
31. enogtredivte
40. fyrretyvende
50. halvtredsindstyvende
60. tresindstyvende
70. halvfjerdsindstyvende
75. femoghalvfjerdsindstyvende
80. firsindstyvende
90. halvfemsindstyvende
99. nioghalvfemsindstyvende

Talord

Mængdetal

0	zero
1	one
2	two
3	three
4	four
5	five
6	six
7	seven
8	eight
9	nine
10	ten
11	eleven
12	twelve
13	thirteen
14	fourteen
15	fifteen
16	sixteen
17	seventeen
18	eighteen
19	nineteen
20	twenty
21	twenty-one
22	twenty-two
23	twenty-three
24	twenty-four
25	twenty-five
30	thirty
40	forty
50	fifty
60	sixty
70	seventy
80	eighty
90	ninety
100	a/one hundred
230	two hundred and thirty
1,000	a/one thousand
10,000	ten thousand
100,000	a/one hundred thousand
1,000,000	a/one million

Ordenstal

1st	first
2nd	second
3rd	third
4th	fourth
5th	fifth
6th	sixth
7th	seventh
8th	eighth
9th	ninth
10th	tenth
11th	eleventh
12th	twelfth
13th	thirteenth
14th	fourteenth
15th	fifteenth
16th	sixteenth
17th	seventeenth
18th	eighteenth
19th	nineteenth
20th	twentieth
21st	twenty-first
22nd	twenty-second
23rd	twenty-third
24th	twenty-fourth
25th	twenty-fifth
26th	twenty-sixth
27th	twenty-seventh
28th	twenty-eighth
29th	twenty-ninth
30th	thirtieth
40th	fortieth
50th	fiftieth
60th	sixtieth
70th	seventieth
80th	eightieth
90th	ninetieth
100th	hundredth
230th	two hundred and thirtieth
1,000th	thousandth

Time

Although official time in Denmark is based on the 24-hour clock, the 12-hour system is used in conversation.

If you wish to specify a.m. or p.m., add *om morgenen*, *om formiddagen*, *om eftermiddagen*, *om aftenen* or *om natten*.

Thus:

klokken otte om morgenen	8 a.m.
klokken elleve om formiddagen	11 a.m.
klokken to om eftermiddagen	2 p.m.
klokken otte om aftenen	8 p.m.
klokken to om natten	2 a.m.

Days of the week

søndag	Sunday	*torsdag*	Thursday
mandag	Monday	*fredag*	Friday
tirsdag	Tuesday	*lørdag*	Saturday
onsdag	Wednesday		

Klokken

Englænderne og amerikanerne anvender 12-timesystemet. Forkortelsen *a. m. (ante meridiem)* føjes til tidspunkter mellem kl. 00.00 og 12.00, og *p. m. (post meridiem)* til tidspunkter mellem kl. 12.00 og 24.00. I Storbritannien er man dog langsomt ved at gå over til 24-timesystemet ved officielle tidsangivelser.

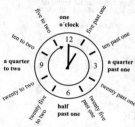

I'll come at seven a. m.   Jeg kommer kl. 7 om morgenen.
I'll come at two p. m.   Jeg kommer kl. 2 om eftermiddagen.
I'll come at eight p. m.   Jeg kommer kl. 8 om aftenen.

Ugedage

Sunday	søndag	*Thursday*	torsdag
Monday	mandag	*Friday*	fredag
Tuesday	tirsdag	*Saturday*	lørdag
Wednesday	onsdag		

Conversion Tables/Omregningstabeller

Metres and feet

The figure in the middle stands for both metres and feet, e.g.
1 metre = 3.281 ft. and 1 foot = 0.30 m.

Meter og fod

Tallet i midten gælder både for meter og fod.
F.eks.: 1 meter = 3,281 fod og 1 fod = 0,30 m.

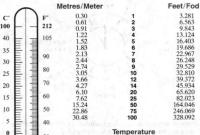

Metres/Meter		Feet/Fod
0.30	1	3.281
0.61	2	6.563
0.91	3	9.843
1.22	4	13.124
1.52	5	16.403
1.83	6	19.686
2.13	7	22.967
2.44	8	26.248
2.74	9	29.529
3.05	10	32.810
3.66	12	39.372
4.27	14	45.934
6.10	20	65.620
7.62	25	82.023
15.24	50	164.046
22.86	75	246.069
30.48	100	328.092

C°		F°
100		212
40		105
35		
30		90
25		80
20		70
15		60
10		50
5		40
0		30
−5		20
−10		10
−15		0
−20		

Temperature

To convert Centigrade to Fahrenheit, multiply by 1.8 and add 32.
To convert Fahrenheit to Centigrade, subtract 32 from Fahrenheit and divide by 1.8.

Temperatur

For at lave celsius-grader om til fahrenheit skal man gange med 1,8 og lægge 32 til dette resultat.
For at lave fahrenheit-grader om til celsius skal man trække 32 fra og dele resultatet med 1,8.